Hermes-Deckungen

D1726933

Abhandlungen
zum
Recht der Internationalen Wirtschaft

Herausgeber:
Professor Dr. Otto Sandrock, Münster

unter Mitwirkung von
Professor Dr. Bernhard Großfeld, Münster
Reinhold Trinkner, Heidelberg

Band 22

Hermes-Deckungen

Entschädigung im Schadensfall und bei
Umschuldungen. Eine Kommentierung
anhand der Allgemeinen Bedingungen

von

Dr. Wolfgang Graf von Kageneck

Paderborn

Verlag Recht und Wirtschaft GmbH
Heidelberg

Die Deutsche Bibliothek – CIP-Einheitsaufnahme

Kageneck, Wolfgang Graf von:
Hermes-Deckungen : Entschädigung im Schadensfall und bei Umschuldungen; eine Kommentierung anhand der Allgemeinen Bedingungen / von Wolfgang Graf von Kageneck. – Heidelberg : Verl. Recht und Wirtschaft, 1991

(Abhandlungen zum Recht der Internationalen Wirtschaft; Bd. 22)
Zugl.: Münster, Univ., Diss., 1990

ISBN 3-8005-1080-4

NE: GT

ISBN 3-8005-1080-4

© 1991 Verlag Recht und Wirtschaft GmbH, Heidelberg

Das Werk einschließlich aller seiner Teile ist urheberrechtlich geschützt. Jede Verwertung außerhalb der engen Grenzen des Urheberrechtsgesetzes ist ohne Zustimmung des Verlages unzulässig und strafbar. Das gilt insbesondere für Vervielfältigungen, Übersetzungen, Bearbeitungen, Mikroverfilmungen und die Einspeicherung und Verarbeitung in elektronischen Systemen.

Datenkonvertierung und Satz: Lichtsatz Michael Glaese GmbH, 6944 Hemsbach

Offsetdruck und Verarbeitung: Werbe- und Verlagsdruck Wilhelm & Adam GmbH, 6056 Heusenstamm bei Offenbach

∞ Gedruckt auf säurefreiem, alterungsbeständigem Papier nach ANSI-Norm

Printed in Germany

Meiner Mutter

Vorwort des Herausgebers

Im Jahre 1989 wurden 4,3% der Gesamtexporte aus der Bundesrepublik Deutschland durch HERMES-Gewährleistungen gedeckt. Im Jahre 1988 waren es 4,6% gewesen. Diese Zahlen mögen als niedrig erscheinen. Bedenkt man jedoch, daß die Gesamtexporte der westdeutschen Wirtschaft im Jahre 1988 738,9 Milliarden DM betrugen (im einzelnen: Warenexporte 567,7 Milliarden, Dienstleistungsexporte 85,2 Milliarden und Kapitalexporte 86,2 Milliarden), so wird die wirtschaftliche Bedeutung der HERMES-Gewährleistungen erkennbar. Allerdings: Im Jahre 1989 hatte der Bundeshaushalt ein HERMES-Defizit von rund 1,8 Milliarden DM abzudecken, im Jahre 1988 von fast 1,6 Milliarden DM. Auch diese Zahlen sprechen eine beredte Sprache (Verschuldung insbesondere der Dritten Welt).

Der Verfasser gibt einen systematischen Überblick über das System der HERMES-Deckungen. Der Schwerpunkt seiner Untersuchungen liegt darin, die Allgemeinen Bedingungen der HERMES-Gewährleistungen nach den Maßstäben des Gesetzes zur Regelung des Rechts der Allgemeinen Geschäftsbedingungen (AGBG) vom 09. 12. 1976 sowie nach verfassungs- und versicherungsrechtlichen Maßstäben kritisch zu überprüfen. Der Verfasser schildert insbesondere die Regeln für das Entschädigungsverfahren, die nach Eintritt des Schadensfalles maßgebend sind. Dabei stehen die Schadensprüfung durch den Bund und die Berechnung der Entschädigung im Vordergrund. Es folgt eine Untersuchung des Verfahrens bei Umschuldungen. Nach Auffassung des Verfassers halten einige Regelungen in den Allgemeinen Bedingungen der HERMES-Gewährleistungen einer kritischen Überprüfung nach dem AGBG nicht stand.

Die vorliegende Schrift ist, soweit ersichtlich, die erste kritische Gesamtdarstellung der Allgemeinen Bedingungen der HERMES-Deckungen.

Otto Sandrock

Vorwort des Verfassers

Die vorliegende Arbeit hat der Rechtswissenschaftlichen Fakultät der Westfälischen Wilhelms-Universität Münster im Wintersemester 1990 als Dissertation vorgelegen. Das Manuskript wurde im Oktober 1990 abgeschlossen.

Die Arbeit wurde von Herrn Professor Dr. Otto Sandrock betreut, dem ich für seine wohlwollende Förderung und die mir gewährte Freiheit bei der Ausgestaltung des Themas danken möchte. Ihm habe ich auch die Aufnahme der Arbeit in diese Schriftenreihe zu verdanken.

Dank schulde ich auch Herrn Professor Dr. Helmut Kollhosser für seine Tätigkeit als Zweitgutachter. Wertvolle Anregungen verdanke ich insbesondere Herrn Dr. Hans Janus von der Hermes Kreditversicherungs-AG sowie Herrn Dr. Joachim Haniel vom Bundesministerium für wirtschaftliche Zusammenarbeit.

Die Drucklegung der Arbeit wurde gefördert aus dem Sonderprogramm „Arbeitskreis Wirtschaft und Recht" des Stifterverbandes für die deutsche Wissenschaft. Die Westfälische Wilhelms-Universität Münster hat einen Druckkostenzuschuß gewährt. Für beides möchte ich an dieser Stelle danken.

Düsseldorf, im März 1991

Wolfgang Graf von Kageneck

Inhaltsverzeichnis

Anhang

Abkürzungsverzeichnis

a. a. O.	am angegebenen Ort
Abl. EG	Amtsblatt der Europäischen Gemeinschaft
AGRl.	Richtlinien für die Übernahme von Ausfuhrgewährleistungen (Ausfuhrgewährleistungs-Richtlinien)
ARB	Allgemeine Bedingungen für die Rechtsschutzversicherung
AVB	Allgemeine Versicherungsbedingungen
B	Allgemeine Bedingungen für Ausfuhrbürgschaften
FAZ	Frankfurter Allgemeine Zeitung
FB	Allgemeine Bedingungen für Fabrikationsrisikobürgschaften
FG	Allgemeine Bedingungen für Fabrikationsrisikogarantien
FKB	Allgemeine Bedingungen für Bürgschaften für gebundene Finanzkredite
FKG	Allgemeine Bedingungen für Garantien für gebundene Finanzkredite
G	Allgemeine Bedingungen für Ausfuhrgarantien
GATT	General Agreement on Tariffs and Trade
KT-Fall	Konvertierungs- und Transferfall
NZZ	Neue Züricher Zeitung
P	Allgemeine Bedingungen für Ausfuhr-Pauschalgewährleistungen

Einleitung

„Prügelknabe und Retter in der Not"[1] – so zwiespältig werden die sogenannten „HERMES-Deckungen" häufig in der Öffentlichkeit beurteilt. Bei den HERMES-Deckungen handelt es sich um Garantien und Bürgschaften der Bundesrepublik Deutschland zur Sicherung privater Exportkredite.

Der deutsche Exporteur entrichtet ein Entgelt, welches einer Versicherungsprämie zumindest in groben Zügen vergleichbar ist. Als Gegenleistung erhält er vom Bund eine Absicherung seiner Forderung gegen Außenhandelsrisiken – insbesondere politische Risiken, die er nur schwerlich selbst kalkulieren und aus eigener Finanzkraft absichern könnte.

Im Stadium der Übernahme einer Deckung herrrscht zwischen den Beteiligten noch perfekte Interessenharmonie: Der Unternehmer erreicht mit einer HERMES-Deckung eine Risikoabwehr, die einen notwendigen Zwischenschritt zur Erreichung seines Endziels – der Gewinnmaximierung im Exportgeschäft – darstellt. Darüber hinaus eröffnen sich ihm Möglichkeiten günstiger Zwischenfinanzierung, indem er die Ansprüche aus der Deckung einer refinanzierenden Bank zur Sicherheit abtritt.

Dem entspricht das Interesse des Bundes, Exportgeschäfte, welche als „förderungswürdig" anerkannt werden, durch die Übernahme bestimmter Risiken auch tatsächlich zu unterstützen bzw. erst zu ermöglichen. Ohne die Abdeckung politischer Risiken könnten sich nämlich deutsche Exporteure im internationalen Wettbewerb um die Exportmärkte kaum behaupten, spielt doch gerade bei Kunden in zahlungsschwachen Ländern die Einräumung langfristiger Zahlungsziele – und damit: hoher Kreditrisiken – eine erhebliche Rolle. Insbesondere im Handel mit Entwicklungs- und Staatshandelsländern stehen die Finanzierungskonditionen zumindest gleichwertig neben den klassischen Wettbewerbsfaktoren wie Qualität, Preis oder Liefertermin[2], so daß sich von einem regelrechten „Konditionenwettlauf" der Exportnationen sprechen läßt. Für eine klassische Exportnation wie die Bundesrepublik hat die Exportförderung besondere Bedeutung. Sie liegt im öffentlichen Interesse, sofern sie nicht zu einem extremen Exportüberschuß führt, der dann das außenwirtschaftliche Gleichgewicht stört[3].

Trotz dieser günstigen Ausgangslage häufen sich seit einiger Zeit die schlechten Nachrichten über die Gewährleistungen des Bundes. In wirschaftlicher Hinsicht sind die „fetten" Jahre der Exportgewährleistungen vorerst vorbei: Seit 1984 über-

---

1 Überschrift eines Artikels von *Herlt* in der Welt, Nr. 142, v. 22. 6. 1989, S. 13.
2 Dies betonte auch Bundeswirtschaftsminister Haussmann in seiner Rede anläßlich des 40jährigen Jubiläums des Ausfuhrgarantieausschusses, gehalten am 6. November 1989 in Bonn.
3 Vgl. § 1 StabG, welcher das außenwirtschaftliche Gleichgewicht als eines der Ziele des sog. „magischen Vierecks" anführt, die von der Bundesregierung wirtschaftspolitisch anzustreben sind.

stiegen die Schadenszahlungen ständig die Einnahmen; im Jahre 1988 ergab sich für den Bundeshaushalt ein Defizit von 1 577 Millionen DM, das sich 1989 auf rund 1,8 Milliarden DM erhöhte[4]. Eine baldige Besserung dieses Zustandes ist nicht in Sicht[5].

Auf der anderen Seite klagt die deutsche Wirtschaft über ein zu starres, zu teures und insgesamt an ihren Bedürfnissen vorbeigehendes Entgeltsystem. Fest steht jedenfalls, daß ein wachsender Teil des deutschen Exportes an HERMES vorbeiläuft. Wie im Vorjahr umfaßten die Neudeckungen des Bundes 1988 lediglich 4,6 Prozent der deutschen Gesamtexporte, 1989 gar nur 4,3 Prozent[6].

Der Niedergang der letzten Jahre erklärt sich durch die internationale Verschuldungskrise. Kaum ein Land der Dritten Welt – dorthin gehen traditionell die meisten HERMES-gedeckten Exporte[7] – kann noch seinen Zahlungsverpflichtungen nachkommen. Für die Exportwirtschaft ist die gegenwärtige Krise ein Prüfstein für den „wahren Wert" der Exportgewährleistungen. Für den Juristen stellt sich vor diesem Hintergrund die Frage, unter welchen Voraussetzungen ein Exporteur entschädigt wird. Diese Frage bildet den Schwerpunkt der vorliegenden Untersuchung.

Im ersten Hauptteil der Arbeit wird zunächst auf die rechtlichen Grundlagen und die inhaltliche Gestaltung der HERMES-Deckungen eingegangen (§§ 1 und 2). Es folgt die Darstellung des Verfahrens der *Übernahme* einer Deckung (§ 3). Allgemeine zivilrechtliche Fragen werden erörtert, sofern sie für die Frage der Entschädigung von Bedeutung sein können (§ 4).

Der zweite Teil der Untersuchung befaßt sich mit der Rechtsstellung des Exporteurs, der bereits einen Ausfall erlitten hat. Untersucht wird die Frage, unter welchen Voraussetzungen der Unternehmer vom Bund nach den allgemeinen, für den klassischen Schadensfall entwickelten Regeln entschädigt werden kann.

Steht ein Schaden erst bevor, so fragt sich, ob und unter welchen Voraussetzungen der Bund die private Handelsforderung im Rahmen von Regierungsabkommen umschulden kann. Diese Frage wird im dritten Teil der Untersuchung zu erörtern sein.

Die aufgeworfenen Fragen sind zwar in den bei der Deckungspraxis zugrundegelegten Formularen geregelt; doch sind diese Regelungen notwendigerweise sehr allgemein gehalten. Mit den ständig wechselnden Problemen des Welthandels können sie nicht Schritt halten. In dieser Arbeit soll daher versucht werden, konkrete Gesichtspunkte herauszuarbeiten, die dann bei der Entscheidung über die Auszahlung von Entschädigungen zugrundegelegt werden können. Im übrigen werden die bestehenden Regelungen einer kritischen Würdigung unterzogen.

---

4 *Ohne Verfasser,* Das Defizit bei Hermes wird noch größer, FAZ v. 2. 5. 1990, S. 19.

5 *HERMES-Bericht* 1988, S. 4 und 18; vgl. auch die Tabelle in Anhang 1.

6 *Ohne Verfasser,* a. a. O.

7 Vgl. das Schaubild im Anhang 2.

Erster Teil: Überblick über das System der HERMES-Deckungen

§ 1 Rechtliche Grundlagen

I. Die gesetzliche Ermächtigung

Wie sich aus Art. 115 Abs. 1 S. 1 GG ergibt, bedarf die Übernahme von Bürgschaften, Garantien oder sonstigen Gewährleistungen, die zu Ausgaben in künftigen Rechnungsjahren führen können, einer der Höhe nach bestimmten oder bestimmbaren Ermächtigung durch Bundesgesetz. Diese Ermächtigung wird seit 1958[8] in dem jeweils gültigen Bundeshaushaltsgesetz erteilt.

Nach § 9 BHaushG 1990[9] ist der Bundesminister der Finanzen zur Übernahme von Garantien und sonstigen Gewährleistungen ermächtigt. Dabei sind zwei Ermächtigungsrahmen zu unterscheiden.

165 Milliarden stehen für Ausfuhrgeschäfte im engeren Sinne zur Verfügung: Für die Deckung von Ausfuhren deutscher Exporteure, für Finanzkredite deutscher Kreditinstitute, die an deutsche Ausfuhren gebunden sind („gebundene Finanzkredite"), sowie für Gewährleistungen zum Zwecke von Umschuldungen dieser Forderungen (§ 9 Abs. 1 Nr. 1 i. V. m. Abs. 2 BHaushG). All diese Instrumente werden im Rahmen dieser Untersuchung noch ausführlich erörtert. Weitere 15 Milliarden DM werden für Geschäftstypen bereitgestellt, die im folgenden nur am Rande dargestellt werden: Außenwirtschaftliche Kredittransaktionen, ungebundene Finanzkredite und ihre Umschuldung, sowie Kapitalanlagen (§ 9 Abs. 1 Nr. 2–4 i. V. m. Abs. 2 BHaushG).

In welcher Höhe der Ermächtigungsrahmen belastet wird, ergibt sich nicht einfach aus den Einzelbelastungen eines laufenden Haushaltsjahres. Vielmehr werden bereits in früheren Rechnungsjahren übernommene Bundesdeckungen auf die Beträge der neu geschaffenen Ermächtigungsrahmen angerechnet, soweit diese in Anspruch genommen waren, ohne daß für die geleisteten Zahlungen Ersatz erlangt wurde (§ 14 Abs. 1 und 2 BHaushG). Auf der anderen Seite sind Einzelbeträge, hinsichtlich derer der Bund, zum Beispiel wegen der Bezahlung durch ausländische Abnehmer, nicht mehr in Anspruch genommen werden kann bzw. Ersatz erlangt hat, nicht auf den Höchstbetrag des Ermächtigungsrahmens

---

8 Vgl. näher zur Praxis in früheren Jahren *Christopeit*, S. 14 und *Glotzbach*, S. 28.
9 „Gesetz über die Feststellung des Bundeshaushaltsplans für das Haushaltsjahr 1990 (Haushaltsgesetz 1990)" vom 29. Dezember 1989, BGBl. I 1989, 2421 ff.

anzurechnen (§ 14 Abs. 3 BHaushG). Sie stehen damit zur erneuten Ausnutzung zur Verfügung[10].

Von diesem Ermächtigungsrahmen sind die jährlich neu eingerichteten Titel im Haushaltsplan zu unterscheiden, in denen die Einnahmen den tatsächlichen Ausgaben (insbesondere: Schadenszahlungen!) gegenübergestellt werden[11]. Hierauf wird bei der Frage der Subvention zurückzukommen sein[12].

II. Die ministeriellen Richtlinien

Wie schon die vorangegangenen Haushaltsgesetze so ermächtigt auch § 9 Abs. 1 Nr. 1 a BHaushG 1990 den Bundesminister für Wirtschaft, „Richtlinien" zu erlassen, und zwar „im Einvernehmen mit dem Bundesminister der Finanzen, dem Bundesminister für wirtschaftliche Zusammenarbeit und dem Bundesminister des Auswärtigen".

Aus historischen Gründen[13] bestehen Richtlinien nur für die Deckung von Ausfuhrgeschäften[14] und Kapitalanlagen im Ausland[15], nicht jedoch bei den übrigen Sparten.

Nach den Richtlinien können Ausfuhrgewährleistungen übernommen werden, wenn die Ausfuhren „förderungswürdig" sind oder wenn an ihrer Durchführung ein „besonderes staatliches Interesse der Bundesrepublik Deutschland" besteht[16]. Für die zweite Fallgruppe könnte allerdings die Rechtmäßigkeit der Richtlinien fraglich sein, da insoweit eine haushaltsrechtliche Ermächtigung, entsprechende Richtlinien zu erlassen, fehlt[17].

---

10 Daraus ist auch das Interesse des Bundes zu erklären, bei Großgeschäften mit gestaffelten Fälligkeiten für die bezahlten Teile sog. „Teilenthaftungserklärungen" von den Exporteuren zu erhalten: *Schallehn/Stolzenburg*, Abschn. I Rn. 12.
11 Vgl. Bundeshaushaltsplan 1990, Einzelplan 3208.
12 Unten, § 2 VII. Auf weitere haushaltsrechtliche Aspekte, wie die Mitwirkung der Bundesschuldenverwaltung, kann im Rahmen dieses Überblicks nicht näher eingegangen werden. Vgl. dazu *Schallehn/Stolzenburg*, Abschn. I Rn. 15 f.
13 Vgl. *Kölbe*, WM 1960, S. 626 f.
14 „Richtlinien für die Übernahme von Ausfuhrgewährleistungen" vom 30. Dezember 1983, BAnz. Nr. 42 vom 29. Februar 1984. Eine Kurzkommentierung findet sich bei *Schallehn/Stolzenburg*. Abschn. I, Anlage 3 (Anhang). Die früher geltenden Richtlinien für Ausfuhrgeschäfte von 1961 sind dargestellt bei *Reuter*, S. 153 f.
15 Richtlinien für die Übernahme von Garantien für Kapitalanlagen im Ausland vom 13. Januar 1967 in der Fassung vom 21. Juli 1986; BAnz. Nr. 137 vom 30. Juli 1986, abgedruckt bei *Schallehn/Stolzenburg*, Abschn. XVIII Anlage 2.
16 Nr. 2.1, S. 1 der Ausfuhrgewährleistungs-Richtlinien (nachfolgend: AGRl.). Zu den Kriterien für die Übernahme einer Deckung näher unten, § 3 II 2.
17 Vgl. § 9 Abs. 1 Nr. 1 a BHaushG einerseits, und § 9 Abs. 1 Nr. 1 b BHaushG andererseits.

Dies ist auch nicht erforderlich, da Art. 86 S. 1 GG für den hier betroffenen Bereich der bundeseigenen Verwaltung eine umfassende Richtlinienermächtigung ausspricht[18]. Die Ermächtigung in § 9 Abs. 1 Nr. 1a BHaushG wird daher teilweise sogar als *Verpflichtung* zum Erlaß von Richtlinien verstanden[19], was der Vorschrift erst einen eigenen Regelungsgehalt gibt. Davon abgesehen ist der weite Geltungsbereich der Richtlinien zweckmäßig, da die genannten Fallgruppen sich auf denselben haushaltsrechtlichen Ermächtigungsrahmen beziehen.

Inhaltlich regeln die Richtlinien die grundsätzlichen Voraussetzungen[20] sowie die Kriterien für die Übernahme von Deckungen[21], die Zuständigkeiten der an der Übernahme-Entscheidung Beteiligten[22] und das Verfahren[23]. Schließlich übertragen sie die Geschäftsführung auf ein Konsortium, das aus der Hermes Kreditversicherungs-AG und der Treuarbeit AG besteht, wobei die Federführung der Hermes-AG obliegt. Die Bestimmungen sind so formuliert, daß neben der bisherigen Verwaltungspraxis das seit 1977 geltende Verwaltungsverfahrensgesetz des Bundes berücksichtigt wird.

Ihrer Rechtsnatur nach handelt es sich bei den Richtlinien um Verwaltungsvorschriften, die eine „Außenwirkung" für das Verhältnis zwischen Bund und Antragsteller nur mittelbar, über den Gleichheitssatz des Art. 3 GG, erlangen können[24]. Diese zeigt sich auch in der Tatsache, daß die Richtlinien nicht zum Bestandteil des Einzelvertrages zwischen Bund und Exporteur werden, gehen sie doch selbst davon aus, daß ein Vertrag erst noch geschlossen werden muß[25] und daß „wiederkehrende Vertragsbestimmungen" durch die Aufstellung Allgemeiner Bedingungen geregelt werden können[26].

III. Die Allgemeinen Bedingungen

Die Allgemeinen Bedingungen sind kraft ausdrücklicher Bestimmung Gegenstand jedes Vertrages, der zwischen dem Bund und dem Exporteur geschlossen wird: Sowohl im Deckungsantrag[27] als auch in der Deckungsurkunde findet sich der Hinweis, daß die Gewährleistung aufgrund der Allgemeinen Bedingungen

---

18 Näher hierzu *Maunz* in Maunz/Dürig, Art. 86 Rn. 10–12.
19 *Frhr. v. Spiegel*, NJW 1984, S. 2005, 2006.
20 Vgl. Nr. 1 AGRl.
21 Nr. 2 AGRl.
22 Nr. 3 AGRl.
23 Nr. 4 AGRl.
24 *Frhr. von Spiegel*, NJW 1984, S. 2005, 2006. Allgemein zur lediglich mittelbaren Außenwirkung allgemeiner Verwaltungsvorschriften *Lerche* in Maunz/Dürig, Art. 84 GG Rn. 87 und *Redeker/von Oertzen*, § 42 VwGO Rn. 149 m. w. N.
25 Nr. 5 AGRl.
26 Nr. 5.4 AGRl.
27 Ein Antragsformular ist abgedruckt in Anhang 3.

übernommen wird. Die Rechtsnatur der Allgemeinen Bedingungen wird noch näher zu untersuchen sein[28].

Es bestehen keine einheitlichen Bedingungen für sämtliche Gewährleistungsformen. Es gibt vielmehr unterschiedliche Formulare, die den Besonderheiten der verschiedenen Exportverträge (Ausfuhrgeschäfte, gebundene und ungebundene Finanzkredite, Kapitalanlagen)[29] Rechnung tragen.

Darüber hinaus wird selbst innerhalb dieser Sparten nach unterschiedlichen Gesichtspunkten differenziert. Zum einen ist zu unterscheiden zwischen Geschäften, bei denen der ausländische Partner eine Regierung oder Körperschaft des öffentlichen Rechts ist (sogenannte Regierungsgeschäfte), und Geschäften, bei denen der deutsche Exporteur mit einer Privatperson kontrahiert. Deckungen für Geschäfte mit Privaten werden traditionell als „Garantie" bezeichnet, Regierungsgeschäfte tragen die Bezeichnung „Bürgschaft". Dementsprechend gibt es allgemeine Bedingungen für „Ausfuhrgarantien", „Ausfuhrbürgschaften" und so fort.

Für Warenexporte unterscheiden sich die Bedingungstexte schließlich nach dem Zeitpunkt des Schadenseintritts. Gefahren, die dem Unternehmer vor Versendung der Ware drohen, lassen sich als sogenanntes „Fabrikationsrisiko" abdecken[30]; um Risiken nach Versendung abzusichern, ist der Abschluß einer „Ausfuhrrisiko"-Deckung erforderlich[31].

Im Ergebnis läßt sich somit eine lückenlose Deckung für den gesamten Zeitraum vom Beginn der Fertigung bis hin zur Erfüllung der Forderung aus dem Exportgeschäft erreichen. Die Deckung kann jedoch auch auf einen der genannten Zeiträume beschränkt werden[32], was für die Wirtschaft unter anderem dann interessant ist, wenn der Hersteller die Ware durch ein selbständiges Exportunternehmen ausführen läßt, welches auch die Risiken des Exportkredits trägt. Auf die Unterschiede, die sich bei beiden Zeiträumen hinsichtlich der gedeckten Risiken und des Schadens ergeben, wird im einzelnen zurückzukommen sein[33].

In der Exportwirtschaft besteht häufig das Bedürfnis, eine Vielzahl von Geschäften zu sichern. Schon die 1926 mit Unterstützung des Reiches gegründete Exportkredit-Versicherung[34] sah zu diesem Zwecke, in Anlehnung an die Praxis der

28 Siehe unten, § 4 II.
29 Dazu näher unten, § 2 I.
30 Einzelheiten bei *Glotzbach*, S. 38–44 und *Schallehn/Stolzenburg*, Abschn. III.
31 *Ade*, S. 13 weist zutreffend darauf hin, daß die Versendung für den Kreditversicherer nicht die einzig denkbare Abgrenzung zwischen Fertigung und Ausfuhr darstellt. So hätte sich zum Beispiel die Installation einer Anlage auch noch zur Fertigung zählen lassen.
32 Anders dagegen das Konzept der „Vertragsdeckung", wie es die Europäische Police von 1970 vorsah. Vom Vertragsschluß bis zur letzten Rate war hier ohne Einschränkbarkeit der gesamte Zeitraum abgesichert: *Schallehn/Stolzenburg*, Abschn. VII Rn. 6–13.
33 Siehe unten, Zweiter Teil, § 7–8.
34 Näher dazu *Hauptmannl*, S. 12f.

inländischen Warenkreditversicherung[35], besondere Vertragsformen vor[36]. Im heutigen System der Ausfuhrkreditversicherung gibt es neben der Einzeldeckung die revolvierende Deckung für laufende Exportgeschäfte mit *einem* Kunden und die Pauschaldeckung für laufende Geschäfte mit *mehreren* ausländischen Abnehmern. In der Praxis erfreut sich gerade die Pauschaldeckung wegen ihrer vergleichsweise günstigen Prämien und einfacheren Handhabung außerordentlicher Beliebtheit: 47,7 Prozent aller Auftragswerte im kurzfristigen Geschäft, d. h. bei Kreditlaufzeiten bis zu zwei Jahren, entfielen auf diese Deckungsform[37].

Schließlich bestehen spezifische Bedingungswerke zur Absicherung von Risiken, die sich aus der Besonderheit des jeweiligen Geschäftstyps ergeben, wie zum Beispiel die Beschlagnahme-Deckungen (Lagerdeckungen)[38], Deckungen für Bauleistungen[39] oder Leasing-Geschäfte[40]. Lizenzforderungen können bisher nur in begrenztem Umfang abgesichert werden[41].

Seit dem 1. Oktober 1986 gelten die Allgemeinen Bedingungen in reformierter Form. Die Bedeutung der Reform liegt weitgehend darin, daß die Klauselwerke nach Aufbau und Formulierung einander angeglichen wurden, was ihrer Transparenz und Vergleichbarkeit zugute kommt. Inhaltliche Änderungen wurden insbesondere aufgrund von Erfahrungen mit der Rechtsprechung zum AGB-Gesetz vorgenommen.

IV. Zusammenfassung und Begrenzung des Themas

Faßt man die rechtlichen Grundlagen der Exportkreditversicherung in der Bundesrepublik zusammen, so sind dies:

- Bundeshaushaltsgesetz
- Richtlinien
- Allgemeine Bedingungen.

Die unterschiedlichen Erscheinungsformen des Exportkredits führten dazu, daß sich eine Vielzahl unterschiedlicher Bedingungswerke herausbildete. Angesichts

---

35 Vgl. die Darstellung bei *von Halem*, S. 33 ff.
36 *Reuter*, S. 142 f.
37 *HERMES-Bericht* 1988, S. 8; vgl. auch *Hichert*, S. 51−53.
38 *Schallehn/Stolzenburg*, Abschn. VIII Rn. 85−133.
39 *Schallehn/Stolzenburg*, a. a. O., Rn. 134−283.
40 *Schallehn/Stolzenburg*, a. a. O., Rn. 285−322.
41 Die Lizenz muß entweder als Sacheinlage in eine Kapitalanlage eingebracht werden − dann ist eine Kapitalanlage-Garantie möglich, oder ihr Wert wird auf den Kaufpreis aufgeschlagen, um eine Ausfuhrdeckung zu ermöglichen. Der isolierte Lizenzvertrag kann dagegen nur nach genauer Prüfung im Einzelfall abgesichert werden, weil das deutsche Gewährleistungssystem eine genaue Bezifferung der Haftungssumme voraussetzt. − Weitergehend in diesem Punkt Art. 12 (a) des Übereinkommens der Multilateralen Investitionsgarantie-Agentur (MIGA), der die Möglichkeit der Deckung von Lizenz- oder Franchiseverträgen offen hält: *Ebenroth/Karl*, Rn. 204. Zur MIGA näher unten, § 2 VI 4.

der Vielfältigkeit dieses Instrumentariums lassen sich kaum allgemeingültige, für sämtliche Klauselwerke geltende Aussagen treffen. In der vorliegenden Arbeit wird nur die Absicherung derjenigen Geschäfte untersucht, die im Zusammenhang mit Warenexporten stehen und auch einheitlich von HERMES bearbeitet werden. Der Untersuchung liegen daher folgende, den weitaus größten Teil dieser Geschäfte regelnde Bedingungen zugrunde:

- Allgemeine Bedingungen für Ausfuhrbürgschaften (nachfolgend: „B")
- Allgemeine Bedingungen für Ausfuhr-Pauschal-Gewährleistungen („P")
- Allgemeine Bedingungen für Ausfuhrgarantien („G")
- Allgemeine Bedingungen für Fabrikationsrisikobürgschaften („FB")
- Allgemeine Bedingungen für Fabrikationsrisikogarantien („FG")
- Allgemeine Bedingungen für Bürgschaften für gebundene Finanzkredite („FKB")
- Allgemeine Bedingungen für Garantien für gebundene Finanzkredite („FKG")

Sämtliche Texte sind in Anhang 4 abgedruckt.

§ 2 Der Inhalt einer HERMES-Deckung

I. Deckungsgegenstand

Bezüglich des Gegenstandes, also der garantierten oder verbürgten Forderung, unterscheidet das Gewährleistungssystem in der Bundesrepublik zwischen folgenden Arten:

1. Ausfuhrkredit = Geldforderungen deutscher Exporteure aus Ausfuhrverträgen über Lieferungen und Leistungen[42].
2. Gebundene Finanzkredite = Geldforderungen deutscher Kreditinstitute aus Kreditverträgen, die an Ausfuhrgeschäfte deutscher Exporteure gebunden sind.
3. Ungebundene Finanzkredite = Geldforderungen deutscher Kreditinstitute aus Kreditverträgen, die nicht an Ausfuhrgeschäfte deutscher Exporteure gebunden sind.
4. Kapitalanlagen[43].

Deckungen von Finanzkrediten stellen, wirtschaftlich betrachtet, das Bindeglied zur Exportfinanzierung dar.

---

42 Die Begriffsbestimmung findet sich zu Beginn der jeweils einschlägigen Allgemeinen Bedingungen.
43 Vgl. zu den garantiefähigen Kapitalanlagen das Kurzmerkblatt für Bundesgarantien für Kapitalanlagen, abgedruckt bei *Schallehn/Stolzenburg*, Abschn. XVIII, Anlage 1.

Indem deutsche Kreditinstitute den Restkaufpreis eines Ausfuhrgeschäftes an den deutschen Exporteur ausbezahlen, machen sie dieses aus seiner Sicht zu einem Bargeschäft. Auch in den übrigen Fällen ist der Wert einer HERMES-Deckung für die Finanzierung nicht zu verkennen. Häufig schafft die Übernahme einer Gewährleistung erst die Voraussetzungen für eine günstigere Finanzierung, namentlich durch die Ausfuhrkredit-GmbH (AKA)[44] oder die Kreditanstalt für Wiederaufbau (KfW).

Grundsätzlich können alle Arten von Forderungen gedeckt werden, sofern die Verträge nicht gegen geltendes Recht verstoßen. Dies ergibt sich aus dem Erfordernis der „Rechtsbeständigkeit" der Forderung bzw. der „Wirksamkeit" des Ausfuhrvertrages[45]. Da es sich im wesentlichen um eine nationale Maßnahme zur Förderung deutscher Exporte handelt, werden Zulieferungen aus dem Ausland nur in begrenztem, je nach Herkunftsland verschiedenem Umfang in Deckung genommen[46] – ein Umstand, der besonders im Investitionsgüter-Geschäft zu beachten ist.

Ob ein Geschäft gedeckt werden kann, richtet sich schließlich nach den vereinbarten Zahlungsbedingungen. Nach dem sogenannten Konsensus der OECD[47] sind vom Käufer An- und Zwischenzahlungen in Höhe von mindestens 15 Prozent des Auftragswertes zu leisten. Die zulässigen Höchstlaufzeiten für HERMES-gedeckte Kredite richten sich ebenfalls nach dem OECD-Konsensus, der bei Exporten in Industrieländer 5 Jahre, bei Schwellenländern 8,5 und bei Entwicklungsländern 10 Jahre als Höchstlaufzeit vorsieht[48].

Zu ergänzen bleibt noch, daß die Allgemeinen Bedingungen bestimmte Nebenforderungen (Verzugszinsen, Vertragsstrafe und Reugeld) ausdrücklich von einer

---

44 Einzelheiten hierzu bei *Hichert*, S. 104–113. Um den Wert der Bundesdeckungen für die Finanzierung weiter zu verbessern, wurde eine sog. Deckblattbürgschaft eingeführt, die den Kreditinstituten eine Refinanzierung zu Festzinskonditionen bei Hypothekenbanken ermöglicht. Vgl. dazu *Schallehn/Stolzenburg*, Abschn. XV Rn. 29–32.

45 Vgl. §§ 5 Abs. 1. S. 1 B, G; P; FKB, FKG; § 5 Abs. 1 FB, FG. Dazu näher unten, 4c.

46 Zulieferungen aus Österreich, der Schweiz und Schweden zum Beispiel bis zu einem Anteil von 30% des Auftragswertes, Lieferungen aus EG-Ländern bis zu 40%, Lieferungen aus sonstigen Ländern in weit begrenzterem Umfang. Einzelheiten hierzu bei *Schallehn/Stolzenburg*, Abschn. III Rn. 34–50.

47 Es handelt sich um ein zwischenstaatliches Übereinkommen der OECD-Mitgliedsstaaten, das „Leitlinien" für die Zahlungsbedingungen ebenso festlegt wie ein regelmäßiges Konsultations- und Notifikationsverfahren. Der Konsensus soll dazu beitragen, einen „Konditionenwettlauf" auf den Weltmärkten zu begrenzen und die Exportförderung der Mitgliedsstaaten transparenter zu gestalten. Einzelheiten bei *Schallehn/Stolzenburg*, Abschn. VI. Rn. 156–179 und Anlage 1, sowie Abschn. XI, Rn. 28–54. Vgl. ferner *Glotzbach*, S. 149 f. zu den früheren Stadien dieser Zusammenarbeit.

48 Davon gibt es Ausnahmen, die in sogenannten „Sektorenabkommen" (z. B. für Flugzeugexporte) festgelegt sind: *Schallehn/Stolzenburg*, Abschn. VI, Rn. 164–169.

Deckung ausnehmen[49]. Bei Kapitalanlagen werden in der Praxis häufig Erträge nur in begrenztem Umfang oder überhaupt nicht gedeckt[50].

II. Gedeckte Risiken

Will man die Exportrisiken unterteilen, so bieten sich drei Gesichtspunkte an:

1. Der gedeckte Zeitabschnitt
2. Die Rechtspersönlichkeit des ausländischen Schuldners
3. Die Art des Risikos

Die Unterscheidung nach den ersten beiden Kriterien wurde bereits dargestellt und läßt sich knapp umreißen mit den Stichworten „Fabrikations- und Ausfuhrrisiko" bzw. „Garantien und Bürgschaften"[51]. Zu untersuchen bleibt die Unterscheidung der verschiedenen Risikoarten.

Nach den Allgemeinen Bedingungen sind die jeweils im einzelnen aufgeführten politischen und wirtschaftlichen Gefahren abgesichert. Welcher Risikofall im konkreten Fall eingetreten ist, ist wegen der unterschiedlichen Selbstbeteiligungssätze und Karenzzeiten[52] für Höhe und Schnelligkeit der Entschädigungszahlung von erheblicher Bedeutung. Die Abgrenzung beider Fallgruppen ist mitunter nicht einfach zu treffen, wie sich besonders bei den Kapitalanlage-Garantien in den Fällen sogenannter „Grauzonenrisiken" gezeigt hat[53].

1. Politische Risiken

Politische Risiken ergeben sich aus staatlichen Maßnahmen oder politischen Ereignissen, welche die Durchführung des Exportgeschäfts nachträglich unmöglich machen oder behindern. Über die Gewährleistungen des Bundes kann sich der Exporteur unter anderem gegen folgende Risiken absichern[54]:

– Ausfuhrverbote von seiten des Ausfuhrlandes, die nach Abschluß des Exportvertrages erlassen werden („neue Embargos")
– Annulierung erteilter Ausfuhrlizenzen
– Einfuhrverbote, die nach Abschluß des Exportvertrages erlassen werden („neue Einfuhrverbote")
– Annullierung erteilter Einfuhrlizenzen

---

49 § 2 Abs. 3 S. 2 B, G; P; § 2 Abs. 2 S. 2 FKB, FKG; vgl. auch § 2 Abs. 3 FB, FG.
50 *Salow*, S. 126 und 204.
51 Siehe oben, § 1 III.
52 Zu diesen Begriffen näher unten, III und IV.
53 Hierzu zählen Umweltschutzmaßnahmen, Vorschriften über den Anteil und die Bezahlung ausländischer Beschäftigter. Sie sind einerseits politisch bedingt, können sich andererseits auf die Zahlungsfähigkeit des Schuldners auswirken und insoweit ein wirtschaftliches Risiko darstellen. Weitere Beispiele in *Paetzold/Petersen*, S. 25–28.
54 Vgl. § 4 Abs. 2 B, G, P; FKB, FKG; § 4 FB, FG.

- Enteignungen der Ware (Nationalisierungen, Sozialisierungen, Beschlagnahmen)
- Krieg, Unruhen, Revolutionen
- Konvertierungs- und Transferverbote oder -beschränkungen („KT-Fall")
- Zahlungsverbote und Moratorien
- Kursverluste an eingezahlten Beträgen.

2. Wirtschaftliche Risiken

Unter der Bezeichnung „wirtschaftliches Risiko" decken die Allgemeinen Bedingungen im wesentlichen folgende Tatbestände ab, welche die Zahlungsunfähigkeit des (privaten) Schuldners voraussetzen[55]:

- Konkurs
- Vergleich
- Fruchtlose Zwangsvollstreckung und
- Zahlungseinstellung.

Darüber hinaus haftet der Bund auch in einigen Fällen zu einem Zeitpunkt, in dem sich das Risiko noch nicht vollständig realisiert hat:

- Nichtzahlungsfall („Protracted default")[56]
- Drohender wirtschaftlicher Schadensfall[57].

Der Nichtzahlungsfall gilt auch für Geschäfte mit öffentlichen Abnehmern („Regierungsgeschäfte"). In diesem Zusammenhang könnte er eher als politischer Schadensfall einzuordnen sein, da einer solchen Zahlungsverweigerung stets politische Entscheidungen vorausgehen[58]. Interessanter als derartige Überlegungen zur Systematisierung sind für die Praxis die Rechtsfolgen, die sich im Nichtzahlungsfall ergeben. Der Exporteur kann schon sechs Monate nach Fälligkeit entschädigt werden, hat aber eine höhere Selbstbeteiligung zu tragen[59].

3. Grenzen des Deckungsschutzes

a) Der Grundsatz der einheitlichen Deckung aller Risiken

Der Exporteur hat typischerweise ein Interesse daran, aus dem in den Allgemeinen Bedingungen enthaltenen Gesamtkatalog gegen entsprechend geringeres Entgelt nur einzelne, ihm besonders „lästige" Risiken abzusichern. Grundsätzlich können jedoch nur alle Risiken einheitlich und gesammelt gedeckt werden[60]. Auf

---

55 § 4 Abs. 3 G, FKG, P; § 4 Nr. 3 b FG.
56 § 4 Abs. 3 G, FKB; § 4 Abs. 4 G, FKG, P.
57 § 4 Abs. 3 Nr. 6 G; § 4 Nr. 3 c–d FG.
58 Vgl. *United Nations*, Report, S. 7 und *Ade*, S. 17.
59 Vgl. z. B. § 6 Abs. 1 Nr. 3 G.
60 Eine Ausnahme stellen Deckungen für Exportgeschäfte mit Tochter- und Beteiligungsgesellschaften deutscher Unternehmen dar. Sie können auch auf politische Risiken beschränkt werden: *Schallehn/Stolzenburg*, Abschn. V Rn. 18–21. Da der Deckungs-

diese Weise soll verhindert werden, daß der Exporteur eine negative Risikoauslese zum Nachteil des Bundes trifft.

b) Inländische Risiken

Die Bundesrepublik sichert grundsätzlich nur die im Ausland liegenden Gefahren eines Exportgeschäftes. Ausnahmen von diesem Prinzip sind die bereits erwähnten Fälle eines nachträglichen deutschen Embargos oder der Annullierung bereits erteilter Ausfuhrlizenzen[61]. Die politischen Umstände, die solchen Maßnahmen zugrunde liegen, sind für den Exporteur ähnlich schwer zu kalkulieren wie politische Auslandsrisiken.

c) Typische Unternehmerrisiken; der Grundsatz der Subsidiarität

Wirtschaftliche Risiken werden dem Unternehmer nicht in vollem Umfang abgenommen. Eine Reihe von Gefahren soll der Unternehmer selbst tragen, da sie als Ausfluß jedweder unternehmerischer Tätigkeit nicht auf das Auslandsgeschäft beschränkt sind oder der Unternehmer sich jedenfalls anderweitig absichern kann[62]. Kein Bedürfnis für eine Risikoabwehr durch die HERMES-Deckung besteht insbesondere in folgenden Fällen:

Das Risiko von Kostensteigerungen in Materialien und Löhnen, welches gerade bei langfristig abzuwickelnden Vertragsverhältnissen relevant wird, trifft den Unternehmer beim Binnenhandel in gleicher Weise und ist daher nicht gedeckt. Die Gefahr von Kostensteigerungen kann der Exporteur überdies durch vertragliche Wertsicherungsklauseln absichern[63]. Bei der Schadensberechnung können dann unter gewissen Voraussetzungen solche Klauseln berücksichtigt werden[64].

Das Transportrisiko wird ebenfalls nicht abgedeckt. Sofern der Unternehmer nicht schon durch die Haftung des Spediteurs oder Frachtführers gesichert ist[65], kann er eine Transportversicherung mit einem privaten Versicherer abschließen[66] oder das Transportrisiko vertraglich auf den ausländischen Abnehmer abwälzen.

Über die dargestellten Fallgruppen hinaus gilt der in den Richtlinien niedergelegte Subsidiaritätsgrundsatz. Danach sollen Deckungen, die auf dem privaten Versi-

---

nehmer in diesen Fällen die Bonität − und damit: das wirtschaftliche Risiko − seines Abnehmers kennt, wäre eine allumfassende Deckung für ihn auch ohne Wert. Eine andere wichtige Ausnahme ist die Teildeckung von Fabrikationsrisiken. Danach kann die Deckung auf die Selbstkosten für sich geschlossen oder selbständig anderweitig verwertbare Lieferungen und Leistungen beschränkt werden; § 2 Abs. 4 FB, FG.

61 § 4 Nr. 3 e FB, FG i. V. m. §§ 27, 2, 7 AWG.
62 *Christopeit*, S. 23 m. w. N. Einen Überblick über die Versicherbarkeit der unterschiedlichen, besonders im Industrie-Anlagenbau auftretenden Exportrisiken gibt *Braun*, Der Maschinenschaden 1985, S. 1.
63 Vgl. zu Möglichkeiten einer Wertsicherung im grenzüberschreitenden Verkehr nur *Graf von Westphalen*, Exportfinanzierung, S. 97−119 m. w. N.
64 Siehe für die Deckung von Fabrikationsrisiken unten, Zweiter Teil, § 8 V 1.
65 Vgl. für das deutsche Recht §§ 407 ff.; 425 ff. HGB; §§ 51 ff. ADSp.
66 §§ 129 ff. VVG.

cherungsmarkt „allgemein in derselben Art und in demselben Umfange" angeboten werden, nicht übernommen werden[67]. In der Praxis sind jedenfalls politische Risiken auf dem privaten Versicherungsmarkt für deutsche Exporteure nur sehr lückenhaft absicherbar; für Länder, in denen das politische Risiko erheblich ist, wird dieses von privaten Exportkreditversicherern[68] in der Regel ausgeschlossen[69]. Unter diesen Umständen genügt die gegenwärtige Deckungspolitik dem Subsidiaritätsprinzip.

d) Risiken des anwendbaren Rechts und des Gerichtsstands

Risiken des anwendbaren Rechts hat der Exporteur in zweierlei Hinsicht zu tragen: Zum einen setzt sein Entschädigungsanspruch voraus, daß die Forderung aus dem Exportgeschäft „rechtsbeständig" bzw. das Ausfuhrgeschäft „wirksam" ist[70], was sich offenbar nach dem anwendbaren Recht bestimmt; zum anderen sind ihm bei der Rechtsverfolgung die Risiken des anwendbaren Rechts wie des Gerichtsstands aufgebürdet, sei dies nun vor[71] oder nach Auszahlung der Entschädigungssumme[72].

Auf eine Kurzformel gebracht läßt sich festhalten: Der Exporteur trägt — prozessual und materiell — sämtliche rechtliche Risiken, der Bund deckt hingegen die in den Allgemeinen Bedingungen abschließend aufgeführten politischen und wirtschaftlichen Tatbestände. Die Grenze zwischen diesen Risikosphären ist indes noch näher zu bestimmen.

Bestandteil des „anwendbaren Rechts" könnten nämlich auch öffentlich-rechtliche Normen des Schuldnerlandes sein, die ihrerseits einen der gedeckten Risikofälle ausgelöst haben. Zu denken ist etwa an ausländische Devisengesetzgebung oder Importverbote mit enteignender Wirkung. Von den Gerichten des Schuldnerlandes wären derartige Vorschriften in aller Regel anzuwenden.

Dieses „Störpotential" des ausländischen Rechts könnte der Exporteur auch nicht über die Vereinbarung eines ihm günstigen Gerichtsstandes vollständig ausschließen. Von deutschen Gerichten wären zum Beispiel ausländische Devisenvorschrif-

---

67 Nr. 1.2 AGRl.

68 Dies sind in der Bundesrepublik die Allgemeine Kreditversicherungs-AG, die Gerling-Konzern Speziale Kreditversicherungs-AG, die Zürich Kautions- und Kreditversicherungs-AG und neuerdings auch die Hermes AG, die insoweit nicht als Mandatar des Bundes, sondern auf eigene Rechnung tätig wird.

69 *Wagner*, S. 73. Vgl. auch § 1 Abs. 5 der Allgemeinen Versicherungs-Bedingungen für die Ausfuhr-Kreditversicherung: „Soweit die Zahlungsunfähigkeit des Kunden verursacht worden ist durch ... Krieg und kriegerische Ereignisse, ... Behinderung des Waren- und Zahlungsverkehrs von hoher Hand ... im Schuldnerland, haftet der Versicherer für Schäden nicht."

70 Vgl. z. B. § 5 Abs. 1 S. 1 B; § 5 Abs. 1 FG.

71 § 5 Abs. 2 am Ende B, G; FB, FG; P; FKB, FKG.

72 Argument aus § 9 Abs. 2 B, G; FB, FG; P; FKB, FKG (Rückforderungsrecht des Bundes bei Unterliegen im Rechtsstreit).

ten vor dem Hintergrund von Art. VIII Abschnitt 2 b des Abkommens von Bretton Woods weitgehend zu beachten[73]. Folgt man der Ansicht, daß ausländisches öffentliches Recht auch dann zu berücksichtigen ist, sofern es sich nur faktisch durchgesetzt hat[74], so wäre der Deckungsnehmer unter anderem auch gegen Embargos von Drittstaaten – insbesondere Zulieferstaaten – nicht gefeit. Zwar sind nach der deutschen Rechtsprechung derartige Eingriffsnormen nicht unmittelbar anzuwenden, sondern indirekt als „Datum" zu berücksichtigen, etwa im Rahmen der §§ 138 Abs. 1, 275 BGB[75]. Dies schließt jedoch nicht aus, sie jedenfalls im Sinne der HERMES-Bedingungen als „anwendbares" Recht zu qualifizieren.

Die angemessene Verteilung rechtlicher Risiken ist im Hinblick auf den Wortlaut und Zweck der HERMES-Deckungen zu treffen. Die einzelnen Tatbestände zählen gesetzgeberische Maßnahmen zum Teil ausdrücklich zu den gedeckten Risiken, sofern sie nach Abschluß des Ausfuhrvertrages und mit Bezug auf die gedeckte Forderung ergangen sind[76]. Dem liegt ein verallgemeinerungsfähiger Gedanke zugrunde: Hat sich der Exporteur bei Abschluß des Vertrages in jeder Hinsicht gesetzestreu verhalten, so soll er von dem Risiko nachträglicher Rechtsänderungen entlastet werden.

Gegen solche nachträglichen Rechtsänderungen könnte sich der Unternehmer nämlich auch mit Hilfe vertraglicher Vereinbarungen nicht zuverlässig schützen. Er kann zwar den Versuch unternehmen, bestehende Rechtspositionen durch Stabilisierungsklauseln (bei staatlichen Schuldnern)[77] oder sogenannte „Versteinerungsklauseln" (bei Geschäften mit Privaten)[78] zu sichern. Die Anerkennung solcher Klauseln ist freilich zumindest dann unsicher, wenn nicht zugleich die Zuständigkeit der staatlichen Gerichte des Schuldnerstaates abbedungen werden konnte[79].

---

73 Hierzu BGH AWD 1962, 146; BGH WM 1979, 486. Welche Einschränkungen bei der Beachtung ausländischen Devisenrechts im einzelnen zu machen sind, ist sehr umstritten. So sollen z. B. nach *Mann*, JZ 1970, S. 709, 710 f. nachträgliche Devisenkontrollen von Art. VII Abschnitt 2(b) des Abkommens von Bretton Woods nicht geregelt sein.

74 Hierzu *Kegel*, Internationales Privatrecht, § 23 I; *Sandrock/Steinschulte*, Handbuch, Rn. A 183–196 (187). Vgl. ferner die Darstellung der Rspr. bei *Kreuzer*.

75 *Kreuzer*, S. 52.

76 § 4 Abs. 2 Nr. 1 B, G; vgl. ferner für das Risiko von Embargos § 4 Nr. 3 e, f FB, FG.

77 Vgl. dazu nur *Hansen*, The Legal Effect Given Stabilization Clauses in Economic Development Agreements, Va. J. Int. L. 28 (1988), 1015 und umfassend *Merkt*, Investitionsschutz durch Stabilisierungsklauseln.

78 Dazu *Sandrock*, FS Riesenfeld S. 211, 220 ff.

79 Dieses Problem stellt sich bei Staaten, die die Vereinbarung ausländischer Gerichtsbarkeit zumindest teilweise untersagen, wie z. B. die lateinamerikanischen Staaten aufgrund der „Calvo-Doktrin". Siehe dazu *Bosch* in *Krümmel* (Hrsg.), S. 127 ff. Zu den trotz starker Reformtendenzen fortbestehenden Vorbehalten gegenüber der Handelsschiedsgerichtsbarkeit *Samtleben*, WM 1989, S. 769 m. w. N.; zu ähnlichen Problemen in den Staaten islamischer Rechtsordnung *Saleh*, S. 54 f., 88 f. m. w. N. – Vgl. dagegen zur „anerkennungsfreundlichen" Praxis durch internationale Schiedsgerichte die Nachweise bei *Reithmann/Martiny*, Rn. 41.

Im Ergebnis bedarf der Exporteur daher auch eines Schutzes gegen nachträgliche Rechtsänderungen. Gegen bereits bestehende rechtliche Risiken hat er sich dagegen selbst zu schützen, indem er bei Vertragsverhandlungen sein besonderes Augenmerk auf Rechtswahl, Gerichtsstand und einschlägige öffentlich-rechtliche Normen richtet.

III. Selbstbeteiligung

Den Versicherten mit einer bestimmten Quote am Ausfall zu beteiligen, gehört zu den althergebrachten Grundsätzen der Kreditversicherung[80]. Damit soll der Versicherungsnehmer zu vertragsgemäßem Verhalten, insbesondere zur Einhaltung seiner Sorgfaltspflichten angehalten werden, um auf diese Weise das sogenannte „subjektive Risiko" einer Vertragsverletzung, welches der Versicherer neben den übernommenen objektiven Risiken stets zu bedenken hat, zu verringern. Die eigenständige Bedeutung des Selbstbehalts liegt jedoch darin, den Versicherungsnehmer zu besonderen Anstrengungen zu veranlassen, die über das Maß der bloßen „Pflichterfüllung" hinausgehen. Die Selbstbeteiligung begründet nämlich ein eigenes Interesse an der Schadensverhütung und -minderung[81] – ein Anreiz, den bloße Sanktionen für Obliegenheitsverletzungen noch nicht zu geben vermögen.

Auch der Bund ersetzt den Schaden des Deckungsnehmers nicht vollständig. Die Höhe des vom Exporteur zu tragenden Selbstbehaltes beträgt grundsätzlich 10 Prozent für politische, 15 Prozent für wirtschaftliche Risiken und 15 bis 25 Prozent für das Nichtzahlungsrisiko[82]. Bei gebundenen Finanzkrediten kann er jedoch auf 5 Prozent für alle Risiken ermäßigt werden. Die Selbstbeteiligungssätze sind Normalsätze, die im Einzelfall, etwa bei schlechter Bonität des Käufers oder bei hohem Länderrisiko, heraufgesetzt werden können[83].

Die Höhe des Selbstbehalts bestimmt sich nach verschiedenen Grundregeln. Neben der durchschnittlichen Gewinnspanne soll auch ein Teil der Selbstkosten des Exporteurs ungedeckt bleiben, so daß dieser einen gewissen Verlust riskiert. Auf diese Weise soll er zu einer vorsichtigen Krediteinräumung, auch in Hinblick auf die Kreditlaufzeit, veranlaßt werden. Um diesen mit der Selbstbeteiligung verfolgten Zweck nicht zu gefährden, darf die Selbstbeteiligung nicht anderweitig abgedeckt werden[84]. Schließlich kann der Unternehmer sich nicht in der Weise

---

80 Nach *Manes*, Bd. II. S. 254 f. wurde der Selbstbehalt bereits Anfang dieses Jahrhunderts von einer Hamburger Versicherungsanstalt eingeführt, im Rahmen des sog. englisch-hamburgischen Systems der Warenkreditversicherung.

81 *Eichler*, S. 267 mit Beispielen für die unterschiedlichen Formen einer Selbstbeteiligung. Vgl. dazu auch *Richter*, S. 209.

82 Bei Kapitalanlagen in der Regel nur 5 Prozent: *Schallehn/Stolzenburg*, Abschn. XVIII Rn. 9.

83 *Schallehn/Stolzenburg*, Abschn. XIII Rn. 22; *Christopeit*, S. 56.

84 § 6 Abs. 2 B, G; FB, FG; P; § 6 Abs. 3 FKB, FKG.

schadlos halten, daß er im Vertrag mit dem ausländischen Schuldner hohe Vertragsstrafen, Verzugszinsen oder ähnliches vereinbart. Derartige Nebenforderungen sind aus gutem Grund nicht Gegenstand der Deckung[85].

Bei politischen Risiken kann der Selbstbehalt seinen eingangs genannten Zweck, den Versicherungsnehmer aufgrund seines eigenen Interesses an der Schadensverhütung zu besonderen Anstrengungen zu veranlassen, nur begrenzt erfüllen. Die politischen Rahmenbedingungen sind für den Exporteur in aller Regel nicht zu beeinflussen; seine Mitwirkungspflichten beschränken sich daher im wesentlichen auf die Überwachung seiner Geschäftsbeziehung[86]. Hieraus erklärt sich, daß bei politischen Risiken ein vergleichsweise geringerer Selbstbehalt in Rechnung gestellt wird.

Zu erwähnen bleibt noch, daß die genannten Selbstbeteiligungssätze aus wirtschaftspolitischen Grundsätzen heraus – Förderung der Werftindustrie, Förderung der Berliner Fertigung – ausnahmsweise herabgesetzt werden können[87].

IV. Karenzzeit

Bei politischen Risiken haftet die Bundesrepublik erst nach Ablauf einer bestimmten Frist (Karenzzeit), während der sich herausstellen soll, ob der eingetretene Schaden von Dauer ist oder nur von vorübergehender Natur. Dem liegt der Gedanke zugrunde, daß der Bund, vom „Nichtzahlungsfall" einmal abgesehen, nicht für jeden Verzugsschaden haften soll[88].

Erst mit dem Ende der Karenzzeit, deren Dauer je nach Tatbestand vier bis zwölf Monate beträgt[89], gilt der Schadensfall als eingetreten. Erweisen sich bestimmte Länder oder Abnehmer als besonders krisenanfällig, so kann die Frist fallweise verlängert werden. Bei chronischen Transferverzögerungen wird beispielsweise die viermonatige Karenzfrist für das Konvertierungs- und Transferrisiko häufig verlängert[90]. Der Lauf der Frist beginnt frühestens mit der Fälligkeit der Forderung.

Der Zweck der Karenzfrist besteht auch darin, eine verfrühte Zahlung der Entschädigung zu verhindern. Daher kann sie jedenfalls dort entfallen, wo der Eintritt eines endgültigen und damit ersatzfähigen Schadens bereits zu einem frühe-

---

85 § 2 Abs. 3 B, G; § 2 Abs. 2 FKB, FKG; vgl. auch BGH WM 1962, 1393, 1396: Kreditgeber oder Dritte, die im Vertrauen auf die Bundes-Deckung die Bonität eines Schuldners überschätzen, können für eigene Verluste i. d. R. nicht Schadensersatz wegen mangelnder Prüfung oder Überwachung durch den Bund verlangen.

86 Zu den einzelnen Obliegenheiten näher unten, Zweiter Teil, § 9.

87 *Glotzbach*, S. 36; *Schallehn/Stolzenburg*, Abschn. XIII, Rn. 22–29.

88 Vgl. auch den Ausschluß von Verzugszinsen in § 2 der Bedingungstexte.

89 Hierzu näher *Christopeit*, S. 61.

90 *Schallehn/Stolzenburg*, Abschn. XII Rn. 37.

ren Zeitpunkt sicher feststeht. Einzelheiten ergeben sich aus den Bedingungstexten. So gilt für das Risiko der Zahlungsunfähigkeit der Haftungsfall mit dem Tag der Eröffnung des Konkurs- oder Vergleichsverfahrens über das Vermögen des ausländischen Schuldners, dem Tag des Abschlusses eines außergerichtlichen Vergleiches oder dem Tag der fruchtlosen Zwangsvollstreckung als eingetreten[91]. Zum Nachweis eines Schadens hat der Exporteur die entsprechenden Unterlagen beizubringen (Eröffnungsprotokoll, Zustimmungserklärungen der Gläubiger zu einem Vergleich, Pfändungsprotokoll usw.).

Die Fristen für den Nichtzahlungstatbestand sind dagegen keine Karenzfristen im Sinne einer reinen Wartefrist; sie stellen vielmehr ein konstitutives Merkmal des Schadenstatbestandes dar. Praktische Rechtsfolgen ergeben sich aus dieser Unterscheidung nicht, auch nicht im Hinblick auf die an den Deckungsnehmer zu stellenden Beweisanforderungen[92].

Die Regelung der Karenzfristen darf freilich nicht darüber hinwegtäuschen, daß sich der Exporteur im Einzelfall auf weitaus längere Wartezeiten einzustellen hat. Bestreitet sein Schuldner den Bestand der Forderung, was insbesondere bei wirtschaftlichen Schadensfällen vorkommt, so hat der Deckungsnehmer auf Verlangen des Bundes die Voraussetzungen seines Entschädigungsanspruchs gerichtlich nachzuweisen. Auf diese Problematik wird noch zurückzukommen sein[93].

V. Entgelt

Im Unterschied zu manchen ausländischen Kreditversicherern[94] wird im deutschen Deckungssystem im Prinzip eine Einheitsprämie erhoben, die auf der Grundlage sämtlicher dem Bund angedienter Risiken berechnet wird. Nach der Bonität der einzelnen Abnehmer wird dabei grundsätzlich nicht unterschieden. Ein Vorteil dieses Systems wird darin gesehen, daß der Exporteur bereits bei Stellung seines Antrags sein Entgelt ermitteln könne[95].

Nachteilig wirkt sich in jedem Falle aus, daß auf Veränderungen des *Länder*risikos nicht in gleichem Maße flexibel reagiert werden kann. Verschlechterungen der

---

91 §§ 4 Abs. 3 G, FKG; P; § 4 Nr. 3 b FG.
92 Dazu näher unten, Zweiter Teil, § 7 III 1.
93 Siehe unten, Zweiter Teil, § 7 I.
94 Z. B. in Großbritannien: „The insured shall pay the amount of initial premium notified to him by the insurer" (Art. 14 a der Comprehensive Short Term Guarantee der ECGD) und wohl auch in Frankreich: „La conclusion du contrat d'assurance rends l'assuré débiteur de la prime dont le montant et les modalités de règlement sont fixés aux Conditions Particulières" (Art. 7 § 1 der Police Individuelle der COFACE). – Vgl. allgemein zur COFACE *Jadaud/Plaisant*, Droit du Commerce International, S. 146–157; ferner *Rosell*, Intl. Constr. Law. Rev. 1983–84, S. 83–91. Zur ECGD: *Ali*, ebend., S. 28–47.
95 *Hichert*, S. 81–83 sowie *Hauptmannl*, S. 23 f., jeweils mit Beispielen für die Entgeltberechung.

politischen oder wirtschaftlichen Rahmenbedingungen kann der Bund grundsätzlich nur dadurch begegnen, daß er Deckungen für die Zukunft gänzlich verweigert (Deckungssperre) oder nur noch in begrenztem Umfang übernimmt
(Deckungs-Plafonds), nicht hingegen durch entsprechende Anpassung der Prämien.

Macht er schließlich von seiner Möglichkeit Gebrauch, den Selbstbehalt zu erhöhen bzw. die Karenzfrist zu verlängern, so ist der Vorteil der transparenten Kosten-
rechnung, der ursprünglich für den Exporteur bestand, aufgegeben. Betriebswirt-
schaftlich gesehen bewirken nämlich Selbstbeteiligung und Karenzfrist eine Erhöhung der Kosten, die sich allerdings wegen der Ungewißheit eines Schadenseintritts weniger leicht quantifizieren lassen[96].

Angesichts der erheblichen Risikounterschiede in einzelnen Abnehmerländern ist
die Diskussion über eine Staffelung der Entgelte in den letzten Jahren nicht ver-
stummt. Gegen eine Differenzierung nach Länderrisiken werden hauptsächlich
außenpolitische Gründe ins Feld geführt: Kein Politiker wolle einem Gesprächs-
partner aus der Dritten Welt erklären müssen, warum gerade für sein Land die
Prämie besonders hoch sei[97]. Doch wissen Politiker wie Geschäftsleute ausländischer Staaten ohnedies, wo ihr Land auf der „Rangliste" der Bundesdeckungen
steht. Das Festhalten am Prinzip der Einheitsprämie hat im Ergebnis dazu
geführt, daß für über achtzig Länder öffentlich zugängliche „Sonderbestimmungen", d. h. Deckungsbeschränkungen der unterschiedlichsten Art gelten[98]. Die
betroffenen Staaten werden offenbar, allen diplomatischen Rücksichtnahmen
zum Trotz, als „unsichere Kandidaten" eingestuft. Umgekehrt setzt die Bundesregierung auch jede Lockerung ihrer Deckungspolitik als unübersehbares politisches Signal in Richtung Abnehmerland ein. Angesichts dieser Tatsachen können
außenpolitische Gründe nicht gegen eine Prämiendifferenzierung ins Feld geführt
werden.

Für eine solche Differenzierung spricht dagegen die größere Transparenz eines
solchen Systems für alle Beteiligten, insbesondere für die Exportwirtschaft[99].
Nach der gegenwärtigen Praxis werden Exporte in risikoreiche Märkte zur Zeit
durch das Prämienaufkommen aus den übrigen Deckungen subventioniert[100].
Ob dies rechtlich zulässig ist, wird später noch zu untersuchen sein[101].

---

96 Vgl. die einzelnen Kalkulationsbeispiele bei *Hichert*, S. 85 – 88.
97 *Schmitz*, Übersee-Rundschau (Hamburg) Jan./Feb. 1990.
98 Vgl. die Liste der betroffenen Länder in *Schallehn/Stolzenburg*, Abschn. XVI.
99 Die Einführung gestaffelter Entgelte würde auch eines der Hindernisse auf dem Wege
   zu einer einheitlichen Exportkreditversicherung innerhalb des Gemeinsamen Marktes
   beseitigen: *Lefèvre*, S. 75 f.
100 Dies hat auch zu dem Vorschlag geführt, sog. „Billigdeckungen" für die Sowjetunion
   einzuführen, bei denen eine eingeschränkte Versicherungsleistung für geringeres Entgelt hätte angeboten werden sollen: *Ohne Verf.*, Umstrittene Sparbürgschaften für die
   Sowjetunion, FAZ vom 8. 5. 1987.
101 Siehe unten, § 4 III 3 b bb).

Freilich wird auch in der Bundesrepublik die Prämienhöhe nach einer Reihe von Faktoren variiert. Grundlegend ist die Unterscheidung nach der Deckungsform, sowie nach der Art der Deckung (Garantie oder Bürgschaft).

1. Einzel- oder revolvierende Deckung

Bei Einzeldeckung und revolvierender Absicherung beträgt das sogenannte Grundentgelt, welches unabhängig von der Laufzeit des Kredites berechnet wird, für Garantien 1,5 Prozent, bei den risikoärmeren Bürgschaften nur ein Prozent des gedeckten Betrages. Hinzu kommt bei Geschäften mit Zahlungszielen von über sechs Monaten ein Zeitentgelt je angefangenem Monat von einer Promille für Garantien und 0,55 Promille für Bürgschaften.

Für weniger risikoreiche Geschäfte werden geringere Entgelte berechnet. Daher bietet HERMES Sondertarife an für Dokumentengeschäfte (Kasse gegen Dokumente, Dokumenten-Akkreditiv) sowie für Lieferungen deutscher Exporteure an Tochtergesellschaften, die nur gegen politische Risiken absicherbar sind[102].

Unabhängig davon, ob eine Deckung übernommen wird, berechnet der Bund Antragsgebühren, die aber verhältnismäßig gering ins Gewicht fallen[103].

2. Pauschaldeckung

Bei Pauschaldeckungen ist der Unternehmer innerhalb vertraglich näher festgelegter Grenzen dazu verpflichtet, dem Bund sämtliche Forderungen aus Exportkrediten zur Deckung anzudienen („Andienungspflicht"). Er kann folglich nicht zu Lasten des Bundes eine negative Risikoauswahl treffen und nur die risikoreichen Forderungen absichern.

Diese breite Risikostreuung und der geringe Verwaltungsaufwand führen zu erheblich günstigeren Prämiensätzen, deren Höhe sich stärker als bei anderen Deckungsformen nach dem Risikograd im Einzelfall bestimmt und im Pauschalvertrag festgesetzt wird[104]:

Zahlungsbedingungen, Bonität der Kunden, frühere Schadenshäufigkeit, aber auch die einbezogenen Abnehmerländer werden in diesem Zusammenhang berücksichtigt[105]. Bei den Pauschaldeckungen ist daher der Grundsatz der Einheitsprämie endgültig durchbrochen[106].

---

102 Einzelheiten zu den zahlreichen Sonderbestimmungen bei *Schallehn/Stolzenburg*, Abschn. XIII.

103 *Hichert*, S. 83; Eine Tabelle der Antragsgebühren ist abgedruckt bei *Schallehn/Stolzenburg*, Abschn. XIII Rn. 10. Danach ist z.B. bei einem Auftragswert von DM 250000,– bis DM 500000,– eine Gebühr von DM 300,– zu entrichten.

104 § 18 Abs. 1 S. 2 P.

105 *Christopeit*, S. 67; hierzu näher *Schallehn/Stolzenburg*, Abschn. VIII Rn. 81 f.

106 Vgl. abschließend zur Bilanzierung der Entgelte für die HERMES-Deckungen *Küting*, BB 1989, S. 587, 593 m.w.N.

VI. Die Frage der Subvention

Eng verknüpft mit der Berechnung des Entgeltes ist die Frage, ob die HERMES-Deckungen eine unzulässige nationale Subvention darstellen. In der Öffentlichkeit wird sie neben der Frage der Entgeltstaffelung am häufigsten diskutiert. Es handelt sich um eine Frage der Deckungspolitik, die das Gesamtsystem der Bundesgewährleistungen betrifft. Die Abwicklung einer einzelnen Deckung, die den Schwerpunkt dieser Arbeit bildet, kann sie nur mittelbar betreffen. Daher sollen an dieser Stelle nur einige Grundgedanken aufgezeigt werden, die in der öffentlichen Diskussion häufig vernachlässigt werden, ohne das die komplexe Subventions-Problematik letztlich eindeutig geklärt werden könnte.

1. Die in Betracht kommenden Rechtsnormen

Die Frage der Subvention kann sinnvoller Weise nur im Hinblick auf konkrete Rechtsnormen gestellt werden[107]. In Betracht kommen hier Art. 92 EG-Vertrag sowie Art. XVI GATT. Verstöße gegen diese Vorschriften könnten gravierende Rechtsfolgen nach sich ziehen. Nach Art. 93 Abs. 2 könnte beispielsweise die EG-Kommission oder jeder betroffene Mitgliedsstaat der Gemeinschaft unmittelbar den Europäischen Gerichtshof gegen die bundesdeutsche Praxis anrufen; im Rahmen des GATT wären die durch die Subvention geschädigten Konkurrenzländer zu Schutzmaßnahmen (zum Beispiel Ausgleichszöllen) berechtigt[108]. Derartige Sanktionen ließen sich auch nicht einfach mit dem Hinweis auf die „großzügigere" Vergabepraxis in wichtigen Konkurrenzländern der Bundesrepublik abwenden[109].

Dies alles setzt allerdings voraus, daß nicht nur begrifflich eine „Subvention" im Sinne der betreffenden Norm vorliegt, sondern auch deren übrigen Tatbestandsmerkmale vorliegen. Im Rahmen des Art. 92 Abs. 1 EG-Vertrag wäre beispielsweise erforderlich, daß durch die gegenwärtige Deckungspraxis eine Wettbewerbsverfälschung droht und der Handel zwischen den Mitgliedsstaaten der Gemeinschaft beeinträchtigt wird[110]. Um dies festzustellen, müßte eine Fülle verschiedener Faktoren der unterschiedlichen nationalen Deckungsinstrumente miteinander verglichen werden[111]. Eine derartige Untersuchung würde den Rahmen dieser

---

107 Dies übersieht z. B. *Christopeit*, S. 179–183.

108 Hierzu näher *Senti*, S. 204–210.

109 Zusammenfassend dazu *Beyfuß*, S. 31. Eine freilich nur begrenzt aussagekräftige Länderaufstellung findet sich bei *Hichert*, S. 137. Danach betrug im kurzfristigen Geschäft für das Jahr 1979 die Prämienhöhe in der Bundesrepublik durchschnittlich 0,76% in England 0,34% und in Japan 0,14% (!) des Auftragswertes.

110 Vgl. dazu *Lefèvre*, S. 124–129 und *von der Groeben/von Boeckh/Thiesing*, Vorb. zu Art. 92 bis 94, Rn. 33–35.

111 Vgl. nur die Länderkurzberichte in *OECD* (Hrsg.), The Export Credit Financing Systems in OECD Member Countries, Third Edition, Paris 1987 und *Hichert*,

Arbeit sprengen. Nachfolgend sind daher nur einige Grundlinien zum Begriff der Subvention aufgezeigt. Dafür sind einige begriffliche Klärungen erforderlich, die später bei der näheren rechtlichen Einordnung der Bundesbürgschaften von Nutzen sind[112].

2. Art. 92 Abs. 1 EWG-Vertrag: Das Problem der Kosten der Risikotragung

Der Begriff der „nationalen Beihilfe" ist im EWG-Vertrag nicht definiert. Als besonders charakteristisch für eine Beihilfe wird überwiegend die Tatsache gehalten, daß eine Leistung des Staates an Unternehmen erfolgt, ohne daß diese eine marktadäquate Gegenleistung erbringen[113]. Eine Beihilfe liegt dann in der überschießenden, von der Gegenleistung nicht gedeckten Leistung[114].

Im Falle der HERMES-Deckungen ist nun allerdings die „Marktadäquanz" der erhobenen Entgelte nicht einfach zu bestimmen. Nach dem bereits erwähnten Subsidiaritätsgrundsatz[115] übernimmt der Bund grundsätzlich nur Deckungen, die auf dem privaten Versicherungsmarkt in derselben Art und Umfang nicht zu erhalten sind. In der Tat kann ein deutscher Exporteur politische Auslandsrisiken anderweitig nur in sehr begrenztem Umfang, im wesentlichen auf das westliche Ausland begrenzt, absichern. Dagegen liegt der Schwerpunkt der vom Bund abgesicherten Ausfuhren eindeutig in anderen, krisenanfälligeren Regionen. Auf Entwicklungsländer (ohne OPEC) entfielen beispielsweise 1988 allein 47,7 % aller Bundesdeckungen[116].

Da somit ein Markt für hinreichend vergleichbare Leistungen nicht vorhanden ist, ist von dem Preis auszugehen, der auf einem *hypothetischen* Markt zu zahlen wäre. Dieser Preis müßte zumindest ausreichen, um sämtliche einem privaten Anbieter entstehenden Kosten zu decken. Denn Verluste führen zum Ausscheiden aus dem Markt, letztlich in Form des Konkurses.

Daß aber der Bund mit den HERMES-Deckungen zumindest auf lange Sicht keine Verluste erwirtschaftet, scheint der sogenannte Selbsttragungsgrundsatz zu gewährleisten, demzufolge die Entgeltsätze so bemessen sein sollen, daß sich die

---

     S. 128 – 140. *Beyfuß*, S. 26 schreibt zu diesem Punkt: „Die Konditionen- und Leistungsvielfalt läßt mitunter den Verdacht entstehen, daß zumindest teilweise bewußt Verwirrung betrieben wird."

112 Zum Beispiel bei der Frage der Rechtsnatur des Gewährleistungsvertrages (§ 4 II) und bei der Frage nach öffentlich-rechtlichen Bindungen (§ 4 IV).

113 *Grabitz/von Wallenberg*, Art. 92 Rn. 7; *Ipsen*, DVBl. 1956, S. 498, 504 und DÖV 1977, S. 613; *Koch*, S. 85, 86; zurückhaltender *von der Groeben/Boeckh/Thiesing*, Art. 92 Rn. 17 – 19.

114 EuGH, Urteil v. 22. 3. 1977, Rs. 78/76, Slg. 1977, 595, 613.

115 Siehe oben, II 3 c.

116 *Hermes*, Bericht 1988, S. 7.

HERMES-Deckungen auf lange Sicht selbst tragen[117]. Von diesem Grundsatz geblendet, messen fast alle Autoren die Frage der Subvention daran, ob sich die HERMES-Deckungen *in der Praxis* selbst tragen oder nicht[118]. Dabei wird übersehen, daß die Leistung eines Versicherers nicht nur in der Schadenszahlung, sondern auch in der Gefahrtragung liegt.

Diese Gefahrtragung macht es für einen privaten Versicherer erforderlich, für den (ungewissen) Fall eines Schadens Vorsorge zu treffen. Er ist gezwungen, Rücklagen zu bilden oder sich seinerseits rückzuversichern, soweit Rücklagen nicht zur Schadensabwehr ausreichen[119]. Diese Vorsorgemaßnahmen müssen so großzügig bemessen sein, daß der Versicherer auch bei einer Häufung von Schäden, die nach der bisherigen Schadensentwicklung nicht „wahrscheinlich" war, leisten kann.

Privaten Anbietern, die mit dem Bund auf dem Gebiet der Ausfuhrkreditversicherung konkurrieren wollten, entstünden folglich zusätzliche, über die bloße Schadenszahlung hinausgehende Kosten. Inwieweit dem Bund derartige Kosten erspart bleiben, weil ihm der gesamte, haushaltsrechtlich verabschiedete Ermächtigungsrahmen als Risikoausgleichsmasse zur Verfügung steht, kann offenbleiben. Auf einem hypothetischen Markt mit privaten Anbietern wäre jedenfalls für diesen kostenverursachenden Teil der Versicherungsleistung ein entsprechendes, zusätzliches Entgelt zu entrichten[120].

Im Ergebnis ist damit festzuhalten: Begrifflich stellen die Gewährleistungen des Bundes eine „nationale Beihilfe" im Sinn des Art. 92 EWG-Vertrag dar. Dies gilt unabhängig davon, ob die gegenwärtige Deckungspraxis den Anforderungen der Selbsttragung entspricht oder nicht.

3. Art. XVI GATT: Das Problem der Anforderungen an die „Selbsttragung" in der Praxis

Eine allgemeingültige Definition des Subventionsbegriffes ist im GATT nicht enthalten. Im Anhang zu dem Übereinkommen über Subventionen und Countervai-

---

117 Der Grundsatz ist ausdrücklich verankert in Nr. 6.6.1.2 AGRl.; darüber hinaus gilt er aber auch für alle weiteren Gewährleistungen: *Schallehn/Stolzenburg*, Abschn. I Rn. 31. – Um kostendeckend arbeiten zu können, beschränkt sich der Bund auch nicht auf die Deckung politischer Schwerstrisiken, sondern sichert auch „leichtere" wirtschaftliche Gefahren mit ab, die für sich genommen jedenfalls zum Teil bei privaten Anbietern versicherbar wären. Hier zeigt sich das Spannungsverhältnis zwischen Selbsttragungsgrundsatz und Subsidiaritätsprinzip.

118 Vgl. z. B. *Christopeit*, S. 179–183.

119 Vgl. *Krauß*, S. 50 f.; zu den Grundsätzen der Rückversicherung allgemein *Deutsch*, S. 89–93.

120 Anders ist übrigens auch § 68 Abs. 3 VVG nicht zu erklären, demzufolge ein Teil der Prämie schon für die „reine" Gefahrtragung geschuldet ist.

ling Duties[121] befindet sich jedoch eine Beispielsliste. Nach deren Buchstabe j) sind Exportkreditversicherungen dann Subventionen, wenn sie sich auf lange Sicht nicht selbst tragen. Dem entspricht innerstaatlich der bereits erwähnte Selbsttragungsgrundsatz der Richtlinien.

Fraglich ist, welche Anforderungen in der Praxis an diese „Selbsttragung" zu stellen sind. Ob eine staatliche Gewährleistung sich selbst trägt, ist nach ihren *tatsächlichen* Ergebnissen (Einnahmen und Ausgaben) zu bestimmen. Außer Betracht zu bleiben hat daher, was im Rahmen des Art. 92 Abs. 1 EWG-Vertrag zu berücksichtigen ist: die soeben dargestellten *hypothetischen* Kosten, welche privaten Versicherern entstünden, um eine ausreichende Risikovorsorge zu erreichen (Rücklagen, Rückversicherung). Dem Bund, der mit seinem Haushalt über eine mehr als ausreichende Haftungsmasse verfügt, entstehen derartige Kosten jedenfalls nicht.

Das GATT verlangt nur eine Selbsttragung auf lange Sicht; kurz- und mittelfristige Verluste sind keine Subvention. Dahinter steht wohl der Gedanke, daß derartige Verluste auch auf unvermeidliche Kalkulationsfehler zurückzuführen sein können, die jedem Absicherungsinstrument immanent sind. Gemeinhin werden politische Risiken sogar als „unkalkulierbar" hingestellt[122]. Träfe dies zu, so wäre der im GATT und in den Richtlinien verankerte Selbsttragungsgrundsatz weder zu erreichen noch zu überprüfen, ließe sich doch jederzeit behaupten, man habe Verluste aus politischen Großschäden nicht vorhersehen und auch nicht durch entsprechende Prämienanpassungen ausgleichen können. Theoretisch könnte eine staatliche Exportdeckung auf unbegrenzte Zeit Verluste erwirtschaften, ohne den Vorwurf der Subventionierung fürchten zu müssen.

Richtig ist dagegen, daß sich auch politische Risiken einer angemessenen Prämienkalkulation nicht vollständig entziehen. Die Grenze zu den anerkanntermaßen „kalkulierbaren" wirtschaftlichen Risiken ist fließend: So können politische Maßnahmen zum wirtschaftlichen Ruin des privaten Abnehmers führen[123]; umgekehrt gehen einige politische Risiken auf (volks-)wirtschaftliche Ursachen zurück[124].

---

121 „Agreement on Interpretation and Application of Articles VI, XVI and XXIII of the General Agreement of Tariffs and Trade" in: GATT, BISD 26th S (1980), S. 56 ff. (engl. Fassung) und in BGBl. 1979 III, S. 256 ff. (deutsche Fassung).

122 Vgl. nur *Christopeit*, S. 176 f.; widersprüchlich dazu aber die Behauptung, bei Umschuldungen sei „mit sicheren (!) Rückflüssen zu rechnen" (S. 181), die so auch heute nicht mehr zutrifft. Zu Umschuldungen näher unten, Dritter Teil.

123 Beispiele finden sich bei *Rösler*, Risikoabdeckung, S. 77, 93 – 98 und bei *Paetzold/Petersen*, S. 25 – 28.

124 Zum Beispiel gehen dem Konvertierungs- und Transferfall typischerweise Zahlungsbilanzschwierigkeiten des Importlandes voraus.

Zwar mag das „Gesetz der großen Zahl", auf dem jeder Versicherer seine Prämien-kalkulation aufbaut[125], hinsichtlich politischer Risiken schon wegen der begrenzten Anzahl von Staaten nur eingeschränkt gelten. Dieser Umstand spricht jedoch nicht kategorisch gegen ihre Kalkulierbarkeit[126]. Wie die Beispiele der Versicherung von Kernkraftwerken[127] oder Satelliten zeigen, werden in der Praxis auch Wagnisse, die sehr selten oder gar einmalig auftreten, versichert – offenbar auf Grundlage einer kalkulierten Prämie.

Schließlich sollte bei alldem nicht vergessen werden, daß jegliche Kalkulation des Versicherers mit den Unwägbarkeiten der Wahrscheinlichkeitsrechnung behaftet ist und daher eine Gewißheit über die angemessene Prämie niemals vermitteln kann[128]. Nach alledem können auch für politische Risiken, wenngleich weniger zuverlässig, Prämien kalkuliert werden. Die Unterschiede zu wirtschaftlichen Risiken sind nur gradueller, nicht grundsätzlicher Natur[129].

Um zu entscheiden, inwieweit der Selbsttragungsgrundsatz in der Praxis eingehalten wird, sind folglich Verluste in Verhältnis zur Kalkulierbarkeit der gedeckten Risiken zu setzen. Verluste, die auf unvermeidbaren Kalkulationsproblemen beruhen, können dann über einen entsprechenden Zeitraum hinweg hingenommen werden. Dieser Gedanke kommt auch im GATT und den Richtlinien für Ausfuhr-gewährleistungen zum Ausdruck, indem diese eine Kostendeckung „auf lange Sicht" genügen lassen. Daß die „Kalkulierbarkeit" eines Risikos schwer zu quanti-fizieren ist, spricht nicht entscheidend gegen den hier vertretenen Lösungsansatz, sondern ist angesichts des komplizierten versicherungswirtschaftlichen Hinter-grundes unvermeidlich.

---

125 Zur Berechnung von Versicherungsprämien allgemein *Borch*, The Geneva Papers on Risk and Insurance 1985, S. 192 ff. sowie *Funk*, S. 55 – 72. Vgl. ferner *Münzner/Isenbarth* in Versicherungsenzyklopädie, Abschn. E, S. 3241 für die Lebensversicherung.
126 So entnehmen beispielsweise die international operierenden Banken dem BERI-Index („Business Environment Risk Index") Indizien über das Länderrisiko. In dem Index sind über 40 Staaten nach verschiedenen Indikatoren von einem Gremium von Fachleuten aus verschiedenen Ländern risikomäßig bewertet worden.
127 Nach dem Atomgesetz ist die Haftung bis zum Betrag von 500 Millionen DM durch Deckungsvorsorge (§ 13 AtomG), die i. d. R. durch eine Haftpflichtversicherung erbracht wird (§ 14 Abs. 1 AtomG) abzudecken; die Freistellungsverpflichtung des Bundes bzw. Landes (§§ 34 Abs. 1, 36 AtomG) schließt sich erst hieran an. – Ein weiteres Beispiel (nach *Hax*, Versicherungsenzyklopädie, Abschn. B I S. 1, 13 f.): Versicherung Londoner Geschäftsleute gegen den Fall, daß die geplanten Krönungsfeierlichkeiten ausfallen und gemachte Aufwendungen nutzlos werden.
128 Vgl. zu diesem Fragenkreis nur *Karten*, ZVersWiss 1972, S. 279, 290 f.; *Heilmann*, ZVersWiss 1987, S. 75 – 88 und *Albrecht*, ZVersWiss 1987, S. 95 – 117.
129 Wirtschaftliche Kreditrisiken schwanken konjunkturbedingt, was sie für den Versicherer ebenfalls schwer berechenbar macht. So mußten die privaten Kreditversicherer wegen gestiegener Insolvenzzahlen im Jahre 1983 ihre Prämien um bis zu 300 Prozent anheben: *Kaulbach*, VersR 1985, S. 806, 809; vgl. ferner *Bonnet*, L'Assurance Crédit et la Crise Economique (1935).

Im Falle der HERMES-Deckungen ist einerseits zu berücksichtigen, daß diese seit einigen Jahren mit einem Defizit abschließen, das auch 1989 nicht abgebaut werden konnte[130]. Für das laufende Haushaltsjahr ist ebenfalls mit einem hohen Defizit zu rechnen, da erneut größere Umschuldungen ins Haus stehen.

Auf der anderen Seite werden auch Entschädigungszahlungen aufgrund von Umschuldungen haushaltsrechtlich als endgültige Schadenszahlungen bewertet[131]. Der — freilich schwer zu ermittelnde — Wert der umgeschuldeten Forderungen darf aber bei der Überprüfung des Selbsttragungsgrundsatzes nicht völlig außer Betracht gelassen werden[132]. Drastische Prämienerhöhungen in der letzten Zeit[133] lassen zudem erkennen, daß der Bund um die Wiederherstellung der Kostentragung bemüht ist. Die gegenwärtigen Verluste sind die Auswirkungen der internationalen Verschuldungskrise, deren Ausmaße auch auf mehrere Jahre hinaus nicht vorhersehbar waren. Sie beruhen damit auf unvermeidbaren Kalkulationsproblemen.

Im Ergebnis kann daher ein Verstoß gegen den Selbsttragungsgrundsatz zum gegenwärtigen Zeitpunkt nicht festgestellt werden. Die HERMES-Deckungen sind keine Subvention im Sinne des Art. XVI GATT.

4. Ausblick

Auf die Dauer kann der immer wieder aufkommenden Diskussion um die Subventionierung des Exportes nur dadurch der Boden entzogen werden, daß die bestehenden nationalen Systeme harmonisiert oder doch zumindest angeglichen werden.

Die bisherigen Ergebnisse in dieser Richtung lassen zu wünschen übrig. Soweit man sich im Rahmen von Berner Union, OECD und Europäischer Gemeinschaft auf gegenseitige Informations- und Konsultationspflichten einigen konnte, bleibt deren Verletzung doch weitgehend ohne rechtliche Folgen[134]. Die Berner Union, der älteste Zusammenschluß dieser Art, bezweckt mit ihren heute 40 Mitgliedsländern hauptsächlich einen Erfahrungsaustausch über Techniken der Kreditver-

---

130 Nachgewiesen für die Jahre 1984–1988 im *Anhang 1*. Für das Jahr 1989 ergab sich ein Rekorddefizit von rund 1,8 Mrd. DM (*Ohne Verfasser*, Das Defizit bei Hermes wird noch größer, FAZ v. 2. 5. 1990, S. 19).

131 Anders die Praxis in Italien, Frankreich und Großbritannien, die ihre Umschuldungen außerhalb des für Exportkreditversicherungen bestimmten Haushaltstitels bilanzieren: *Schmitz*, Übersee-Rundschau, Nr. 166, Jan/Feb. 1990.

132 Vgl. dazu nur Neue Züricher Zeitung (Nr. 44) v. 24. 2. 1988: Nach Ansicht des Wirtschaftsministeriums ergäbe sich ein Verlust im Deckungsgeschäft erst dann, wenn 70% der Forderungen aus Umschuldungen auf Null abgeschrieben werden müßten.

133 Im Jahre 1984 wurden die Prämien um durchschnittlich 40 Prozent angehoben.

134 *Schwanfelder*, S. 100–104; *Frhr. v. Fürstenwerth*, S. 74–76.

sicherung und Länderrisiken[135]. Dabei mangelte es zu einer weitergehenden Harmonisierung nicht an detaillierten Vorschlägen[136].

Auf EG-Ebene traten zwei Richtlinien des Rates vom 27. 10. 1970[137], die gemeinsame Policen für mittel- und langfristige Exportkredite vorsahen, nie in Kraft, da sich die Mitgliedsstaaten der Gemeinschaft nicht über ein einheitliches Prämiensystem einigen konnten. Immerhin sind die nationalen Systeme dadurch durchlässiger geworden, daß sie Zulieferungen aus Mitgliedsstaaten der Gemeinschaft bis zu maximal 40% des Auftragswertes automatisch in die Deckung einbeziehen[138]. Darüber hinaus besteht aufgrund einer Richtlinie des Rates[139] eine besondere Mitversicherungs-Vereinbarung. Sie findet Anwendung, wenn ausländische Ware nicht schon aufgrund des Zulieferungsabkommens in die nationale Deckung einbezogen werden kann. Jeder der betroffenen staatlichen Kreditversicherer deckt dann seine nationalen Lieferanteile. Nach außen tritt der Versicherer des Hauptlieferanten für das gesamte Geschäft auf. Schließlich wird gegenwärtig im Hinblick auf den Gemeinsamen Binnenmarkt der Vorschlag erneut diskutiert, die staatlichen Exportkreditversicherungen auf eine Gemeinschaftsinstitution zu übertragen. Auf diesem Wege sind freilich noch viele technische Hindernisse aus dem Weg zu räumen[140].

Im Bereich der Kapitalanlage-Garantien gelang mit der Gründung der Multilateralen Investitions-Garantie-Agentur (MIGA) möglicherweise ein Durchbruch[141]. Sie wurde am 12. April 1988 als jüngstes Mitglied der Weltbank-Gruppe errichtet. Es handelt sich um einen freiwilligen Zusammenschluß von Industrie- und Entwicklungsländern zur gemeinsamen Tragung politischer Risiken von Auslandsinvestitionen. Bewährt sich die MIGA in der Praxis, dürften sich hieraus zahlreiche Impulse ergeben sowohl für die nationale Deckungspolitik wie für die Harmonisierungsbestrebungen innerhalb der Gemeinschaft. Bei alledem darf freilich nicht vergessen werden, daß die MIGA keine unmittelbare Konkurrenz für die nationalen Sicherungsinstrumente darstellt: Kann für eine konkrete Investitionsform Versicherungsschutz durch eine Regierung oder staatliche Exportkreditversicherung

---

135 Für private Kreditversicherer gibt es einen vergleichbaren Zusammenschluß, die International Credit Insurance Association (ICIA) mit gegenwärtig über 30 Mitgliedern: *Wagner,* S. 12.

136 *Seidl-Hohenveldern,* S. 95 – 168; *Glotzbach,* S. 151 – 158.

137 ABl. Nr. L 254 vom 23. 11. 1970, S. 1/26.

138 Entscheidung des Rates vom 10. 12. 1982, ABl. Nr. L 357 vom 18. 12. 1982.

139 Rili 84/568 vom 27. 11. 1984, ABl. Nr. L 314 vom 4. 12. 1984, S. 1.

140 Einzelheiten bei *Schallehn/Stolzenburg,* Abschn. VII Rn. 2, der in diesem Zusammenhang einräumt, daß man das deutsche System der Einheitsprämie überdenken müsse.

141 Zurückhaltender *Rösler,* Risikoabdeckung, S. 77, 93: Die Kosten und sonstigen Konditionen seien noch zu ungünstig. – Näher zur MIGA *Ebenroth/Karl,* Die Multilaterale Investitions-Garantie-Agentur (1989) und *Shihata,* MIGA and Foreign Investment (1988). Einen Überblick gibt *Voss,* RIW 1987, S. 89 – 95.

erlangt werden, so darf die Agentur keine Gewährleistung übernehmen[142]. Schließlich beschränkt sich die MIGA im wesentlichen auf die Absicherung von Kapitalanlagen; Exporte aufgrund von Austauschverträgen, die der Gegenstand dieser Arbeit sind, schließt sie nicht ein[143].

§ 3 Das Verfahren der Übernahme einer Deckung

I. Die Antragsstellung

Die Exporteure, welche die Forderung aus einem Exportgeschäft absichern lassen wollen, haben einen Antrag bei der HERMES Kreditversicherungs-AG oder bei der Treuarbeit AG einzureichen. Die Bundesrepublik Deutschland hat diesen beiden privatrechtlichen Gesellschaften die Durchführung der mit den Ausfuhrdeckungen verbundenen Aufgaben übertragen.

Rechtlich gesehen handelt es sich im Innenverhältnis um einen Geschäftsbesorgungsvertrag, der dem federführenden Bundesminister für Wirtschaft Weisungsrechte einräumt[144]. Im Außenverhältnis wird der Bund von den Mandataren bei Abschluß wie bei der Abwicklung des Gewährleistungsvertrages rechtsgeschäftlich vertreten (§ 164 BGB)[145].

An welche Stelle der Antrag zu richten ist, bestimmt sich nach der Zuständigkeitsverteilung zwischen den Mandataren. Innerhalb des Konsortiums ist HERMES federführend für die im Rahmen dieser Arbeit untersuchten Deckungen, und zwar für

– Garantien und Bürgschaften zur Deckung des Fabrikationsrisikos;
– Ausfuhrgarantien und -bürgschaften;
– Garantien und Bürgschaften für gebundene Finanzkredite.

Die Treuarbeit bearbeitet dagegen:

– Garantien für Kapitalanlagen
– Garantien und Bürgschaften für ungebundene Finanzkredite.

Für den Antrag gibt es besondere Formulare[146], die neben dem eigentlichen Antrag eine Reihe von Fragen über Einzelheiten des Exportgeschäfts enthalten.

---

142 *Ebenroth/Karl,* Rn. 206. Möglich sind allenfalls verschiedene Kooperationsformen mit nationalen Agenturen, insbesondere im Rahmen von Großprojekten (vgl. Art. 19 des MIGA-Übereinkommens).
143 Vgl. Art. 12 des MIGA-Übereinkommens.
144 *Schallehn/Stolzenburg,* Abschn. I Rn. 19.
145 Vgl. nur Abs. 3 vor § 1 B, G.
146 Vgl. für die Ausfuhrgewährleistungen das in *Anhang 3* abgedruckte Formblatt.

Die Fragen beziehen sich unter anderem auf die Person des Antragsstellers und des ausländischen Kunden, das Abschlußdatum, vereinbarte Währung und Zahlungsbedingungen, zu leistende Sicherheiten und Einzelheiten der bisherigen Geschäftsverbindungen.

Die Mandatare bereiten den eingereichten Antrag vor, ergänzen ihn unter Umständen mit zusätzlich eingeholten Auskünften oder schlagen dem Antragssteller Änderungen vor. Etwaige Änderungsvorschläge beziehen sich zumeist auf zusätzliche Sicherheiten oder auf die Zahlungsbedingungen.

II. Die Entscheidung über den Antrag

Den auf diese Weise vorbereiteten Antrag leitet HERMES an den sogenannten „Interministeriellen Ausschuß" (IMA) weiter.

Der IMA konstituierte sich am 9. November 1949 aufgrund von unveröffentlichten Richtlinien[147], deren Ermächtigungsgrundlage das Gesetz zur Übernahme von Sicherheitsleistungen und Gewährleistungen im Außenwirtschaftsverkehr vom 26. 8. 1949 darstellte[148]. Seitdem wurde an der Einrichtung des IMA unverändert festgehalten.

Gegenwärtig sind seine Zusammensetzung sowie die Rechte und Pflichten seiner Mitglieder ausführlich in den geltenden, teilweise unveröffentlichten Richtlinien geregelt[149].

1. Beteiligte an der Übernahmeentscheidung

Die Zusammensetzung des Ausschusses wechselt je nach der Bedeutung der Sitzung. Grundsätzlich nehmen an der Sitzung des IMA teil Vertreter des Bundesministeriums für Wirtschaft (nachfolgend: BMWI), des Bundesministeriums für Finanzen, des Auswärtigen Amtes und des Bundeministeriums für wirtschaftliche Zusammenarbeit sowie Vertreter der mit der Geschäftsführung betrauten Mandatare[150]. Der BMWI kann zudem als beratende Sachverständige Vertreter einladen, die vom Bundesrechnungshof, der Deutschen Bundesbank, der Kreditanstalt für Wiederaufbau sowie der AKA Ausfuhrkreditanstalt Gesellschaft mbH benannt werden[151]. Schließlich können auch Verteter der Exportwirtschaft

---

147 Inhaltlich mitgeteilt bei *Reuter,* S. 153 f.
148 WiGBl. 1949, S. 303; das Gesetz ist nach Art. 123 f. GG Bundesrecht geworden.
149 Veröffentlicht wurden: Richtlinien für die Übernahme von Ausfuhrgewährleistungen vom 30. Dezember 1983, BAnz. Nr. 42 v. 29. 2. 1984, nachfolgend abgekürzt AGRl. (Ausfuhrgewährleistungsrichtlinien); Richtlinien für die Übernahme von Garantien für Kapitalanlagen im Ausland v. 13. 1. 1967 in der Fassung v. 21. 7. 1986, BAnz. Nr. 137 v. 30. 7. 1986.
150 Nr. 3.2.1 und 3.2.2 AGRl.
151 Nr. 3.2.3 AGRl.

und des Bankgewerbes geladen werden[152]. Sollen grundsätzliche Fragen der Deckungspolitik erörtert werden, so kann der BMWI zu eigens hierfür anberaumten Sitzungen auch einen erweiterten Kreis von Sachverständigen einladen[153]. Stimmberechtigt sind jedoch nur die Vertreter der Ministerien; die anderen Mitglieder gehören dem Ausschuß lediglich mit beratender Stimme an. Neben dem federführenden Wirtschaftsministerium kommt dem Bundesministerium für Finanzen besondere Bedeutung zu: Jede Gewährleistung bedarf seiner vorherigen Zustimmung[154]. Nach außen hin ergeht freilich die Entscheidung nicht als Kollegialbeschluß des Ausschusses, sondern als Einzelentscheidung des BMWI[155], auf dessen Briefbogen sie dem Antragssteller auch mitgeteilt wird[156].

Das bisher dargestellte Verfahren gilt nur für Auftragswerte über fünf Millionen DM. Anträge bis zu zwei Millionen DM prüfen die Mandatare vorab in eigener Verantwortung; für Beträge zwischen zwei und fünf Millionen DM ist zunächst der sogenannte Kleine Interministerielle Ausschuß unter Vorsitz eines Vertreters des BMWI zuständig. In beiden Fällen handelt es sich lediglich um eine Art Vorprüfung, die der Vereinfachung und Abkürzung des Verfahrens dient[157] und angesichts einer Zahl von jährlich rund 40 000 Deckungsanträgen unabdingbar ist[158]. Die Mandatare bzw. das BMWI schlagen die Annahme oder Ablehnung von Anträgen vor und legen ihre Empfehlung in Form einer Liste dem IMA vor, der dann gesammelt über sie entscheidet. Nach außen tritt diese Vorprüfung nicht in Erscheinung.

Erwähnt sei schließlich, daß für bestimmte Exportgeschäfte mit „weichen" Zahlungsbedingungen Konsultations- bzw. Notifikationsverfahren auf internationaler Ebene (Berner Union, OECD und Europäische Gemeinschaft)[159] vorgeschrieben sind. Demnach hat der Bund *vor* einer Entscheidung über den Antrag den übrigen Mitgliedsstaaten der betroffenen Organisation bestimmte Angaben zum Exportgeschäft mitzuteilen, so daß diese gegebenenfalls einer Übernahme widersprechen können. Verstöße gegen die Mitteilungspflicht können allerdings nicht rechtlich sanktioniert werden. Die Einhaltung des Verfahrens beruht daher weitgehend auf politischen Überlegungen[160].

---

152 Nr. 3.2.4 AGRl.
153 Kurzkommentar zu den AGRl. in *Schallehn/Stolzenburg,* Abschn. I, Anlage 3, Fn. 2 zu Nr. 3.2.4 der AGRl.
154 § 39 BHO und Nr. 2.4.2 AGRl.
155 *Schallehn/Stolzenburg,* Abschn. I, Anhang 3, S. 51 Fn. 2.
156 *Schallehn/Stolzenburg,* Abschn. I, Rn. 20 a.
157 *Christopeit,* S. 237.
158 Vgl. *HERMES-Bericht* 1988, S. 8.
159 Dazu bereits oben, § 2 VI 4.
160 Einzelheiten bei *Schallehn/Stolzenburg,* Abschn. XI Rn. 28 – 54.

2. Die Kriterien für die Übernahme

Bei der Entscheidung über den Deckungsantrag ist abzuwägen zwischen der Förderungswürdigkeit eines Geschäftes[161] bzw. den besonderen staatlichen Interessen der Bundesrepublik Deutschland einerseits und den Risiken für den Bundeshaushalt andererseits[162]. Besteht an der Durchführung des Geschäftes ein besonderes gesamtwirtschaftliches Interesse (zum Beispiel zur Sicherung von Arbeitsplätzen), so können im Einzelfall auch höhere Risiken in Kauf genommen werden[163].

Diese Kriterien für die Übernahme sind äußerst allgemein gehalten und kaum justitiabel[164]. Zwar können die Gerichte grundsätzlich auch unbestimmte Rechtsbegriffe daraufhin überprüfen, ob sie von der Verwaltung richtig angewandt wurden[165]. Bei Prognoseentscheidungen hat die Rechtsprechung der Verwaltung dagegen einen Beurteilungsspielraum zugebilligt. Eine richterliche Kontrolle beschränkt sich in diesen Fällen auf die Frage, ob die Behörde bei ihrer Prognose von zutreffenden Daten ausgegangen ist und sich einer wissenschaftlich vertretbaren Methode bedient hat[166]. Im Ergebnis sind damit verschiedene Entscheidungen der Behörde rechtlich zulässig[167].

Bei der Indeckungnahme von Exportgeschäften ist unter anderem die „risikomäßige Vertretbarkeit" zu prüfen. Dabei müssen zukünftige Entwicklungen insbesondere des Länderrisikos mit einbezogen werden. Es handelt sich um typische Prognose-Entscheidungen, bei denen der Behörde ein Beurteilungsspielraum zugebilligt wird. Im übrigen handelt es sich um Entscheidungen im politiknahen Bereich, wie schon aus der personalen Zusammensetzung des Ausschusses und dem Entscheidungskriterium der „Förderungswürdigkeit" ersichtlich ist. Es ist anerkannt, daß derartige Entscheidungen nur begrenzt richterlich überprüfbar sind[168]. Ob dem Antragsteller mit der Veröffentlichung der Richtlinien tatsäch-

---

161 Besonders im Vordergrund steht dieser Gesichtspunkt bei der seit November 1988 bestehenden Projektfinanzierung, bei der die Prüfung des Länderrisikos hinter derjenigen der Bonität des Projektträgers zurücktritt: *Schallehn/Stolzenburg,* Abschn. XV Rn. 74–76 und *Ebenroth/Karl,* Rn. 431, – Zu der Frage, welchen Wert die verschiedenen (deutschen und multinationalen) Deckungsinstrumente für die Projektfinanzierung haben, vgl. ausführlich *Rösler,* Risikoabdeckung, S. 77–99.

162 Nr. 2 AGRl.; *Schallehn/Stolzenburg,* Abschn. I, Rn. 23 und 26–30.

163 Nr. 2.2 AGRl.

164 Die Kommentierung in *Schallehn/Stolzenburg,* Abschn. I Anlage 3 zu Nr. 2 AGRl. kann diesen Eindruck nur verstärken. – Wie kontrovers die Förderungswürdigkeit beurteilt werden kann, zeigt sich sehr anschaulich am Beispiel eines Straßenbauprojektes in der Dritten Welt (*Hauptmannl,* S. 12).

165 Vgl. BVerfGE 61, 82, 111; BVerwGE 56, 71, 75.

166 *Kopp,* § 40 VwVfG Anm. 47 mit Nachw. der Rspr.

167 BVerwG, DVBl. 1982, 301; *Tettinger,* DVBl. 1982, S. 421 ff. und für das Außenwirtschaftsrecht *Frhr. von Fürstenwerth,* S. 24.

168 *Frhr. von Fürstenwerth,* S. 23 m. w. N.

lich effektive Klagemöglichkeiten gegen Entscheidungen des BMWI an die Hand gegeben wurden[169], erscheint nach alledem doch sehr fraglich.

Hinzu kommt noch, daß die Gewährung einer Exportsicherung im Ermessen des Bundes liegt. Einen Anspruch auf die Übernahme einer Deckung kann der abgewiesene Unternehmer unter diesen Umständen nur aus einer ständigen Verwaltungspraxis im Ausschuß herleiten[170]. Von einer solchen Praxis dürfte der einzelne Exporteur nur schwerlich erfahren. Die Ausschußmitglieder sind rechtlich dazu verpflichtet, die von anderen Antragstellern gemachten vertraulichen Angaben geheimzuhalten[171]. Strengt der Exporteur einen Rechtsstreit vor dem in dieser Frage zuständigen Verwaltungsgericht[172] an, so berechtigt zwar diese Geheimhaltungspflicht nicht ohne weiteres dazu, die Aktenvorlage (§ 99 VwGO) zu verweigern. Da das Verwaltungsgericht aber den Umfang der Vorlagepflicht unter Abwägung der Interessen aller Beteiligten – insbesondere deren schutzwürdiger Geheimhaltungsinteressen – bestimmt[173], erscheint es doch fraglich, ob der Unternehmer tatsächlich die Preisgabe sämtlicher Daten über vergleichbare, in Deckung genommene Geschäfte seiner Konkurrenz verlangen kann, um das Bestehen einer ständigen Verwaltungspraxis festzustellen. Ohne ständige Verwaltungspraxis aber fehlt es in der Regel[174] an einer Selbstbindung der Verwaltung, ohne Selbstbindung besteht kein Anspruch auf positive Entscheidung.

3. Zeitpunkt der Entscheidung

Nach den Richtlinien kann der IMA bereits vor Abschluß des Ausfuhr- bzw. Kreditvertrages eine grundsätzliche Stellungnahme über die Aussichten des Antrages abgeben[175]. Diese Stellungnahme beinhaltet eine Zusicherung (vgl. § 38 VwVfG) des Bundes, die beantragte Deckung zu gewähren, sofern der Ausfuhr- bzw. Kreditvertrag innerhalb einer näher gesetzten Frist abgeschlossen wird und noch genügend Mittel aus dem Ermächtigungsrahmen des Bundeshaushalts zur Verfügung stehen. Nur bei erheblichen Änderungen der Sach- oder Rechtslage ist der Bund an diese Zusicherung nicht gebunden[176]. Auf diese Weise kann der Exporteur den Inhalt einer Übernahmeentscheidung noch bei der Vertragsgestaltung berücksichtigen, was bei Großgeschäften (Investitionsgüter, Anlagenbau) besonders wichtig ist.

---

169 So *Frhr. von Spiegel,* NJW 1984, S. 2005, 2006.
170 Grundsatz der Selbstbindung der Verwaltung, der aus Art. 3 GG hergeleitet wird. Dazu näher unten, § 4 IV 1.
171 Nr. 3.4 AGRl.; § 30 VwVfG und spezialgesetzliche Regelungen.
172 Zum Rechtsweg sogleich, IV.
173 *Redeker/von Oertzen,* § 99 VwGO Anm. 10.
174 Ob eine Verwaltungsvorschrift schon im ersten Anwendungsfall mit Außenwirkung als sog. „antizipierte Verwaltungspraxis" angesehen werden kann, ist umstritten und sehr zweifelhaft. Vgl. BVerwGE 58, 45, 50 f.; aber auch BVerwGE 52, 193, 199 f.
175 Nr. 4.2 AGRl.
176 Nr. 4.2.1 und 4.2.2 AGRl.

Eine endgültige Deckungszusage wird dagegen erst gegeben, nachdem das zu sichernde Geschäft geschlossen ist und sämtliche entscheidungserheblichen Tatsachen sowie die für die Beurkundung durch die Bundesschuldenverwaltung notwendigen Daten vorliegen[177]. Die endgültige Zusage begründet einen Anspruch des Exporteurs auf Abschluß eines Gewährleistungsvertrages im Rahmen des haushaltsrechtlich festgelegten Höchstbetrages[178].

III. Rechtliche Bewertung: Die Zweistufigkeit des Verfahrens

Die Frage, in welcher Rechtsform Bundesdeckungen vergeben werden, kann hier nicht ausführlich behandelt werden[179]. Daß die HERMES-Deckungen ein Anwendungsfall der Zweistufenlehre[180] darstellen, folgt aus den zugrundeliegenden Rechtsnormen und dem tatsächlichen Ablauf des Verfahrens.

Die Entscheidung über das „Ob" der Indeckungsnahme wird öffentlich-rechtlich auf der Grundlage von Haushaltsgesetz und Richtlinien getroffen; der Bund nimmt hier die hoheitliche Aufgabe der Exportförderung wahr[181]. Die Abwicklung des Deckungsverhältnisses erfolgt dagegen privatrechtlich, da sich beide Teile als Vertragspartner gleichgeordnet gegenüberstehen und es sich nicht um eine typische Verwaltungsaufgabe handelt[182].

Praktische Bedeutung hat die Trennung beider Stufen vor allem im Hinblick auf den Rechtsweg. Gegen die Ablehnung eines Deckungsantrages müßte sich der Antragsteller an das zuständige Verwaltungsgericht wenden, während für Streitigkeiten aus dem (abgeschlossenen) Deckungsvertrag der ordentliche Rechtsweg eröffnet ist[183]. Die Allgemeinen Bedingungen, die für den Abschluß des Deckungsvertrages zugrundegelegt werden, erklären folgerichtig die ordentlichen Gerichte (in Hamburg) für zuständig.

---

177 Nr. 4.3 AGRl.
178 Nr. 4.3.3 AGRl.
179 Dazu eingehend *Christopeit*, S. 186–234.
180 Entwickelt von *Ipsen*, Öffentliche Subventionierung Privater, S. 62 ff. und heute in der Rspr. weitgehend anerkannt. Vgl. z. B. BVerwGE 1, 308, 310; 45, 13, 14; BGHZ 61, 296, 299; ablehnend z. B. *Zuleeg*, Die Rechtsform der Subvention, sowie *Henke*, Das Recht der Wirtschaftssubventionen als öffentliches Vertragsrecht, S. 11 f.
181 Für hoheitliches Tätigwerden sprechen die bei der Entscheidung zu berücksichtigenden Kriterien der „Förderungswürdigkeit" und der „ besonderen staatlichen Interessen der Bundesrepublik Deutschland" (Nr. 2.1 AGRl.).
182 *Christopeit*, S. 257–263. Ebenso im Ergebnis *Frhr. von Spiegel*, NJW 1984, 2005, 2006 f. und für die Kapitalanlagegarantien des Bundes *Salow*, S. 48.
183 § 40 VwGO bzw. § 13 GVG. Vgl. aus der umfangreichen Rspr. nur BVerwG 35, 170, 172 und LG Frankfurt NVwZ 1984, 267 (Inanspruchnahme eines Bürgen hängt davon ab, ob dessen Verpflichtung privat- oder öffentlich-rechtlich begründet wurde).

IV. Weiterer Gang der Untersuchung

Die nachfolgende Untersuchung beschränkt sich im wesentlichen auf Rechtsfragen der zweiten, privatrechtlichen Stufe. Entscheidungen der ersten Stufe entziehen sich weitgehend einer rechtlichen Kontrolle, da der Bund auf dieser Ebene aus den dargelegten Gründen über Beurteilungsspielraum bzw. nur begrenzt überprüfbares Ermessen verfügt.

Dagegen erscheinen Entscheidungen auf der privatrechtlichen Ebene schon auf den ersten Blick einer juristischen Überprüfung eher zugänglich. Rechtsgrundlage für das Abwicklungsverhältnis sind im wesentlichen die Allgemeinen Bedingungen, die – verglichen mit den Richtlinien für Ausfuhrgewährleistungen – wesentlich detailliertere Regelungen enthalten. Bei Entscheidungen im Rahmen des Gewährleistungsvertrages spielen zudem Prognosegesichtspunkte, die einer umfassenden juristischen Kontrolle entgegenständen, eine geringere Rolle. Vielmehr geht es in erster Linie darum, abgeschlossene Sachverhalte aus der ex-post-Perspektive anhand unbestimmter Rechtsbegriffe zu bewerten, so beispielsweise bei der Frage, ob die tatbestandlichen Voraussetzungen eines Entschädigungsanspruchs vorliegen oder ob der Deckungsnehmer eine seiner vertraglichen Obliegenheiten verletzt hat[184].

Die zentrale Frage des Abwicklungsverhältnisses ist die Frage nach dem Entschädigungsanspruch des Deckungsnehmers. Bevor sie im einzelnen im Zweiten Teil dieser Arbeit behandelt wird, sind zunächst einige allgemeine Fragen des privatrechtlichen Deckungsvertrages zu untersuchen. In diesem Zusammenhang stellt sich die Frage nach dem Vertragsschluß, der Rechtsnatur und schließlich den zivil- und öffentlich-rechtlichen Bindungen des Gewährleistungsvertrages.

§ 4 Allgemeine Fragen des Gewährleistungsvertrages

I. Der Vertragsschluß

1. Der Konsens

Der privatrechtliche Gewährleistungsvertrag wird vom Bund „aufgrund der endgültigen Deckungszusage" geschlossen[185]. Sofern die Deckungszusage dem Antrag in allen Punkten entspricht, wird der Vertrag bereits mit ihrem Zugang geschlossen, so daß es einer erneuten Annahme durch den Exporteur, auch in der

---

184 Näher dazu unten, Zweiter Teil, §§ 7 bis 9.
185 Nr. 5.1 AGRl.

vereinfachten Form des § 151 BGB, nicht bedarf. Im Antrag des Unternehmens lag nämlich bereits ein bindendes Angebot, da dieses annahmefähig war – die essentialia negotii waren enthalten – und mit Rechtsbindungswillen abgegeben wurde[186].

Nimmt dagegen die Deckungszusage den Antrag nur unter Veränderungen an (Einschränkungen, Auflagen usw.), so fordert der Bund den Antragsteller in einem besonderen Schreiben auf, sich zu erklären, falls er mit den Änderungen nicht einverstanden sein sollte[187]. In diesem Falle liegt ein neues Angebot des Bundes vor (§ 150 Abs. 2 BGB), das der erneuten Annahme durch den Unternehmer bedarf, um zum Vertragsschluß zu führen (§ 151 S. 1 BGB).

2. Die Wirksamkeit des Vertragsschlusses

Wirksam verpflichtet wird der Bund allerdings erst, wenn dem Antragsteller die von der Bundesschuldenverwaltung unterschriebene Deckungsurkunde zugegangen ist[188]. Ob man diese Zustimmung der Bundesschuldenverwaltung als aufschiebende Bedingung für das Wirksamwerden des Vertrages (§ 158 Abs. 1 BGB) ansieht[189] oder als Formerfordernis (§ 126 BGB) versteht[190], ist für die Praxis unerheblich. Für die zweite Ansicht spricht allerdings, daß die Allgemeinen Bedingungen diese Frage unter der Überschrift „Formerfordernisse" regeln.

II. Die Rechtsnatur des Gewährleistungsvertrages

Die Rechtsnatur des Gewährleistungsvertrages ist nicht einfach zu bestimmen. In der Literatur wurden die HERMES-Deckungen bisher recht uneinheitlich als Garantievertrag[191], Versicherungsvertrag[192] oder als Vertrag eigener Art[193] qualifiziert, wobei die Entscheidung für den ein oder anderen Vertragstyp nur selten näher begründet wurde.

1. Bedeutung der Fragestellung

Entscheidend ist letztlich nicht die exakte begriffliche Zuordnung zu einem der anerkannten Vertragstypen. Vertragstypen sind ohnehin nur Regelungsmuster, bei

---

186 Vgl. *Larenz,* Allgemeiner Teil, § 127 I a (S. 505); *Soergel/Lange/Hefermehl,* § 145 Rn. 4. Von diesem Zeitpunkt des Vertragsschlusses gehen auch die Allgemeinen Bedingungen in § 1 selbst aus.

187 *Schallehn/Stolzenburg,* Abschn. I, Anlage 3, Fn. 1 zu Nr. 5.1 AGRl.

188 § 1 S. 1 B, G; P; FB, FG; FKB, FKG.

189 So *Graf von Westphalen,* ZIP 1986, S. 1497, 1498.

190 *Schallehn/Stolzenburg,* Abschn. I Anlage 3, Fn. 3 zu Nr. 5.2 AGRl.

191 *Christopeit,* S. 267; *Graf von Westphalen,* Rechtsprobleme der Exportfinanzierung, S. 403.

192 *Kaulbach,* VersR 1985, S. 806; a. A. BGH WM 1962, 1052.

193 *Glotzbach,* S. 70–73; *Schallehn/Stolzenburg,* Abschn. II Rn. 1 ff.; wohl auch *Soergel/Mühl,* Rn. 60 vor § 765 BGB.

denen einzelne Merkmale verschieden stark ausgeprägt oder im Einzelfall sogar ersetzbar sein können, wenn nur das Gesamtgefüge erhalten bleibt[194]. Geschaffen wurden sie „mit Rücksicht auf die ihnen zugrundliegenden Interessenlagen und möglichen Konfliktsituationen"[195].

Entscheidend ist also, ob Interessenlage und mögliche Konfliktherde bei der HERMES-Deckung mit einem der anerkannten Vertragstypen im wesentlichen übereinstimmen. Ist dies der Fall, so können die gesetzliche Regelung bzw. die durch Rechtsprechung und Lehre zu dem Vertragstyp entwickelten Grundsätze auf die HERMES-Deckung übertragen werden.

Die Frage des Vertragstyps in diesem Sinne zu klären, ist auch im Hinblick auf die nachfolgenden Untersuchungen sinnvoll. Auf diese Weise eröffnet sich die Möglichkeit, etwaige, innerhalb der Allgemeinen Bedingungen bestehende Lücken durch Rückgriff auf dispositives Recht zu schließen. Darüber hinaus läßt sich die Wirksamkeit einzelner Klauseln im Hinblick auf zwingendes Recht, das für den festgestellten Vertragstyp besteht, besser überprüfen.

Ihrem tatsächlichen Erscheinungsbild nach zu urteilen enthalten die Bundesdeckungen zumindest ein untypisches, geradezu „einmaliges" Merkmal: Es gibt im deutschen Recht kein vergleichbares Sicherungsinstrument, bei dem der Bund sich vertraglich verpflichtet, für einen ungewissen Schaden mit Haushaltsmittel zu haften. Bei erstem Hinsehen sprechen immerhin einige Anzeichen für eine gewisse „Nähe" zum Versicherungsvertrag: Die privaten Unternehmen, die, wenngleich nur lückenhaft, die Funktionen einer staatlichen Ausfuhrgewährleistung wahrnehmen[196], sind Kreditversicherer. Ebenso nimmt die HERMES-AG jedenfalls außerhalb des Mandatargeschäftes ausschließlich Versicherungsgeschäfte wahr. Daher soll zunächst untersucht werden, ob es sich bei den HERMES-Deckungen um Versicherungsverträge handelt.

2. Der Begriff des Versicherungsvertrages

Was unter einem Versicherungsvertrag zu verstehen ist, ist gesetzlich nicht definiert. Die h. M.[197] sieht den Versicherungsvertrag nicht als isoliertes Zweipersonen-Verhältnis, sondern eingebettet in eine Vielzahl gleichartiger, vom Versicherer mit anderen Kunden geschlossener Verträge. Von einem Versicherungsvertrag könne nur dann gesprochen werden, wenn eine Gemeinschaft gleichartig[198]

---

194 *Larenz,* Schuldrecht Bd. II, Halbbd. 2, § 38 (S. 4).
195 *Larenz,* a. a. O.
196 Siehe dazu oben.
197 A. A. *Schmidt-Rimpler,* VersR 1963, S. 493, 504 und, ihm folgend, *Friedrich,* S. 209, 212−214, der die Notwendigkeit einer Gefahrengemeinschaft nur für das „Versicherungsgeschäft" i. S. d. VAG bejaht. Für die Anwendbarkeit des VVG, das sich nur mit dem *einzelnen* Versicherungsvertrag befasse, sei die planmäßige Zusammenfassung gleichartiger Risiken nicht erforderlich.
198 Von dem Merkmal der Gleichartigkeit sieht die neuere Wirtschaftswissenschaft allerdings ab, um auch die Versicherung großer *Einzel*risiken zu ermöglichen. Vgl. hierzu *Karten,* ZVersWiss 1972, S. 279, 290−296.

Gefährdeter vorliege, also eine Gefahrengemeinschaft, mit selbständigen Rechtsansprüchen auf wechselseitige Leistung[199].

Daß der Bund sich gegen Entgelt verpflichtet, beim Eintritt bestimmter Gefahren Leistungen an den anderen Teil zu erbringen, bedarf keiner weiteren Ausführungen. Zweifelhaft ist das Vorliegen einer „Gefahrengemeinschaft", die nach h. M. den Versicherungsvertrag gerade vom entgeltlichen Bürgschafts- oder Garantievertrag unterscheidet. Die Bundes-Deckungen werden teilweise auch deshalb nicht als Versicherungsverträge angesehen, weil die Entgelte — so wird behauptet — nicht nach versicherungsmathematischen Grundsätzen kalkuliert und differenziert seien[200].

Diese Bedenken sind der Reihe nach zu untersuchen.

a) Inhaltliche und rechtliche Bedeutung der „Gefahrengemeinschaft"

Der Inhalt dieses Merkmals ist umstritten. Fest steht lediglich, daß die Gefahrengemeinschaft — jedenfalls außerhalb eines Versicherungsvereins auf Gegenseitigkeit — weder Gesellschaft noch Gemeinschaft im Rechtssinne ist[201].

Nach Ansicht von *Kaulbach*[202] kommt es im übrigen allein darauf an, ob der Vertragspartner, der von einem anderen ein Risiko übernimmt, eine größere Zahl von Einzelrisiken übernimmt oder zu übernehmen beabsichtigt und die Deckung der eintretenden Schadensfälle sowie der Verwaltungskosten aus der Gesamtheit der für die Risikoübernahmen erhobenen Entgelte anstrebt. Kaulbach befindet sich damit in Übereinstimmung mit der Rechtsprechung des Bundesverwaltungsgerichts[203] und der Praxis der Versicherungsaufsicht[204]. Die Bundesdeckungen, die sich ja auf lange Sicht gesehen selbst tragen sollen[205], sind nach dieser Ansicht Versicherungsverträge[206].

199 In Anlehnung an *Bruck/Möller*, § 1 Anm. 3. Als Ausgangspunkt ist diese Definition besonders deshalb geeignet, da sie die Streitfrage, auf welchen Inhalt die „Leistung" gerichtet ist (Bedarfsdeckung oder Schadensersatz) ausklammert. Dazu *Möller*, ZVerSWiss 1962, S. 268 ff.; *Wälder*, Das Wesen der Versicherung; *Büchner*, FS Sieg, S. 111.

200 *Graf von Westphalen*, a.a.O., S. 713, der dieses Argument aber anscheinend selbst nicht als „wesentlich" ansieht.

201 Vgl. nur *Lorenz*, S. 14 f.

202 VersR 1985, S. 806 ff.

203 BVerwG VersR 1980, 1013 m. w. N.

204 Dazu ausführlich *Friedrich*, S. 57 ff., der auch eine zusammenfassende Definition aufgrund der Praxis des Bundesaufsichtsamtes für das Versicherungswesen gibt (a. a. O., S. 208). Danach genügt es, daß die Mittel durch die „Gegenleistung zahlreicher anderer aufgebracht" werden.

205 Nr. 6.6.1.2 AGRl. (und oben, § 2 VI 3).

206 Dies gilt selbst dann, wenn man die HERMES-Deckungen als Subvention bewertet (siehe oben, § 2 VI 2.), denn staatliche Zuschüsse sind mit dem Versicherungsbegriff vereinbar: *Bruck/Möller*, § 1 Anm. 8, der allerdings den Bundesdeckungen den Versicherungscharakter abspricht in der fälschlichen Annahme, bei ihnen sei eine Äquivalenz von Entgelt und Garantieleistung nicht einmal angestrebt.

Demgegenüber bejahen andere Autoren eine „Gefahrengemeinschaft" offenbar erst dann, wenn ein Sondervermögen in Form eines „Risiko-Pools" geschaffen wurde, über welches das Wagnis auf mehrere Personen aufgeteilt wird[207]. Entschädigungen für uneinbringlich gewordene Forderungen werden aus dem Bundeshaushalt erbracht, der seinerseits aus vielerlei Quellen gespeist wird, also kein Sondervermögen darstellt. Nach diesem Ansatz können die Bundesdeckungen daher keine Versicherungsverträge darstellen.

Welche Bedeutung dem Merkmal der „Gefahrengemeinschaft" beizumessen ist, muß letztlich dem geltenden Recht entnommen werden. Das VVG trägt dem Gedanken der Gefahrengemeinschaft nur insoweit Rechnung, als es in bestimmten Regelungen eine Rationalisierung des Versicherungsbetriebes erleichtert, beispielsweise im Schriftverkehr mit den Versicherungsnehmern[208]. Aus dem Umstand, daß Versicherungsverträge typischerweise „massenhaft" abgeschlossen werden, folgen nach allgemeiner Ansicht Besonderheiten für die Auslegung von Allgemeinen Versicherungsbedingungen. Diese sind objektiv − nach dem versicherungstechnisch zu erreichenden Vertragszweck − auszulegen[209], schließlich sind die Belange der übrigen Versicherten auch im Rahmen der Inhaltskontrolle von Versicherungsbedingungen zu berücksichtigen[210].

Diese Grundsätze erleichtern die Abwehr von Risiken über die Zusammenfassung in der Masse („risk pooling"); eine klare Antwort auf die Frage, ob eine solche Zusammenfassung begriffsnotwendige Voraussetzung eines *jeden* Versicherungsvertrages ist, enthalten sie nicht. Letztlich kann diese Frage offenbleiben, da die HERMES-Deckungen jedenfalls massenweise abgeschlossen werden. Ob man diesen Tatbestand dann noch als „Gefahrengemeinschaft" bezeichnet oder als reines Internum des Versicherungsbetriebes ansieht[211], ist eine rein terminologische Frage ohne praktische Bedeutung.

Jedenfalls setzen die genannten versicherungsrechtlichen Grundsätze nicht voraus, daß der Versicherungsbetrieb in getrennten „Sondervermögen" geführt wird. Nur im Versicherungsaufsichtsrecht, das unter anderem die Liquidität der Versicherungsunternehmen sicherstellen soll[212], kann ein Sondervermögen eine eigene Funktion erfüllen. Dort ist beispielsweise der Grundsatz der Spartentrennung anerkannt[213], demzufolge verschiedene Versicherungssparten von verschie-

---

207 *Christopeit*, S. 267 f.; *Graf von Westphalen*, BB 1982, S. 711, 713; *Glotzbach*, S. 72.
208 §§ 3 Abs. 1 S. 2, 5 Abs. 1, 10 VVG; vgl. auch § 41 Abs. 2 VVG.
209 Siehe unten, III 2.
210 Siehe unten, III 3.
211 So insbesondere *Sieg*, ZVersWiss 1985, S. 321−326; *Schmidt-Rimpler*, VersR 1963, S. 493, 504 und, ihm folgend, *Friedrich*, S. 209, 212−214. Die Existenz einer Gefahrengemeinschaft wird ferner von der Wirtschaftswissenschaft verneint, vgl. die Nachw. bei *Sieg*, a. a. O., Fn. 2.
212 Vgl. näher *Kraus*, S. 28 ff.
213 *Eidam*, S. 11.

denen Versicherungsunternehmen betrieben werden müssen[214]. Voneinander getrennte Vermögensmassen sind dann die denknotwendige Folge.

Für das Vorliegen eines Versicherungsvertrages dagegen ist ein Sondervermögen nicht erforderlich[215]. Daß eine Gefahrengemeinschaft im versicherungsrechtlichen Sinn – falls man sie überhaupt für notwendig erachtet – vorliegt, ist bei den Bundesdeckungen jedenfalls zu bejahen.

b) Gestaltung der Entgelte

Zu prüfen bleibt allerdings der zweite, eingangs erwähnte Einwand, bei den HERMES-Deckungen seien die Entgelte nicht nach versicherungsmathematischen Grundsätzen kalkuliert und differenziert. Sie seien daher kein Versicherungsvertrag.

An einer ausreichenden Differenzierung könnte es in der Tat wegen des Prinzips der Einheitsprämie[216] fehlen. Doch kennt die Versicherungsbranche neben sogenannten individuellen Prämien auch Durchschnittsprämien[217], bei denen die Versicherungsnehmer zu gleich hohen Prämien herangezogen werden, obwohl Unkosten und Höhe der Versicherungsgefahr für die einzelnen Versicherten sehr stark voneinander abweichen. Der Versicherungsvertrag setzt folglich keine Differenzierung der Prämien voraus. Eine andere Frage ist dann, inwieweit die fehlende Differenzierung von Prämien bei einer Versicherung rechtlich zulässig ist[218].

Gegen die Einordnung als Versicherungsvertrag läßt sich auch nicht auf mangelnde versicherungsmathematische Kalkulation bei den Bundesgewährleistungen verweisen. Zwar bedient man sich der Methoden der mathematischen Statistik, die auf der Wahrscheinlichkeitstheorie beruhen[219], grundsätzlich in allen

---

214 Hierzu näher *Müller*, ZVersWiss 1979, S. 147 ff.; zu den Abmilderungen dieses Grundsatzes *Eidam*, S. 5 f.

215 Nach dem früher praktizierten System staatlicher Exportabsicherung war auch ein Sondervermögen zu bejahen. Damals fungierte das Reich lediglich im Innenverhältnis als Rückversicherer der nach außen hin allein haftenden privaten Versicherungsgesellschaft (vgl. *Hauptmannl*, S. 12). Daß dieser formale Unterschied zum heutigen System über den Vertragstyp des Gewährleistungsvertrages entscheiden soll, kann jedoch nicht einleuchten, da in beiden Fällen der Staat gleichermaßen haftet.

216 Siehe oben, § 2 VI.

217 *Gürtler* in Versicherungsenzyklopädie Bd. 3, Abschn. C VI 5, S. 3.

218 Siehe dazu unten, III 3 b bb). Nach dem soeben Gesagten liegt auch der oft gehörte Satz, die HERMES-Deckungen seien keine Versicherungsverträge, sondern eine „besondere Maßnahme der Exportförderung" (z. B. *Henke*, S. 25) neben der Sache. Eine Exportförderung bezwecken letztlich auch private Exportkreditversicherer, die nur auf der Basis zufriedener Kunden Gewinne erwirtschaften können. Umgekehrt ist eine Gewinnerzielungsabsicht für das Vorliegen eines Versicherungsvertrages unerheblich; es genügt, wenn, wie im Falle der HERMES-Deckungen, das Geschäft sich auf lange Sicht selbst tragen soll (vgl. oben, Fn. 206).

219 Vgl. nur *Münzner/Isenbarth* in Versicherungsenzyklopädie Bd. 1, Abschn. E (S. 3241 ff.).

Versicherungszweigen. In welchem Ausmaß diese Methoden verwandt werden können, hängt freilich von der Risikozusammensetzung des einzelnen Versicherers ab[220]. Macht der Versicherer von den ihm mathematisch gegebenen Kalkulationsmöglichkeiten Gebrauch, so liegt auch zivilrechtlich ein Versicherungsvertrag vor.

Am ehesten kann dort kalkuliert werden, wo Einzelrisiken in großen Zahlen eines homogenen oder homogenisierbaren Bestandes auftreten, wie etwa bei der Kraftfahr-Versicherung[221]. Von einem derartigen Bestand kann bei den Gewährleistungen des Bundes angesichts der unterschiedlichen Erscheinungsformen des Exportkredites nicht gesprochen werden. Die Statistik kann daher nur geringere Bedeutung haben, was ja auch in der − allerdings zu weit gehenden − These von der „Unkalkulierbarkeit" politischer Risiken seinen Ausdruck findet[222]. Soweit indes eine Kalkulation erfolgen kann, wird sich der Bund − im Hinblick auf die Einhaltung des Selbsttragungsgrundsatzes − die hierfür erforderlichen Methoden auch zunutze machen.

Als Zwischenergebnis kann daher festgehalten werden: Die Ausfuhrgewährleistungen weisen alle Merkmale eines Versicherungsvertrages auf.

c) Abgrenzung zu anderen Vertragstypen

Zur Überprüfung dieses Ergebnisses ist allerdings zu fragen, wie die HERMES-Deckungen von entgeltlichen Bankgarantien oder -bürgschaften abzugrenzen sind, die ja ebenfalls in „großer Zahl" abgeschlossen werden und gerade im Außenhandel enorme praktische Bedeutung haben.

Zunächst findet der für die Gewährleistungen des Bundes normierte Selbsttragungsgrundsatz im Garantie- oder Bürgschaftsgeschäft keine Parallele. Anders als bei Versicherungsverträgen setzt das Gesetz bei Bürgschaften und Garantien eine Gegenleistung nicht voraus. In der Bankpraxis wäre es daher zulässig, das Bürgschafts- und Garantiegeschäft durch Gewinne aus anderen Bankgeschäften zu bezuschussen. Desweiteren sichert die Bankgarantie normalerweise den ausländischen Importeur[223]; zumindest sind Auftraggeber und Begünstigter − im Gegensatz zu den HERMES-Deckungen − personenverschieden. Zur Zahlung des Entgeltes (Avalprovision) ist nur der Auftraggeber verpflichtet[224].

---

220 So stellte *Molt,* S. 20 f. bereits 1913 fest, von einer statistischen Erfaßbarkeit könne bei der Versicherung außerordentlicher Risiken „nicht die Rede" sein.

221 Dazu *Gerathewohl* (u. a.), Rückversicherung Bd. II, S. 369, sowie ausführlich *Tröblinger,* Analyse und Prognose des Schadensbedarfs in der Kfz-Haftpflichtversicherung, S. 258 ff.

222 Siehe oben, § 2 VI 2.

223 *Dohm,* S. 29. Anders liegen die Dinge allerdings bei der Zahlungsgarantie, die − insoweit den HERMES-Deckungen vergleichbar − den Zahlungsanspruch des Exporteurs sichert: *Graf von Westphalen,* Die Bankgarantie im internationalen Handelsverkehr, S. 40 f.

224 Vgl. nur *Canaris,* Bankvertragsrecht, Rn. 1007, 1012.

d) Ergebnis: Die HERMES-Deckungen als Kreditversicherungsverträge

Im Ergebnis sind die HERMES-Deckungen somit als Versicherungsverträge anzusehen. Auch das Merkmal der „Gefahrengemeinschaft", falls man es überhaupt für erforderlich hält, liegt vor. Von Bürgschaft und Garantie unterscheiden sie sich schon durch den Selbsttragungsgrundsatz, sowie durch die Tatsache, daß der ausländische Abnehmer jedenfalls bei Indeckungnahme in keinerlei Rechtsbeziehung zum Sichernden steht.

Die praktischen Folgen der hier vertretenen Ansicht sind allerdings begrenzt:

Der Versicherungsaufsicht unterliegen die HERMES-Deckungen nicht, da der Bund als öffentlich-rechtliche Gebietskörperschaft kein „Versicherungsunternehmen" i. S. d. § 1 VAG ist[225]. Die Versicherungsaufsicht soll zum Schutze der Versicherungsnehmer die Erfüllbarkeit der Versicherungsleistung sicherstellen[226]. Dieser Zweck entfällt bei den HERMES-Deckungen, da die Zahlungsfähigkeit des Bundes durch die Beachtung haushaltsrechtlicher Vorschriften gesichert ist[227].

Die Regelungen des VVG sind zwar auf die Gewährleistungen des Bundes anwendbar[228]. Da es sich um Kreditversicherungsverträge handelt, gelten allerdings die halbzwingenden Normen des Gesetzes nicht, § 187 Abs. 1 VVG. Vor diesem Hintergrund kommt dann der Frage besonderes Gewicht zu, inwieweit sich aus dem AGB-Gesetz Beschränkungen der Vertragsfreiheit ergeben. Bei der nachfolgenden Prüfung dieser Frage kann auf einige, den Besonderheiten des Versicherungsvertrages Rechnung tragende Grundsätze zurückgegriffen werden.

III. Die Allgemeinen Bedingungen und das AGB-Gesetz

Bei Versicherungsbedingungen ist die Prüfung der Vereinbarkeit mit dem AGB-Gesetz von besonderer Bedeutung. Die Versicherung ist ein komplexes, „unsichtbares" Produkt, das erst mit Hilfe der auf ein Massengeschäft zugeschnittenen vertraglichen Abreden beschrieben und definiert wird. An dieser Stelle soll zunächst der Rahmen für eine Überprüfung der HERMES-Bedingungen anhand des AGB-Gesetzes abgesteckt werden. Die Wirksamkeit einzelner Klauseln wird dann erst im Zusammenhang mit der betreffenden Vertragsbestimmung geprüft, sofern hierzu Anlaß besteht.

---

225 *Prölss,* § 1 VAG Rn. 3.
226 Vgl. näher *Kraus,* S. 28 ff.
227 Vgl. zu den Grenzen einer zulässigen Staatsverschuldung *Puettner,* Staatsverschuldung als Rechtsproblem (1980).
228 Sie wären dies weitgehend auch dann, wenn man die Gewährleistungen des Bundes lediglich als versicherungsähnliche Verträge einstuft. Rechtsgedanken über die Herbeiführung des Versicherungsfalles, Schadensabwendungs- und -minderungspflichten könnten entsprechend angewandt werden: *Prölss* in *Prölss/Martin,* § 1 VVG Anm. 1 A b.

1. Leicht zu klärende Fragen (§§ 1–4 AGBG)

Daß es sich bei den Allgemeinen Bedingungen um Allgemeine Geschäftsbedingungen i. S. d. § 1 AGBG handelt, ergibt sich zweifelsfrei aus ihrer massenhaften Verwendung. Nach der derzeit geltenden Praxis bestehen auch keine Bedenken an ihrer wirksamen Einbeziehung. Der Deckungsnehmer wird im Deckungsantrag wie in der Deckungsurkunde deutlich auf die allgemeinen Bedingungen hingewiesen[229], die er sich zudem ohne Schwierigkeiten zusenden lassen kann. Damit ist die Einbeziehung nach § 2 AGBG wirksam[230].

Überraschende Klauseln (§ 3 AGBG) lassen sich im Hinblick auf das äußere Erscheinungsbild in den 1986 neu gefaßten HERMES-Bedingungen nicht mehr ausmachen. Die Übersichtlichkeit wird insbesondere durch schlagwortartige Randüberschriften erhöht, was sich vor allem bei inhaltlich komplizierten Klauseln auswirkt[231]. Allerdings kann sich die Unüblichkeit einer Bestimmung nach dem Wortlaut des § 3 AGBG auch aus anderen Umständen als dem äußeren Erscheinungsbild ergeben, also auch aus ihrem Inhalt folgen[232]. Meist wird die Ungewöhnlichkeit gerade in der Verknüpfung von äußerem Erscheinungsbild und Inhalt liegen: Inhaltlich weitreichende Klauseln werden klein gedruckt oder an systematisch „falscher" Stelle plaziert, um den Kunden in die Irre zu leiten. Auch insoweit erscheinen die Bedingungstexte unbedenklich, sind doch beispielsweise Vorschriften, die wegen ihres Ausnahmecharakters auf den Exporteur überraschend wirken könnten, durch Fettdruck hervorgehoben[233].

Der Vorrang der Individualabrede (§ 4 AGBG) schließlich wird in den Bedingungstexten ausdrücklich anerkannt[234]. Dies setzt freilich die Wirksamkeit, namentlich die Formwirksamkeit der Abrede voraus. Die Allgemeinen Bedingungen setzen für Individualabreden die Schriftform voraus[235]; Abreden, die Inhalt oder Umfang der Haftung des Bundes erweitern, bedürfen außerdem der schriftlichen Zustimmung der Bundesschuldenverwaltung[236]. Ob derartige in Formu-

---

229 Vgl. § 1 S. 1 der Bedingungen.
230 Da in der Praxis die HERMES-Bedingungen nur gegenüber Vollkaufleuten angewandt werden, hätten die Voraussetzungen des § 2 AGBG nicht beachtet zu werden brauchen (§ 24 S. 1 Nr. 1 AGBG). Es hätte bereits genügt, wenn sich der Deckungsnehmer auf eigene Initiative in zumutbarer Weise vom Inhalt der AGB hätte Kenntnis verschaffen können: BGH BB 1979, 185, 186; *MünchKomm-Kötz* § 2 AGBG Rn. 24.
231 Vgl. z. B. die Darstellung der Garantiefälle (§ 4) oder die Anrechnungsbestimmungen (§ 7).
232 Dieses Verständnis setzen auch *Palandt-Heinrichs,* § 3 Anm. 1, 2a; *Lindacher* in *Wolf/Horn/Lindacher,* § 3 Rn. 6 voraus. Dagegen *Ulmer* in *Ulmer/Brandner/Hensen,* Anhang §§ 9–11 Rn. 853, der in solchen Fällen stets den Vertragszweck gefährdet sieht, so daß neben § 9 Abs. 2 AGBG für § 3 AGBG kein Anwendungsbereich bleibe.
233 Vgl. z. B. § 12 Abs. 1 Unterabs. 4 B (Kursbegrenzung); § 11 Abs. 1 S. 2 B (Kostentragung).
234 Abs. 2 vor § 1.
235 § 1 S. 4.
236 § 1 S. 2 und 3.

larverträgen festgelegte Formerfordernisse zur Unwirksamkeit von Individualabreden führen können, ist zweifelhaft[237]. Für die Praxis dürfte die Frage jedenfalls bedeutungslos sein; es ist anzunehmen, daß sämtliche Abreden ohnehin schriftlich und gegebenenfalls mit Zustimmung der Bundesschuldenverwaltung getroffen werden.

2. Unklare Klauseln (§ 5 AGBG) und Auslegungsgrundsätze

Als generelle Regelung sind Allgemeine Geschäftsbedingungen einheitlich auszulegen, d. h. unter Absehen von der speziellen Interessenlage der Beteiligten. Auszugehen ist dabei von der Verständnismöglichkeit eines rechtlich nicht vorgebildeten Durchschnittskunden, bei allgemeinen Versicherungsbedingungen (nachfolgend: AVB) also von einem durchschnittlichen Versicherungsnehmer ohne versicherungsrechtliche Spezialkenntnisse[238]. Zugunsten des Versicherers ist auch der versicherungswirtschaftliche Zweck zu berücksichtigen, sofern er in den AVB – und sei es nur lückenhaft – zum Ausdruck gekommen ist[239].

Nach § 5 AGBG gehen Zweifel bei der Auslegung Allgemeiner Geschäftsbedingungen zu Lasten des Verwenders. Diese Unklarheitenregel kann nach allgemeiner Ansicht erst dann angewandt werden, wenn die Auslegung nicht behebbare Zweifel am Inhalt der Vereinbarung zurückläßt[240]. Sie gilt auch im kaufmännischen Verkehr[241]. Gegenüber einer Inhaltskontrolle nach §§ 9 – 11 AGBG ist sie logisch vorrangig, da die Angemessenheit einer Klausel erst dann geprüft werden kann, wenn ihr Inhalt zweifelsfrei feststeht[242]. In neuerer Zeit ist die Unklarheitenregel häufiger von der Rechtsprechung angewandt worden[243]. Der Bundesgerichtshof verlangte unter anderem eine innere Logik im Aufbau der Versicherungsbedingungen, insbesondere die Zusammenfassung gleichartiger Risikoausschlüsse an einer einzigen Stelle der AVB[244]. Widersprechen sich zwei Bestimmungen innerhalb eines Bedingungstextes, ohne daß der Widerspruch aufzulösen wäre, so gilt nur die dem Versicherungsnehmer günstigere Bestimmung[245].

---

237 Während die frühere Rspr. noch annahm, die Vorrangregel des § 4 AGBG beziehe sich lediglich auf den Inhalt, nicht aber die Form einer Individualvereinbarung, so daß mündlich getroffene Abreden unwirksam seien (Nachw. bei *Ulmer* in *Ulmer/Brandner/Hensen,* § 4 Rn. 30 ff.), erkennt heute die h. M. grundsätzlich den Vorrang auch mündlicher Einzelabreden an: *Larenz,* Allgemeiner Teil, § 29 a II; *Ulmer,* a. a. O. § 4 Rn. 33; OLG Frankfurt ZIP 1983, 1213, 1215 f.; offenlassend noch BGH NJW 1982, 331, 333; 1985, 320, 321.
238 BGHZ 83, 169, 173; 84, 273; *Martin,* Sachversicherungsrecht, A IV Rn. 23; allgemein zur Auslegung von AVB *Prölss/Martin,* Vorbem. III A.
239 BGH VersR 1978, 362, 363.
240 Vgl. nur BGH NJW 1984, 1818.
241 Vgl. BGH NJW-RR 1988, 114.
242 So auch *Prölss/Martin,* Vorbem. III A, 8 b.
243 Vgl. BGH VersR 1986, 177; 1985, 874; OLG Hamm VersR 1986, 82.
244 VersR 1985, 874, 875.
245 *Ulmer* in *Ulmer/Brandner/Hensen,* § 5 Rn. 21; *Staudinger/Schlosser,* § 5 AGBG Rn. 16.

Für die HERMES-Bedingungen wandte der Bundesgerichtshof die Unklarheiten-regel in zwei Entscheidungen auf die derzeit geltenden Anrechnungsbestimmun-gen an[246]. Die dort angeschnittenen Probleme werden noch im Rahmen der Schadensberechnung untersucht.

Zu erwähnen ist ferner, daß Einschränkungen von gesetzlich normierten Rechten im Zweifel eng auszulegen sind (sog. „Restriktionsgrundsatz")[247]. Auf dieser Grundlage hat die Rechtsprechung wiederholt insbesondere Ausschlußklauseln eng ausgelegt.

3. Umfang und Grenzen der Inhaltskontrolle

Bei den HERMES-Deckungen, die in der Praxis nur gegenüber Kaufleuten Anwendung finden, stellt sich die Frage einer Inhaltskontrolle im Hinblick auf § 9 AGBG; die §§ 10, 11 AGBG sind grundsätzlich unanwendbar (§ 24 AGBG), doch können die in den dortigen Klauselverboten enthaltenen Wertungen bei der Angemessenheitskontrolle in gewissem Umfang berücksichtigt werden[248].

Die Überprüfung der HERMES-Bedingungen könnte zusätzlich dadurch beschränkt sein, daß es sich bei ihnen um AVB handelt. Nach überwiegender Mei-nung unterliegen AVB einer Inhaltskontrolle nach dem AGB-Gesetz nur in einge-schränktem Umfang[249]. Dieses Ergebnis wird zum einen mit § 8 AGBG (dazu unten, b), zum anderen mit tatsächlichen und betriebswirtschaftlichen Besonder-heiten des Versicherungsgeschäftes begründet.

a) Besonderheiten des Versicherungsgeschäftes

Einige der in AVB enthaltenen Klauseln gestalten und beschreiben erst das abstrakte „Produkt" der Versicherung als Gegenstand der Hauptleistungspflicht des Versicherers[250]. Um die Vielzahl der zusammengefaßten Risiken sinnvoll aus-gleichen zu können, ist in der Praxis der massenweise Abschluß gleichartiger Ver-träge für die Versicherungsbranche von existentieller Bedeutung. Ihre ordnende Funktion erkennt das Versicherungsvertragsgesetz in den sogenannten „Öff-

246 BGH WM 1983, 151; WM 1983, 912.

247 BGHZ 65, 142, 145; kritisch *Prölss* in *Prölss/Martin,* Vorbem. III A, 7.

248 *Wolf* in *Wolf/Horn/Lindacher,* Vor §§ 10, 11 AGBG, Rn. 14 m. w. N.

249 Dagegen konnte sich die Forderung nach einer dem § 102 GWB vergleichbaren Bereichsausnahme im AGB-Gesetz (vgl. z. B. *Angerer,* ZVersWiss 1975, 197 und *Sieg,* VersR 1977, 489) nicht durchsetzen.

250 Zu der produktbeschreibenden Funktion der AVB insbesondere *Farny,* ZVersWiss 1975, 168, 172 ff. − Allerdings ist diese „Produktbeschreibung" immer noch so kom-plex, daß ein für die Versicherungsnehmer transparenter Markt − und damit die Bedingungen für einen wirksamen Wettbewerb − erst durch Vereinheitlichung der AVB geschaffen werden kann. Die Bereichsausnahme des § 102 GWB ist daher auch in diesem Zusammenhang zu sehen: *Großfeld,* FS Reimer Schmidt, S. 637, 639. − Durch die Neufassung des § 102 GWB unterliegen nunmehr auch Versicherungsver-träge einer (eingeschränkten) Kartellaufsicht.

nungsklauseln" ausdrücklich an[251]. Die Kreditversicherung ist schließlich gesetzlich nicht geregelt. Sie kann daher erst durch AVB Gestalt annehmen.

Für das Gewährleistungsinstrumentarium des Bundes gelten allerdings gegenüber sonstigen AVB Besonderheiten: Zum einen gelten die zwingenden und halbzwingenden Normen des VVG, welche die Mißbrauchsmöglichkeiten des Verwenders bereits im Vorfeld des AGB-Gesetzes beschränken[252], gerade nicht für die Kreditversicherung (§ 187 Abs. 1 VVG). Desweiteren unterliegen die HERMES-Bedingungen, wie die AVB der Kreditversicherung überhaupt, keiner aufsichtsrechtlichen Vorkontrolle durch das Bundesamt für das Versicherungswesen (vgl. §§ 5 Abs. 1 Nr. 2, 13 VAG sowie § 5 Abs. 6 VAG).

Aus diesen Besonderheiten läßt sich indes nicht der Schluß ziehen, die HERMES-Bedingungen unterlägen nunmehr anderen Kontrollmaßstäben als sonstige AVB. Einerseits ist klarzustellen, daß § 187 VVG die Versicherer der Kaufleute nicht auch von einer Kontrolle nach dem AGB-Gesetz freistellt. Die Schranken nach dem VVG und dem AGBG sind historisch gesehen unabhängig voneinander entstanden und verfolgen unterschiedliche Zwecke. Die Schutznormen des VVG bilden nur eine „äußerste Inhaltsschranke", über die eine Kontrolle nach dem AGBG hinausgehen kann[253]. Umgekehrt führt die fehlende Versicherungsaufsicht nicht etwa dazu, bei der Überprüfung der HERMES-Bedingungen nunmehr strengere Maßstäbe als bei anderen AVB anzulegen. Zwar wendet das Bundesaufsichtsamt einen Prüfungsmaßstab an, der im wesentlichen mit § 9 AGBG übereinstimmt[254]. Die richterliche Nachkontrolle aufgrund des AGB-Gesetzes wird allerdings hierdurch nicht eingeschränkt[255]. Behördliche und richterliche Kontrolle sind schon wegen des Grundsatzes der Gewaltenteilung voneinander unabhängig und beeinflussen einander nicht[256].

Im Ergebnis unterliegen die HERMES-Bedingungen demnach einer Inhaltskontrolle nach dem AGB-Gesetz in gleichem Umfang wie sonstige AVB. Dieser Umfang ist im folgenden näher festzulegen.

b) Grundsätze der Inhaltskontrolle von AVB

aa) Deklaratorische Klauseln und Preisbestimmungen

Nach § 8 AGBG gelten die §§ 9 bis 11 AGBG nur für Bestimmungen in Allgemeinen Geschäftsbedingungen, durch die von Rechtsvorschriften abgewichen oder diese ergänzt werden. Aus dem Wortlaut der Norm folgt, daß Klauseln, die Rechtsvorschriften lediglich wiederholen und deren Inhalt auch ohne AVB im

---

251 Darin wird den AVB die Möglichkeit einer verbindlichen Regelung eröffnet, z. B. in §§ 40 Abs. 2 S. 3, 174 Abs. 4 S. 2, 176 Abs. 4 S. 2, 189 VVG.
252 Vgl. z. B. §§ 15a, 34a, 42 VVG.
253 *Brandner* in *Ulmer/Brandner/Hensen,* § 8 AGBG Rn. 31; vgl. auch *Van de Loo,* S. 80.
254 BVerwG VersR 1981, 221.
255 BGHZ 83, 169, 172 = VersR 1982, 482; *Van de Loo,* S. 12 ff.
256 Vgl. *Horn* in *Wolf/Horn/Lindacher* § 23 Rn. 452 und 406.

Vertrag gelten würde (sog. „deklaratorische Klauseln") nicht kontrollfähig sind[257]. Gesetzeswiederholende Klauseln sind in den Bedingungstexten, soweit ersichtlich, nicht enthalten, zumal die im Rahmen des Gewährleistungsvertrages zu regelnden Fragen i. d. R. gesetzlich nicht geregelt sind.

Auch der in AGB festgesetzte Preis ist nach allgemeiner Meinung[258] einer Inhaltskontrolle entzogen, da sich der Preis grundsätzlich am Markt unter den Bedingungen des Wettbewerbs bilden soll[259]. § 8 AGBG läßt eine Überprüfung des Preises nur dann zu, wenn dieser von „Rechtsvorschriften" abweicht.

Die Entgelte für die Bundes-Deckungen sind weitgehend durch eine Bekanntmachung des Bundesministers für Wirtschaft festgesetzt[260]. Ob es sich hierbei um eine „Rechtsvorschrift" i. S. d. § 8 AGBG handelt, kann offenbleiben, da die Allgemeinen Bedingungen hiervon jedenfalls nicht abweichen. Bei den Pauschaldeckungen schließlich werden die Entgelte jeweils von Fall zu Fall aufgrund der vom Exporteur angebotenen Risikomischung berechnet[261], so daß es sich um eine Individualvereinbarung handelt.

Unabhängig vom AGB-Gesetz könnten die HERMES-Entgelte als einseitige, aufgrund Monopols oder jedenfalls marktbeherrschender Stellung getroffene Preisfestsetzungen auch an §§ 315 Abs. 3, 319 Abs. 1 BGB oder an § 22 GWB gemessen werden, dürften also nicht überhöht sein. Vor dem Hintergrund anhaltender Defizite erscheinen die Prämien in ihrer Gesamtheit eher zu niedrig als zu hoch bemessen. Gegenwärtig stellt sich daher nur die öffentlich-rechtliche Frage einer unzulässigen Subvention[262]. Zivilrechtlich ist dagegen die Gesamthöhe der erhobenen Prämien nicht zu beanstanden. Ob auch das im konkreten Einzelfall erhobene Entgelt angemessen ist, ist damit freilich noch nicht geklärt.

bb) Problem: Differenzierungspflicht hinsichtlich der Entgelte?

Im Gegensatz zu einigen ausländischen Versicherern gilt bei den Ausfuhrgewährleistungen des Bundes das Prinzip der Einheitsprämie[263]. Fraglich ist, ob den Bund eine Rechtspflicht zur Differenzierung insbesondere nach Länderrisiken trifft. Nach § 9 AGBG überprüfbar sind nämlich sämtliche Preisnebenabreden sowie die Kosten- und Risikoverlagerung auf den anderen Vertragspartner[264]. Zum letzteren gehören außerhalb des Versicherungsrechts beispielsweise pauschale Berechnungsmethoden für Anfahrtswege[265].

---

257 Wohl allg. M.; statt aller *Brandner* in *Ulmer/Brandner/Hensen* § 8 Rn. 21 m. w. N.
258 *Brandner* in *Ulmer/Brandner/Hensen,* § 8 Rn. 9; *Wolf* in *Wolf/Horn/Lindacher,* § 8 Rn. 13; *Staudinger/Schlosser,* § 8 Rn. 6.
259 *Wolf* in *Wolf/Horn/Lindacher,* § 8 Rn. 13.
260 Derzeit gilt die „Bekanntmachung der Entgeltsätze für Ausfuhrgarantien und Ausfuhrbürgschaften vom 28. 9. 1983", BundesAnz. Nr. 196 v. 8. 10. 1983.
261 *Schallehn/Stolzenburg,* Abschn. VIII Rn. 81 – 82.
262 Siehe oben, § 2 VI.
263 Siehe oben, § 2 V.
264 *Wolf* in *Wolf/Horn/Lindacher,* § 8 AGBG Rn. 14 und 16 m. w. N.
265 BGH NJW 1984, 2160, 2161.

Dementsprechend läßt sich für das Versicherungsrecht fragen, ob das System einer Einheitsprämie nicht eine unzulässige „pauschale" Berechnung für erheblich unterschiedlich hohe Risiken[266] darstellt. Dieses System könnte gegen den Grundsatz der Gleichbehandlung verstoßen, der – wie noch näher zu zeigen ist[267] – für die Bundesgewährleistungen jedenfalls aus Art. 3 Abs. 1 GG folgt und, davon unabhängig, nach einem Teil der Literatur auch im privaten Versicherungsrecht gelten soll[268].

Eine Differenzierungspflicht des Versicherers ist verschiedentlich bejaht worden. *Prölss* folgert sie aus einer von ihm als „Optimierungspflicht" bezeichneten Verpflichtung des Versicherers, sein Unternehmen effizient zu führen[269]. Als ein Rechtschutzversicherer auf Erteilung einer aufsichtsrechtlichen Genehmigung klagte, hielt das BVerwG die Aufgliederung in Risikogruppen für „zur Wahrung der Belange der Versicherten gerechtfertigt und geboten"[270]. Die Risikogruppe sei so abzugrenzen, daß „einerseits der unterschiedlichen Schadensentwicklung innerhalb des gesamten Bestandes hinreichend Rechnung getragen wird und andererseits ein versicherungstechnisch vertretbarer mittlerer Erwartungswert gewährleistet bleibt"[271].

Die Frage nach der versicherungstechnisch gebotenen Größe einer einzelnen Risikogruppe kann jedenfalls für den Fall der HERMES-Deckungen offenbleiben[272]. In der privaten Exportkreditversicherung wird der Prämiensatz sogar für jeden Kunden *individuell* berechnet, wobei unter anderem nach Branchen- und Länderrisiken differenziert wird[273]. Schließlich ist es anscheinend auch bei den Pauschal-Deckungen des Bundes technisch durchführbar, Prämien neben anderen Kriterien auch nach Länderrisiken zu differenzieren[274]. Demnach dürfte es jedenfalls versicherungstechnisch keine Schwierigkeiten bereiten, die Entgelte nach Länderrisiken zu staffeln.

---

266 Statistiken über die regionale Verteilung der Schadensfälle werden nicht mehr veröffentlicht (vgl. dagegen noch *Hichert,* S. 297 f. für das Jahr 1985). Es ist dennoch unverkennbar, daß insbesondere die Risiken von Exporten in Entwicklungsländer erheblich höher liegen. 1988 verteilten sich 77% aller Außenstände des Bundes in Höhe von insgesamt 12,4 Mrd. DM auf sechs Länder, und zwar auf Polen (3,7 Mrd. DM), Nigeria (2,2 Mrd. DM), Brasilien, (1,6 Mrd. DM), Argentinien (0,8 Mrd. DM), sowie Ägypten und Jugoslawien (je 0,6 Mrd. DM): *Hermes-Bericht* 1988, S. 16.
267 Unten, IV 1.
268 Dies ist freilich sehr umstritten. Grds. befürwortend BGH VersR 1982, 482, 484; *Prölss,* FS Larenz (1983), S. 487, 530–534; a. A. *Gärtner,* S. 322 ff. Vgl. ferner die Nachweise bei *Lorenz,* S. 1 Fn. 1.
269 FS Larenz, S. 487 (525 und 530 ff.).
270 BVerwG VersR 1981, 221, 225.
271 BVerwG, a. a. O.
272 Letztlich offenlassend auch *Prölss,* a. a. O., S. 525.
273 Vgl. näher *Wagner,* Die Kreditversicherung, S. 38.
274 Zu den Entgelten bei Pauschal-Deckungen bereits oben, § 2 V 2.

Die Forderung nach einer Differenzierungspflicht des Versicherers hat ihren Grund in dem Schutz der Versicherungsnehmer vor Quersubventionierungen, die ihnen nicht ohne weiteres erkennbar sind. Für den durchschnittlichen Kunden einer Exportkreditversicherung ist jedoch ohne weiteres zu erkennen, ob sich beispielsweise für ein Frankreich-Geschäft der Abschluß einer HERMES-Deckung „lohnt". Die praktischen Erfahrungen zeigen, daß Exporte in risikoarme Regionen nur ausnahmsweise beim Bund versichert werden[275]. Insoweit ist den Exporteuren ein Ausweichen auf private Exportkreditversicherer möglich, die zu günstigeren Prämien anbieten[276].

Funktionieren somit die marktwirtschaftlichen Grundsätze von Angebot und Nachfrage, so besteht – dem Grundgedanken des § 8 AGBG folgend – kein Grund für eine richterliche Inhaltskontrolle. Der Exporteur mag selbst entscheiden, ob und bei welchem Anbieter er seinen Kredit gegen politische Risiken absichert.

Im übrigen läßt sich das Prinzip der Einheitsprämie auch auf sachliche Gründe stützen. Zwar ist es, wie bereits ausgeführt, nicht durch außenpolitische Rücksichtnahmen zu rechtfertigen. Soweit jedoch Exporte in Krisenregionen bis zu einem gewissen Grade durch gute Risiken subventioniert werden, läßt sich dies mit dem Zweck der Exportförderung rechtfertigen, den Ausfuhrgewährleistungen verfolgen. Es ist jedenfalls nicht willkürlich[277], Exporte in risikoreiche Regionen stärker zu fördern. Die „Förderungswürdigkeit", die schon aufgrund der Richtlinien *neben* der reinen Risikobewertung zu beachten ist, kann in diesen Fällen höher sein. Ohne eine Absicherung durch den Bund bliebe nämlich ein hoher Anteil derartiger Geschäfte unausgeführt, da sie anderweitig nicht gegen politische Risiken zu versichern wären. Die Präsenz der deutschen Wirtschaft in bestimmten, risikostarken Regionen wäre dann auf lange Sicht gefährdet.

Insoweit hängt der Grundsatz der Einheitsprämie auch mit dem Subsidiaritätsgrundsatz[278] zusammen. In welchem Umfang der Bund mit privatwirtschaftlichen Anbietern auf dem Gebiet der Exportversicherung konkurriert, indem er für gute Risiken zu entsprechend günstigeren Entgelten anbietet, ist auch eine wirtschaftspolitische, rechtlich nicht vollständig überprüfbare Entscheidung. Eine Pflicht des Versicherers, eine Nachfrage bestimmter Größenordnung nach einer

---

275 So wurden z.B. 1988 nur 1,4% aller Exporte in Industrieländer neu in Deckung genommen, vgl. *Anhang 2.*

276 Bezeichnenderweise bietet die HERMES-AG seit Ende 1988 auf eigene Rechnung Versicherungsschutz gegen wirtschaftlich bedingte Forderungsausfälle bei Ausfuhren insbesondere in westliche Industrieländer an: *Hermes-Bericht* 1988, S. 23. Damit sind zwar politische Risiken nicht gedeckt; dennoch ist eine gewisse Konkurrenzsituation zu dem auf Rechnung des Bundes betriebenen Mandatargeschäft nicht zu verkennen.

277 Art. 3 GG wird ganz überwiegend als Willkürverbot verstanden, das es unter anderem verbietet, „wesentlich Ungleiches willkürlich gleich" zu behandeln (BVerfGE 4, 114, 155).

278 Siehe oben, § 2 II 3 c).

bestimmten Deckung „innerhalb eines schon angebotenen (!) Versicherungszweiges" zu befriedigen[279], kann jedenfalls in dieser Allgemeinheit nicht bejaht werden[280].

Das Ziel der Exportförderung stellt somit einen sachlichen Grund dar, der die gegenwärtig praktizierte Ungleichbehandlung rechtfertigt, die in der Erhebung gleicher Entgelte für wesentlich ungleiche Länderrisiken liegt. Dieser sachliche Grund ist nicht nur im Rahmen des Art. 3 GG anzuerkennen, sondern auch hinsichtlich eines möglicherweise bestehenden versicherungsrechtlichen Gleichbehandlungsgrundsatzes. Nach der Praxis der Versicherungsaufsicht jedenfalls, in der ein Gleichheitssatz sicherlich noch am ehesten zu bejahen wäre[281], ist eine Diffenzierung aus „sachlich gerechtfertigtem Grund" anerkannt[282].

Zu einer Differenzierung seiner Prämien ist der Bund nach alledem nicht verpflichtet. Die Einheitsprämie ist zulässig.

cc) Problem: Die Abgrenzung der Leistungsbeschreibung bei AVB

Aus § 8 AGBG folgt weiterhin, daß auch Leistungsbeschreibungen zum kontrollfreien Bereich gehören. Fraglich und umstritten ist insbesondere bei Versicherungsbedingungen, welche Klauseln noch zur Leistungsbeschreibung zu rechnen sind[283]. Eine einheitliche Rechtsprechung zu der Frage hat sich bisher ebenfalls noch nicht gebildet.

Am weitesten will *Schäfer*[284] die AVB einer Kontrolle entziehen. Unter „Rechtsvorschriften" i. S. d. § 8 AGBG, welche durch die vertragliche Regelung ergänzt oder abgeändert werden, versteht er nur hinreichend konkrete, auf den jeweiligen Vertragstyp zugeschnittene Normen[285]. Diese Auffassung steht im Widerspruch zu § 9 Abs. 2 Nr. 2 AGBG. Nach dieser Vorschrift können AGB auch dann unwirksam sein, wenn sie wesentliche Rechte und Pflichten, die sich „aus der Natur des Vertrages" ergeben, einschränken. Inhaltlich überprüfbar sind folglich

---

279 *Van de Loo,* S. 98.
280 Umgekehrt wäre es rechtlich zulässig, durch ein Abgehen vom Prinzip der Einheitsprämie in Konkurrenz zur privaten Exportkreditversicherung zu treten. Entgegen *Dürig* in *Maunz/Dürig/Herzog/Scholz* Art. 1 Abs. 1 GG Rn. 54 ist der Grundsatz der Subsidiarität kein allgemeines verfassungsrechtliches Prinzip. Eine Entscheidung darüber, ob die Wirtschaftstätigkeit der öffentlichen Hand zulässig ist, kann vielmehr nur unter Abwägung der konkret betroffenen Rechtsgüter getroffen werden: *Stober,* Handbuch, S. 286, 288 m. w. N.
281 Vgl. die gesetzliche Normierung in § 9 Abs. 1 und 3 PflVG; ferner §§ 81 Abs. 2, 21 Abs. 1 VAG. Gegen eine darüber hinausgehende Pflicht zur Gleichbehandlung z. B. *Lorenz,* S. 14—20.
282 Vgl. § 2 Abs. 2 der VO vom 17. 8. 1982 zu § 81 Abs. 2 S. 3 VAG, VerBAV 1982, 456.
283 Vgl. die Übersichten bei *Flick,* Die Schranken der Inhaltskontrolle Allgemeiner Versicherungsbedingungen nach § 8 AGBG; *van de Loo,* Die Angemessenheitskontrolle Allgemeiner Versicherungsbedingungen nach dem AGB-Gesetz, S. 46—58.
284 VersR 1978, 4, 7 f.
285 So für die HERMES-Deckungen auch *Schallehn/Stolzenburg,* Abschn. II Rn. 2 e.

auch diejenigen Verträge, welche – wie die Kreditversicherung – gesetzlich nicht oder nur unvollkommen geregelt sind.

Einige Autoren rechnen zur Leistungsbeschreibung des Versicherers jedenfalls die sogenannten primären Risikobegrenzungen, in denen der Kreis der versicherten Gefahren positiv umschrieben ist, sowie die sekundären Risikobegrenzungen (Risikoausschlüsse). Beides soll folglich inhaltlich nicht überprüfbar sein[286]. Obliegenheiten, die im Unterschied zu Risikobegrenzungen dem Versicherungsnehmer ein bestimmtes Verhalten abverlangen[287], sollen nach einigen Vertretern dieser Ansicht nur eingeschränkt[288], anderen zufolge vollständig[289] einer Inhaltskontrolle unterworfen sein.

Eine dritte Strömung in der Literatur schließlich will den Bereich, der einer Inhaltskontrolle entzogen ist, eindeutig enger begrenzen, teilweise auf die primären Risikobegrenzungen[290], teilweise auf einen noch enger abgegrenzten Bereich[291], den zum Beispiel *Prölss*[292] als die „allgemeinste Beschreibung des versicherten Objekts und der versicherten Gefahr" beschreibt. Neuerdings spricht sich schließlich ein Teil der Literatur offen für eine umfassende Inhaltskontrolle aus, von der lediglich die essentialia negotii (reine Preisklauseln, die Bestimmung der Parteien) und deklaratorische Klauseln ausgenommen sein sollen[293].

Der Bundesgerichtshof hat zu den hier aufgeworfenen Fragen noch nicht abschließend Stellung genommen, jedoch in einer nach Erlaß des AGB-Gesetzes ergangenen Entscheidung[294] eine Ausschlußklausel an § 9 AGBG gemessen. In einer zu den früheren HERMES-Bedingungen ergangenen Entscheidung ließ er zwar offen, ob diese in vollem Umfang oder nur eingeschränkt überprüfbar seien, beurteilte aber die fragliche Klausel – eine Anrechnungsbestimmung[295] – aus-

---

286 *Löwe* in *Löwe/Graf von Westphalen/Trinkner,* § 8 AGBG Rn. 7 ff.; *Staudinger/ Schlosser,* § 9 AGBG Rn. 176 ff.; *MünchKomm-Kötz,* § 8 AGBG Rn. 8; *Sieg,* VersR 1977, 489, 490 f.

287 Diese Abgrenzung kann im Einzelfall problematisch sein, wie der Streit um die sogenannten „verhüllten" Obliegenheiten zeigt. Vgl. dazu ausführlich *Prölss* in *Prölss/Martin,* § 6 Anm. 3. – Zur Rechtsnatur der Obliegenheiten näher unten, § 9 II 1.

288 *Wagner* in *Bruck/Möller,* §§ 179 – 185 VVG A 66, 67; *Brandner* in *Ulmer/Brandner/Hensen,* § 8 AGBG Rn. 28; *Löwe* in *Löwe/Graf von Westphalen/Trinkner,* § 8 AGBG Rn. 7.

289 *MünchKomm-Kötz,* § 8 AGBG Rn. 8; *Sieg,* VersR 1977, 489, 491.

290 *Schlosser/Coester-Waltjen/Graba,* § 8 AGBG Rn. 16, 20.

291 *Prölss* in *Prölss/Martin,* Vorbem. I 6 C a und § 49 Anm. 1 C; *Horn* in *Wolf/Horn/Lindacher,* § 23 AGBG Rn. 464; *Winter* in *Bruck/Möller,* Bd. V, Lebensversicherung, A 80.

292 In *Prölss/Martin,* Vorbem. I 6 C a.

293 *Martin,* VersR 1984, 1107, 1112 ff.; *Werber,* VersR 1986, 1, 4 f.; *H.-D. Horn,* Sozial- und Wirtschaftsrisiken im Privatversicherungsrecht, 1983, S. 73 ff.

294 BGH VersR 1983, 821.

295 Zu den Problemen im Zusammenhang mit der heute geltenden Anrechnungsregelung ausführlich unten, Zweiter Teil, § 11.

drücklich nach dem „Grundsatz von Treu und Glauben"[296]. In einer späteren Entscheidung unterzog er die Satzung der Versorgungsanstalt der Deutschen Bundespost, die er als AGB qualifizierte, „in vollem Maß der richterlichen Inhaltskontrolle"[297]. In einem ähnlich gelagerten Fall nahm der Bundesgerichtshof (nur?) die „maßgeblichen Grundentscheidungen" der Beteiligten von der Inhaltskontrolle aus[298].

In ähnlicher Weise haben auch die unteren Instanzen immer wieder Leistungsbeschreibungen inhaltlich auf ihre Angemessenheit hin überprüft[299]. Insgesamt scheint die Rechtsprechung AVB einer weitgehenden Kontrolle zu unterziehen, die auch in den Bereich der Leistungsbeschreibungen hineinreicht.

dd) Stellungnahme

§ 8 AGBG darf mit Blick auf § 9 Abs. 2 AGBG nicht so eng ausgelegt werden, daß für die letztgenannte Vorschrift praktisch kein Raum bleibt[300]. Fehlt es – wie für die Exportkreditversicherung – an einem gesetzlichen Leitbild, so kann eine Inhaltskontrolle nach § 9 Abs. 2 Nr. 1 AGBG weitgehend nicht erfolgen. Man wird dann aber – dem Gedanken des § 9 Abs. 2 Nr. 2 AGBG folgend – zu prüfen haben, ob die Erreichung des (gesetzlich ungeregelten) Vertragszwecks gefährdet wird. Einer Inhaltskontrolle entzogen sind dabei nur diejenigen Bestimmungen, die den Vertragszweck selbst erst festlegen, ihn also begrifflich gar nicht „gefährden" können[301].

Neben der Systematik des AGB-Gesetzes spricht auch die Interessenlage bei den Exportgewährleistungen des Bundes für die hier vertretene Ansicht. Mögen Großunternehmen sogar über eigene Versicherungsabteilungen verfügen, so sind doch jedenfalls mittelständische Exporteure in der Regel versicherungstechnisch nicht versiert. Die schon wegen ihrer Regelungsmaterie hochkomplizierten HERMES-Bedingungen sind diesem Personenkreis jedenfalls nicht leichter zugänglich als andere AGB ohne versicherungsrechtlichen Inhalt, wie zum Beispiel Lieferbedingungen. Unter diesen Umständen sind Gründe dafür, AVB gegenüber sonstigen Bedingungswerken zu privilegieren, nicht ersichtlich. Sie sind inhaltlich in vollem Umfang überprüfbar, ausgenommen sind nur die den Vertragszweck selbst beschreibenden Klauseln.

Vertragszweck bei den HERMES-Deckungen ist die Absicherung deutscher Exporteure gegen typische Risiken des Exportkredits, insbesondere politische

---

296 BGH WM 1983, 151, 152.

297 BGH VersR 1985, 142, 143.

298 BGH VersR 1985, 259, 260.

299 Vgl. OLG Celle VersR 1982, 457, 458; OLG Schleswig VersR 1983, 1183, 1184; LG München I NJW 1983, 1685.

300 BGH NJW 1985, 3013, 3014.

301 Ähnlich *Brandner* in *Ulmer/Brandner/Hensen,* § 8 AGBG Rn. 29, der auf das Leistungsangebot des Versicherers „in seiner allgemeinsten, noch dem Bestimmtheitserfordernis genügenden Form" zurückgreifen will.

Risiken, die anderweitig nicht oder nicht mit gleicher Effizienz abgesichert werden könnten[302]. Einer Inhaltskontrolle sind deshalb entzogen: die den Vertragszweck erst definierenden Vorschriften über den Gewährleistungsfall[303] und den Gegenstand der Ausfuhrdeckung[304], die umfangmäßige Begrenzung der Haftung durch Selbstbeteiligung als indirekte Preisvorschrift[305] sowie das Entgelt als Preisbestimmung[306].

Alle übrigen Bestimmungen sind im Grundsatz inhaltlich überprüfbar. Zur Angemessenheit wird dann, soweit Anlaß hierzu besteht, im Zusammenhang mit den einzelnen Klauseln Stellung genommen.

IV. Öffentlich-rechtliche Bindungen im Rahmen des Gewährleistungsvertrages

Nach Art. 1 Abs. 3 GG sind Gesetzgebung, vollziehende Gewalt und Rechtsprechung an die Grundrechte als unmittelbar geltendes Recht gebunden. Problematisch ist die Bindung der Verwaltung allerdings dort, wo sie in privatrechtlicher Form handelt. Es fragt sich, ob und in welchem Umfang der Bund auch bei Entscheidungen auf der „zweiten Stufe" des Gewährleistungsverhältnisses die Grundrechte und sonstige öffentlich-rechtliche Bindungen zu beachten hat.

1. Grundrechte

Nach ganz h. M.[307] gelten die Grundrechte im sogenannten „Verwaltungsprivatrecht", d. h. bei der Wahrnehmung unmittelbarer Verwaltungsaufgaben in privatrechtlicher Form, ohne Einschränkung[308]. Für den Bereich der Fiskalverwaltung im engeren Sinne (Beschaffungsverwaltung, erwerbswirtschaftliche Tätigkeit)[309] wollen dagegen viele[310] die Grundrechte nur mittelbar, insbesondere über die zivilrechtlichen Generalklauseln, angewandt wissen.

---

302 Subsidiaritätsgrundsatz; dazu oben, § 2 II 3 c). Zur Funktion der HERMES-Deckung als Sicherungsinstrument ausführlich *Hichert,* S. 58–79.
303 § 4 der Allgemeinen Bedingungen.
304 § 2 der Bedingungen.
305 § 6 der Bedingungen.
306 § 18 Abs. 1 B, G; P; § 16 FB, FG; § 18 FKB, FKG.
307 Vgl. BGHZ 52, 325, 327 ff. (Straßenbahn); BGHZ 65, 284, 287 (Wasserversorgung); *Wolff/Bachof* I, § 23 II b, S. 108 f.; *Bullinger,* Vertrag und Verwaltungakt (1962), S. 99 ff.; *Ehlers,* Verwaltung in Privatrechtsform, (1984).
308 Diese Lehre geht zurück auf *Siebert,* Privatrecht im Bereich öffentlicher Verwaltung, in: FS Niedermeyer, S. 215, 219 ff.
309 Vgl. die Definition bei *Ipsen,* Öffentliche Subventionierung Privater, S. 20.
310 Vgl. die Nachw. bei *Dürig* in *Maunz/Dürig/Herzog/Scholz,* Art. 3 Abs. 1 GG, Rn. 475 ff.; a. A. *Ehlers,* Verwaltung in Privatrechtsform, S. 212 ff.

Bei der Exportkreditversicherung bedient sich der Bund privatrechtlicher Handlungsformen, um unmittelbar öffentlich-rechtliche Aufgaben zu erfüllen[311]. Er verfolgt damit auch nicht erwerbswirtschaftliche Zwecke, sondern lediglich die Freiheit von Verlusten: die Gewährleistungen sollen sich mittel- und langfristig selbst tragen[312]. Es handelt sich folglich nicht um Fiskalverwaltung, sondern um ein Tätigwerden im Rahmen des Verwaltungsprivatrechts[313].

Für diesen Bereich staatlichen Handelns ist mit der h. M. von einer uneingeschränkten Geltung der Grundrechte auszugehen. Sie gelten auch und gerade bei Entscheidungen auf der „zweiten Stufe" im Rahmen zweistufiger Rechtsverhältnisse. Durch die Wahl der Handlungsform, die grundsätzlich auch bei der Vergabe staatlicher Leistungen besteht[314], darf der Bund nicht die Möglichkeit erhalten, sich den bestehenden Bindungen des öffentlichen Rechts zu entziehen. Eine nur mittelbare Grundrechtsbindung genügt nicht, um den Bürger vor staatlichem Mißbrauch zu schützen[315]: Zivilrechtsnormen stehen zur Disposition des einfachen Gesetzgebers, mag es sich dabei um Generalklauseln handeln (z. B. §§ 138, 826 BGB) oder um konkreter gefaßte Vorschriften mit grundrechtsähnlichem Charakter (z. B. das Diskriminierungsverbot des § 26 Abs. 2 GWB). Weder Art. 19 Abs. 1 und 2 GG noch die besonderen Gesetzesvorbehalte der einschlägigen Grundrechte könnten dann die Befugnis zu legislatorischen Eingriffen schmälern.

2. Sonstige Bindungen

a) Ermessensbindungen

Aufgrund des bisher Gesagten gelten auch diejenigen Grundsätze des Verwaltungsrechts fort, welche dogmatisch aus den Grundrechten abgeleitet werden, wie z. B. das Übermaßverbot und die sogenannte Selbstbindung der Verwaltung im Rahmen der Ermessensausübung[316].

Ist es der Verwaltung überlassen, ob sie in bestimmten Fälle handeln oder welche von mehreren in Betracht kommenden Entscheidungen sie treffen will („Ermessen")[317], so ist der Gleichheitssatz zu beachten[318]: In gleichgelagerten Fällen darf

---

311 Dies folgt schon daraus, daß die Übernahme einer Deckung − auch die „Förderungswürdigkeit" oder ein besonderes staatliches Interesse der Bundesrepublik Deutschland an der Durchführung des Ausfuhrgeschäftes voraussetzt (Nr. 2.1 AGRl.). Dazu oben, § 3 II 2).

312 Siehe oben, § 2 VI 2.

313 So auch *Badura* in *von Münch,* Besonderes Verwaltungsrecht, S. 344 für die Gewährung von Bürgschaften durch die öffentliche Hand.

314 So zutr. *Bleckmann,* Subventionsrecht, S. 85, 88.

315 A. A. *Dürig* in *Maunz/Herzog/Dürig/Scholz,* Art. 1 Abs. 3 GG, Rn. 138.

316 Vgl. *Wolff/Bachof,* I, § 23 b 1 (S. 109).

317 Vgl. nur *Kopp,* VwVfG, § 40 VwVfG Anm. 3.

318 Z. B. dürfen privatrechtliche Entgeltregelungen öffentlicher Versorgungsträger nicht von den wesentlichen Grundsätzen abweichen, die bei der Erhebung öffentlich-rechtli-

von einer ständigen Verwaltungspraxis nicht ohne sachlichen Grund abgewichen werden. Der Anspruch des Bürgers, der sich grundsätzlich auf fehlerfreie Ermessensentscheidung beschränkt, konkretisiert sich in diesen Fällen auf eine bestimmte Entscheidung[319]. Diese Grundsätze gelten auch für das Verwaltungshandeln in Privatrechtsform.

Die Allgemeinen Bedingungen räumen dem Bund eine Reihe vertraglicher Rechte ein, die im einzelnen in der Übersicht am Ende dieses Abschnittes dargestellt sind. Sie lassen zumindest teilweise eine Bandbreite verschiedener Entscheidungen zu, wie es auch bei der Ausübung von öffentlich-rechtlichem Ermessen der Fall ist. Besonders deutlich wird dies bei denjenigen Befugnissen, die in der Übersicht unter den Stichworten „ermessensähnliche Bestimmungsrechte" und „Weisungsrechte" aufgeführt sind. Welche Kriterien der Bund bei der Ausübung seiner Rechte zu berücksichtigen hat, soll jeweils im Zusammenhang mit der betreffenden Vertragsklausel untersucht werden.

Sofern der Bund den Umfang bzw. die Modalitäten seiner Leistung bestimmen kann – z. B. Auszahlung der Entschädigung vor Fälligkeit; Herabsetzung des Selbstbehalts –, hat er diese Bestimmung auch aus dem Gesichtspunkt des § 315 Abs. 1 BGB[320] nach „billigem Ermessen" vorzunehmen. Der praktische Unterschied zum Gleichbehandlungsgrundsatz dürfte nicht allzu groß sein. Zwar ist bei § 315 BGB eher auf den Vertragszweck und auf die Umstände des Einzelfalls abzustellen[321]; doch kann auch das Gleichbehandlungsgebot berücksichtigt werden[322]. Bei den HERMES-Deckungen, die aufgrund von AGB massenhaft in standardisierter Form abgegeben werden, läßt sich überdies auch der Vertragszweck nur einheitlich bestimmen. Der individuelle Prüfungsmaßstab des § 315 Abs. 1 BGB tritt daher hinter der generellen Prüfung nach dem Gleichheitssatz zurück.

Offenbleiben kann unter diesen Umständen auch die umstrittene[323] Frage nach einer – zivilrechtlichen! – Gleichbehandlungspflicht des Versicherers. Die gesetzlichen Regelungen, die einer solchen Pflicht – und dies auch nur bruchstückhaft – Ausdruck verleihen[324], sind auf die Ausfuhrgewährleistungen des

---

cher Gebühren und Abgaben zu beachten wären: BGH NJW 1985, 3013, 3014; vgl. auch BGHZ 91, 84.

319 Vgl. nur BVerwG 3, 279; 62, 242; *Ossenbühl,* NJW 1981, 378.

320 Die Vorschrift gilt über ihren Wortlaut hinaus auch für die Bestimmung von Leistungsmodalitäten, wie Ort und Zeit der Leistung: *Palandt-Heinrichs,* § 315 Anm. 1 b m. w. N.

321 Vgl. BAG BB 1983, 1854; BGHZ 18, 149, 152; BAG NJW 1986, 85.

322 *Wolf* in *Soergel/Siebert,* § 315 Anm. 38.

323 Grds. befürwortend BGH VersR 1982, 482, 484; *Bruck/Möller,* Einl. zum VVG Anm. 66; *Prölss,* FS Larenz (1983), S. 487, 530–534; a. A. *Gärtner,* S. 322 ff.

324 § 21 Abs. 1 VAG verpflichtet den VVaG zur Gleichbehandlung im Hinblick auf Mitgliederbeiträge und Vereinsleistungen. Gemäß § 81 Abs. 2 S. 3 VAG kann das Bundesaufsichtsamt für Versicherungswesen die Gewährung von Sondervergünstigungen und den Abschluß von Begünstigungsverträgen untersagen.

Bundes nicht anwendbar[325]. Die Fragen, bei denen eine versicherungsrechtliche Pflicht zur Gleichbehandlung überhaupt nur Bedeutung erlangen könnte, lassen sich ebenso gut über Art. 3 GG lösen: Sachwidrige Ungleichbehandlung hinsichtlich der Tarife ist danach ebenso unzulässig wie Kulanzzahlungen ohne sachlichen Grund[326].

b) Garantien des Verwaltungsverfahrensrechts

Fraglich ist, ob bestimmte Grundsätze des Verwaltungsverfahrens, wie beispielsweise die Anhörung des Betroffenen vor Erlaß einer Entscheidung (§ 28 Abs. 1 VwVfG) oder der Amtsermittlungsgrundsatz (§ 24 VwVfG) auch im Rahmen des Entschädigungsverfahrens gelten.

Ziel des nachfolgend darzustellenden Entschädigungsverfahrens ist es, über den Entschädigungsanspruch des Exporteurs eine aus Sicht des Bundes endgültige Entscheidung herbeizuführen. Da das Entschädigungsverfahren weder auf den Erlaß eines Verwaltungsakts noch auf den Abschluß eines öffentlich-rechtlichen Vertrages gerichtet ist, handelt es sich nicht um ein Verwaltungsverfahren i. S. d. § 9 VwVfG. Vom Ausgangspunkt der Zweistufenlehre sind selbst Deckungseingriffe des Bundes[327] nicht als Verwaltungsakte anzusehen, sondern als privatrechtliche Gestaltungsrechte, die dem Bund im Rahmen des Abwicklungsverhältnisses verliehen wurden[328]. Es handelt sich daher um ein auf Grundlage der Allgemeinen Bedingungen und sonstiger vertraglicher Abreden geregeltes zivilrechtliches Verfahren, auf welches die Regeln des Verwaltungsverfahrens allenfalls analog Anwendung finden können.

Nach einem Teil der Literatur sollen verfahrensrechtliche Bindungen nur gelten, soweit es sich um „konkretisiertes Verfassungsrecht" handelt, bzw. soweit sie zum Schutz der jeweils betroffenen Verfassungsrechtsgüter „zwingend erforderlich" sind[329]. Der Gesetzgeber habe bei der Kodifizierung des Verwaltungsverfahrensgesetzes bewußt davon abgesehen, das privatrechtliche Verwaltungshandeln zu regeln.

Dagegen hält *Achterberg* die Vorschriften des Verwaltungsverfahrensrechts im Grundsatz für anwendbar[330]. Zur Begründung führt er aus, Grundrechte könnten erst durch entsprechende Verfahrensgarantien gewährleistet werden. Die Ver-

---

325 Da der Bund nicht der Versicherungsaufsicht unterworfen ist, siehe oben, II 2 d.
326 Ein sachlicher Grund dürfte beispielsweise zu bejahen sein, wenn die Zahlung zur Vermeidung eines Prozesses oder bei zweifelhafter Sach- oder Rechtslage erfolgte: *Prölss,* FS Larenz (1983), S. 487, 534.
327 Vgl. z. B. § 13 B, G.
328 Vgl. z. B. für den Widerruf BVerwG DÖV 1982, 784; für die Kündigung auch VGH Mannheim NJW 1978, 2050.
329 *Ehlers,* S. 226 ff.; vgl. ferner *v. Zezschwitz,* NJW 1983, 18–73, 1881 sowie *Werner,* DVBl. 1959, 327.
330 *Achterberg,* § 12 Rn. 25 (S. 223).

waltung dürfe sich auch insoweit nicht den rechtsstaatlichen Bindungen entziehen.

Vom Ausgangspunkt der Lehre vom Verwaltungsprivatrecht erscheint die Ansicht Achterbergs nur konsequent. Die Verwaltung soll durch die Wahl der privatrechtlichen Handlungsform in keiner Weise gegenüber öffentlich-rechtlichem Auftreten privilegiert werden. Dennoch fehlen die Voraussetzungen für eine analoge Anwendung des Verwaltungsverfahrensrechts.

Vorschriften, die in erster Linie auf den Erlaß eines Verwaltungsaktes zugeschnitten sind (Anhörung, § 28 Abs. 1 VwVfG), sind schon deshalb nicht auf das Entschädigungsverfahrens anwendbar, weil es sich um einen wesentlich anderen Sachverhalt handelt: Die Entscheidung, die am Ende des Verfahrens steht, kann nicht ohne Einschaltung der Gerichte vollstreckt werden, wie dies beim Verwaltungsakt – nach den Regeln des Verwaltungs-Vollstreckungsgesetzes – der Fall ist. Die weiterreichenden Garantien des Verwaltungsverfahrens sind der erforderliche Ausgleich für die ungleich weiterreichenden Eingriffe in die Rechte des Betroffenen, die das Verfahren bewirken kann. Eines solchen Ausgleichs bedarf es hier nicht.

Überdies fehlt es für eine analoge Anwendung an einer Regelungslücke. Beispielsweise ist der Amtsermittlungsgrundsatz (§ 24 VwVfG) im Rahmen des Entschädigungsverfahrens entbehrlich. Der Pflicht zur Amtsermittlung entspricht im Versicherungsrecht die Pflicht des Versicherers, die zur Feststellung des Versicherungsfalls „nötigen Erhebungen" anzustellen (§ 11 Abs. 1 VVG). Umgekehrt ist der Amtsermittlungsgrundsatz durch die Pflicht des Bürgers begrenzt, an der Aufklärung des Sachverhalts mitzuwirken (§ 26 Abs. 2 VwVfG), da dieser häufig sogar der primäre Wissensträger ist[331]. Aus einer Weigerung des Betroffenen, seiner Mitwirkungspflicht nachzukommen, kann die Behörde für diesen ungünstige Schlüsse ziehen[332].

Das Versicherungsrecht kommt zu ganz ähnlichen Ergebnissen: Aufgrund vertraglicher Obliegenheiten ist der Versicherungsnehmer dazu verpflichtet, bei der Aufklärung des Sachverhalts mitzuwirken. Kommt er dieser Pflicht nicht nach, so wird der Versicherer von der Leistung frei. Daneben besteht für die analoge Anwendung genereller Normen des Verwaltungsverfahrens, die nicht auf die Besonderheiten des Versicherungsverhältnisses zugeschnitten sind, kein Raum.

Im Ergebnis sind daher die Regeln des Verwaltungsverfahrens für das Entschädigungsverfahren auch nicht analog anwendbar.

---

331 *Kopp,* § 26 VwVfG Anm. 41.
332 *Kopp,* A.a.O. Anm. 44.

Überblick: Vertragliche Rechte des Bundes

Rückforde-rungsrechte	Lossagungs-rechte	Ermessensähnliche Bestimmungsrechte	Verfügungser-mächtigung (§ 185 BGB)	Zustimmungsvor-behalte	Weisungsrechte
§ 9 Abs. 1–3	– Kündigung bei Prämienverzug, § 18 Abs. 2 b. – Ausschluß bei Gefahrerhö-hung, § 13 Abs. 1	– (über Voraus-setzungen und Umfang der eigenen Haupt-leistung): – Verlängerung des Haftungs-zeitraums, § 3 Abs. 2 S. 2. – Leistungszeit, § 5 Abs. 1 S. 2; § 7 Abs. 4. – Anforderungen an den Nach-weis, § 5 Abs. 2 S. 2. – Herabsetzung Selbstbehalt, § 6 Abs. 2 FKB, FKG. – Einschränkung der Haftungs-befreiung im Einzelfall, § 16 Abs. 4.	Umschuldun-gen, § 14 Abs. 1	1. Im Hinblick auf rechtsgeschäftli-che Handlungen des Deckungs-nehmers: §§ 19, 20. 2. Annahme ande-rer Währungen: § 4 Abs. 2 Nr. 1. a. E., Nr. 3 a. E. 3. Geschäftsaus-führungen bei Gefahrerhö-hung; § 15 Nr. 5.	1. Schadensminde-rung und -abwehr § 15 Nr. 6 2. Rechtsverfolgung § 11 Abs. 1

Zweiter Teil: Nach dem Schadensfall – Regeln für das Entschädigungsverfahren

Das Entschädigungsverfahren läßt sich definieren als Verfahren, in dessen Verlauf über die Auszahlung der Entschädigung an den Deckungsnehmer dem Grunde und dem Umfang nach entschieden wird. Es beginnt in dem Zeitpunkt, in dem der Deckungsnehmer einen Entschädigungsantrag stellt; es endet mit der abschließenden und endgültigen Entscheidung des Bundes über diesen Antrag.

Während Antragsstellung und Bekanntmachung der Entscheidung die Beteiligten allenfalls vor technische Probleme stellen, liegt der juristisch relevante Schwerpunkt des Geschehens bei der Schadensprüfung durch den Bund, die nachfolgend darzustellen ist, sowie in der Berechnung der Entschädigung.

Der zeitliche Ablauf des Verfahrens läßt sich damit stichwortartig wie folgt beschreiben:

- Antrag des Deckungsnehmers
- Prüfung der Voraussetzungen durch den Bund
- Berechnung und
- Auszahlung der Entschädigung.

Für die nachfolgende Untersuchung ist es freilich erforderlich, auch Umstände zu berücksichtigen, die außerhalb des abgesteckten zeitlichen Rahmens liegen. Zum einen hat der Versicherer bei seiner Entscheidung über den Antrag auch Umstände zu berücksichtigen, die *vor* dem Schadenseintritt liegen (sog. Vorschadensbereich)[333]. Auf der anderen Seite kann sich auch *nach* Auszahlung der Entschädigung ergeben, daß dem Deckungsnehmer die Summe nicht zustand, und Rückforderungsansprüche des Bundes auslösen[334].

---

333 Dazu näher unten, III 2). – Besonders bemerkenswert ist in diesem Zusammenhang § 5 Abs. 3 der Allgemeinen Bedingungen, wonach der Bund Verträge und Unterlagen erst im Entschädigungsverfahren prüft und der Deckungsnehmer sich nicht darauf berufen kann, der Bund habe den Inhalt dieser Unterlagen bereits bei *Übernahme* der Deckung gekannt oder kennen müssen. Dies alles zeigt den besonderen Stellenwert des Entschädigungsverfahrens.

334 Dazu unten, § 12 IV.

§ 5 Die Entscheidung über den Entschädigungsantrag

Einem Antrag auf Entschädigung ist stattzugeben, wenn er zulässig und begründet ist. Fragen der Zulässigkeit spielen in der Praxis kaum eine Rolle. Sie seien daher nur der Vollständigkeit halber kurz angeschnitten.

Als Mandatar des Bundes ist die HERMES-AG zur Bearbeitung der Anträge ausschließlich zuständig. Antragsbefugt ist derjenige, der als Inhaber des Anspruchs in Betracht kommt. Neben dem Deckungsnehmer selbst kann dies auch sein Zessionar – im typischen Fall eine refinanzierende Bank, welche sich die Ansprüche aus der Deckung zur Sicherheit abtreten ließ – sein. Voraussetzung ist allerdings, daß der Bund einer derartigen Abtretung schriftlich zugestimmt hatte[335]. Schließlich kann die Begründetheit des Antrages nur dann geprüft werden, wenn dieser hinreichend bestimmt ist. Der Deckungsnehmer hat also das gedeckte Exportgeschäft und evtl. bestehende Besonderheiten der gewährten Deckung genau zu bezeichnen[336]. Ist ein Antrag unvollständig, so wird der Exporteur in der Praxis um ergänzende Angaben gebeten.

§ 6 Die Prüfung der Begründetheit im Lichte der Beweislast

Der Antrag ist begründet, wenn dem Antragssteller ein Anspruch auf Auszahlung der Entschädigung zusteht. Dies ist der Fall, wenn sämtliche Tatbestandsvoraussetzungen eines Gewährleistungsfalles vorliegen (dazu sogleich, §§ 7 und 8) und die Haftung des Bundes nicht aufgrund von Einwendungen ausgeschlossen ist (dazu unten, § 9). Der für die nachfolgende Untersuchung gewählte Aufbau soll zunächst kurz begründet werden.

Im Zivilprozeß hat grundsätzlich jede Partei das Vorliegen der tatsächlichen Voraussetzungen für die ihr günstigen Rechtsnormen darzutun und nachzuweisen[337]. Es wurde bereits festgestellt, daß dieser Grundsatz auch im Verwaltungsprivatrecht seine Gültigkeit hat[338]. Folgerichtig weisen auch die Allgemeinen Bedingungen dem Deckungsnehmer die Beweislast hinsichtlich seiner Anspruchsvoraussetzungen zu[339], während man aus anderen Klauseln[340] zu folgern hat, daß dem Bund der Nachweis anspruchshemmender Tatsachen obliegt. An dieser

---

335 § 20 B, G; P; FKB, FKG; § 17 FB, FG.
336 Näher dazu *Schallehn/Stolzenburg,* Abschn. X Rn. 20.
337 Vgl. statt aller *Thomas/Putzo,* Vorbem. zu § 284 ZPO, Anm. 7; *Rosenberg/Schwab* 118 II 2 (S. 717) m. w. N.
338 Siehe oben, Erster Teil, § 4 IV 2.
339 § 5 Abs. 2 S. 1 der Bedingungen.
340 §§ 15 und 16 B, G; P; FKG, FKG; §§ 13 und 14 FB, FG.

Beweislastverteilung ändert auch die Tatsache nichts, daß beide Teile in gewissem Umfang bei der Aufklärung des Sachverhalts mitzuwirken haben[341].

Die Beweislast beeinflußt auch das hier zu untersuchende *vorgerichtliche* Entschädigungsverfahren. Dabei ist allerdings auf folgende Besonderheit hinzuweisen: Strenggenommen braucht ein Versicherer das Vorliegen von Haftungsausschlüssen noch nicht im Laufe des Entschädigungsverfahrens nachzuweisen. Ohne eine Haftung aus Verzug (§§ 284, 285 BGB) fürchten zu müssen, kann er nämlich auch dann die Entschädigungszahlung verweigern, wenn er nur berechtigte *Zweifel* an der Berechtigung des Versicherungsnehmers hatte, also beispielsweise irrtümlich annahm, dieser habe seine vertraglichen Obliegenheiten verletzt.

Der Irrtum über die Rechts- oder Tatsachenlage darf aber, auch unter Zugrundelegung der relativ strengen Maßstäbe der Rechtsprechung[342], nicht verschuldet sein, § 285 BGB. In solchen „Zweifelsfällen" ist der Bund außerdem stets dem Risiko ausgesetzt, den ihm (zivilprozessual) obliegenden *Nachweis* in einem nachfolgenden Rechtsstreit nicht führen zu können. Dieses Risiko eines „non liquet" hat der Bund bei seiner Entscheidung über den Antrag schon nach dem Grundsatz der wirtschaftlichen und sparsamen Haushaltsführung (§ 7 Abs. 1 BHO) gegenüber den bestehenden Restzweifeln an der materiellen Berechtigung des Deckungsnehmers abzuwägen.

Im Ergebnis prüft der Bund die Begründetheit des Entschädigungsantrags jedenfalls im Lichte der Beweislast. Nachfolgend werden daher zunächst die (vom Deckungsnehmer darzulegenden) Anspruchsvoraussetzungen dargestellt, bevor auf die (vom Bund darzulegenden) Einwendungen im einzelnen eingegangen wird. Hinsichtlich der Anspruchsvoraussetzungen ergeben sich zwischen Ausfuhr- und Fabrikationsrisiko-Deckungen erhebliche Unterschiede. Sie sollen daher getrennt behandelt werden.

§ 7 Die Anspruchsvoraussetzungen bei den Ausfuhrdeckungen

Die Anspruchsvoraussetzungen sind im allgemeinen den Bedingungstexten zu entnehmen. Demnach setzt ein Gewährleistungsfall voraus, daß Forderung und etwaige Sicherheiten in der vom Deckungsnehmer angegebenen Höhe bestehen, daß die Forderung fällig und uneinbringlich geworden ist — also gegebenenfalls auch die Karenzzeit abgelaufen ist — und der Exporteur schließlich einen kausalen Schaden erlitten hat.

Die genannten Voraussetzungen sind der Reihe nach zu untersuchen.

---

341 Dazu im Grundsatz bereits oben, Erster Teil, § 4 IV 2), sowie im einzelnen unten, § 10.
342 Vgl. die Nachweise speziell zum Versicherungsrecht bei *Prölss* in *Prölss/Martin,* § 11 Anm. 5.

I. Bestand der Forderung und der angegebenen Sicherheiten

Daß die Haftung des Kreditversicherers den Bestand einer Forderung voraussetzt, scheint eine Selbstverständlichkeit zu sein. Gleichermaßen einleuchtend ist es, daß der Bestand von Sicherheiten zu einer weiteren Voraussetzung des Entschädigungsanspruchs gemacht wurde. Soweit diese in der Bürgschafts- bzw. Garantieerklärung aufgeführt waren, haben sie die Deckungsentscheidung des Bundes maßgeblich beeinflußt, indem sie die „risikomäßige Vertretbarkeit" der Gewährleistung erhöhten[343]. Bestanden sie in Wahrheit nicht, so steht dem Exporteur auch kein Anspruch auf Entschädigung zu.

Zu untersuchen ist zunächst, was inhaltlich unter dem Begriff „Bestand" zu verstehen ist. Sodann ist näher auf die Anforderungen, die der Bund an den Nachweis des Bestandes stellen kann, einzugehen.

1. Inhaltliche Voraussetzungen des „Bestandes"

Gegenstand der Ausfuhrgewährleistung ist die Forderung aus dem Exportgeschäft[344], bei Lieferung und Leistungen von deutscher Seite auch die Surrogatforderung, die an die Stelle der vertraglichen Forderung tritt[345]. Beides setzt logisch voraus, daß der Ausfuhrvertrag wirksam zustandegekommen ist.

Für diese Wirksamkeit genügt nicht bereits die Beachtung sämtlicher (privatrechtlicher) Vorschriften des Schuldstatuts. Vielmehr müssen die Parteien des Ausfuhrgeschäftes im Grundsatz sämtliche öffentlich-rechtlichen Normen des Abnehmerlandes beachtet haben, die bei Vertragsschluß bestanden. Nach den Allgemeinen Bedingungen hat nämlich Risiken des anwendbaren Rechts – hierzu zählen auch öffentlich-rechtliche Bestimmungen! – grundsätzlich der Deckungsnehmer zu tragen[346], während der Bund lediglich für die im einzelnen abschließend aufgezählten Risikotatbestände haftet. Für gesetzgeberische Maßnahmen im Abnehmerland haftet er demnach nur, soweit sie „nach Abschluß des Ausfuhrvertrages" ergangen sind[347].

Allerdings richtet sich die „Wirksamkeit" des Exportgeschäftes nicht, wie man vielleicht annehmen könnte, notwendigerweise nach der Sicht der Gerichte des Abnehmerlandes oder der Bundesrepublik. Aus dem Zweck der Ausfuhrdeckung folgt vielmehr, daß sich die „Wirksamkeit" ausschließlich nach der „lex fori", d. h. aus Sicht desjenigen Gerichtes, welches für Streitigkeiten zwischen den Parteien des Ausfuhrvertrages zuständig ist, beurteilt. Dieses Gericht ist nämlich maßgeb-

---

343 Vgl. zu diesem Kiterium bei der Deckungsentscheidung oben, § 3 II 2.
344 § 2 Abs. 1 B, G; P; FKB, FKG.
345 § 2 Abs. 2 B, G, P.
346 § 5 Abs. 2 am Ende.
347 § 4 Abs. 2 Nr. 1.

lich, sofern der Deckungsnehmer den „Bestand" – und damit: die Wirksamkeit des Vertrages – gerichtlich nachzuweisen hat (dazu sogleich). Von seiner Entscheidung hängt es auch ab, in welchem Umfang die Rechtsverfolgung *nach* Auszahlung der Entschädigung erfolgreich ist, die entschädigte Forderung mit andern Worten doch noch beigetrieben werden kann[348]. Dagegen ist beispielsweise die Frage, wie die Gerichte des Abnehmerlandes die Wirksamkeit des Ausfuhrvertrages beurteilen, für den Bund als Versicherer ohne Belang, sofern diese Gerichte nicht zur Streitentscheidung berufen sind[349].

Fraglich ist, in welchem Umfang sich die Parteien des Exportgeschäfts auch im Vorfeld des Vertragsschlusses rechtstreu verhalten haben müssen. Im Handel mit Krisenländern können Aufträge häufig nur durch die Gewährung von Bestechungsgeldern oder sonstigen ungerechtfertigten Sondervorteilen hereingeholt werden[350]. Unzweifelhaft sind etwaige Ansprüche aus dem Bestechungsgeschäft selbst nicht gedeckt; bestenfalls könnten diese noch als „sonstige Nebenforderungen" angesehen werden, welche gleichermaßen von der Deckung ausgenommen sind[351].

Den Bestand des Hauptgeschäftes – und damit: der gedeckten Forderung – schließen derartige Praktiken freilich noch nicht notwendigerweise aus[352]. Ob die Nichtigkeit des Bestechungsgeschäfts auf das Hauptgeschäft durchschlägt, ist wiederum aus Sicht des zuständigen Gerichts nach dem zwischen den Parteien anwendbaren Recht zu entscheiden. Ob daneben auch die Rechtsordnung des Abnehmerlandes den aufgrund von Bestechungszahlungen zustandegekommenen Vertrag für nichtig ansieht, beeinträchtigt die Interessen des Bundes als Kreditversicherer nicht und hat daher außer Betracht zu bleiben.

An diesem Punkt läßt sich wieder einmal illustrieren, daß der deutsche Exporteur zumindest versuchen sollte, die Geltung des Rechts des Abnehmerlandes sowie die Zuständigkeit seiner staatlichen Gerichte auszuschließen. Die deutsche Recht-

---

348 Dazu näher unten, § 12 II.

349 Bei der *Durchführung* des Vertrages setzt sich allerdings die Rechtsordnung des Bestimmungslandes stärker durch: Den Deckungsnehmer trifft die Obliegenheit, die Einfuhrvorschriften des Ziellandes zu beachten, § 15 Nr. 3 B, G. – Dazu unten, § 9 II 4.

350 Vgl. nur BGHZ 94, 268, 272: „Von einem deutschen Unternehmer kann ... nicht erwartet werden, daß er in Ländern, in denen staatliche Aufträge nur durch Bestechung der zuständigen Staatsorgane zu erlangen sind, auf dieses Mittel völlig verzichtet und damit das Geschäft weniger gewissenhaften Konkurrenten überläßt."

351 § 2 Abs. 3 B, G; P; § 2 Abs. 2 FKB, FKG. Deutlicher noch § 2 Abs. 3 Nr. 3 FB, FG: „Aufwendungen, die nach dem anwendbaren Recht verboten sind", sind von der Gewährleistung nicht umfaßt; etwas anderes gilt für besondere – und legale – Aufwendungen, die von der deutschen Finanzverwaltung als Betriebsausgaben anerkannt werden: *Schallehn/Stolzenburg*, Abschn. III Rn. 27.

352 Vgl. zum deutschen Recht RGZ 136, 360: Nichtigkeit des Hauptgeschäfts nach § 138 BGB, wenn die Bestechung von Angestellten einen Vertrauensbruch zum Nachteil des Geschäftsherrn beinhaltet.

sprechung hat schon bei der Prüfung der Bestechungsabrede wiederholt die ausländischen sozialen Verhältnisse in die Betrachtung mit einbezogen und mit dieser Begründung – jedenfalls früher – sogar die Nichtigkeit des Bestechungsgeschäftes selbst verneint[353]. Zwar hat der BGH neuerdings festgestellt, daß „die Verletzung ausländischer Rechtsnormen, die nach den in Deutschland herrschenden rechtlichen und sittlichen Anschauungen anzuerkennen sind, . . . gleichzeitig auch eine Verletzung allgemein sittlicher Grundsätze" enthält[354]. Zur Nichtigkeit des Hauptgeschäftes führe dies indes nur dann, wenn das Bestechungsgeschäft bewirkt habe, daß der Hauptvertrag zum Nachteil des Geschäftsherrn ausgestaltet wurde[355].

Im Auslandsgeschäft sind Bestechungspraktiken häufig die notwendige „Eintrittskarte", um überhaupt einen Auftrag zu erhalten. Sind sie auf den Inhalt des Hauptgeschäftes ohne Einfluß, so ist nach der deutschen Rechtsprechung das Hauptgeschäft als wirksam anzusehen. Im Ergebnis dürfte jedenfalls der Bestand der Hauptforderung durch die Gerichte außerhalb des Abnehmerlandes „freundlicher" beurteilt werden. Dies wird in verstärktem Maße für Schiedsgerichte gelten, soweit sie mit Nichtjuristen aus der Wirtschaft besetzt sind[356].

2. Anforderungen an den Nachweis des „Bestandes"

Verwirrend erscheint auf den ersten Blick, daß die Allgemeinen Bedingungen neben dem „Bestand" auch von der „Rechtsbeständigkeit" von Forderung und Sicherheiten sprechen[357]. Bei näherem Zusehen stellt man fest, daß sich beide Begriffe nicht materiell-rechtlich, sondern lediglich in beweisrechtlicher Hinsicht voneinander unterscheiden. Wird der „Bestand" der Forderung bestritten bzw. werden hiergegen Einreden oder Einwendungen erhoben, so kann der Entschädigungsantrag zurückgewiesen werden; erforderlichenfalls hat der Deckungsnehmer die „Rechtsbeständigkeit" der Forderung nachzuweisen, indem er eine Entscheidung des im Verhältnis zu seinem Schuldner zuständigen Gerichts oder Schiedsgerichts beibringt[358]. Gleiches gilt für den Bestand angegebener Sicherheiten.

---

353 Vgl. RG JW 1936, 2532, wo bereits die objektive Sittenwidrigkeit verneint wurde (Kolumbien); OLG Hamburg ZIP 1980, 1088; Verpflichtung, Schmiergelder einzusetzen, um einen vorzeitigen Löschplatz zu erhalten, verstößt nicht gegen deutschen ordre public (Iran).
354 BGHZ 94, 268, 271 = RIW 1985, 653 = IPRax 1987, 110: Bestechungszahlungen an Regierungsbeamte, um Aufträge zu erhalten (Nigeria). Dazu Anm. *Knapp* RIW 1986, 999 und *Fikentscher/Waibl* IPRax 1987, 86.
355 BGH WM 1988, S. 1380, 1381; DB 1990, S. 1321. Insofern knüpft der BGH an die Entscheidung RGZ 136, 360 wieder an.
356 Schiedsrichter werden wegen ihrer besonderen Sachkunde häufig aus dem kaufmännischen oder technischen Bereich ausgewählt. Vgl. dazu, sowie allgemein zu den Vor- und Nachteilen der Schiedsgerichtsbarkeit *Sandrock/Kornmeier*, Handbuch Bd. 2, Abschn. F Rn. 1, ferner *Schwab/Walter*, Einl. Rn. 8.
357 Vgl. nur § 5 Abs. 2 S. 1 B einerseits und § 5 Abs. 3 S. 1 B andererseits.
358 § 5 Abs. 2 S. 2 B, G; P; FKB, FKG.

a) Noch nicht erhobene Einwendungen

Nach dem Wortlaut der HERMES-Bedingungen kann ein gerichtlicher Nachweis erst dann verlangt werden, wenn die Forderung bereits bestritten *ist* bzw. der Schuldner Einreden oder Einwendungen hiergegen geltend gemacht *hat*. Demnach müßte der Bund beispielsweise auch eine verjährte Forderung entschädigen, sofern sich der Schuldner noch nicht auf die Verjährung berufen hat. Entsprechendes hätte für die Geltendmachung von Gewährleistungsrechten oder für das Bestreiten in tatsächlicher Hinsicht zu gelten.

Daraus ergeben sich Schwierigkeiten, wenn der ausländische Abnehmer sein Verhalten im Verlaufe eines späteren Gerichtsverfahren ändert − was ihm grundsätzlich freisteht[359] − und die Rechtsverfolgung nach Leistung der Entschädigung[360] ins Leere läuft. Zwar könnte der Bund in diesem Fall die Entschädigung vom Deckungsnehmer zurückfordern[361]; er wäre jedoch mit doppeltem Prozeß- und Insolvenzrisiko belastet.

Dieses Ergebnis ist nicht interessengerecht. Sinn des gerichtlichen Nachweises ist es, ernstzunehmende Zweifel am Bestand der gesicherten Forderung bzw. deren Sicherheiten auszuräumen, damit einzelne Unternehmen nicht zu unrecht entschädigt werden. Die Ernsthaftigkeit dieser Zweifel wird durch die in den Allgemeinen Bedingungen genannten Fälle indiziert, ohne daß diese als abschließend verstanden werden können.

Ein ernsthafter Zweifel am Bestand der Forderung wird jedenfalls auch dann anzuerkennen sein, wenn er sich aus den dem Bund vorliegenden Unterlagen herleitet. Verjährungsfragen lassen sich in der Regel bereits aus den eingereichten Dokumenten entnehmen. Ist der Eintritt der Verjährung hieraus ersichtlich, wird der Bund in aller Regel einen gerichtlichen Nachweis verlangen dürfen. Vorher braucht er nicht zu entschädigen. Anders mag es liegen, wenn der Schuldner etwa in schriftlicher Form auf die Erhebung der Verjährungseinrede verzichtet hat. Entsprechendes hat zu gelten, wenn sich beispielsweise schon aus den Dokumenten ergibt, daß der ausländische Abnehmer noch Gewährleistungsrechte geltend machen kann.

b) Praktische Bedeutung

Statistisch gesehen ist der gerichtliche Nachweis eher die Ausnahme. In politischen Schadensfällen wird der „Bestand" der Forderung in aller Regel nicht bestritten. Ein privater Abnehmer, der beispielsweise bereits den Gegenwert der Forderung in Landeswährung eingezahlt hat, wie es der sogenannte „KT-Fall" voraussetzt[362], hat kein Interesse daran, Einwendungen gegen die Forderung zu

---

359 Eine Grenze setzen hier die Präklusionsnormen der einschlägigen Prozeßordnung (vgl. z. B. §§ 282, 296 ZPO für das deutsche Recht).
360 Vgl. § 11 B, G.
361 § 9 Abs. 2 B, G.
362 Dazu unten, III 2 c.

erheben. Öffentliche Abnehmer versuchen zwar immer wieder, zumal in Staaten mit hoher Auslandsverschuldung, sich ihren Zahlungspflichten durch ein Hinausschieben der Fälligkeit zu entziehen; den „Bestand" der Forderung bestreiten sie mit einem solchen Verhalten ebenfalls nicht, sondern erkennen ihn im Gegenteil gerade an.

Während also im „Normalfall" der Bestand von Forderung und Sicherheiten mittels entsprechender Unterlagen (zum Beispiel Frachtpapiere, Überweisungsbelege, Bankbürgschaften) nachgewiesen ist, kann der Bund im Problemfall der streitbefangenen Forderung vom Deckungsnehmer verlangen, daß er das Vorbringen seines Schuldners widerlegt. Hinsichtlich der Beweisanforderungen lassen sich demnach unterscheiden:

– Einfacher Nachweis (bei unbestrittener Forderung)
– Gerichtlicher Nachweis (bei streitbefangener Forderung).

Die praktische Bedeutung des „gerichtlichen Nachweises" ist dennoch nicht zu verkennen. Für den einzelnen Exporteur, der sich von der HERMES-Deckung baldige Liquidität versprach, sind jahrelange Rechtsstreitigkeiten über den Bestand der Forderung ein unschöner Zustand[363]. Daher kommt es wegen der Rechtsverfolgung im Ausland relativ häufig zu Auseinandersetzungen mit dem Bund, deren Ergebnisse freilich unveröffentlicht bleiben. An dieser Stelle soll versucht werden, allgemeine Kriterien für die Praxis in diesem Bereich herauszuarbeiten.

3. Kriterien für die Beweiswürdigung durch den Bund

Die Regelung über den gerichtlichen Nachweis ist als „Kann"-Vorschrift gefaßt. Obwohl die Klausel privatrechtlichen Charakter hat, gelten in diesem Zusammenhang die öffentlich-rechtlichen Regeln über die Ermessensausübung der öffentlichen Hand entsprechend[364]. Sie binden den Bund bei seiner Beweiswürdigung, auf deren Grundlage die Entscheidung über den gerichtlichen Nachweis zu treffen ist.

a) Ausgangspunkt: Die Abwägung der beteiligten Interessen

Bei der Entscheidung über den gerichtlichen Nachweis sind die beteiligten Interessen abzuwägen. Wegen der Interessen der übrigen Deckungsnehmer – die sich insoweit mit den haushaltspolitischen Interessen des Bundes decken – muß die Gefahr gering gehalten werden, daß das einzelne Unternehmen zu unrecht entschädigt wird. Bestehen also ernsthafte Zweifel an der Berechtigung seines Antrags, ist weiterer Nachweis erforderlich.

Auf der anderen Seite ist der zeitliche und finanzielle Aufwand zu bedenken, den man dem antragsstellenden Deckungsnehmer abverlangt. Gerade in den typischen „Zielländern" hermesgedeckter Exporte kann die Rechtsverfolgung enorm

---

363 Sehr kritisch zu den früher geltenden Bedingungen *Axmann,* AWD 1971, S. 437, 440.
364 Siehe oben, Erster Teil, § 4 IV 1.

kostspielig und langwierig sein. Schon die Zustellung einer Klage kann ergebnislos verlaufen, wenn sich der Schuldner einer Zustellung auf diplomatischem Wege (vgl. § 199 ZPO)[365] durch wiederholten Wohnsitzwechsel entziehen kann[366]. Kostenerhöhend kann sich ferner die Stellung von Ausländersicherheiten auswirken[367]. Abschlagzahlungen auf die zu erwartende Entschädigungssumme kann der Exporteur aber erst zu einem späteren Zeitpunkt des Verfahrens, im Rahmen der Schadensberechnung, erwarten[368].

Zugunsten des einzelnen Deckungsnehmers ist ferner zu beachten, daß der Abschluß einer HERMES-Deckung auch der Überbrückung vorübergehender Liquiditätsengpässe im Unternehmen dient. Diesem Gedanken haben die Allgemeinen Bedingungen noch zusätzlich Vorschub geleistet, indem sie den sogenannten „Nichtzahlungsfall" anerkannten. Danach erhält der Deckungsnehmer unabhängig von der genauen Schadensursache Entschädigung, wenn sein Abnehmer länger als sechs Monate nicht zahlt[369]. Die Erreichung dieses Vertragszwecks darf nicht durch übersteigerte Anforderungen an den Nachweis von Anspruchsvoraussetzungen gefährdet werden (vgl. § 9 Abs. 2 Nr. 2 AGBG). Daraus ist allerdings nicht zu folgern, daß die Schadensprüfung nach ausschließlich ökonomischen Gesichtspunkten zu erfolgen hat und beispielsweise „kleine" Forderungen generell eher zu entschädigen sind, obwohl ihre Rechtsbeständigkeit zweifelhaft ist[370]. Dementsprechend räumt auch die gesetzliche Regelung dem Versicherer genügend Zeit für die „nötigen Erhebungen" ein und verpflichtet ihn zu Abschlagszahlungen nur in der Höhe, in der seine Leistungspflicht „mindestens" feststeht[371].

Für die Auslegung und Praxis bei der Anwendung der Nachweisklausel ergeben sich hieraus unterschiedliche Folgerungen.

b) „Ungefährliches" Bestreiten

Entgegen dem Wortlaut der Bestimmung kann nicht schlechthin jedes Bestreiten des Schuldners einen gerichtlichen Nachweis erforderlich machen. Wird hier-

---

365 Vergleichbare Probleme können sich nach dem Abschluß des Verfahrens, bei der Zustellung des Urteils bzw. Schiedsspruches, stellen. Vgl. zum letzteren *Sandrock,* RIW 1987, Beilage 2 zu Heft 5, S. 7–14.

366 Denkbar ist dies insbesondere in Staaten ohne gesetzliche Meldepflicht.

367 Deutsche Staatsangehörige sind hiervon zwar häufig aufgrund autonomen Rechts oder Staatsvertrages befreit. Soweit dies nicht der Fall ist, stellt eine Ausländersicherheit, sofern sie in bar zu erbringen ist, insbesondere in Ländern mit hoher Inflation einen erheblichen Kostenfaktor dar, weil der zuletzt zurückgewährte Betrag dann weitgehend entwertet ist: *Schütze,* Rechtsverfolgung, S. 129.

368 § 7 Abs. 4 B, G; P; FKB, FKG; § 7 Abs. 6 FB, FG; dazu unten, § 11.

369 § 4 Abs. 3 B; FKB; § 4 Abs. 4 G, P; FKG.

370 Diese Praxis hat bei der staatlichen Exportkreditversicherung Großbritanniens zu einem rapiden Ansteigen von Betrugsfällen geführt, zu deren Abwehr eine spezielle „fraud division" gegründet werden mußte: Auskunft aus dem Hause HERMES v. 4. 4. 1990.

371 Vgl. § 11 Abs. 1 und 2 VVG.

durch kein ernsthafter Zweifel am Bestand geweckt, die spätere Rechtsverfolgung folglich in keiner Weise gefährdet, so hat der Bund kein Recht, auf einem gerichtlichen Nachweis zu bestehen. Unbeachtlich ist daher beispielsweise unsubstantiiertes Bestreiten oder die (ersichtlich verspätete) Rüge angeblicher Mängel.

c) Beweisanforderungen an die „Entscheidung"

Weitaus schwieriger zu beurteilen ist es, welche inhaltlichen und formalen Anforderungen an die vom Deckungsnehmer beizubringende „Entscheidung" zu stellen sind.

aa) Rechtskraft nicht erforderlich

Um eine materiell rechtskräftige Entscheidung, gegen die Rechtsmittel nicht mehr erhoben werden können[372], braucht es sich nicht zu handeln. Nach dem Wortlaut der Klausel ließe sich zwar auch die Einlegung eines Rechtsmittels als „Einwendung" im weiteren Sinne ansehen, welche erst durch eine neuerliche Gerichtsentscheidung zu entkräften wäre.

Im Zusammenhang mit der Rückforderung zu unrecht ausgezahlter Entschädigung setzen indessen die Allgemeinen Bedingungen ausdrücklich eine „rechtskräftige" Entscheidung voraus[373]. Daraus folgt im Umkehrschluß, daß beim Nachweis der Forderung die „Entscheidung" der Rechtskraft grundsätzlich nicht bedarf. Dieses Ergebnis ist auch interessengerecht, da dem Deckungsnehmer Zeitverlust und Kosten eines mehrinstanzlichen Verfahrens angesichts des mit den HERMES-Deckungen verfolgten Vertragszwecks kaum zuzumuten sind.

Anders liegen die Dinge allerdings bei einem noch nicht rechtskräftig gewordenen Versäumnis- oder Vorbehaltsurteil oder Vollstreckungsbescheid[374], bei dem das Gericht Einwendungen des Beklagten noch zu prüfen hat. Durch eine solche Entscheidung wurden die Ausgangszweifel an der Rechtsbeständigkeit von Forderung und Sicherheiten, die sich gerade auf die erhobenen Einwendungen gründeten, noch nicht beseitigt. Erst ein rechtskräftiges Versäumnis- oder Vorbehaltsurteil kann daher als hinreichender gerichtlicher Nachweis angesehen werden.

Zum Nachweis mag ferner die Aufnahme der Forderung in die Konkursliste oder der Abschluß eines gerichtlichen Vergleiches genügen, obgleich es sich dabei nach den Verfahrensordnungen vieler Staaten nicht um „gerichtliche" Entscheidungen

---

372 Dies sei nur der Klarstellung halber erwähnt. Die Rechtskraft, deren Beurteilung sich nach der lex fori richtet, tritt nämlich in einigen Staaten bereits mit *Erlaß* des erstinstanzlichen Urteils ein, welches noch mit Rechtsmitteln angegriffen werden kann: *Zöller/Geimer,* § 328 ZPO, Rn. 39.

373 § 9 Abs. 2 B, G; P; FKB, FKG.

374 Vgl. für das deutsche Recht § 599 ZPO (Urkundsprozeß), § 302 ZPO (Aufrechnung), §§ 331, 338, 342 ZPO (Versäumnisurteil) und § 700 (Vollstreckungsbescheid). – Zur Möglichkeit grenzüberschreitender Mahnverfahren *Busl,* IPRax 1986, S. 270 und *Hök,* MDR 1988, S. 186.

handelt, wie sie die Allgemeinen Bedingungen ihrem Wortlaut nach voraussetzen. Wegen der weitreichenden Folgen eines Vergleiches für die gedeckte Forderung hat der Deckungsnehmer allerdings vor dessen Abschluß die Zustimmung des Bundes einzuholen[375].

bb) Maßnahmen einstweiligen Rechtsschutzes

Maßnahmen einstweiligen Rechtsschutzes können auch im Auslandsgeschäft ein probates Mittel sein, um Zahlungsansprüche gegen säumige Schuldner, insbesondere in Form des dinglichen Arrestes, vollstreckungsrechtlich abzusichern. Dies gilt jedenfalls dann, wenn die Prozeßordnung des angerufenen Gerichts Verfahren einstweiligen Rechtsschutzes vorsieht und der Schuldner im Forumstaat über Vermögenswerte verfügt, so daß sich das Problem der Anerkennung bei der Vollstreckung in Drittstaaten nicht stellt[376].

Maßnahmen einstweiligen Rechtsschutzes kann der Exporteur bereits erwirken, wenn er seinen Anspruch glaubhaft macht[377]. Ob solche gerichtlichen Entscheidungen als „Nachweis" im Sinne der Allgemeinen Bedingungen genügen, ist sehr zweifelhaft.

Bei der Ermessensausübung des Bundes sind allerdings auch nachträglich auftretende Tatsachen zu berücksichtigen. Dieser Grundsatz hat in den §§ 49 Abs. 2 Nr. 2, 51 Abs. 1 Nr. 1 und 2 (neue Beweismittel!) VwVfG seinen Ausdruck gefunden und gilt auch im Verwaltungsprivatrecht. Folglich hat der Bund seine Entscheidung, auf einem gerichtlichen Nachweis der Entschädigungsvoraussetzungen zu bestehen, erneut zu überprüfen, wenn der Deckungsnehmer in einem Verfahren des einstweiligen Rechtsschutzes obsiegt hat. Er kann dann berechtigt, ausnahmsweise auch verpflichtet sein, dem Entschädigungsantrag schon vor dem Abschluß des Hauptsacheverfahrens stattzugeben. Maßgeblich ist im Einzelfall der Grad an Gewißheit, der sich aus der Entscheidung des Gerichts für den Bestand von Forderung und Sicherheiten ergibt.

Entsprechendes hat für sonstige prozessuale Entwicklungen, wie zum Beispiel Beweisaufnahmen des entscheidenden Gerichts, zu gelten. Sie sind jedenfalls dann im Wege freier Beweiswürdigung bei der Entscheidung des Bundes zu berücksichtigen, wenn die wesentlichen Verfahrensvorschriften beachtet wurden[378].

cc) Anerkennungs- und Vollstreckungsfähigkeit der Entscheidung

Aus dem im Zusammenhang mit der Rechtskraft Gesagten folgt bereits, daß der gerichtliche Nachweis nicht eine anerkennungs- und vollstreckungsfähige Ent-

---

375 Vgl. § 15 Nr. 2 B, G. Dazu näher unten, § 9 II 3.

376 Näheres hierzu bei *Müller/Hök,* S. 233 f. m. w. N.

377 Vgl. §§ 916 ff. ZPO für das deutsche Recht.

378 Entsprechendes gilt für die beweismäßige Verwertung durch den deutschen Richter *Zöller/Geimer,* § 328 ZPO Rn. 29 m. w. N.

scheidung voraussetzt[379]. Diese Auslegung wird auch durch Wortlaut und Systematik der Bedingungstexte gestützt.

Der Begriff „Rechtsbeständigkeit" bezieht sich auf das „Recht" (die gedeckte Forderung), nicht auf die Entscheidung *über* das Recht. Sofern die Allgemeinen Bedingungen an anderer Stelle dem Deckungsnehmer die Verantwortung für die Rechtsbeständigkeit der Forderung übertragen, ist hiermit die Verantwortung für Rechtsmängel gemeint[380], also für den *materiell*-rechtlichen Bestand der Forderung. Dieser bleibt jedoch durch die Anerkennung bzw. ihre Versagung unberührt. Mit der Anerkennung werden lediglich die *prozessualen* Wirkungen des ausländischen Urteils, die diesem nach dem Recht des Urteilsstaates zukommen, auf das Gebiet des Anerkennungsstaates erstreckt[381]. Die fehlende Anerkennungsfähigkeit mag man daher als „Mangel" der Erstentscheidung ansehen; jedenfalls stellt sie keinen Rechtsmangel dar[382].

dd) Das Problem offensichtlich unrichtiger Entscheidungen

Insbesondere bei dem Exporteur ungünstigen Entscheidungen stellt sich die Frage, inwieweit der Bund an diese bei der Prüfung der Voraussetzungen des Entschädigungsanspruches gebunden ist, deren Beurteilung über das Bestehen oder Nichtbestehen einer Forderung also zu folgen hat. Besonders problematisch wäre eine solche Bindung bei Entscheidungen, die an einem offensichtlichen und schwerwiegenden Mangel leiden. Die Gefahr solcher Fehlurteile besteht unter anderem deshalb, weil in einigen Zielländern HERMES-gedeckter Exporte der Rechtsschutz vor den staatlichen Gerichten nicht immer die Mindestanforderungen erfüllt, die wir an ein rechtsstaatliches Verfahren zu stellen gewohnt sind[383].

Prozeßrechtliche Regeln binden den Bund nicht an die ausländische Entscheidung. Die Rechtskraft eines Urteils wirkt nach dem Verständnis des deutschen Prozeßrechts grundsätzlich nur zwischen den am Verfahren Beteiligten und ihren Rechtsnachfolgern (vgl. nur §§ 325 ZPO, 123 VwGO). Beteiligter am Rechtsstreit im Ausland war auf deutscher Seite allein der Exporteur, der den Prozeß in eige-

---

379 Dagegen setzt *Dorscheid,* HERMES-Information Nr. 118, die Bejahung dieser Frage stillschweigend voraus. So wohl auch – ohne nähere Begründung – *Graf von Westphalen,* Exportfinanzierung, S. 448, der für die Ausfuhrgarantien verlangt, ein Anerkennungs- und Vollstreckungsverfahren im Schuldnerland müsse „zulässig" sein.

380 § 5 Abs. 3 S. 1 der Bedingungstexte, sowie die entsprechende Randüberschrift.

381 *Geimer,* IZPR Rn. 2191; *Schütze,* Rechtsverfolgung, S. 166 f. und 173.

382 Zweifeln könnte man hieran nur in denjenigen Fällen, in denen die Anerkennung durch den Zweitstaat eine erneute Klageerhebung oder eine „révision au fond" voraussetzt (vgl. *Schütze,* Rechtsverfolgung, S. 187 und 194: *Möllring,* S. 69 m. w. N.). Als Bestandteil der „Rechtsbeständigkeit" läßt sich die Anerkennung indes auch in diesen Fällen nicht ansehen, da das anerkennende Gericht jedenfalls nicht das „zwischen" den Parteien des Exportgeschäftes zuständige Gericht ist, wie es § 5 Abs. 2 S. 2 der Allgemeinen Bedingungen voraussetzt.

383 So erwähnt z. B. *Schütze,* Rechtsverfolgung, S. 214 Fälle, in denen staatliche Gerichte „offen zur Bestechung aufgefordert haben."

ner Regie und auf eigenes Risiko führte. In dem hier untersuchten Zeitpunkt ist der Bund auch (noch) nicht Rechtsnachfolger des Deckungsnehmers; dies würde er frühestens mit Auszahlung der Entschädigung[384], nicht indes schon während der Prüfung der Entschädigungsvoraussetzungen.

Wegen seiner besonderen Stellung als Versicherer, die er auch bei der Ausübung seines Ermessens zu beachten hat, ist der Bund dennoch weitgehend an eine den Exporteur abweisende Entscheidung gebunden. Die HERMES-Bedingungen setzen voraus, daß eine spätere Rechtsverfolgung mit dem Ziel, die Forderung beizutreiben, rechtlich gesehen zulässig ist. Nur aus rein wirtschaftlichen Gründen – mangelnder Erfolgsaussicht, fehlender Vollstreckungsaussicht o. ä. – soll sie ausgeschlossen sein[385]. Rechtskräftige Entscheidungen sind daher für den Bund wegen seiner Stellung als Versicherer grundsätzlich präjudiziell, da sie eine spätere Rechtsverfolgung wegen der entgegenstehenden Rechtskraft der Erstentscheidung unzulässig machen.

Eine Ausnahme von diesem Grundsatz ist vorstellbar, wenn eine Wiederaufnahme des Verfahrens durch Nichtigkeits- oder Restitutionsklage zulässig ist[386]. Ferner hat der Bund im Rahmen der Ausübung seines Ermessens insbesondere die Grundrechte des Deckungsnehmers und die hieraus unmittelbar ableitbaren Rechtsgrundsätze zu beachten. Deshalb scheidet eine Bindung auch in denjenigen – krassen – Fällen aus, in denen grundsätzliche Verfahrensrechte des Deckungsnehmers nicht beachtet wurden oder das Ergebnis der Entscheidung mit wesentlichen Grundsätzen des deutschen Rechts nicht vereinbar ist[387].

Mag der Bund somit – ausnahmsweise – nicht an die Entscheidung des ausländischen Gerichts gebunden sein, so liefert eine mangelhafte, den Exporteur abweisende Entscheidung doch noch nicht den Beweis des Gegenteils, daß nämlich die Forderung aus dem Ausfuhrgeschäft tatsächlich besteht. Theoretisch könnte der Exporteur zwar versuchen, diese Voraussetzung seines Entschädigungsanspruchs auch anderweitig nachzuweisen; in der Praxis dürfte ihm dieser Nachweis freilich kaum gelingen.

Praktisch wichtiger dürften die hier angestellten Überlegungen für die Rechtsverfolgung *nach* Auszahlung der Entschädigungssumme sein: Eine mit den dargestellten gravierenden Mängeln behaftete Entscheidung kann dann nicht zur Grundlage dafür gemacht werden, die zuvor ausbezahlte Entschädigung zurückzufordern[388]. In diesem Punkt sind die Allgemeinen Bedingungen restriktiv auszulegen. Es wäre in diesem Stadium dann Sache des Bundes darzulegen, daß die den Exporteur abweisende Entscheidung trotz ihrer Mangelhaftigkeit mit

---

384 Vgl. § 10 Abs. 1 der Bedingungen.
385 Arg. § 11 Abs. 1 der Bedingungen.
386 Vgl. §§ 578 ff. ZPO für das deutsche Recht.
387 Diese Tatsachen stünden auch einer Anerkennung der ausländischen Gerichtsentscheidung durch den deutschen Richter entgegen: § 328 Abs. 1 Nr. 2 und 4 ZPO.
388 Vgl. § 9 Abs. 2 B, G.

der tatsächlichen Rechtslage im Einklang steht, daß mit anderen Worten der Entschädigungsanspruch tatsächlich nicht bestand.

ee) Untätigkeit der Rechtspflege

Ein großes praktisches Problem bei der Rechtsverfolgung im Ausland ist die Untätigkeit der Rechtspflege. Sie kann dem Deckungsnehmer den Nachweis seiner Anspruchsvoraussetzungen faktisch unmöglich machen.

Dennoch kann diese Beweisnot nicht dazu führen, dem Exporteur den erforderlichen gerichtlichen Nachweis zu erlassen. In der Untätigkeit des Gerichts realisiert sich nämlich das Risiko des Gerichtsstands, welches nach der eindeutigen vertraglichen Regelung dem Deckungsnehmer zugewiesen ist.

Von dem Erfordernis einer gerichtlichen Entscheidung kann den Deckungsnehmer schließlich auch nicht die Untätigkeit oder das Fehlverhalten seines Prozeßvertreters entbinden. Die Schwierigkeiten bei Auswahl und Überwachung ausländischer Anwälte sind zwar nicht zu verkennen. Es kann jedoch kein Zweifel daran bestehen, daß derartige Risiken, die der Exporteur zudem in gewissem Maße steuern kann[389], nicht vom Bund übernommen sind. Da die Gefahr, daß ein einzelner Unternehmer zu Unrecht entschädigt wird, in keiner Weise verringert wurde, kann der Bund im Rahmen seiner Beweiswürdigung auch weiterhin auf einer gerichtlichen Entscheidung bestehen.

Auf die Untätigkeit des zuständigen Gerichts oder Schiedsgerichts kann sich der Deckungsnehmer daher ebensowenig berufen wie auf die Untätigkeit oder Fehler seines Anwalts. Hieraus allein erwächst ihm noch kein Anspruch auf Auszahlung der Entschädigungssumme.

II. Fälligkeit

Neben dem Bestand der Forderung setzt der Entschädigungsanspruch auch deren Fälligkeit voraus. Maßgeblich hierfür sind die vertraglich vereinbarten, unter Umständen prolongierten Fälligkeiten. Dagegen ist es unbeachtlich, ob und inwieweit die Parteien des Exportgeschäftes spätere Vertragsraten durch Verfallsklauseln oder ähnliches zu einem früheren Zeitpunkt fällig gestellt haben. Sogar in denjenigen Fällen, in denen gesetzliche Bestimmungen den Ausfall künftiger Raten zwingend feststellen − beispielsweise beim Konkurs des Schuldners − wird grundsätzlich ratenweise entschädigt, selbst wenn der Entschädigungsantrag schon vorher gestellt wurde[390].

---

389 Hilfen bei der Auswahl des „richtigen" Anwalts bieten z. B. deutsche Auslandsvertretungen, Verbände und Banken. In diesem Zusammenhang zeigt sich ein weiterer Vorteil des Schiedsverfahrens darin, daß sich der Kaufmann in der Regel durch seinen „Hausanwalt" vertreten lassen kann. Einzelheiten bei *Schütze*, Rechtsverfolgung, S. 111−114.

390 Vgl. z. B. § 5 Abs. 1 S. 2 B.

Der Deckungsnehmer soll durch den Bestand der HERMES-Deckung nicht besser gestellt werden als bei ordnungsgemäßer Vertragserfüllung. Die Regelung in den Bedingungstexten ist damit Ausdruck des allgemeinen Bereicherungsverbotes, welches zumindest im Bereich der Nichtpersonen-Versicherung uneingeschränkt gilt[391] und für die Schadensversicherung in § 55 VVG unabdingbar festgeschrieben ist[392]. Sie ist auch Ausfluß des Gedankens der Gleichbehandlung der Versicherungsnehmer, der für die Gewährleistungen des Bundes jedenfalls aus Art. 3 Abs. 1 GG folgt: Der Einzelne darf nicht gegenüber den übrigen Deckungsnehmern ohne sachlichen Grund bevorzugt werden. Daher hat der Exporteur auch die Karenzzeit und die übliche Entschädigungsfrist abzuwarten, obwohl hier deren Hauptzweck, die Schadensfeststellung zu ermöglichen[393], entfällt.

Ausnahmsweise ist der Bund allerdings berechtigt, bereits vor dem Eintritt der vertraglich vereinbarten Fälligkeit Entschädigung zu leisten, falls die Forderung vorzeitig fällig wurde[394]. Diese Bestimmung ist im Einklang mit dem versicherungsrechtlichen Bereicherungsverbot und dem Gleichbehandlungsgrundsatz auszulegen. Vorzeitige Entschädigungszahlungen können demnach nur zulässig sein, wenn der Deckungsnehmer erhöhte Aufwendungen gemacht hat, die sich auch zum Vorteil der Gefahrengemeinschaft ausgewirkt haben oder auswirken. Zu denken ist hier an Sonderaufwendungen zum Zwecke eines schnelleren Nachweises (kostenträchtige Sachverständigengutachten, Ladung entfernter, aber schnell verfügbarer Zeugen etc.), welche die Entschädigungspflicht des Bundes frühzeitig klarstellen und damit letztlich auch zu Kosteneinsparungen im Bereich der Verwaltung und Risikovorsorge führen. Es entspricht auch der Praxis anderer Versicherungssparten, besondere Leistungen einzelner Versicherungsnehmer durch (gerechtfertigte!) Sondervorteile wie z. B. Prämienrückerstattungen zu honorieren. Dieser Gedanke läßt sich auch auf den Bereich der Schadensaufklärung anwenden.

Im Ergebnis ist somit festzuhalten: Der Deckungsnehmer wird grundsätzlich nach den vertraglich festgelegten Fälligkeiten entschädigt. Eine vorzeitige Entschädigung ist nur ausnahmsweise zulässig. Beansprucht werden kann sie dann, wenn der Exporteur Sonderaufwendungen gemacht hat, die letztlich der Gefahrengemeinschaft aller Deckungsnehmer zugute kommen.

---

391 BGHZ 52, 350; VersR 1979, 1120; *Bruck/Möller,* § 1 Anm. 26.
392 *Martin* in *Prölss/Martin,* § 55 Anm. 1 m. w. N.
393 S. o., Erster Teil, § 2 V.
394 § 5 Abs. 1 S. 2, 2. Halbsatz der Bedingungen.

III. Uneinbringlichkeit der Forderung

Der Entschädigungsanspruch setzt weiterhin voraus, daß die gedeckte Forderung infolge eines der in den Allgemeinen Bedingungen genannten Umstände[395] uneinbringlich geworden ist[396].

Haften auch Dritte für die Forderung, hat also beispielsweise die Zentralbank des Schuldnerstaates eine Bürgschaft abgegeben oder ein Akkreditiv eröffnet, so tritt der Bund erst ein, wenn auch diese Sicherheiten uneinbringlich geworden sind[397]. Im Ergebnis haftet der Bund also erst letztrangig für Forderungsausfälle im Außenhandel.

Unter welchen Voraussetzungen eine Forderung bzw. die bestehenden Sicherheiten uneinbringlich sind, läßt sich nur mit Blick auf die einzelnen Gewährleistungsfälle beantworten, deren Voraussetzungen der Deckungsnehmer im einzelnen nachzuweisen hat.

1. Wirtschaftlicher Gewährleistungsfall

Die HERMES-Bedingungen gehen davon aus, daß öffentliche Abnehmer nicht zahlungsunfähig werden. Wirtschaftliche Gewährleistungsfälle im eigentlichen Sinne sind daher, vom Nichtzahlungsfall einmal abgesehen, nur bei Geschäften mit Privaten („Garantien") gedeckt. Inhaltlich bereitet die Abgrenzung der einzelnen Tatbestände kaum Schwierigkeiten.

Daher sei an dieser Stelle in erster Linie auf die zum Nachweis der einzelnen Fälle erforderlichen Unterlagen eingegangen.

Im Konkursfalle[398] hat der Deckungsnehmer die Eröffnung oder Nichteröffnung des Verfahrens durch Vorlage des amtlichen Beschlusses, sowie die Anmeldung seiner Forderung(en) nachzuweisen. Dagegen ist die Anerkennung seiner Außenstände durch das zuständige Organ oder Gericht nur dann nachzuweisen, wenn die Rechtsbeständigkeit der Forderung zweifelhaft ist und der Bund folglich einen gerichtlichen Nachweis verlangen kann[399].

Entsprechendes gilt für den Fall des „amtlichen Vergleichs"[400], mit dem all diejenigen hoheitlichen − nicht notwendiger Weise gerichtlichen − Entscheidungen abgedeckt werden, die zum Ausschluß der Einzelzwangsvollstreckung führen.

Gedeckt ist ferner der Fall des „außeramtlichen Vergleichs"[401] (Stundungs-, Quoten- oder Liquidationsvergleich), dem alle oder eine Gruppe untereinander

---

395 § 4 Abs. 2 bis 3 B, FKB; § 4 Abs. 2−4 G, P, FKG.
396 § 4 Abs. 1 der Bedingungen.
397 § 4 Abs. 1, 2. Unterabs. der Bedingungen.
398 § 4 Abs. 3 Nr. 1 G, P; FKG.
399 Siehe oben, I.
400 § 4 Abs. 3 Nr. 2 G, P; FKG.
401 § 4 Abs. 3 Nr. 3 G, P; FKG.

vergleichbarer Gläubiger zugestimmt haben. In diesem Fall ist ebenfalls die Vorlage eines authentischen Schriftstückes erforderlich (z. B. eines Verhandlungsprotokolls, das die Zustimmung sämtlicher Gläubiger erkennen läßt), während die fruchtlose Zwangsvollstreckung[402] durch Vorlage des Titels und des Zwangsvollstreckungs-Protokolls nachgewiesen wird.

Schwieriger gestaltet sich der Nachweis ungünstiger wirtschaftlicher Verhältnisse[403]. Nach derzeitiger Praxis sind mindestens zwei objektive Beurteilungen der Vermögenslage des Schuldners beizubringen, beispielsweise von Auslandshandelskammern, Botschaften, Konsulaten oder Banken. Dies ist aufwendiger, da der Exporteur seinerseits den genannten Stellen sämtliche notwendigen Informationen zuvor übermitteln muß[404].

Für die Anerkennung des Nichtzahlungsfalles („protracted default")[405] ist eine entsprechende Bankbestätigung über die Nichtzahlung sechs Monate nach Fälligkeit vorzulegen, sowie der relevante Schriftverkehr über die bislang erfolglosen Inkassobemühungen. In inhaltlicher Hinsicht setzt der Nichtzahlungsfall unter anderem voraus, daß der Deckungsnehmer den Nichteingang der Forderung spätestens zwei Monate nach Fälligkeit meldet. Bei verspäteten Meldungen wird der Bund noch nicht von der Haftung frei; vielmehr verlängert sich der Zeitraum, nach dem der Nichtzahlungsfall eintritt, um die Verspätungszeit[406]. Meist wird der Exporteur in diesen Fällen zugleich gegen seine nach den Allgemeinen Bedingungen obliegende allgemeine Meldepflicht verstoßen haben; aus diesem Gesichtspunkt hat er dann unter Umständen seinen Versicherungsschutz verwirkt[407].

Schwierigkeiten kann auch der Beweis des sogenannten drohenden Garantiefalles bereiten. Der Deckungsnehmer hat unter anderem nachzuweisen, daß sich die finanzielle Lage des Schuldners nachhaltig verschlechtert hat, indem er eine Stellungnahme einer neutralen Stelle vorlegt oder nachweist, daß er seinem Schuldner mehrfach vergeblich Dokumente vorgelegt hat. Desweiteren hat der Unternehmer nähere Angaben über die Frage einer anderweitigen Verwertung der Ware (Mindererlös!) zu machen[408].

Bei Pauschal- oder revolvierenden Deckungen schließlich hat der Deckungsnehmer zusätzlich ein vollständig aufgeschlüsseltes, von ihm unterschriebenes Kundenkonto einzureichen, welches mit dem Saldo sechs Monate vor der ältesten uneinbringlich gewordenen Forderung beginnt[409].

---

402 § 4 Abs. 3 Nr. 4 G, P; FKG.
403 § 4 Abs. 3 Nr. 5 G, P; FKG.
404 *Hichert,* S. 173 f.
405 § 4 Abs. 3 B, FKB; § 4 Abs. 4 G, P; FKG.
406 § 4 Abs. 3, 2. Unterabs. B, FKB; § 4 Abs. 4, 2. Unterabs. G, P, FKG.
407 § 15 Nr. 4 i. V. m. § 16 Abs. 3 der Bedingungen. Dazu näher unten, § 9 II 4 und III 4.
408 Einzelheiten bei *Schallehn/Stolzenburg,* Abschn. X, Rn. 31 – 34.
409 Näher hierzu *Schallehn/Stolzenburg,* Abschn. X, Rn. 39.

2. Politischer Gewährleistungsfall

Gegenüber wirtschaftlichen Risiken sind politische Gewährleistungsfälle noch vielfältiger. Bevor auf die Besonderheiten der Risikotatbestände im einzelnen eingegangen werden kann, sind allerdings Fragen von grundsätzlicher Bedeutung zu klären. Diese Fragen lauten: Ist es erforderlich, daß die zu prüfende staatliche Maßnahme eine Reihe von Gläubigern gleichermaßen betroffen hat, also allgemeinen Charakter aufweist? Von wem und in welcher Form ist gegebenenfalls der Nachweis für diese „Allgemeinheit" der politischen Maßnahme zu führen?

a) Der allgemeine Charakter der politischen Maßnahme

Nach den früheren, für Deckungen vor dem 1. Oktober 1986 geltenden HERMES-Bedingungen bestand eine Entschädigungspflicht ausdrücklich nur bei einer „allgemeinen politischen Maßnahme"[410]. Das Risiko politisch motivierter Einzelfallmaßnahmen des Schuldnerlandes, welche die Erfüllung oder Beitreibung der Forderung vereitelten, war folglich nicht gedeckt. Der Deckungsnehmer war insbesondere gegen *verdeckte* staatliche Einzelmaßnahmen, wie beispielsweise gegen die politisch motivierte Beeinflussung des Gerichtsverfahrens gegen den Schuldner, nicht geschützt. Zur Klarstellung wurde dem Exporteur diese Sachlage nochmals mit der Annahme des Deckungs-Antrages mitgeteilt[411].

Die nunmehr geltende Regelung erwähnt die „Allgemeinheit" der Maßnahme lediglich in der Randüberschrift, nicht im Wortlaut der Klausel selbst[412]. Dort wird vielmehr vorausgesetzt, daß die Maßnahme „mit Bezug auf die (!) Forderung" ergangen ist, was Einzelfallmaßnahmen einzuschließen scheint. Der Begriff „allgemein" ließe sich auch als Gegenbegriff zu den gewissermaßen „speziellen" politischen Schadensfällen der Nummern 2 und 3 (Konvertierungs- und Transferfall, Kursverluste) begreifen. Die Klausel könnte zumindest deswegen zu Lasten des Verwenders auszulegen sein, weil sie inhaltlich unklar ist, § 5 AGBG.

In der Tat stellt der allgemeine politische Gewährleistungsfall auch einen Auffangtatbestand zu den nachfolgend genannten Spezialfällen dar. Diese setzen allerdings ihrerseits überwiegend staatliche Maßnahmen voraus, die an einen unbestimmten Adressatenkreis gerichtet sind. Beispielsweise betrifft eine Abwertung[413] naturgemäß sämtliche in Landeswährung eingezahlten Beträge, hat also allgemeinpolitischen Charakter. Schließlich betrifft auch die zweite, im allgemeinen politischen Gewährleistungsfall genannte Fallgruppe (Krieg, Aufruhr, Revolution) typischerweise eine Vielzahl von Forderungen.

Auf der anderen Seite sind Einzelfallmaßnahmen jedenfalls insoweit gedeckt, als sie die Auslieferung der Ware vereiteln (z. B. durch Beschlagnahme), sofern sie nur

---

410 Z. B. in § 6 Abs. 3 Nr. 3 B (alte Fassung).
411 *Schallehn/Stolzenburg,* Abschn. V, Rn. 15.
412 § 4 Abs. 2 Nr. 1 B, G; P; FKB, FKG.
413 Z. B. § 4 Abs. 2 Nr. 3 B.

„infolge politischer Umstände" ergehen[414]. Damit erweist sich die Frage nach dem allgemeinen Charakter einer politischen Maßnahme als ein Scheinproblem. „Politisch" ist eine Maßnahme ohnehin nur dann, wenn sie eine Vielzahl von Personen betrifft oder betreffen kann. In diesem Sinne weist jede politische Maßnahme zugleich auch „allgemeinen" Charakter auf, andernfalls ist sie untrennbar an die betroffene Einzelperson gekoppelt und gewissermaßen nur „privater" Natur.

Demnach ist auch die politisch motivierte Einflußnahme von Behörden auf das Gericht, welches über Ansprüche des Deckungsnehmers aus dem Exportgeschäft zu entscheiden hat, grundsätzlich gedeckt. Sie kann, insofern einer politisch zu begründenden Beschlagnahme vergleichbar, eine unbestimmte Anzahl in einer Vielzahl vergleichbarer Verfahren betreffen. Umgekehrt läßt sie sich auch nicht als Risiko des anwendbaren „Rechts"(!) und des Gerichtsstands, welches ausdrücklich vom Deckungsnehmer zu tragen ist[415], qualifizieren.

b) Der Nachweis des politischen Charakters der Maßnahme

Da es sich um eine den Entschädigungsanspruch begründende Tatsache handelt, ist sie grundsätzlich vom Deckungsnehmer nachzuweisen. Gelingt ihm der Nachweis nicht, so ist er im günstigsten Fall nach einem der wirtschaftlichen Schadensfälle (zum Beispiel dem Nichtzahlungsfall) zu entschädigen, was ihn den Preis einer höheren Selbstbeteiligung kostet. Liegen auch die Voraussetzungen eines wirtschaftlichen Schadensfalles nicht vor, geht der Exporteur gänzlich leer aus.

Unproblematisch ist der erforderliche Nachweis in denjenigen Fällen, in denen politische Maßnahmen „offen" ergehen, beispielsweise aufgrund veröffentlichter Rechtsnormen. Schwieriger liegen die Dinge bei den nicht seltenen Fällen „verdeckter" politischer Maßnahmen. So mag der Exporteur z. B. bei Zahlungsverzögerungen nicht ohne weiteres erkennen können, ob diese auf wirtschaftliche Schwierigkeiten seines Schuldners zurückgehen oder auf interne hoheitliche Maßnahmen des Schuldnerstaates. Gleiches gilt bei unzulässigen Einflußnahmen von hoheitlicher Seite auf das über den Bestand der Exportforderung entscheidende Gericht.

Von vergleichbaren Schwierigkeiten anderer Deckungsnehmer erfährt der Exporteur wegen deren berechtigter Geheimhaltungsinteressen in der Regel nichts. In diesem Punkt verfügt der Bund über einen Informationsvorsprung. Über das Schicksal weiterer gedeckter Exportkredite hält ihn die HERMES-Buchführung auf dem Laufenden, die wegen der für alle Deckungsnehmer geltenden Meldepflichten[416] ständig auf den neuesten Stand gebracht werden kann. Über das Geschehen vor Ort informieren ihn zudem Botschaften, Konsulate und Auslandshandelskammern.

Daher ist der Bund als verpflichtet anzusehen, bei der Beschaffung von Beweisen über die politischen Umstände im Schuldnerland mitzuwirken. Um eine Beweis-

---

414 Z. B. § 4 Abs. 2 Nr. 5 B.
415 § 5 Abs. 2 S. 2, 2. Halbs. der Bedingungen.
416 Vgl. hinsichtlich politischer Ereignisse insbesondere § 15 Nr. 4 c der Bedingungen.

lastumkehr handelt es sich dabei nicht, da ein „non liquet" zu Lasten des Deckungsnehmers ginge. Ebensowenig hat der Bund von Amts wegen zu ermitteln. Für öffentlich-rechtliche Verfahrensgrundsätze ist im zivilrechtlichen Entschädigungsverfahren kein Raum und auch kein Bedarf[417]. Die Mitwirkungspflicht des Bundes läßt sich stattdessen aus dem materiellen Zivilrecht, insbesondere aus dem Grundsatz von Treu und Glauben herleiten[418].

Die gegenwärtige Praxis erfüllt diese Anforderungen. Bei sich häufenden Schadensmeldungen stellt der Bund Erkundigungen darüber an, ob die Nichtzahlung bzw. Nichttransferierung fälliger Forderungen auf politische Gründe zurückgeht und anhand welcher Unterlagen ein Nachweis über Grund und Höhe des Schadens geführt werden kann[419].

Diese zentralisierte Informationsbeschaffung liegt schließlich auch im Interesse des Bundes. Sie ist kostengünstiger, da mit einer einzigen Anfrage eine Vielzahl gleichgelagerter Fälle geklärt werden können. Rechtzeitige Ermittlungen leisten auch einen Beitrag zur Verhütung oder jedenfalls Minderung des Schadens. Oft befinden sich Exportgeschäfte in das betroffene Schuldnerland noch in einem frühen Abwicklungsstadium. Dann kann der Bund beispielsweise die Zustimmung zu weiteren Versendungen oder Auszahlungen verweigern[420]. Die Erkundigungen können auch der Vorbereitung von Umschuldungen[421] dienen oder die Rechtsverfolgung nach Auszahlung der Entschädigung[422] erleichtern, deren Kosten der Bund jedenfalls zum überwiegenden Teil zu tragen hat. Nicht zuletzt läßt sich die künftige Deckungspolitik für das betroffene Land schneller auf die neuen Gegebenheiten einstellen, indem Deckungen allenfalls noch beschränkt erteilt werden, da sie risikomäßig ansonsten nicht mehr zu vertreten wären.

Fälle politisch begründeter Einflußnahmen auf das Prozeßgericht werden in der Praxis auch unter Mithilfe des Bundes kaum beweisbar sein. Dem Exporteur dürfte es überdies kaum gelingen, das Ergebnis einer ihn abweisenden Gerichtsentscheidung in der Weise zu widerlegen, daß er den „Bestand" seiner Forderung mit anderen Mitteln nachweist. Es stellen sich hier die gleichen Probleme wie in den Fällen offensichtlich unrichtiger Entscheidungen[423]. Der Fall politisch verursachter Rechtsbeugung ist zwar begrifflich von der Gewährleistung gedeckt; in der Praxis ist dies von geringem Nutzen.

c) Die einzelnen Tatbestände

Alle sonstigen Merkmale eines politischen Schadensfalles hat im Grundsatz der Exporteur nachzuweisen, ohne eine besonders ausgestaltete Mitwirkung des Bun-

---

417 Siehe oben, Erster Teil, § 4 IV 2.
418 Dazu näher unten, § 10 I.
419 *Schallehn/Stolzenburg,* Abschn. X Rn. 77.
420 Vgl. § 15 Nr. 5 der Bedingungen.
421 Vgl. § 14. Dazu im einzelnen unten, *Dritter Teil.*
422 § 11.
423 Siehe oben, I 2 b dd).

des beanspruchen zu können. In den meisten Fällen hat er unter anderem den Ablauf der Karenzfrist darzutun, deren Länge nach dem jeweiligen Gewährleistungsfall variiert.

In inhaltlicher Hinsicht werfen die einzelnen politischen Risikotatbestände einige Auslegungsfragen auf, die im folgenden zu klären sind.

aa) Konvertierungs- und Transferfall

Infolge des akuten Devisenmangels zahlreicher Abnehmerstaaten[424] ist von allen Schadensfällen der sogenannte Konvertierungs- und Transferfall (nachfolgend: „KT-Fall") am häufigsten. Nicht der ausländische Abnehmer ist es, der in solchen Fällen seinen Verbindlichkeiten nicht mehr nachkommen kann, sondern die für die Bereitstellung von Devisen in aller Regel zuständige Zentralbank des Schuldnerlandes. Als Konsequenz verzögert sie den Umtausch von Landeswährungs- in Fremdwährungsbeträge (Konvertierung) und/oder deren Überweisung ins Gläubigerland (Transfer).

Solchen Schwierigkeiten können Exporteure bei Geschäften mit Kunden aus devisenarmen Ländern nur entgehen, wenn sie in der jeweiligen Landeswährung fakturieren. Dann aber ist, insbesondere bei längerfristigen Krediten, ein erhebliches Kursrisiko zu tragen. Aus diesem Grunde werden Exportgeschäfte ganz überwiegend in international anerkannten Währungen abgewickelt, die freilich anfällig sind für Konvertierungs- und Transferprobleme.

Der in den Allgemeinen Bedingungen genannte KT-Fall setzt zwei Merkmale voraus, die sich stichwortartig beschreiben lassen als
– Einzahlung und
– Beachtung staatlicher Vorschriften.

Zunächst ist erforderlich, daß der ausländische Schuldner den Gegenwert der gedeckten Forderung bei einer vom Bund anerkannten Stelle in Landeswährung eingezahlt hat. Ist infolge politischer Maßnahmen des Schuldnerlandes bereits die Einzahlung nicht möglich, so kann allenfalls ein allgemeiner politischer Gewährleistungsfall vorliegen, nicht aber ein KT-Fall[425]. Ist eine Einzahlung nur bezüglich eines Teilbetrages unmöglich, so ist im Hinblick auf den Restbetrag ein KT-Fall denkbar. Problematisch sind diejenigen Fallkonstellationen, in denen die Einzahlung zwar noch nicht verhindert, aber für den Importeur in tatsächlicher oder wirtschaftlicher Hinsicht wesentlich erschwert wird. Darauf wird noch zurückzukommen sein.

Die Einzahlung muß außerdem zum vollen Gegenwert erfolgt sein, und zwar bezogen auf den Zeitpunkt, in dem der Schuldnerstaat die eingezahlten Beträge grundsätzlich hätte konvertieren und transferieren müssen. Daraus ergibt sich gerade bei Einzahlungen in Ländern mit hoher Inflationsrate ein besonderes Pro-

---

424 Dazu näher im Dritten Teil, § 1.
425 § 4 Abs. 2 Nr. 1 a. E. der Bedingungstexte.

blem. Das Völkerrecht billigt den Staaten in jedem Falle eine gewisse Zeitspanne zwischen Einzahlung und Transfer zu[426], in der gerade bei Währungen mit hoher Inflationsrate erhebliche Wertverluste am eingezahlten Betrag eintreten können. Gleicht der Schuldner derartige Kursverluste nicht aufgrund einer dem Deckungsnehmer gegenüber übernommenen Nachschußverpflichtung aus, so ist die ausländische Zentralbank grundsätzlich nicht zum Transfer verpflichtet. Ein KT-Fall liegt nicht vor, weil nicht der volle Gegenwert der Forderung eingezahlt wurde. Entschädigt werden kann dann allenfalls nach dem Nichtzahlungsfall bzw. einem der anderen wirtschaftlichen Risikotatbestände.

Unter welchen Voraussetzungen der „Gegenwert" der Forderung eingezahlt ist, bestimmt sich letztlich nach den innerstaatlichen Vorschriften des Importlandes. Hat dieses ausnahmsweise – wie etwa im Falle Brasiliens – einheimiche Importeure von einer Nachschußpflicht befreit[427] und transferieren die zuständigen staatlichen Stellen nicht, obwohl sie innerstaatlich dazu verpflichtet wären, so realisiert sich ein politisches Risiko.

Für das Vorliegen eines KT-Falles müssen schließlich auch die übrigen, für die Konvertierung und den Transfer maßgeblichen gesetzlichen Vorschriften eingehalten, insbesondere die Formalitäten erfüllt worden sein. Die meisten Staaten nehmen einen Transfer nur vor, wenn mit dem Antrag eine Reihe von Dokumenten eingereicht werden, wie z. B. Rechnungen, Inkassopapiere, Importgenehmigungen und Zollpapiere[428]. Auch die Einhaltung dieser Voraussetzungen hat der Deckungsnehmer dem Bund gegenüber darzulegen.

bb) Der allgemeine politischc Gewährleistungsfall: Schutz vor staatlicher Geld- und Währungspolitik?

Die Formen staatlicher Einwirkungen auf die Realisierung privater Exportkredite sind kaum noch überschaubar. Maßnahmen der Geld- und Währungspolitik reichen von bloßen beobachtenden Maßnahmen wie Anmeldeverpflichtungen für grenzüberschreitende Zahlungen bis zu behördlich oder gesetzlich bewirkten Zahlungsrestriktionen.

Verhindert der Schuldnerstaat bereits die Einzahlung in Landeswährung, so kommt eine Entschädigung nach dem KT-Fall – wie gezeigt – nicht in Betracht. Dem Deckungsnehmer könnte allenfalls ein Anspruch aus dem allgemeinen politischen Gewährleistungsfall zustehen. Doch bietet auch dieser keinen lückenlosen Schutz: Zum einen setzt er gesetzgeberische oder behördliche Maßnahmen vor-

---

426 Dies gilt auch dann, wenn sich der Staat eines Teils seiner Währungssouveränität durch den Abschluß völkerrechtlicher Abkommen begeben hat. Bezeichnender Weise wurde der Grundsatz der freien Konvertierbarkeit des Art. VIII Abschnitt 2 (a) des Abkommens von Bretton Woods in der Praxis eher zur Ausnahme. *Mann,* S. 522 verzeichnete 1981 in 87 von 141 Mitgliedsstaaten Restriktionen, die auf der Grundlage des als Ausnahmevorschrift konzipierten Art. XIV des Abkommens aufrecht erhalten wurden.

427 *Hichert,* a. a. O., S. 180.

428 *Hichert,* a. a. O., S. 181.

94

aus, die „mit Bezug auf die gedeckte Forderung" ergangen sind. Im übrigen ist erforderlich, daß die betreffenden Maßnahmen die Erfüllung oder Beitreibung der Forderung „verhindern". Beide Merkmale sind anhand einiger Beispiele, die naturgemäß nicht abschließend sein können, zu erläutern.

aaa) Der Bezug auf die gedeckte Forderung

Das Merkmal des „Bezuges auf die gedeckte Forderung" ist weit auszulegen. Seine eigentliche Funktion kann nur darin gesehen werden, all diejenigen rechtlich „eingekleideten" Maßnahmen auszuschließen, welche die Realisierung von Auslandsforderungen nur mittelbar verhindern. Im Falle der Enteignung des ausländischen Kunden beispielsweise käme deshalb, falls der Schuldner illiquide wurde, nur eine Entschädigung nach wirtschaftlichen Tatbeständen in Betracht, nicht dagegen nach dem allgemeinen politischen Risikofall.

Umgekehrt ist ein Bezug auf die konkrete Handelsforderung nicht erforderlich. Es genügt, wenn sich die fraglichen Maßnahmen auf *sämtliche* Auslandsverbindlichkeiten eines Landes beziehen, wenn also beispielsweise ein Staat bestimmt, daß nur 10 Prozent seiner Exporterlöse für den Schuldendienst gegenüber dem Ausland verwandt werden dürfen[429].

Der Bezug zur gedeckten Forderung ist in derartigen Fällen auch nicht erst dann zu bejahen, wenn weitere Umsetzungsakte (Verwaltungsakt etc.) erfolgt sind, die nach der lokalen Rechtsordnung oder dem Völkerrecht möglicherweise vorgeschrieben sind. Der politische Gewährleistungsfall stellt kriegerische Ereignisse, Aufruhr und Revolution den gesetzgeberischen oder behördlichen Maßnahmen im Ausland gleich. Die Bedingungen lassen damit erkennen, daß sie nicht von einem nach unseren Maßstäben gemessenen rechtsstaatlichen Verhalten der Schuldnerstaaten ausgehen.

Dies wäre auch mit dem vertraglichen Zweck der HERMES-Deckung, einer effizienten Absicherung gegen vom Unternehmer nicht kalkulierbare Risiken, unvereinbar. Gerade im Bereich der Geld- und Währungspolitik haben hochverschuldete Staaten oft kein Interesse an jederzeitiger Rechtsklarheit. Vielmehr wollen sie Zeit gewinnen, um ihre Auslandsverbindlichkeiten bedienen oder zumindest in Umschuldungsverhandlungen eintreten zu können. Dies erreichen sie unter Umständen eher, wenn das Ausland über das Schicksal von Fremdwährungsverbindlichkeiten geraume Zeit im Ungewissen bleibt. Der Bezug zur gedeckten Forderung ist auch in diesen Fällen zu bejahen.

bbb) Wirkung der Maßnahmen: Fehlende Realisierbarkeit der Forderung

Während sich der Bezug zur gedeckten Forderung relativ einfach begründen läßt ist es schwierig, die von den Allgemeinen Bedingungen geforderten Wirkungen im Einzelfall zu konkretisieren. Der allgemeine politische Gewährleistungsfall setzt voraus, daß die fraglichen politischen Umstände

---

429 Vgl. zu dieser zeitweilig in Peru geübten Praxis *Belaunde-Moreyra* in *Dicke* (Hrsg.), S. 10ff., 12.

„ . . . die Erfüllung oder Beitreibung der garantierten Forderung in jeder Form verhindern oder in der vereinbarten Währung verhindern und keine Möglichkeit zur Einzahlung des Gegenwertes zum Zweck des Transfers . . . besteht . . .“[430].

Die zentrale Frage lautet also, ob die Realisierung der Forderung „verhindert" ist. Sie läßt sich ohne zu zögern bejahen, wenn die Forderung aus rechtlichen Ursachen nicht beigetrieben werden kann (dazu sogleich). Sind dagegen *wirtschaftliche* Erwägungen ursächlich dafür, daß der Schuldner nicht zahlt, so ist die Antwort schwieriger. Diese problematischen Grenzfälle werden am Ende dieses Abschnittes dargestellt.

„Verhindert" ist die Realisierung der Forderung sicher dann, wenn der ausländische Kunde von seiner Verpflichtung nach Maßgabe des anwendbaren Rechts frei geworden ist, weil die ausländischen Zahlungsrestriktionen übermäßige Leistungserschwerungen darstellen (vgl. § 275 BGB für das deutsche Recht). Die Forderung ist in diesen Fällen schon deshalb uneinbringlich, weil sie jedenfalls nicht mehr gerichtlich beitreibbar ist[431].

Vergleichsweise eindeutig sind auch die Fälle von Zahlungsverboten und Moratorien, mit denen der Schuldnerstaat in besonders gravierender Form in den Zahlungsverkehr eingreift. Nach den früher geltenden Bedingungstexten waren sie ausdrücklich als Beispiele für einen allgemeinen politischen Gewährleistungsfall genannt[432]. Das Moratorium, als bloßer Zahlungsaufschub die gegenüber dem Zahlungsstop weniger einschneidende Maßnahme[433], kommt in offener oder verdeckter Form vor. Beim offenen Moratorium verkündet der Schuldnerstaat, daß ausländische Forderungen vorerst oder bis zu einem genau bestimmten Zeitpunkt nicht erfüllt werden.

Verdeckte Formen wählten in der Vergangenheit einige lateinamerikanische Staaten, indem sie beispielsweise verzinsliche Schuldverschreibungen ausgaben, um die Bezahlung fälliger Auslandsforderungen hinauszuzögern[434]. Diese Fälle sind denjenigen eines offenen Moratoriums gleichzubehandeln. Ein allgemeiner poli-

---

430 § 4 Abs. 2 Nr. 1 G.

431 Zu beachten ist allerdings, daß nachträgliche Maßnahmen im Abnehmerstaat nach dem mit der Bundesdeckung verfolgten Vertragszweck nicht die „Rechtsbeständigkeit" der Forderung entfallen lassen. Die Haftung des Bundes geht insofern weiter als die des Bürgen, der wegen der strengen Akzessorietät auch für nachträgliche Devisenbeschränkungen nicht einsteht (*Rüßmann*, WM 1983, S. 1126, 1132 m. w. N.). Insoweit hat der Bund auch das Risiko des anwendbaren Rechts, welches grundsätzlich der Deckungsnehmer zu tragen hat, übernommen. Siehe dazu bereits oben, Erster Teil, § 2 II 3 d).

432 Vgl. z. B. § 6 B, 1 (a) alter Fassung.

433 Die Grenzen zum Zahlungsverbot sind allerdings fließend: Ein Moratorium kann einerseits auf unbegrenzte Zeit verhängt werden; umgekehrt kann ein Zahlungsverbot schon nach kurzer Zeit aufgehoben werden.

434 *Hichert*, S. 182.

tischer Schadensfall liegt vor, wenn die staatlichen Maßnahmen bereits die Einzahlung verhindern und sich nicht erst auf Konvertierung und Transfer auswirken[435].

In den bisher dargestellten Fallgruppen ließ sich ein allgemeiner politischer Gewährleistungsfall ohne größere Schwierigkeiten bejahen. In der Praxis ist dies häufig anders. Oftmals übt der ausländische Staat wirtschaftlichen Druck auf seine Importeure aus, um die Einzahlung in Landeswährung zu erschweren, ohne sie freilich rechtlich zu untersagen. Vielfältige Formen sind hier denkbar.

So wurden zum Beispiel Zahlungen von Inländern auf ausländische Fremdwährungsverbindlichkeiten einer erhöhten Besteuerung oder besonderen Abgabepflichten unterworfen. Ganz ähnliche Wirkungen zeitigte die Einführung sogenannter gespaltener Wechselkurse durch Argentinien, bei denen Einzahlungen für argentinische Importe zu erheblich schlechteren Kursen umgerechnet wurden als Exporte[436]. In Mexiko waren ab Dezember 1982 Devisen vorübergehend nur auf dem sogenannten „Coyote"-Devisenmarkt frei zugänglich, zu einem Kurs, der um rund 50 Prozent über dem des kontrollierten, streng rationierten Marktes lag[437].

Bedenkt man, daß deutschen Exporteuren Wechselkursrisiken nur sehr begrenzt abgenommen werden[438], so wird anhand der letzten Fälle besonders deutlich, daß nicht jedwede Erschwerung der Einzahlung ausreicht, um einen politischen Schadensfall auszulösen. Wo die Grenze zu dem Punkt überschritten ist, bei dem die Realisierung in der vereinbarten Währung „verhindert" und „keine Möglichkeit" zur Einzahlung des Gegenwertes besteht, wird nach den Umständen des Einzelfalles, insbesondere nach wirtschaftlichen Kriterien zu entscheiden sein.

Die Uneinbringlichkeit der Forderung wird man in diesen Fällen nur sehr zurückhaltend bejahen können. Es ist zwar nicht ausgeschlossen, daß der Kreditversicherer für Leistungserschwernisse des Schuldners in weitergehendem Umfang haftet als dies der Gläubiger tut. Die Wertungen des Schuldstatuts, die – wie im deutschen Recht § 275 BGB – einen Risikoausgleich zwischen Gläubiger und Schuldner für den Fall nachträglicher Leistungshindernisse herbeiführen wollen, lassen sich nicht schematisch auf die hiervon zu trennende, anders geartete Risikoverteilung zwischen Gläubiger und Kreditversicherer übertragen. Dennoch lassen die Allgemeinen Bedingungen erkennen, daß nicht schlechthin jegliches Leistungshindernis die Realisierung der Forderung „verhindert". Im Rahmen der Deckung von Fabrikationsrisiken setzen sie voraus, daß dem Exporteur die Durchführung des Ausfuhrgeschäftes zumindest „unzumutbar" wurde[439]. Schließlich wurde gerade für die Fälle unklarer Beweis- und Rechtslage der bereits erwähnte „Nichtzahlungsfall geschaffen, der dem Deckungsnehmer um den Preis einer höheren

435 Dann kommt ein KT-Fall in Betracht.
436 Vgl. näher zur argentinischen Praxis *Cardenas,* Int. Fin. L. Rev., June 1983, S. 28 ff.
437 *Bothe/Brink/Kirchner/Stockmayer,* S. 17.
438 Dazu näher unten, cc).
439 Vgl. nur § 4 Nr. 3 a FB, FG. Dazu unten, § 8 II.

Selbstbeteiligung die Möglichkeit einräumt, unter erleichterten Voraussetzungen Entschädigung zu erhalten. Aus dieser abgestuften Regelung ist zu folgern, daß noch nicht jede Leistungserschwerung einen allgemeinen politischen Schadensfall auslösen soll.

Für die Lösung der eingangs geschilderten Wechselkurs-Fälle kann die Rechtsprechung zum Wegfall der Geschäftsgrundlage im deutschen Recht immerhin Anhaltspunkte liefern. Die Lösung muß danach, ohne die genaue Kenntnis sämtlicher Einzelheiten des Falles, letztlich offenbleiben. Gespaltene Wechselkurse bei einer Kursdifferenz von 50% (Mexiko) dürften allerdings schon an der Grenze eines politischen Gewährleistungsfalles liegen. Bei Veränderungen um 60 Prozent hat die deutsche Rechtsprechung verschiedentlich einen Anspruch auf Vertragsanpassung wegen Wegfalls der Geschäftsgrundlage zugebilligt[440]. Da eine solche Anpassung für den einzahlungswilligen Schuldner ausscheidet, ist im Rahmen des politischen Gewährleistungsfalles davon auszugehen, daß dem Importeur – wirtschaftlich gesehen – die „Möglichkeit" zur Einzahlung in Landeswährung versperrt ist, die Forderung mithin uneinbringlich wurde.

cc) Sonstige Tatbestände

Kursverluste stellen grundsätzlich ein „unternehmerisches Risiko"[441] dar, das der Bund den Exporteuren nur sehr begrenzt abnimmt. So sind Kursverluste grundsätzlich nur gedeckt, wenn sie „ausschließlich (!) infolge einer Abwertung" der vom Schuldner auf die Forderung eingezahlten (!) Beträge entstanden sind[442]. Trifft eine Abwertung mit den im Laufe des Transferverfahrens üblichen Kursverlusten zusammen, so dürfte somit nur der „Abwertungsanteil" am Gesamtverlust gedeckt und entschädigungsfähig sein. Schwierigkeiten bereitet dann die genaue Bezifferung dieses Anteils[443]. Ausgenommen von der Deckung sind schließlich Kursverluste an einer ohne Zustimmung des Bundes angenommenen Währung sowie an der mit dem Schuldner vereinbarten Währung[444]. Gegen Verluste an der Vertragswährung kann der Exporteur sich schützen, indem er eine zusätzliche Wechselkurs-Deckung abschließt; dabei hat er allerdings noch eine Schwankungsbreite von bis zu 3 Prozent hinzunehmen[445].

Die in der Praxis selteneren Fälle von Krieg und Revolution, im Rahmen des allgemeinen politischen Risikofalles ausdrücklich genannt[446], werfen in erster Linie

---

440 Vgl. für die Entwertung eines Erbbauzinses BGHZ 90, 228; 91, 34; 94, 259; 97, 173. Ferner für das Ansteigen der Herstellungskosten RGZ 102, 273. – Soweit sogar bei einer Entwertung von 20–30 Prozent eine Vertragsanpassung gebilligt wurde (RGZ 141, 212, 218 zur Entwertung des englischen Pfunds), kann diese Entscheidung sicher nicht als Leitlinie für die Auslegung des allgemeinen politischen Schadensfalls dienen.
441 Siehe dazu bereits oben, Erster Teil, § 2 II 3 c).
442 § 4 Abs. 2 Nr. 3 S. 2 der Bedingungen.
443 § 4 Abs. 2 Nr. 3 der Bedingungen.
444 § 4 Abs. 2 Nr. 3 S. 2 der Bedingungen.
445 Einzelheiten dazu bei *Schallehn/Stolzenburg*, Abschn. IX.
446 § 4 Abs. 2 Nr. 1 2. Fallgruppe der Bedingungen.

völkerrechtliche Abgrenzungsfragen auf, die den Rahmen dieser Arbeit sprengen würden[447]. Zivilrechtlich ist allerdings die Frage des Zeitpunktes der politischen Ereignisse von großer Bedeutung.

Geht beim Warenexport die Lieferung infolge kriegerischer Ereignisse im Abnehmerland unter, so ist damit noch nicht notwendigerweise die Forderung uneinbringlich geworden. Nach deutschem Recht und der Praxis des internationalen Handelskaufs geht nämlich die Gegenleistungsgefahr spätestens mit Ablieferung der Ware beim Abnehmer auf diesen über[448]. Dann steht dem deutschen Exporteur wegen des späteren Untergangs der Ware noch kein Entschädigungsanspruch zu, da er seine Forderung – und diese ist Gegenstand der Deckung! – nicht verloren hat. Insoweit geht der allgemeine politische Gewährleistungsfall nicht über den Fall des Verlustes der Ware infolge politischer Umstände hinaus[449].

3. Kausalität

Politische wie wirtschaftliche Tatbestände setzen voraus, daß die Forderung „aufgrund" eines gedeckten Risikos uneinbringlich geworden ist[450]. Diese haftungsbegründende Kausalität hat der Deckungsnehmer zu beweisen. Probleme können auftreten, wenn die Forderung infolge mehrerer Risiken uneinbringlich wurde, die nur zum Teil gedeckt sind.

Diese Fälle sind selten. Durch den „Nichtzahlungsfall"[451] sind nahezu sämtliche Zahlungsverzögerungen von mindestens sechs Monaten gedeckt; vorher läßt sich begrifflich kaum von „Uneinbringlichkeit" sprechen. Ist die Forderung unter anderem auch aus dem Grunde nicht beitreibbar, weil der Deckungsnehmer bereits bei der Ausfuhr bestehende Rechtsnormen des Bestimmungslandes mißachtet hat, scheidet eine Haftung des Bundes aus. Ein Problem der Kausalität stellt sich in den genannten Fällen nicht.

Die Kausalitätsfrage könnte sich hingegen stellen, wenn der Deckungsnehmer einen außeramtlichen Vergleich ohne die nach den HERMES-Bedingungen erforderliche Zustimmung aller vergleichbaren Gläubiger[452] abschließt, und zu einem späteren Zeitpunkt die Voraussetzungen eines anderen Gewährleistungsfalles (z. B. des KT-Falles) eintreten. Für die Lösung läßt sich nicht auf die vertraglich festgelegten Konkurrenzregeln[453] zurückgreifen, die nur das Verhältnis zweier *gedeckter* Tatbestände zueinander regeln. Die Lösung ergibt sich vielmehr aus den im allgemeinen Haftungsrecht anerkannten Grundsätzen.

---

447 Vgl. dazu *Salow*, S. 185–190.
448 Vgl. § 446, 447 BGB für den Kauf nach deutschem Recht.
449 Vgl. § 4 Abs. 2 Nr. 5 der Bedingungen.
450 Vgl. § 4 Abs. 1 der Bedingungen.
451 § 4 Abs. 3 B, FKB; § 4 Abs. 4 G, P, FKG.
452 § 4 Abs. 3 Nr. 3 G, P, FKG.
453 § 4 Abs. 4 G, FKG; § 4 Abs. 5 B, P. FKB.

Haben mehrere Ursachen erst durch ihr Zusammentreffen die Uneinbringlichkeit der Forderung herbeigeführt (sogenannte Gesamtkausalität), so genügt es grundsätzlich, wenn eine von ihnen zu den gedeckten Risiken zählte[454]. Etwas anderes gilt nur dort, wo die Allgemeinen Versicherungsbedingungen, wie die HERMES-Bedingungen für den Fall der Kursverluste[455], ausdrücklich voraussetzen, daß der Schaden ausschließlich auf ein gedecktes Risiko zurückgeht. Hätte dagegen jede Ursache für sich genommen den Schaden herbeigeführt, so sind „Reserveursachen" nach allgemeinen von der Rechtsprechung entwickelten Regeln grundsätzlich nicht zu berücksichtigen[456]. Für den Deckungsnehmer kommt es somit darauf an, ob die Uneinbringlichkeit seiner Forderung tatsächlich auf ein gedecktes Ereignis zurückzuführen ist. Für diese Tatsache trägt er die Beweislast.

4. Schaden

Ohne Schaden kann es keine Entschädigung geben. Der Schaden muß dem Grunde und der Höhe nach bestimmt werden.

a) Schaden dem Grunde nach

Ist die Forderung uneinbringlich, so steht auch der Schaden dem Grunde nach fest. Dies scheint eine Selbstverständlichkeit zu sein, doch erwecken die Allgemeinen Bedingungen den Eindruck, als handele es sich bei Schaden und Uneinbringlichkeit um zwei unterschiedliche Merkmale. Neben der Uneinbringlichkeit hat nämlich der Exporteur auch den „Grund . . . des Schadens" nachzuweisen[457].

Theoretisch ist eine Unterscheidung beider Merkmale immerhin denkbar. Nicht in jedem Gewährleistungsfall ist ein Schaden im *zivil*rechtlichen Sinne zu bejahen. Für Geldforderungen gilt im Zivilrecht nämlich grundsätzlich das Nominalprinzip, demzufolge allein der Nennwert rechtserheblich ist, nicht ihr tatsächlicher Wert[458]. Die fruchtlose Zwangsvollstreckung, Zahlungseinstellung oder bloße Nichtzahlung läßt den Nennwert jedoch unberührt. Obschon von den HERMES-Bedingungen gedeckt, wäre ein Schaden an der Forderung in diesen Fällen zu verneinen, eine Entschädigung folglich zu versagen. Der auch zivilrechtlich zu begründende Verzugsschaden wiederum ist nicht Gegenstand der Deckung und schon aus diesem Grunde nicht entschädigungsfähig[459]. Der Exporteur

---

454 Vgl. im einzelnen die Nachw. bei *Martin* in *Prölss/Martin*, § 49 Anm. 4 A.

455 § 4 Abs. 2 Nr. 3 der Bedingungen.

456 Vgl. im einzelnen die Nachw. bei *Palandt-Heinrichs*, Vorbem. § 249 Anm. 5 C. – Von einer „Schadensanlage", bei der Reserveursachen ausnahmsweise zu berücksichtigen wären, läßt sich bei Forderungen wohl nicht sprechen. Damit bleibt es für die HERMES-Deckung bei dem genannten Grundsatz.

457 § 5 Abs. 2 S. 1 der Bedingungen.

458 Vgl. nur BGHZ 61, 38; 79, 194. Der Grundsatz „Mark gleich Mark" gehört zu den tragenden Ordnungsprinzipien der geltenden Währungsordnung und ist durch BVerfGE 50, 587 auch verfassungsrechtlich aufgewertet worden.

459 § 2 Abs. 3 der Bedingungen.

ginge somit im Ergebnis leer aus, obwohl die Uneinbringlichkeit seiner Forderung feststeht.

Dieses Ergebnis ist offensichtlich von den Allgemeinen Bedingungen nicht beabsichtigt. Sinn und Zweck einer Kreditversicherung ist es gerade, die betroffenen Forderungen auch *wert*mäßig zu sichern. Daß ein Schaden dem Grunde nach in *sämtlichen* übernommenen Risikotatbeständen feststehen soll, lassen auch die Randüberschriften durch die Bezeichnung „Schadenstatbestände" erkennen[460]. Der Schadensbegriff der Bundesbürgschaften weicht insoweit von demjenigen des Zivilrechts ab[461]. Mit der Uneinbringlichkeit der Forderung steht auch der Schaden dem Grunde nach fest.

b) Die Höhe des Schadens bei der gedeckten Einzelforderung

Weitaus schwieriger ist die Feststellung der Schadenshöhe. Sie ist zunächst für die gedeckte Einzelforderung zu berechnen. Im folgenden Schritt sind alle übrigen, auch ungedeckten Forderungen aus der Geschäftsbeziehung des Exporteurs gegen seinen Kunden in die Betrachtung einzubeziehen. Dabei ist dann zu prüfen, inwieweit Zahlungen des Abnehmers auf die gedeckte Forderung „anzurechnen" sind und somit den Schaden vermindern. Die mit der Anrechnung verbundenen komplizierten Rechtsfragen werden in einem gesonderten Abschnitt behandelt[462]. An dieser Stelle soll die Höhe des Schadens nur anhand einer isolierten Betrachtung der gedeckten Forderung dargestellt werden.

Im Rahmen des Entschädigungsverfahrens interessiert ausschließlich die Frage nach dem ersatzfähigen Schaden. Bei einem „Totalausfall" der Forderung beschränkt sich dieser auf die Deckungsquote. Den Selbstbehalt, dessen Höhe sich nach der Art des eingetretenen Gewährleistungsfalles richtet[463], hat der Deckungsnehmer zu tragen; Zinsen und Nebenforderungen (Verzugszins, Vertragsstrafe) sind nicht gedeckt und folglich nicht ersatzfähig[464].

Hat der Deckungsnehmer vermögenswerte Vorteile erlangt, so fällt der ersatzfähige Schaden geringer aus als die Deckungsquote. Im Rahmen der §§ 249 ff. BGB kann diese Vorteilsausgleichung nach einhelliger Auffassung[465] allerdings nicht schematisch erfolgen, sondern nur unter Berücksichtigung der jeweils betroffe-

---

460 § 4 Abs. 2 und 3 der Bedingungen.
461 Vgl. auch die Berücksichtigung des tatsächlichen Forderungswertes im Bilanz- und Steuerrecht, wo andere – hier nicht zu erörternde – Zwecke im Vordergrund stehen. zur Bilanzierung streitbefangener Forderungen z.B. *Baumbach/Duden/Hopt*, § 252 HGB, Anm. 6 B, b); zur Bilanzierung HERMES-gedeckter Forderungen *Graf von Westphalen*, BB 1982, S. 711–719.
462 Unten, § 11.
463 Siehe oben, Erster Teil, § 2 III.
464 § 2 Abs. 2 der Bedingungen.
465 Umstritten ist lediglich, anhand welcher Kriterien die Vorteilsausgleichung zu begrenzen ist. Vgl. dazu die Nachw. bei *Palandt-Heinrichs*, Vorbem. zu § 249 BGB, Anm. 7 A b).

nen Wertungsgesichtspunkte. Für die HERMES-Deckungen ergeben sich diese Kriterien weitgehend aus den vertraglichen Regelungen.

Zahlungen auf die gedeckte Forderung[466] wirken demnach sicherlich schadensmindernd, jedenfalls bis zum Zeitpunkt der Auszahlung der Entschädigung. Spätere Zahlungen sind lediglich als „Rückflüsse" zu berücksichtigen[467].

Weniger offensichtlich ist die Lage hinsichtlich obligatorischer Ansprüche, die dem Deckungsnehmer gegen Dritte zustehen. Bestanden sie schon vor Übernahme der Deckung, so handelt es sich nicht um eine Frage der Vorteilsausgleichung, sondern der Haftungsbegrenzung: Der Bund haftet ohnehin nur, wenn etwaige Ansprüche gegen mithaftende Dritte ihrerseits uneinbringlich geworden sind[468]. Forderungen, die *an die Stelle* der als Gegenleistung vereinbarten Geldforderung getreten sind, sind dagegen von der Gewährleistung als Surrogatforderungen ausdrücklich erfaßt[469]. Aus dieser Bestimmung ist zu folgern, daß Surrogatforderungen jedenfalls dann anrechenbare Vorteile darstellen, wenn sie nicht ihrerseits „uneinbringlich" im Sinne der Allgemeinen Bedingungen geworden sind. Sie sind dann wirtschaftlich an der gedeckten Forderung zu messen, so daß nur eine sich etwa ergebende Differenz zu entschädigen ist.

So wäre beispielsweise im allgemeinen politischen Gewährleistungsfall die Wertdifferenz zu entschädigen, die sich aus einer staatlicherseits angeordneten „Auswechslung" einer Fremdwährungs- in eine Landeswährungsforderung ergibt. Untersagt allerdings der Bund aufgrund seiner vertraglichen Befugnisse dem Deckungsnehmer, derartige Surrogate an Erfüllungs statt anzunehmen[470], so ist der volle Nennbetrag der Forderung zu entschädigen, da die Surrogatforderung keinen anrechenbaren Vorteil darstellt.

Ergibt sich die Ersatzforderung aus einem vom Exporteur mit unterzeichneten Vergleich, so ist grundsätzlich ebenfalls in Höhe der Differenz ein wirtschaftlicher Garantiefall eingetreten[471]. Die Vergleichsquote stellt einen anrechenbaren Vorteil dar. Hat der Deckungsnehmer den Vergleich eigenmächtig, d.h. ohne erforderliche Zustimmung des Bundes abgeschlossen, kann die Haftung allerdings wegen einer Obliegenheitsverletzung gänzlich ausgeschlossen sein[472].

---

466 Zahlungen auf andere, ungedeckte Forderungen werden unten, § 11, im Rahmen der Anrechnungsbestimmungen bei der Schadensberechnung erörtert.
467 § 8 Abs. 1 der Bedingungen.
468 § 4 Abs. 1, 2. Unterabsatz der Bedingungen. Vgl. auch den entsprechenden Rechtsgedanken in § 4 Abs. 2 Nr. 5 am Ende.
469 § 2 Abs. 2 der Bedingungen.
470 Vgl. § 15 Nr. 2 am Ende.
471 § 4 Abs. 3 Nr. 2, 3, G, P, FKG.
472 Dazu näher unten, § 9 II 3.

5. Problem: Die Kosten der Schadensermittlung und Schadensfeststellung

Die Kosten der Ermittlung und Feststellung des Schadens, insbesondere der Beweisführung und der Rechtsverfolgung, sind begrifflich zwar kein Schaden, sondern Aufwendungen im Sinne freiwilliger Vermögensopfer[473]. Kann der Deckungsnehmer hierfür Ersatz verlangen, so geschieht dies jedenfalls in einem Akt mit der Auszahlung der Entschädigung. Etwaige Ansprüche auf Aufwendungsersatz sollen daher an dieser Stelle geprüft werden.

Nach der Regelung der Allgemeinen Bedingungen hat der Exporteur sämtliche Anspruchsvoraussetzungen, darunter auch Grund und Höhe des Schadens, „auf seine Kosten nachzuweisen"[474]. Besonders virulent wird diese Kostenregelung, wenn der Deckungsnehmer den Bestand der Forderung gerichtlich nachzuweisen hat. Die Kosten für einen Auslandsprozeß sind nicht nur hoch; in vielen Ländern sind sie, von den Gerichtskosten einmal abgesehen, dem Obsiegenden auch nicht vom Gegner zu erstatten[475]. Vor diesem Hintergrund fragt sich im Hinblick auf § 66 Abs. 1 VVG i. V. m. § 9 Abs. 2 AGBG, ob die Kostenbestimmung der HERMES-Bedingungen wirksam ist.

Nach § 66 Abs. 1 VVG hat der Versicherer diejenigen Kosten, welche durch die Ermittlung und Feststellung des ihm zur Last fallenden Schadens entstehen, dem Versicherungsnehmer insoweit zu erstatten, als ihre Aufwendung den Umständen nach geboten war. Zwar ist die Vorschrift aus Sicht des Versicherungsvertragsgesetzes generell abdingbar, da sie in § 68 a VVG nicht genannt wird. Doch sind gerade in einem solchen Falle die Schranken des AGB-Gesetzes, die gegenüber dem VVG weitergehen können[476], zu beachten. Da die hier zu prüfende Kostenregelung auch nicht den bereits dargestellten[477] Vertragszweck der HERMES-Deckungen beschreibt, ist sie auch inhaltlich nach dem AGB-Gesetz überprüfbar.

§ 66 VVG gilt, wie aus seiner Stellung im Gesetz deutlich wird, für die gesamte Schadensversicherung, also auch für die Kreditversicherung. Die Vorschrift soll verhindern, daß die Entschädigung für den versicherten Hauptschaden teilweise oder gar völlig durch Vermögensfolgeschäden in Form von Nebenkosten aufgezehrt wird[478]. Der Anspruch aus § 66 Abs. 1 VVG umfaßt auch und gerade die Kosten der Beweisführung des beweisbelasteten Versicherungsnehmers. Dies folgt aus einem Umkehrschluß aus § 66 Abs. 2 VVG, der die Kosten eines Sachverständigen unter bestimmten Voraussetzungen ausnahmsweise ausschließt, um über-

473 Vgl. zum Aufwendungsbegriff nur BGHZ 59, 329.
474 § 5 Abs. 2 S. 1.
475 *Schütze*, Rechtsverfolgung, S. 160–165; *Langendorf*, Einführung S. 6.
476 *Brandner* in *Ulmer/Brandner/Hensen*, § 8 AGBG Rn. 31 und bereits oben, Erster Teil, § 4 III 3a).
477 Erster Teil, § 4 III 3 b), dd).
478 BGHZ 83, 169; *Kuhn*, VersR 1983, 317.

mäßige Belastungen des Versicherers zu vermeiden[479]. Nach der gesetzlichen Regelung könnte der Deckungsnehmer folglich die Kosten der Rechtsverfolgung insoweit erstattet verlangen, als im Ergebnis ein „ersatzfähiger Schaden" – den § 66 Abs. 1 VVG voraussetzt – nachgewiesen wurde, der Deckungsnehmer also im Rechtsstreit obsiegte.

Damit steht die Kostenregelung beim gerichtlichen Nachweis der Forderung in krassem Widerspruch. Mit den dargestellten wesentlichen Grundgedanken der gesetzlichen Regelung ist sie nicht vereinbar (§ 9 Abs. 2 Nr. 1 AGBG). Wirtschaftlich betrachtet stellt sie sich für den Deckungsnehmer zumindest als (verdeckte) Erhöhung seines Selbstbehalts in unbestimmter Höhe dar. Bei der gebotenen abstrakten Betrachtung[480] kann sie dazu führen, daß die den Deckungsnehmer treffenden Beweisführungskosten die Höhe der vom Bund geschuldeten Entschädigung erreichen oder sogar überschreiten. Angesichts auflaufender Verfahrenskosten könnte sich der Exporteur so zu einem – vorschnellen – Aufgeben gedrängt fühlen, um somit allein aus Kostengründen auf möglicherweise begründete Ansprüche zu verzichten. Aus ähnlichen Erwägungen heraus hat auch der Bundesgerichtshof[481] eine Klausel der Haftpflichtversicherung für unwirksam erklärt, die den Versicherungsnehmer einseitig mit den Kosten eines förmlichen Sachverständigenverfahrens belastete.

Aus diesen Gründen kann die Klausel auch Sinn und Zweck des Vertrages, den Schutz des Deckungsnehmers vor den vertraglich abgedeckten Schadensfolgen, gefährden (vgl. § 9 Abs. 2 Nr. 2 AGBG). Zwar hat er das Risiko des anwendbaren Rechts bei der Rechtsverfolgung ausdrücklich zu tragen[482]. Doch wird ein durchschnittlicher Exporteur hierunter nur das Risiko ungewissen Prozeßausgangs verstehen, nicht aber das (zusätzliche!) Risiko, selbst bei einem Obsiegen Prozeßkosten in nicht voraussehbarer Höhe tragen zu müssen.

Für Rechtsverfolgungsmaßnahmen, die erst *nach* Auszahlung der Entschädigung eingeleitet werden, sehen die Allgemeinen Bedingungen dann auch ganz im Sinne des Versicherungsvertragsgesetzes vor, dem Deckungsnehmer sachgemäße Aufwendungen in der Höhe zu ersetzen, in welcher der Bund an der geltend gemachten Forderung beteiligt ist (Deckungsquote)[483]. Lediglich die zur Einziehung

---

479 So zutr. *Martin* in *Prölss/Martin*, § 66 Anm. 2 B b).

480 Für die Bewertung allgemeiner Versicherungsbedingungen kommt es nicht auf die tatsächlichen Auswirkungen im Einzelfall an, sondern auf die generellen Auswirkungen für alle Versicherungsnehmer. Vgl. BGHZ 79, 16, 20 f.

481 BGHZ 83, 169, 177 f.; ihm folgend *Horn* in *Wolf/Horn/Lindacher*, § 23 AGBG Rn. 488, sowie *Martin* in *Prölss/Martin* § 63 Anm. 7; kritisch dagegen *Kuhn*, VersR 1983, S. 316, der freilich selbst einräumt, man werde „der Entscheidung des BGH kaum mit juristischen Argumenten überzeugend entgegentreten können". (a. a. O., S. 317).

482 § 5 Abs. 2 am Ende.

483 § 11 Abs. 2 S. 1.

einer Forderung üblichen Kosten sowie die im gewöhnlichen Geschäftsbetrieb des Deckungsnehmers entstandenen Kosten trägt der Exporteur[484].

Damit steht die Kostenregelung für die Rechtsverfolgung vor Auszahlung der Entschädigung, welche den Deckungsnehmer einseitig belastet, in nicht zu rechtfertigendem Widerspruch. Rechtsverfolgungsmaßnahmen vor Auszahlung dienen den Interessen des Bundes in gleicher Weise, soweit sie ihm einen vollstreckbaren Titel verschaffen, der zur Erzielung von Rückflüssen genutzt werden kann. Auch der formale Unterschied, daß der Bund erst mit Auszahlung der Entschädigung Inhaber der Forderung wird[485], rechtfertigt die unterschiedliche Kostenregelung nicht. Die Bedingungswerke beteiligen den Bund nämlich auch in denjenigen Fällen an den Kosten, in denen die Forderung nicht übertragbar ist und auch weiterhin vom Deckungsnehmer, dann allerdings in treuhänderischer Verwaltung für den Bund, gehalten wird[486]. Entscheidend für die Kostenverteilung ist damit allein, inwieweit der Deckungsnehmer materiell die Interessen des Bundes wahrgenommen hat.

Die Kostenregelung wird auch nicht dadurch wirksam, daß die Kosten der Rechtsverfolgung unter Umständen bei der Anrechnung von Zahlungen oder sonstigen Vermögensvorteilen – letztlich zugunsten des Deckungsnehmers – zu berücksichtigen sind[487]. Ob es überhaupt zu anrechenbaren Zahlungen kommt, ist für den Exporteur nämlich ungewiß, da solche Zahlungen von der Willensentscheidung des Schuldners oder Dritter abhängen. Es ist aber unangemessen, über den Ersatz der Kosten einen vollkommen außerhalb der Schadensminderungsbemühungen des Deckungsnehmers liegenden Umstand entscheiden zu lassen.

Gegen diese Argumentation läßt sich schließlich nicht einwenden, der Bund habe seine Prämien im Hinblick auf die den Deckungsnehmer belastende Kostenregelung berechnet; durch die Unwirksamkeit dieser Klausel werde folglich das – grundsätzlich ebenfalls im Rahmen der Inhaltskontrolle zu berücksichtigende[488] – Gesamtinteresse der Gefahrengemeinschaft der Versicherungsnehmer berührt[489]. Dies folgt schon daraus, daß jedenfalls kein schutzwürdiges Interesse der Gesamtheit daran erkennbar ist, dem einzelnen Exporteur die Kosten der Rechtsverfolgung nur insoweit zu ersetzen, als sie *nach* Auszahlung der Entschädigung entstanden sind.

Mit diesem Ergebnis wird die HERMES-Deckung auch nicht in eine – vom Vertragszweck sicherlich nicht gedeckte – Rechtsschutzversicherung für Handelsstreitigkeiten umgedeutet. Im Gegensatz zur Rechtsschutzversicherung, welche

---

484 § 11 Abs. 2 S. 2.
485 § 10 Abs. 1 B, G.
486 Vgl. § 11 Abs. 2 der Bedingungen.
487 § 7 Abs. 1 Nr. 6 der Bedingungen. Zur Anrechnung näher unten, § 11.
488 *Prölss* in *Prölss/Martin*, Vorbem. I 6 C b).
489 Vgl. BGHZ 83, 169, 180.

die Kosten bei „hinreichender Aussicht auf Erfolg"[490] endgültig übernimmt, hat der Deckungsnehmer die Kosten, unabhängig von den ursprünglichen Erfolgsaussichten, nach der Höhe seines Unterliegens im Prozeß zu tragen.

Im Ergebnis ist die Kostenregelung der Ausfuhrdeckungen damit unwirksam. Gemäß § 6 Abs. 2 AGBG i. V. m. § 61 Abs. 1 VVG kann der Deckungsnehmer auch insoweit Ersatz seiner Rechtsverfolgungskosten verlangen, als sie zum Nachweis eines ersatzfähigen Schadens geboten waren und ein solcher Schaden nachgewiesen wurde.

6. Konkurrenzen

Sind die Voraussetzungen mehrerer Gewährleistungsfälle erfüllt, stellt sich die Frage nach den Konkurrenzen. Nach der Regelung der Allgemeinen Bedingungen geht grundsätzlich der zuerst eingetretene Gewährleistungsfall vor[491]. Die nachfolgenden Klauseln enthalten wichtige Ausnahmen für das Zusammentreffen politischer Schadensfälle mit dem Nichtzahlungsfall. Wegen der bereits dargestellten praktischen Schwierigkeiten, bei unklarer Tatsachen- und Rechtslage im Ausland die Voraussetzungen eines politischen Schadensfalles zu beweisen, tritt der Nichtzahlungsfall jedenfalls in der Praxis regelmäßig eher ein. Ginge man auch hier von der zeitlichen Priorität aus, käme eine Entschädigung nach politischen Schadensfällen kaum mehr in Betracht; die Deckung drohte insoweit in der Praxis leerzulaufen, was im Hinblick auf § 9 Abs. 2 Nr. 2 AGBG nicht tragbar wäre. Diese Folgen werden mit der differenzierten Regelung der Bedingungstexte vermieden.

Eine Entschädigung nach dem allgemeinen politischen Gewährleistungsfall kommt danach allerdings nur in Betracht, wenn der Deckungsnehmer noch keinen Antrag nach dem Nichtzahlungsfall gestellt hat. Demgegenüber setzt sich der KT-Fall und der Fall der Kursverluste leichter durch: Nach ihnen wird auch dann entschädigt, wenn der Exporteur zunächst nach dem Nichtzahlungsfall entschädigt worden war (sogenannte Nachentschädigung)[492].

Für die Praxis bedeutet dies: Steht jedenfalls fest, daß der Schuldner in Landeswährung eingezahlt hat, kann der Exporteur sechs Monate nach Fälligkeit nach dem Nichtzahlungsfall Entschädigung beantragen, ohne Nachteile befürchten zu müssen. Ist bereits unklar, ob der Schuldner an der Einzahlung „verhindert" ist, hat der Deckungsnehmer dagegen genau zu bedenken, ob er das − ungewisse − Eintreten eines allgemeinen politischen Schadensfalles abwarten oder über den Nichtzahlungsfall schnell zu seiner Entschädigung kommen will.

---

490 § 1 Abs. 1 ARB.
491 § 4 Abs. 5, Unterabs. 1.
492 Vgl. § 4 Abs. 5, Unterabs. 2 und 4 B, G.

§ 8 Die Anspruchsvoraussetzungen bei den Fabrikationsrisiko-Deckungen

Für die Zeit seiner Fabrikation kann sich der Exporteur durch den Abschluß einer Fabrikationsrisiko-Deckung absichern. Sinnvoll ist eine solche Absicherung insbesondere bei Spezialanfertigungen, die bei tiefgreifenden Störungen des Ausfuhrgeschäftes nicht ohne weiteres anderweitig verwertet werden können. Dagegen wird es bei anderweitig verwertbaren Produkten wie Konsumgütern, Rohstoffen und Halbfertigfabrikaten häufig an einem ersatzfähigen Schaden fehlen, so daß sich eine Deckung nicht lohnt.

Ausfuhr- und Fabrikationsrisiko-Deckungen weisen zahlreiche Gemeinsamkeiten auf. Hinsichtlich der vom Exporteur darzulegenden Anspruchsvoraussetzungen ergeben sich allerdings einige, nachfolgend darzustellende Besonderheiten. Die Einwendungen, welche der Bund einem Anspruch entgegen halten kann, können danach für beide Deckungsformen gemeinsam untersucht werden[493].

Der Entschädigungsanspruch hat folgende Voraussetzungen: Wirksamkeit des Ausfuhrvertrages, Eintritt eines gedeckten Gewährleistungsfalls sowie das Vorliegen eines Schadens.

I. Die Wirksamkeit des Ausfuhrvertrages

Bei den Fabrikationsrisiken tritt die Wirksamkeit des Ausfuhrvertrages an die Stelle der Rechtsbeständigkeit und Fälligkeit der Forderung[494]. Dies hängt mit dem unterschiedlichen Haftungszeitraum zusammen: Die Haftung für Fabrikationsrisiken endet mit der Abnahme bzw. dem Versand der Ware[495], so daß sich eine gegebenenfalls vom Exporteur abzuschließende Ausfuhrdeckung lückenlos anschließen kann[496]. Vor den genannten Zeitpunkten ist die Forderung zumindest noch nicht fällig[497], so daß sich die Entschädigungspflicht des Bundes sinnvollerweise nur an die Wirksamkeit des Ausfuhrvertrages knüpfen ließ[498].

---

493 Siehe unten, § 9.

494 Vgl. die unterschiedliche Fassung von § 5 Abs. 1 FB, FG einerseits, und § 5 Abs. 1 B, G andererseits.

495 § 3 Abs. 2 FG, FG; bei Embargomaßnahmen des Bundes ausnahmsweise erst mit Erfüllung aller vertraglichen Liefer- und Leistungsverpflichtungen durch den Deckungsnehmer: § 3 Abs. 3 FB, FG.

496 Vgl. § 3 Abs. 1 B, G.

497 Vgl. § 640 Abs. 1 BGB für das deutsche Recht.

498 Das Kriterium der „Wirksamkeit" dient auch der Klarstellung. Die frühere Fassung der Bedingungstexte konnte den Eindruck erwecken, Fabrikationsrisiken seien auch bei nichtigen Ausfuhrverträgen absicherbar: *Graf von Westphalen*, Exportfinanzierung, S. 436 f.

Hinsichtlich des Inhalts des Begriffs „Wirksamkeit" und der Anforderungen an den Nachweis kann auf die entsprechenden Ausführungen zum „Bestand" der Forderung bei den Ausfuhrdeckungen verwiesen werden[499].

Von der Wirksamkeit des Ausfuhrvertrages einerseits ist auf der anderen Seite das Zustandekommen des Gewährleistungsvertrages zu unterscheiden. Der Gewährleistungsvertrag kommt schon mit dem Zugang der Urkunde der Bundesschuldenverwaltung beim Deckungsnehmer zustande[500]. Sein Zustandekommen ist nicht dadurch aufschiebend bedingt (§ 158 Abs. 1 BGB), daß der Ausfuhrvertrag wirksam wird[501]. Nach den Bedingungstexten wird der Entgeltanspruch des Bundes schon mit Aushändigung der Deckungsurkunde fällig[502]. Gezahltes Entgelt kann er selbst dann behalten, wenn das Exportgeschäft nie wirksam wurde, der Bund folglich zu keiner Zeit für ein objektives Risiko haftete[503]. Diese Abweichung von der gesetzlichen Regelung (§ 68 Abs. 1 und 2 VVG) rechtfertigt sich aus der Tatsache, daß die Wirksamkeit des Ausfuhrvertrages erst im Entschädigungsverfahren geprüft wird. Bis dahin trägt der Bund zwar keine objektive Gefahr, wohl aber die subjektive Ungewißheit, möglicherweise haften zu müssen. Die Aufwendungen, die er zur Risikovorsorge gemacht hat, wären mit einer bloßen Geschäftsgebühr (vgl. § 68 Abs. 1 am Ende VVG) nicht hinreichend abgegolten.

II. Die gedeckten Tatbestände: Die Undurchführbarkeit des Ausfuhrvertrages

Bei der Deckung von Fabrikationsrisiken endet die Haftung des Bundes mit Abnahme, spätestens Versand der Ware[504]. Daraus erklärt sich das Merkmal fehlender „Durchführung des Vertrages", welches in den einzelnen Tatbeständen teils ausdrücklich[505], teils implizit[506] vorausgesetzt wird. Gemeinsam ist allen Tatbeständen, daß die Durchführung des Ausfuhrvertrages – d. h. die Abnahme oder Versendung – aus den im einzelnen aufgeführten Gründen unmöglich oder dem Deckungsnehmer unzumutbar wird. Das Merkmal der „Undurchführbarkeit" tritt damit an die Stelle der „Uneinbringlichkeit" bei den Ausfuhrdeckungen.

Undurchführbarkeit des Vertrages bedeutet nicht zivilrechtliche Unmöglichkeit; zugunsten des deutschen Exporteurs genügt es in den meisten Fällen, daß die Vertragsausführung „unzumutbar" geworden ist. Die Kriterien für die Unzumutbar-

---

499 Siehe oben, § 7 I.
500 Siehe oben, Erster Teil, § 4 I.
501 So aber *Graf von Westphalen*, Exportfinanzierung, S. 426.
502 § 16 Abs. 1 S. 2 FB, FG.
503 Arg. § 16 Abs. 4 FB, FG.
504 § 3 Abs. 2 FB, FG.
505 Vgl. § 4 Nr. 3a–c, e, f FB, FG.
506 Vgl. § 4 Nr. 1, 2, 3d FB, FG.

keit lassen sich nicht abstrakt beschreiben, sondern sind für die einzelnen Tatbestände aus dem Zusammenhang heraus zu bestimmen.

Nachfolgend seien die einzelnen Tatbestände überblicksartig dargestellt.

1. Unterbrechung bzw. Abbruch wegen Gefahrerhöhung[507]

Zu den Obliegenheiten des Deckungsnehmers gehört es unter anderem, den Eintritt gefahrerhöhender Umstände unverzüglich zu melden[508] und alle nach kaufmännischer Sorgfalt erforderlichen Maßnahmen zu ergreifen. Dabei hat er etwaige Weisungen des Bundes zu befolgen[509]. Entscheidet er sich pflichtgemäß dazu, die Fertigung der Auftragsware abzubrechen oder längerfristig zu unterbrechen, so handelt er zumindest auch im Interesse des Bundes an einer Minderung des Ausfalls. Sein Verhalten wurde zudem vom Bund (mit-)veranlaßt.

Vor diesem Hintergrund ist es nur recht und billig, daß der Bund für Schäden, die dem Exporteur aus einem solchen pflichtgemäßen Verhalten entstehen, innerhalb gewisser Grenzen haftet[510]. Wird die Fertigstellung bzw. der Versand der Ware länger als sechs Monate unterbrochen, so liegt ein gedeckter Risikofall vor[511].

2. Gefährdung durch den privaten Abnehmer

Eine Reihe von Tatbeständen berücksichtigen Gefährdungen, die ihre Ursache in dem Verhalten oder der Person des Schuldners haben.

Der wirtschaftliche Garantiefall[512] ist im wesentlichen demjenigen der Ausfuhrgarantie[513] nachgebildet. Wie bei der Ausfuhrgarantie genügt es, daß sich die wirtschaftlichen Verhältnisse des Schuldners verschlechtert haben, soweit dieser seine Zahlungen zumindest in wesentlichem Umfang eingestellt hat[514].

Bemerkenswert ist, daß dieser Tatbestand auch für Bürgschaften, also Geschäften mit öffentlichen Abnehmern, eingeführt wurde, die traditionell als gleichbleibend solvent eingeschätzt wurden. Im Zeitalter ständig wiederkehrender Zahlungsschwierigkeiten in Abnehmerländern, die durch Umschuldungen nur dürftig kaschiert werden können, ist diese herkömmliche Sichtweise nicht mehr reali-

---

507 § 4 Nr. 1, 2 FB, FG.
508 § 13 Nr. 4 FB, FG; der Begriff der gefahrenerhöhenden Umstände läßt sich anhand der dortigen Aufzählung näher konkretisieren. Dazu näher unten, § 9 II 5.
509 § 13 Nr. 5 FB, FG.
510 Ähnliche Gedanken liegen auch der Regelung des Umschuldungsfalls zugrunde. Dazu näher unten, *Dritter Teil.*
511 § 4 Nr. 1, 2 FB, FG.
512 § 4 Nr. 3 b FG.
513 § 4 Abs. 3 G.
514 §§ 4 Nr. 3 c FG; § 4 Nr. 3 b FB.

stisch. Die Vertragspraxis der Bundesdeckungen hat daraus die Konsequenzen gezogen.

Neben diesen wirtschaftlichen Tatbeständen ist der Deckungsnehmer auch gegen vertragsuntreues Verhalten seines Kunden geschützt. Die Voraussetzungen sind im einzelnen den Tatbeständen der „Lossagung vom Vertrag" und der „Nichtzahlung von Stornierungskosten" zu entnehmen[515].

3. Embargo und politische Umstände im Ausland

Politische Umstände im Ausland[516] sind von der Deckung in einer Form erfaßt, die dem allgemeinen politischen Schadensfall bei den Ausfuhrdeckungen im wesentlichen vergleichbar ist. Insoweit gilt das oben[517] Gesagte entsprechend.

Zu den politischen Risiken, die aufgrund dieses Tatbestandes gedeckt sind, zählen auch Embargo-Maßnahmen des Abnehmerlandes. Embargos von deutscher Seite oder aus Drittländern, die für den deutschen Hersteller gleichermaßen schwer kalkulierbar sind, sind in einem gesonderten Tatbestand erfaßt[518]. Das Risiko deutscher Embargos war früher nur aufgrund besonderen Antrags abgesichert[519]; nach der Neufassung der HERMES-Bedingungen ist es automatisch von der Deckung erfaßt. Ob eine erteilte Ausfuhrgenehmigung widerrufen (vgl. § 49 VwVfG), zurückgenommen (vgl. § 48 VwVfG) oder nicht verlängert wird oder ob ein entsprechendes Verbot erst neu eingeführt wird – der Exporteur genießt in allen Fällen umfassenden Schutz[520].

Gemeinsame Voraussetzung ist allerdings in allen Fällen, daß den Deckungsnehmer an der Embargo-Maßnahme kein Verschulden trifft. In der Regel wird mithin die Beachtung sämtlicher deutscher Ausfuhrbestimmungen erforderlich sein, andernfalls hat der Hersteller keine schutzwürdige Rechtsposition erworben[521]. Ob die Embargo-Maßnahme rechtmäßig ist, hat jedenfalls für die Frage der Entschädigung keine Bedeutung. Dies folgt schon aus der Tatsache, daß nach dem Wortlaut der Embargoklausel neben dem Widerruf auch die Rücknahme einer Ausfuhrgenehmigung gedeckt ist, die begrifflich die Rechtswidrigkeit der Genehmigung voraussetzt (vgl. § 48 VwVfG)[522].

---

515 § 4 Nr. 3 c, d FB.
516 § 4 Nr. 3 a FB, FG.
517 § 3 III 2.
518 § 4 Nr. 3 e FB, FG.
519 *Schallehn/Stolzenburg*, Abschn. III Rn. 83.
520 Vgl. im einzelnen § 4 Nr. 3 e FB, FG.
521 *Schallehn/Stolzenburg*, Abschn. III Rn. 84.
522 Im Falle rechtswidriger deutscher Embargos dürfte der Deckungsnehmer auch im Rahmen seiner Obliegenheiten nicht dazu verpflichtet sein, hiergegen rechtliche Schritte einzuleiten. Der Schaden würde hierdurch allenfalls intern im Rahmen des Bundeshaushalts verlagert, nicht aber gemindert. Somit könnte der Zweck der Pflichten zur Schadensminderung (vgl. § 13 Nr. 5 FB, FG) und zur Rechtsverfolgung (vgl. § 12

Zulieferungen aus dem Ausland werden nur in bestimmtem Umfang, für EG-Länder großzügiger als für die meisten übrigen Länder, wertmäßig in die Deckung einbezogen[523]. Dessen ungeachtet kann der Hersteller durch Embargos von Zulieferer- oder Transitstaaten empfindlich behindert werden[524]. Wird hierdurch die Vertragserfüllung unmöglich oder unzumutbar und sind die Lieferungen und Leistungen „anderweitig nicht ersetzbar", kann er grundsätzlich Entschädigung verlangen. „Nicht ersetzbar" ist eine Zulieferung auch dann, wenn sie die Herstellung insgesamt so verteuert, daß der Export unwirtschaftlich und für den Hersteller „unzumutbar" würde.

Daß Lieferungen nicht von anderen Abnehmern bezogen werden können, hat der Deckungsnehmer nachzuweisen, da er die technischen Besonderheiten seines Produktes am besten kennt. Doch dürfen die Anforderungen an den Nachweis nicht überspannt werden. Hat der Hersteller anhand einiger typischer Zulieferstaaten für die betroffene Ware die fehlende Ersetzbarkeit dargelegt, so ist jedenfalls prima facie der Nachweis erbracht[525]. Zu weiteren, zahlenmäßig kaum begrenzbaren Alternativländern, mit denen der Hersteller möglicherweise gar keine Geschäftsverbindungen unterhält, sind ihm weitere Darlegungen nicht zuzumuten und auch nicht erforderlich.

Weitere inhaltliche Voraussetzungen bei Embargos von Drittländern ist es, daß dieses nicht vom ausländischen Zulieferer verschuldet ist. Dies läßt sich dem pauschalen Verweis auf die deutschen Embargos genannten Maßnahmen entnehmen[526]. „Unmöglich" oder „unzumutbar" schließlich wird die Durchführung des Exportgeschäfts erst dann, wenn der erlassende Staat die Macht hat, die Einhaltung seines Embargos bzw. Sanktionen bei Nichtbefolgung auch tatsächlich durchzusetzen[527].

Embargos der Europäischen Gemeinschaft sind dagegen nicht gesondert abgesichert. In der Praxis dürfte sich hieraus keine nennenswerte Lücke des Deckungs-

---

Abs. 1 FB, FG) nicht erreicht werden. – Auf der anderen Seite bleibt dem Exporteur selbstverständlich das *Recht* unbenommen, den ihm auch nach Entschädigung aufgrund der Bundesdeckung verbleibenden Schaden (Selbstbehalt) in einem gesonderten, gegen die Wirksamkeit der Embargomaßnahme gerichteten Verfahren geltend zu machen.

523 Einzelheiten bei *Schallehn/Stolzenburg*, Abschn. III Rn. 34–47.
524 Auf besonders spektakuläre Weise zeigte sich dies beim sog. „Pipeline-Embargo", das die USA 1982 auch über europäische Tochterfirmen verhängte. Hierzu *Hentzen*, S. 165 f. m. w. N.; allgemein zur extraterritorialen Anwendung US-amerikanischer Exportkontrollen *ebd.*, S. 140 ff.
525 Im Versicherungsrecht wird der Anscheinsbeweis über die Fälle typischer Geschehensabläufe hinaus auch dann zugelassen, wenn dies einer „materiellen Risikoverteilung" aus dem Versicherungsvertrag entspricht und andernfalls der Vertragszweck gefährdet wäre (vgl. § 9 Abs. 2 Nr. 2 AGBG): *Martin* in *Prölss/Martin*, § 49 Anm. 3 A C m. w. N.
526 § 4 Nr. 3 f FB, FG.
527 Vgl. zu diesem Gedanken schon die Überlegungen, inwieweit ausländisches Recht als „datum" zu berücksichtigen ist, oben, Erster Teil, § 2 II 4 d.

schutzes ergeben. Zum einen ist deren Verbindlichkeit für die einzelnen Mitgliedstaaten noch nicht restlos geklärt[528]; im übrigen dürfte in den meisten Fällen zugleich ein Embargo eines Zuliefer- oder Transitlandes vorliegen, gegen welches der deutsche Exporteur nach dem soeben Gesagten weitgehend abgesichert ist.

III. Schaden: Der Ersatz der Selbstkosten

Schwieriger als bei einer Ausfuhrdeckung kann die Ermittlung der genauen Schadenshöhe sein. In der Praxis werden hierzu stets Sachverständige bemüht[529], deren Kosten die Bedingungstexte dem Deckungsnehmer auferlegen[530].

1. Die Berechnung der Selbstkosten

Ersatzfähig sind nach § 2 FB, FG die Selbstkosten für die vertraglich vereinbarten Lieferungen und Leistungen bis zur Höhe des Ausfuhrwertes. Der Begriff der Selbstkosten ist grundsätzlich definiert als „Einzel- und Gemeinkosten im Sinne der Leitsätze für die Preisermittlung aufgrund von Selbstkosten (LSP), die bei wirtschaftlicher Betriebsführung zur Durchführung des Ausfuhrvertrages erforderlich sind"[531]. Abweichend von den Leitsätzen werden auch Aufwendungen für Fremdkapital und Ausfuhrfinanzierung berücksichtigt, sofern sie dem Ausfuhrvertrag unmittelbar zugerechnet werden können[532].

a) Zeitpunkt der Entstehung der Selbstkosten

Die Haftung des Bundes beginnt erst mit dem Inkrafttreten des Ausfuhrvertrages. Die vor diesem Zeitpunkt entstandenen Selbstkosten kann der Exporteur auch dann nicht ersetzt verlangen, wenn der Vertrag vor Eintritt des Schadensfalls wirksam wurde. Beginnt er seine Fabrikation, bevor sämtliche Wirksamkeitsvoraussetzungen (zum Beispiel Importgenehmigung, Produktionsgenehmigung) vorliegen, so verletzt er jedenfalls eine seiner Obliegenheiten[533], so daß der Bund grundsätzlich von der Haftung frei ist[534].

Aus dem Gesichtspunkt der Risikobegrenzung ist diese Regelung sicher sinnvoll. Die Möglichkeiten des Bundes, über eine Weisung zum Abbruch die Selbstkosten – und damit: den Schaden – zu begrenzen, würden wesentlich beschnitten,

---

528 Vgl. dazu *Kampf*, RIW 1989, S. 762ff. und, speziell zum Irak-Embargo der EG, *Wimmer*, BB 1990, 1986ff.
529 *Schallehn/Stolzenburg*, Abschn. III Rn. 30.
530 § 5 Abs. 2 S. 2 FB, FG.
531 § 2 Abs. 2 S. 1 FB, FG. Die derzeit gültigen Leitsätze sind abgedruckt bei *Schallehn/Stolzenburg*, Abschn. III, Anlage III.
532 § 2 Abs. 2 S. 2 FB, FG.
533 § 13 Nr. 3 FB, FG.
534 § 14 Abs. 3 FB, FG; näher hierzu unten, § 9 III.

wenn der Hersteller schon vor dem Inkrafttreten des Ausfuhrvertrages mit der Fertigung beginnen könnte. Schließlich besteht, hierauf wurde bereits zu Beginn dieses Abschnitts hingewiesen, ein Bedürfnis für Versicherungsschutz nur bei der Herstellung solcher Güter, die im Schadensfall nicht problemlos anderweitig verwertbar wären. Wer aber mit derartigen Spezialanfertigungen schon vor dem Inkrafttreten des Ausfuhrvertrages beginnt, tut dies auf eigene Gefahr und ist nicht schutzwürdig.

b) Preisgleitklauseln

Besondere Probleme ergeben sich bei Preisgleitklauseln. Bei langfristigen Werk- und Lieferverträgen werden solche Klauseln vielfach verwandt, um den Unternehmer vor unerwarteten Kostensteigerungen zu schützen[535]. Bei ihrem Wirksamwerden können sie den Auftragswert und damit die Selbstkosten erhöhen. Solche Erhöhungsbeträge werden vom Bund auf besonderen Antrag (dazu sogleich) gedeckt, wenn

– die Zahlungsbedingungen nicht ungünstiger sind als die für die Grundforderung vereinbarten, insbesondere wenn kein höherer Prozentsatz kreditiert wurde,
– und wenn die Mehrpreisforderung aus vertragsgemäßer Anwendung der Preisgleitklausel tatsächlich entstanden, in der Deckungsurkunde ausgewiesen und rechtsbeständig ist[536].

Eine Absicherung der anfallenden Erhöhungsbeträge kann der Exporteur auf zweierlei Weise erreichen: Im sogenannten „Prozentverfahren"[537] muß er bereits in seinem Deckungsantrag auf die Existenz einer Preisgleitklausel hingewiesen haben. Fallen Erhöhungsbeträge an, so hat er eine Erweiterung der Deckung zu beantragen, welche in Höhe von bis zu zehn Prozent ohne gesonderte Überprüfung durch den IMA gewährt wird.

Im „Betragsverfahren" wird dagegen die Erhöhung der Selbstkosten in demjenigen Umfang erfaßt, in dem sie der Deckungsnehmer bei Antragsstellung geschätzt hat[538]. Der Exporteur hat damit die Gewißheit, in voller Höhe entschädigt zu werden, trägt andererseits aber das Risiko, sich bei Antragsstellung „verschätzt" zu haben.

---

535 Zu den einzelnen Gestaltungsmöglichkeiten, und der Frage der Genehmigungspflicht nach den §§ 49 AWG, 3 WährG vgl. nur *Palandt/Heinrichs*, § 245 Anm. 5 m. w. N.; ferner *Robertz*, Wertsicherungs- und Preisanpassungsklauseln im Außenwirtschaftsverkehr, 1985; *Zehetner*, Geldwertklauseln im grenzüberschreitenden Wirtschaftsverkehr, 1976.
536 Vgl. *Schallehn/Stolzenburg*, Abschn. III Rn. 63.
537 *Schallehn/Stolzenburg*, Abschn. III Rn. 64–67.
538 Vgl. näher das Formular „Preisgleitklausel" für das Betragsverfahren, abgedruckt bei *Schallehn/Stolzenburg*, Abschn. IV, Anlage 3.

2. Die Feststellung der Selbstkosten durch Sachverständige; die Kosten der Rechtsverfolgung

In der Praxis werden die Selbstkosten „stets"[539] durch Sachverständige ermittelt. Um die Höhe des Schadens feststellen zu können, hat nämlich der Deckungsnehmer auf Verlangen des Bundes „einen von diesem zu bestimmenden Wirtschaftsprüfer oder Sachverständigen zu beauftragen"[540]. Dessen Kosten sind ihm ebenso auferlegt wie die Kosten eines gerichtlichen Nachweises über die Wirksamkeit des Ausfuhrvertrages oder den Bestand angegebener Sicherheiten[541].

Die letztgenannte Regelung entspricht im wesentlichen derjenigen bei den Ausfuhrdeckungen. Wiederum ist der Wertungswiderspruch zur Kostenverteilung einer nachträglich, nach Auszahlung der Entschädigung erfolgten Rechtsverfolgung[542] auffallend und nicht einleuchtend. Die Klausel benachteiligt den Deckungsnehmer in unangemessener Weise und ist daher unwirksam, § 9 AGBG[543].

Die Regelung der Sachverständigenkosten verstößt gegen den Grundgedanken des § 66 Abs. 2, 2. Halbs. VVG. Die Formulierung der vertraglichen Bestimmung, nach welcher der Exporteur einen vom Bund bestimmten Sachverständigen „beauftragt", kann nicht darüber hinwegtäuschen, daß der Schätzer letztlich einseitig vom Bund bestimmt ist. Zur Erteilung seines Auftrages ist der Deckungsnehmer nämlich verpflichtet („hat"), seine Willenserklärung ist folglich nicht freibestimmt[544]. Unter diesen Umständen verstößt es gegen Treu und Glauben, dem Versicherungsnehmer einseitig die Kosten aufzuerlegen[545]. Im übrigen gelten hier die schon bei der Kostenregelung der Ausfuhrdeckungen ausgeführten Gründe[546].

Die in den Allgemeinen Bedingungen getroffenen Kostenregelungen sind daher unwirksam, es gelten die gesetzlichen Regeln (§ 6 Abs. 2 AGBG). Demnach kann der Deckungsnehmer die Kosten der Rechtsverfolgung wie die Kosten des Sachverständigen, soweit sie geboten waren, vom Bund in Höhe seiner Deckungsquote ersetzt verlangen (§§ 63, 66 VVG).

---

539 *Schallehn/Stolzenburg*, Abschn. III Rn. 30.
540 § 5 Abs. 2, 1. Unterabs., S. 2 FB, FG.
541 § 5 Abs. 2, 2. Unterabs., FB, FG.
542 § 12 Abs. 2 FB, FG.
543 Siehe oben, § 7 III 5).
544 Unbedenklich dagegen § 10 Abs. 3, FB, FG, wonach Maßnahmen zur Verbesserung oder Erhaltung der Verwertungsmöglichkeit nur getroffen werden dürfen, nachdem sich die Parteien über die Verteilung der Kosten geeinigt haben. Hier kann sich der Exporteur noch frei entscheiden.
545 So auch BGHZ 83, 169, 174 sowie *Martin* in *Prölss/Martin*, § 66 Anm. 6.
546 Siehe oben, § 7 III, 5).

§ 9 Einwendungen gegen den Entschädigungsanspruch

Dem Entschädigungsanspruch des Deckungsnehmers können, selbst wenn sämtliche Voraussetzungen erfüllt sind, Einwendungen entgegengehalten werden. Haftungsausschlüsse und Obliegenheitsverletzungen beispielsweise spielen im Privatversicherungsrecht eine weit größere Rolle als im allgemeinen Zivilrecht. Den Anspruch beeinflussen sie in gleichem Umfang wie die dargestellten Anspruchsvoraussetzungen, sind jedoch für den Exporteur häufig schwerer als diese erkennbar. Daraus ergibt sich die Frage nach der Rechtmäßigkeit entsprechender Klauseln, insbesondere unter dem Gesichtspunkt des AGB-Gesetzes und unter verfassungsrechtlichen Grundsätzen.

Als wichtigste Einwendungen[547] lassen sich unterscheiden:

- Prämienverzug des Deckungsnehmers
- Verstöße gegen vertragliche Obliegenheiten
- Verstöße gegen die allgemeine Sorgfaltspflicht
- Ablauf von materiellen Ausschlußfristen; Verjährung.

Diese Fallgruppen werden der Reihe nach untersucht.

I. Der Prämienverzug

Die Pflicht zur Prämienzahlung ist die Hauptleistungspflicht des Versicherungsnehmers. Fällig wird die Prämie grundsätzlich mit Aushändigung der Deckungserklärung, sofern nicht etwas anderes bestimmt ist[548]. Eine praktisch wichtige Ausnahme von diesem Grundsatz besteht insbesondere bei mittel- und langfristigen Kreditgeschäften mit einer Laufzeit von über zwei Jahren, für die ein Zeitentgelt jeweils ein Jahr im voraus fällig gestellt wird[549]. Da es sich um eine echte Rechtspflicht handelt, kann der Bund gegebenfalls auf Erfüllung klagen und Verzugsschaden geltend machen, eine Rechtsfolge, auf die im Rahmen dieser Untersuchung nicht näher einzugehen ist.

Der hier zu untersuchende Entschädigungsanspruch des Deckungsnehmers kann durch den Prämienverzug in zweifacher Weise berührt werden. Der Bund ist von der Haftung für Gewährleistungsfälle befreit, die nach Fälligkeit, aber vor Zahlung des Entgelts eingetreten sind. Außerdem steht ihm für die Zeit des Verzuges ein außerordentliches Kündigungsrecht zu[550].

---

547 Der Begriff „Einwendung" wird hier im weiten Sinne verwandt, so daß er auch die Einrede der Verjährung einschließt.
548 § 18 Abs. 1 B, G; P; FKB, FKG; § 16 Abs. 1 FB, FG.
549 *Schallehn/Stolzenburg*, Abschn. IV, Rn. 198–204.
550 § 18 Abs. 2 B, G; P; FKB, FKG; § 16 FB, FG.

Zum Schutze des Deckungsnehmers setzen diese einschneidenden Rechtsfolgen nach der Regelung der Allgemeinen Bedingungen allerdings eine qualifizierte Mahnung des Kreditversicherers voraus, in der eine Nachfrist von 14 Tagen gesetzt und auf die dem Exporteur drohenden Nachteile hingewiesen wird. Dies entspricht weitgehend der gesetzlichen Regelung des § 39 Abs. 1 VVG; soweit der Deckungsnehmer mit der Erstprämie in Verzug ist, stellen die Vertragsbedingungen ihn – im Vergleich zu § 38 VVG – sogar günstiger.

Bedenklich könnte allerdings sein, daß der Exporteur die Kündigungsfolgen nicht durch Zahlung seiner Prämie abwenden kann (§ 39 Abs. 3 S. 3 VVG: Abwendungsbefugnis). Das Gesetz räumt dem Versicherten nach dem Verstreichen der zweiwöchigen Zahlungsfrist aus der Mahnung (§ 39 Abs. 1 VVG) noch einen weiteren Monat ein, um einen Verlust des Versicherungsschutzes jedenfalls ex nunc durch Zahlung abzuwenden (§ 39 Abs. 3 S. 3 VVG). Nach der Verzugsklausel der Bedingungen bleiben dem Deckungsnehmer hingegen nur 14 Tage – die Zeit der Nachfrist –, um sich mittels Zahlung den Deckungsschutz zu erhalten.

Jedoch kann die Regelung nicht als unangemessen (§ 9 AGBG) angesehen werden. Nicht ohne Grund ist § 39 VVG für die Versicherer der Kaufleute – Transportversicherung, Kreditversicherung usw. – auch zum Nachteil der Kunden abdingbar, § 187 Abs. 1 VVG. Unter Kaufleuten gelten bei verspäteter Leistung, namentlich bei Verzug, generell strengere Rechtsfolgen (vgl. §§ 352, 353, 373, 376 HGB). Angesichts der qualifizierten Mahnung bedarf der Deckungsnehmer keines weiteren Schutzes über die Zweiwochenfrist hinaus.

II. Die Verletzung besonderer Vertragspflichten

Häufig werden in Versicherungsverträgen Obliegenheiten vereinbart, um im Interesse der Gefahrengemeinschaft zu verhindern, daß dem unredlichen Versicherungsnehmer Sondervorteile zufließen[551]. Bei der Kreditversicherung kommt hinzu, daß der geschäftserfahrene Versicherungsnehmer weit mehr als in anderen Versicherungszweigen die Gefahrenlage beeinflussen kann. Vor diesem Hintergrund enthalten die Allgemeinen Bedingungen einen Katalog besonderer Verhaltensnormen für den Exporteur, bei deren Verletzung er die im einzelnen später[552] zu erörternden Rechtsnachteile, die bis zur vollständigen Leistungsfreiheit des Bundes gehen können, hinzunehmen hat.

Einige dieser Pflichten dienen dem Ziel, die Leistungspflicht des Bundes auf die vertraglich übernommenen Risiken zu beschränken[553]. Andere haben die Zusammenarbeit zwischen Deckungsnehmer und Kreditversicherer bei der Abwicklung des Vertrages zum Gegenstand, indem sie dem Exporteur bestimmte Mitwir-

---

551 Vgl. BGH NJW 1951, 205.
552 Siehe unten, III.
553 § 15 Nr. 1 bis 3, 5, 6 B, G; P; FKB, FKG; § 13 Nr. 1 bis 3 FB, FG.

kungspflichten auferlegen[554]. In ihrer Gesamtheit sollen die Verhaltensnormen zum Erreichen des von beiden Teilen verfolgten Vertragszieles beitragen, einen Forderungsausfall zu vermeiden oder wenigstens zu mindern[555].

Besonders deutlich wird dieser Zusammenhang bei den Bestimmungen, welche an den Eintritt gefahrenerhöhender Umstände anknüpfen. Solche Umstände sind dem Bund zu melden[556], um ihn in die Lage zu versetzen, mit entsprechenden Weisungen auf die neue Gefahrenlage zu reagieren[557] und den ausländischen Schuldner auch im Hinblick auf etwaige weitere Bundesdeckungen zu überwachen[558]. Schließlich ist für bestimmte Maßnahmen, die sich gefahrenerhöhend auswirken können, die Zustimmung des Bundes erforderlich[559].

Bevor auf die Pflichten des Exporteurs im einzelnen eingegangen werden kann, sind einige für sämtliche Regelungen geltende Überlegungen anzustellen. Sie betreffen die Rechtsnatur der besonderen Vertragspflichten sowie die Haftung des Deckungsnehmers für Dritte.

1. Die Rechtsnatur der besonderen Vertragspflichten; Haftung für Dritte

Die Frage, ob es sich bei den nachfolgend zu untersuchenden Verhaltensregeln um Obliegenheiten oder um „echte" Rechtspflichten handelt, hat nur begrenzte praktische Bedeutung. Von ihr hängt es lediglich ab, ob die fraglichen Regelungen rechtlich erzwingbar sind und bei Nichterfüllung in eine Schadensersatzpflicht übergehen können. Für den hier zu untersuchenden Entschädigungsanspruch ist sie belanglos, da dieser nach beiden Ansichten verwirkt werden könnte. Der Klarstellung halber soll diese Frage dennoch kurz behandelt werden.

Die h. M. sieht in den besonderen Vertragspflichten lediglich Voraussetzungen für die Erhaltung des Anspruchs aus dem Versicherungsvertrag[560]. Auch die Vertreter der Gegenansicht[561] räumen ein, daß zum Beispiel bei Anzeigepflichten die Einklagbarkeit „ohne allen Leistungswert sein kann"[562]. Schadensminderungspflichten sind auch im allgemeinen Zivilrecht als Obliegenheiten ausgestaltet[563]. Inhaltlich gleichlautende Bestimmungen als nicht selbständig einklagbare Neben-

---

554 § 15 Nr. 4, 7, 8 B, G; P; FKB, FKG; § 13 Nr. 4, 6, 7 FB, FG.
555 § 15 Nr. 6 S. 1 B, G; P; FKB, FKG bzw. § 13 Nr. 5 S. 1 FB, FG enthalten insoweit einen verallgemeinerungsfähigen Gedanken.
556 § 15 Nr. 4 bzw. § 13 Nr. 4 der Bedingungen.
557 § 15 Nr. 5, 6 S. 1 bzw. § 13 Nr. 5 der Bedingungen.
558 Vgl. § 16 Abs. 3 Unterabs. 3 bzw. § 14 Abs. 3 Unterabs. 3 der Bedingungen.
559 § 15 Nr. 2 bzw. § 13 Nr. 2.
560 Sogenannte „Voraussetzungstheorie"; vgl. z. B. RGZ 56, 346; BGHZ 24, 378; *Sieg*, Allgemeines Versicherungsvertragsrecht, S. 101.
561 Sogenannte „Verbindlichkeitstheorie": *Prölss* in *Prölss/Martin*, § 6 Anm. 4; *Ehrenzweig*, ZVersWiss 1931, S. 364.
562 *Ehrenzweig*, ZVersWiss 1931, S. 364, 366.
563 Vgl. z. B. § 245 Abs. 2 BGB; ferner § 351 BGB und § 366 HGB.

pflichten zu bezeichnen, nur weil sie im Rahmen eines Versicherungsvertrages vereinbart wurden, erscheint dann gekünstelt. Die Vertreter der Mindermeinung vermögen auch nicht zu erklären, daß Obliegenheiten auch Dritte belasten können, wie zum Beispiel den Erwerber bei Veräußerung der versicherten Sache (§ 71 Abs. 1 S. 2 VVG), ohne ein unzulässiger Vertrag zu Lasten Dritter zu sein[564]. Schließlich ist der Versicherer gegen vertragswidriges Verhalten des Versicherungsnehmers auch ausreichend dadurch geschützt, daß er von seiner Leistung frei wird. Bei den nachfolgend zu untersuchenden Regelungen handelt es sich somit um Obliegenheiten, nicht um echte Rechtspflichten.

Als Adressaten der Obliegenheiten erwähnen die HERMES-Bedingungen nur den Deckungsnehmer persönlich. Aus gesetzlichen Vorschriften sowie der Rechtsprechung zum Versicherungsrecht folgt indessen, daß Obliegenheiten auch durch Dritte erfüllt werden können und umgekehrt der Deckungsnehmer für deren Tun oder Unterlassen auch, unter den sogleich darzustellenden Voraussetzungen, haftet. Besonders wichtig sind die von der Rechtsprechung entwickelten Leitlinien für den typischen Kunden einer Exportdeckung, nämlich für arbeitsteilig organisierte Wirtschaftsunternehmen.

Ist der Deckungsnehmer eine juristische Person, so ist zunächst auf das Verhalten ihrer vertretungsberechtigten Organe abzustellen (vgl. §§ 31, 86, 89 BGB)[565]. Für die sonstigen Fälle besteht heutzutage Einigkeit darüber, daß der Versicherungsnehmer über sein eigenes Verhalten und Wissen hinaus unter bestimmten Voraussetzungen haftet, da er sich nicht durch Einschaltung eines Dritten seiner Verantwortung entziehen darf. Auf der anderen Seite haftet er nicht für Erfüllungsgehilfen (§ 278 BGB), da es sich bei Obliegenheiten nicht um echte Rechtspflichten handelt und seine Erfüllungsgehilfenhaftung den Versicherungsschutz allzu stark entwerten würde[566].

Soweit bei Erfüllung von Obliegenheiten Anzeigen abzugeben oder Auskünfte zu erteilen sind, wird überdies § 166 Abs. 1 BGB entsprechend herangezogen. Der Versicherungsnehmer haftet demnach für die Angaben derjenigen Personen, die er mit der Erstattung von Auskünften betraut hat (sogenannte „Wissenserklärungsvertreter")[567]. Entsprechendes gilt für den sogenannten „Wissensvertreter", der keine rechtsgeschäftliche Vertretungsmacht hat, jedoch tatsächlich damit betraut ist, Kenntnisse von bestimmten Vorgängen zu erhalten und dem Versicherer mitzuteilen[568]. Schon das Reichsgericht entschied für den (einzelkaufmänni-

---

564 So überzeugend *Bruck/Möller*, § 6 Anm. 8 m. w. N.
565 Vgl. auch RGZ 66, 181 – 186: Eine AG hat sich das Verhalten eines Vorstandsmitgliedes auch dann zurechnen zu lassen, wenn dieses nur gesamtvertretungsberechtigt war. – Vgl. ferner BGH VersR 1953, 316; OLG Frankfurt VersR 1987, 176.
566 Ständige Rspr.: RGZ 58, 346; BGHZ 11, 120; BGH VersR 1981, 948 = NJW 1981, 1952; a. A. *Prölss* in *Prölss/Martin*, § 6 Anm. 7 mit Nachw. der teilweise abweichenden Rspr. der erstinstanzlichen Gerichte.
567 RGZ 58, 342; VGH VersR 1981, 948 = NJW 1981, 1952.
568 RGZ 101, 402; BGH VersR 1970, 613.

schen) Leiter eines Unternehmens, dieser habe sich das Wissen seines ressortmäßig zuständigen Angestellten wie eigene Kenntnis zurechnen zu lassen; es verstoße gegen Treu und Glauben im geschäftlichen Verkehr, Dritten gegenüber aus der internen Geschäftsverteilung den Einwand der Unkenntnis herleiten zu wollen[569].

Über die genannten Fallgruppen hinaus hat der Exporteur auch für seine Repräsentanten einzustehen. Repräsentant ist, wer in den Geschäftsbereich, zu dem das versicherte Risiko gehört, aufgrund eines Vertretungs- oder ähnlichen Verhältnisses an die Stelle des Versicherungsnehmers getreten ist[570]. Voraussetzung ist ein selbständiges Handeln für den Versicherungsnehmer in nicht ganz unbedeutendem Umfang[571], ohne daß es auf die Befugnis zu rechtsgeschäftlichem Handeln ankäme[572]. Über reine Obliegenheitsverletzungen hinaus gilt die Repräsentantenhaftung für die gesamte Rechtsbeziehung zum Versicherer, insbesondere auch für die schuldhafte Herbeiführung des Versicherungsfalls[573].

Als Repräsentanten hat die Rechtsprechung unter anderem angesehen den Geschäftsführer[574], den Prokuristen[575] und den Generalbevollmächtigten einer GmbH[576], ferner denjenigen, der die laufenden Geschäfte in einem Unternehmen selbständig führt[577].

2. Die Wahrheitspflicht im Antragsverfahren und die Folgen ihrer Verletzung

Bereits bei seinem Eintritt in das Versicherungsverhältnis hat sich der Deckungsnehmer wahrheitsgemäß zu verhalten. Im Deckungsantrag hat er alle für die Übernahme der Deckung „erheblichen Umstände" vollständig und richtig anzuzeigen bzw. unverzüglich zu berichten, wenn sich bis zum Zugang der Gewährleistungserklärung noch Änderungen oder Ergänzungen ergeben[578].

Was inhaltlich unter dem Begriff „erheblich" zu verstehen ist, zeigt ein Blick auf die Regelung der Rechtsfolgen. Danach ist der Bund ausnahmsweise dann nicht von der Haftung frei, wenn die unrichtigen oder unvollständigen Angaben auf seine Übernahmeentscheidung „keinen Einfluß gehabt" haben[579]. Damit stellt

---

569 RGZ 101, 402.
570 Ständige Rspr.: RGZ 51, 20; 83, 43; BGHZ 24, 378; BGH VersR 1969, 695.
571 BGH VersR 1971, 538.
572 Vgl. *Möller*, Verantwortlichkeit des Versicherungsnehmers, S. 72 ff.
573 So die h. M. zu § 61 VVG: BGH VersR 1981, 822; 1982, 81; a. A. *Prölss* in Prölss/Martin, § 61 Anm. 2.
574 OLG Hamm, VersR 1955, 385.
575 OLG Hamburg, VersR 1958, 777.
576 OLG Nürnberg, VersR 1981, 973.
577 BGH VersR 1967, 990; OLG Hamm RuS 1986, 261.
578 § 15 Nr. 1 bzw. § 13 Nr. 1 der Bedingungen.
579 § 16 Abs. 1 S. 1 bzw. § 14 Abs. 1 S. 1 der Bedingungen.

die vertragliche Regelung den Versicherungsnehmer günstiger als § 16 Abs. 1 S. 2 VVG, der sämtliche Gefahrenumstände für erheblich erklärt, welche „geeignet" sind, die Deckungsentscheidung des Versicherers zu beeinflussen.

Ob ein Umstand erheblich ist, richtet sich somit nach den Grundsätzen, von denen der Bund sich bei der Übernahmeentscheidung leiten läßt[580]. Er wird folglich auch dann von der Haftung frei, wenn das Geschäft zwar noch „risikomäßig vertretbar", jedoch nicht mehr „förderungswürdig" ist: Verstöße gegen die internationalen Absprachen hinsichtlich der Zahlungsbedingungen[581], über die zulässige Grenze erhöhte ausländische Lieferanteile[582], Lieferung anderer Waren bzw. von Waren anderer Herkunft können in diesem Zusammenhang eine Rolle spielen.

Durch Antragsformular oder in sonstiger Weise erfragte Angaben gelten „im Zweifel" als erheblich"[583]. Dem Exporteur steht es folglich frei, diese Vermutung zu widerlegen. Zwar heißt es in der Klausel über die Rechtsfolgen, daß der Bund die fehlende Erheblichkeit „festzustellen" hat[584]. Der Zusammenhang mit den Voraussetzungen der Wahrheitspflicht ergibt jedoch, daß diese Feststellung rein deklaratorischen Charater hat. Entscheidend für die Frage der Erheblichkeit ist somit allein die Beweislage. Im Streitfalle hat der Bund die tatsächlichen Geschäftsgrundsätze, die weitgehend über die Frage der Erheblichkeit entscheiden, als Ausfluß seiner prozessualen Mitwirkungspflicht[585] substantiiert darzulegen. Dieser von der Rechtsprechung zur gesetzlichen Regelung[586] entwickelte Grundsatz ist insoweit übertragbar.

Nach der Rechtsprechung kann sich der Versicherer auf eine Verletzung der Anzeigepflicht ausnahmsweise dann nicht berufen, wenn er trotz leicht erkennbar unvollständiger Angaben den Vertrag schließt[587]. Nach den HERMES-Bedingungen prüft der Bund die eingereichten Unterlagen allerdings erst im Entschädigungsverfahren; auf eine vorherige Kenntnis oder ein Kennenmüssen bestimmter Umstände soll sich der Deckungsnehmer gerade nicht berufen können[588].

Doch soll sich diese Klausel ihrem Sinn und Zweck nach nur auf die tatsächliche und rechtliche Überprüfung im Detail beziehen, die aus Gründen der Effizienz erst nach der Schadensmeldung vorgenommen wird. Auf evidente Merkmale − zum Beispiel die Vollständigkeit der Antworten − hat der Bund daher den Antrag

---

580 Vgl. BGH VersR 1984, 629 = MDR 1984, 1009; BGHZ 84, 855.
581 Vgl. dazu *Schallehn/Stolzenburg*, Abschn. VI Rn. 156 ff.
582 Dazu bereits oben, Erster Teil, § 2 VI 4.
583 § 15 Nr. 1 S. 2 bzw. § 13 Nr. 1 S. 2 der Bedingungen.
584 § 16 Abs. 1 bzw. § 14 Abs. 1.
585 Dazu noch näher unten, § 12 I.
586 BGH VersR 1984, 629; VersR 1984, 855.
587 RGZ 9, 237; OLG Frankfurt, NJW 1967, 680. Kritisch *Keinert*, Vorvertragliche Anzeigepflicht, S. 129 ff.
588 § 5 Abs. 3 S. 2 und 3 der Bedingungen.

schon bei der Übernahmeentscheidung zu prüfen. Hinsichtlich dieser Merkmale kann er sich später nicht auf eine Verletzung der Wahrheitspflicht berufen, ohne sich widersprüchlich zu verhalten (§ 242 BGB).

Die Rechtsfolgen der Leistungsfreiheit tritt schließlich nicht ein, wenn der Deckungsnehmer die Unrichtigkeit oder Unvollständigkeit seiner Angaben weder kannte noch kennen mußte[589]. Hinsichtlich des Verschuldens gilt der Maßstab der gewissenhaften Geschäftsführung und kaufmännischen Sorgfalt[590]. Schließlich folgt schon aus der Bezeichnung der Obliegenheit als „Wahrheitspflicht", daß der Exporteur die entscheidungserheblichen Umstände positiv kennen mußte[591]. Zu vorvertraglichen Nachforschungen ist er nicht verpflichtet.

Für die Beweislast gelten die allgemeinen Grundsätze: Alle die Haftungsbefreiung begründenden Umstände hat im Streitfall der Bund nachzuweisen[592]; umgekehrt hat der Deckungsnehmer die diese Rechtsfolge ausschließenden Umstände (zum Beispiel mangelndes Verschulden) darzutun und zu beweisen[593].

3. Das Verbot des Abweichens vom dokumentierten Sachverhalt[594]

Eng verwandt mit der Wahrheitspflicht ist die Obliegenheit, von dem in der Deckungserklärung dargestellten Sachverhalt, insbesondere den mit dem Schuldner getroffenen Vereinbarungen, nicht ohne die schriftliche Zustimmung des Bundes abzuweichen. Beide Pflichten sollen sicherstellen, daß die Deckungsentscheidung des Interministeriellen Ausschusses auf zutreffenden Grundlagen beruht. Folglich haftet der Bund dann nicht, wenn er dem geänderten oder ergänzten Sachverhalt nach den Grundsätzen seiner Entscheidungspraxis nicht zugestimmt hätte[595]. Ohne diese Haftungsbefreiung hätte der Bund beispielsweise auch Forderungen aus einem vom Exporteur eigenmächtig abgeschlossenen Vergleich zu entschädigen, da diese als Surrogat an die Stelle des ursprünglichen Zahlungsanspruchs aus dem Exportgeschäft treten[596].

a) Kriterien für die Zustimmung des Bundes

Fraglich ist, nach welchen Gesichtspunkten einer inhaltlichen Änderung des Exportgeschäftes zuzustimmen ist. Der Sache nach handelt es sich um eine neue Deckung, über deren Übernahme nach den bereits bekannten Kriterien der „Förderungswürdigkeit" und „risikomäßigen Vertretbarkeit" zu entscheiden ist. Zur Erteilung der Zustimmung ist der Bund jedenfalls dann verpflichtet, wenn er das

---

589 § 16 Abs. 1, S. 2 bzw. § 14 Abs. 1, S. 2 der Bedingungen.
590 Vgl. § 17 bzw. § 15.
591 Vgl. auch § 16 Abs. 1 S. 1 VVG: „... alle ihm bekannten Umstände ...".
592 Vgl. RGZ 128, 116; BGH VersR 1984, 528; OLG Hamm, VersR 1987, 874.
593 OLG Hamburg, VersR 1953, 190; OLG Hamm, VersR 1987, 150.
594 § 15 Nr. 2 bzw. § 13 Nr. 2 der Bedingungen.
595 § 16 Abs. 3, 2. Unterabs. bzw. § 14 Abs. 3, 2. Unterabs. der Bedingungen.
596 § 2 Abs. 2 der Bedingungen.

ihm insoweit eingeräumte Ermessen durch eine – freilich schwer nachweisbare – ständige Verwaltungspraxis gebunden hat[597].

Ansonsten ist wegen des Gleichbehandlungsgrundsatzes und des Verbotes, einzelnen Versicherungsnehmern Sondervorteile zu gewähren, besonders zu berücksichtigen, wie sich der geänderte Geschäftsinhalt auf die Gefahrenlage auswirkt. Die Äquivalenz zwischen Leistung und Gegenleistung des Versicherers bleibt nur dann vollständig erhalten, wenn sich die Gefahr nicht erhöht. Um dies festzustellen, sind im Rahmen einer Gesamtbewertung alle gefahrerhöhenden und -mindernden Umstände zu „verrechnen"[598].

b) Praktische Beispiele

Bei einer Prolongation zum Beispiel wirkt sich gefahrerhöhend die Verlängerung der Kreditlaufzeit – und damit: des Haftungszeitraums – aus. Ist die Prolongation lediglich aus kaufmännischem Entgegenkommen heraus beabsichtigt, weil beispielsweise der Abnehmer erhaltene Ware nicht mit der erwarteten Zügigkeit absetzen kann oder die Schiffslaufzeiten sich verlängern, so wird man den Bund aus Gründen der Gleichbehandlung sogar als verpflichtet anzusehen haben, ein zusätzliches Zeitentgelt zu erheben. Eine Grundlage für die Neuberechnung liefern die Allgemeinen Bedingungen[599].

Dient dagegen die Prolongation dazu, die drohende Zahlungsunfähigkeit des ausländischen Abnehmers abzuwenden, so könnte gefahrmindernd zu berücksichtigen sein, daß die akute Schadensnähe verringert wird. Auf ein zusätzliches Zeitentgelt wäre dann zu verzichten. Doch wäre dieser Schluß vorschnell und zu pauschal: Gefahrmindernd kann sich die Vereinbarung mit dem Schuldner grundsätzlich nur auf wirtschaftliche Risiken auswirken. Die ebenfalls gedeckten politischen Risiken bestehen daneben in vielen Fällen unvermindert fort. Von privaten Schuldnern sind sie ohnehin nicht zu beeinflussen; öffentliche Abnehmer mögen sich durch den Abschluß einer Prolongation eine gewisse Zurückhaltung mit politischen Eingriffen auferlegen – vollständige Sicherheit kann es indessen auch in diesen Fällen nicht geben[600].

Auch bei schadensabwendenden Prolongationen kann daher nur unter Abwägung aller Umstände des Einzelfalles entschieden werden, ob ein zusätzliches Zeitentgelt zu erheben ist[601]. Wichtiger als die Frage des Entgeltes dürfte für die betroffenen Exporteure freilich die Tatsache sein, daß eine Prolongation die Fälligkeit

---

597 Siehe oben, Erster Teil, § 4 IV 1.
598 *Bruck/Möller*, § 23 Anm. 6 m. w. N.; zum Gedanken der Gefahrenkompensation auch BGH VersR 1981, 245.
599 § 18 Abs. 3 bzw. § 16 Abs. 3.
600 Vgl. die ähnliche Ausgangslage bei dem Abschluß von Umschuldungen durch den Bund aufgrund der in den Allgemeinen Bedingungen enthaltenen Ermächtigungsklausel. Dazu näher unten, *Dritter Teil*.
601 Anders wohl die Praxis: Kein zusätzliches Zeitentgelt, wenn etwaige ungedeckte Forderungen ebenfalls prolongiert werden (*Schallehn/Stolzenburg*, Abschn. X, Rn. 13).

der Forderung hinausschiebt, er folglich erst entsprechende Zeit später Entschädigung – zum Beispiel nach dem Nichtzahlungsfall – erhalten kann.

Aus dem zur Abwägung aller Gefahrumstände Gesagten folgt weiter: Eine Pflicht zur Zustimmung besteht nicht schon dann, wenn der ausländische Abnehmer die Gründe für eine Prolongation nicht zu vertreten hat[602]. So können Schwierigkeiten bei der Beschaffung von Importlizenzen neben der Gefahrendauer auch ihre Intensität erhöhen, da sie Indiz für eine restriktivere Importpolitik für bestimmte Waren sein können, was wiederum den Schluß auf Devisenknappheit im Schuldnerland nahelegt[603]. Derlei gefahrerhöhende Umstände ließen sich auch durch die Erhebung eines zusätzlichen Zeitentgeltes nicht vollständig ausgleichen. Wiederum hängt das „Ob" und „Wie" einer Zustimmungspflicht des Bundes von den Umständen des Einzelfalles ab.

Einen Vergleich darf der Exporteur in keinem Fall eigenmächtig abschließen. Zwar zählt der Fall des außeramtlichen Vergleichs, dem alle (zumindest die miteinander vergleichbaren) Gläubiger zugestimmt haben, zu den gedeckten wirtschaftlichen Risiken[604]. Ist der Vergleich jedoch ohne die Zustimmung des Bundes abgeschlossen, hat der Exporteur seine Obliegenheit verletzt, nicht vom dokumentierten Sachverhalt abzuweichen. Der Bund haftet dann nicht für den Schaden.

Ein weiteres Beispiel für eine Obliegenheitsverletzung ist in der Klausel selbst genannt: die Annahme an Erfüllung statt von Zahlungen in einer anderen als der Vertragswährung[605]. Der Sinn dieser Bestimmung will nicht recht einleuchten, da mit der Annahme der Zahlung jedenfalls nach deutschem Recht die gedeckte Forderung erlischt, § 364 Abs. 1 BGB. Ist aber die Forderung erfüllt, so endet auch die Haftung des Bundes[606]. Er haftet dann insbesondere nicht mehr für das Konvertierungs- und Transferrisiko sowie für Kursverluste an eingezahlten Beträgen[607]. Für Kursverluste an einer eigenmächtig angenommenen Währung ist überdies die Haftung unabhängig von der Erfüllungswirkung ausdrücklich ausgeschlossen[608]. Angesichts dessen erscheint es überflüssig, die Annahme anderer Währungen in Form einer Obliegenheit zu untersagen.

4. Beachtung staatlicher Vorschriften

Der Exporteur hat sich im Einklang mit den Normen der betroffenen Rechtsordnungen zu verhalten. Für den Abschluß des Ausfuhrvertrages wurde dies schon

---

602 So aber *Hichert*, S. 165 f.
603 Vgl. zum Zusammenhang von Importrestriktionen und Devisenknappheit nur *Shuster*, S. 140 ff., 156 ff.
604 § 4 Abs. 3 Nr. 1 G, P, FKG.
605 § 15 Nr. 2 S. 2 B, G; P; FKB, FKG.
606 § 3 Abs. 1 S. 2 der Bedingungen.
607 § 4 Abs. 2 Nr. 2 und 3.
608 § 4 Abs. 2 Nr. 3, S. 2.

bei den Voraussetzungen des Entschädigungsanspruches deutlich. Auch bei der *Abwicklung* seines Geschäftes, bei Fertigung[609] bzw. Ausfuhr[610], hat der Deckungsnehmer alle staatlichen Vorschriften zu beachten, darunter insbesondere die maßgeblichen Ein- und Ausfuhrvorschriften.

In der Praxis spielen Verstöße gegen Einfuhrverbote des Bestimmungslandes die weitaus größere Rolle, da in der Bundesrepublik die Ausfuhr grundsätzlich genehmigungsfrei ist[611]. Verstöße kommen spätestens dann ans Licht, wenn das Schuldnerland die Bereitstellung von Devisen verweigert, weil beispielsweise die erforderlichen Importlizenzen nicht vorliegen.

5. Meldepflichten bei Gefahrerhöhung

Ein Schadensfall kommt selten aus heiterem Himmel. Der Uneinbringlichkeit gehen in aller Regel eine Reihe von Vorkommnissen voraus, die auf eine Erhöhung des Kreditrisikos schließen lassen. Zahlungsverzögerungen, Nichtaufnahme von Dokumenten, Proteste und ungünstige Berichte von Auslandsvertretern des eigenen Unternehmens können Alarmsignale sein.

Die Obliegenheiten, die den Deckungsnehmer beim Eintritt solcher gefahrerhöhender Umstände treffen, gehen besonders weit; ihre Verletzung ist streng sanktioniert. Der Exporteur ist nicht nur zu jederzeitiger Auskunft[612] auf Fragen des Bundes oder seiner Beauftragten verpflichtet; vielmehr hat er den fraglichen Umstand sowie eventuell getroffene Gegenmaßnahmen ungefragt von sich aus mitzuteilen[613]. Bei einer Verletzung dieser Obliegenheit ist der Bund, unabhängig davon, ob ein Schaden eingetreten ist, schon dann von der Haftung frei, wenn sich hierdurch die Risikolage anderer (!) Deckungen verschlechtert hat[614].

a) Bedeutung und Reichweite der Meldeobliegenheit

Grundlage für den Deckungsvertrag sind die vom Deckungsnehmer gemachten vorvertraglichen Angaben, nach denen das Exportgeschäft insbesondere risikomäßig vertretbar zu sein hat. Vor dem Hintergrund, daß sich die Gewährleistungen selbst tragen sollen, darf eine Inanspruchnahme des Bundes nicht mit hoher Wahrscheinlichkeit drohen[615].

---

609 § 13 Nr. 3 FB, FG.
610 § 15 Nr. 3 der Ausfuhrdeckungen.
611 § 1 AWG. Ausfuhrbeschränkungen gelten derzeit z. B. aufgrund der COCOM-Liste, die auch und gerade im Wirtschaftsverkehr mit Drittstaaten (z. B. dem Iran) zur Anwendung kam. Zur Systematik außenwirtschaftlicher Beschränkungen näher *Sandrock* in Handwörterbuch, Stichwort „Außenwirtschaftsrecht", S. 157–171. Dort findet sich auch eine Länderliste der Beschränkungen nach der Außenwirtschafts-Verordnung.
612 Vgl. § 15 Nr. 7 bzw. § 13 Nr. 7 der Bedingungen.
613 § 15 Nr. 4 bzw. § 13 Nr. 4.
614 § 16 Abs. 3, Unterabs. 3 bzw. § 14 Abs. 3, Unterabs. 3.
615 Vgl. 2.2 AGRl. und zum Selbsttragungsgrundsatz allgemein oben, Erster Teil, § 2 VI.

Erhöht sich die ursprünglich vorhandene Gefahrenlage wesentlich, so ist die Äquivalenz zwischen (Einheits-)Prämie und übernommenem Risiko, die beide Seiten jedenfalls innerhalb eines gewissen Rahmens vorausgesetzt haben, gestört. Die Regeln über die Gefahrerhöhung sind vor diesem Hintergrund als ein Spezialfall der Änderung der Geschäftsgrundlage anzusehen, die dem Versicherer im Interesse der Gefahrengemeinschaft das Recht zu gewissen Korrekturen einräumen[616].

Die Reichweite der Meldepflichten läßt sich letztlich nur anhand des Einzelfalles bestimmen. Sie hängt unter anderem ab von den Besonderheiten des Kunden[617], des Importlandes und der Zahlungsmodalitäten[618]. Allgemeinere Aussagen lassen sich aufstellen für den Zeitpunkt und die Dauer der Gefahrerhöhung.

Hinsichtlich des Zeitpunktes ist erforderlich, daß sich die Gefahrenlage seit der Antragsstellung geändert hat[619]. Keine Gefahrerhöhung liegt dagegen vor bei Umständen, die bereits *vor* Antragsstellung vorhanden waren. Gibt der Exporteur solche Umstände nicht weiter, verstößt er nicht gegen die Meldeobliegenheit. War ihm der wirkliche Sachverhalt nicht bekannt, so scheidet auch ein Verstoß gegen die Wahrheitspflicht aus[620]. Diese Systematik entspricht der Regelung des Gesetzes[621].

Was die Dauer der Gefahrerhöhung angeht, so kann auf die zu den §§ 23–29a VVG entwickelten Grundsätze zurückgegriffen werden. Nach h. M. erfordert eine Gefahrerhöhung das Eintreten von Umständen, die einen neuen Gefahrenzustand von so langer Dauer schaffen können, daß diese die Grundlage eines natürlichen Schadensverlaufes bilden können[622]. Folglich fehlt es an einer Gefahrerhöhung im versicherungsrechtlichen Sinne, wenn der Schaden plötzlich und unvermittelt eintritt. Meldepflichten sind offenbar sinnlos, wenn selbst unverzügliche Anzeigen den Versicherer erst nach Eintritt des Schadens erreichen können. Derartige Fälle sollen auch von der vertraglichen Meldepflicht, wie die dort genannten Bei-

---

616 *Bruck/Möller*, § 23 VVG Anm. 4 und die h. M.; anders *Prölss* in *Prölss/Martin*, § 23 VVG Anm. 1: Sinn der Regeln über die Gefahrerhöhung sei es nicht, die Geschäftsgrundlage (ex post) wiederherzustellen, sondern den Versicherer (ex ante) von aufwendiger Planung im Detail für solche Umstände zu entlasten, die er nicht habe vorhersehen können. – Auch der erforderliche Planungsaufwand des Versicherers läßt sich aber m. E. als – versicherungstypische – Geschäftsgrundlage jedes einzelnen Vertrages ansehen.

617 Vgl. z. B. zur wirtschaftlichen Verflechtung des Kunden mit einem Dritten, von dem ein nicht eingelöster Scheck stammt LG Köln, VersR 1984, 757: Keine meldepflichtige Tatsache nach §§ 4, 7 AVB der Warenkreditversicherung.

618 Näher hierzu *Hichert*, S. 156–164.

619 BGH VersR 1951, 67 = NJW 1951; *Prölss* in *Prölss/Martin*, § 23 VVG Anm. 2 A.

620 Siehe oben, 2.

621 Vgl. §§ 29a, 23 VVG einerseits und § 16 VVG andererseits.

622 Vgl. z. B. BGH VersR 1951, 67 = NJW 1951, 231; BGH VersR 1981, 875; *Bruck/Möller*, § 23 Anm. 9. Ablehnend *Prölss* in *Prölss/Martin*, § 23 Anm. 2 A c.

spielsfälle zeigen, nicht erfaßt werden. Dem Deckungsnehmer kann dann keine Obliegenheitsverletzung vorgeworfen werden.

Desweiteren brauchen unerhebliche Veränderungen der Gefahrenlage nicht gemeldet zu werden. Die Meldepflichten verfolgen den Zweck, Schaden zu verhüten oder zu mindern, um so das wirtschaftliche Ergebnis der Ausfuhrgewährleistungen zu verbessern. Die zu erwartende Dauer der Gefahrerhöhung muß daher auch den Verwaltungsaufwand rechtfertigen, der durch die Bearbeitung der Meldung entsteht. Meldungen dürfen folglich unterbleiben, wenn aus Sicht eines ordentlichen Kaufmanns eine baldige „Entwarnung" vorherzusehen ist, wenn also zum Beispiel ein Verzug von wenigen Wochen auf ländertypische Gewohnheiten zurückgeht[623]. Derartige Veränderungen sind als unerheblich bzw. als mitversicherte Gefahrerhöhungen (vgl. § 29 VVG) anzusehen.

Stellt sich nach einiger Zeit heraus, daß die Gefahr nicht bloß vorübergehender Natur war, so kann der Exporteur die Meldung noch unverzüglich nachholen, ohne eine Verwirkung seiner Ansprüche aus der Gewährleistung befürchten zu müssen. In der Praxis ist hier freilich Vorsicht am Platze: Die Risikobeurteilung ist grundsätzlich Sache des hierauf spezialisierten Kreditversicherers; bis dieser auf neue Informationen angemessen reagieren kann, wird wegen des Verwaltungsaufwandes noch einige Zeit verstreichen. In Zweifelsfällen sollte sich der Unternehmer daher eher für eine Meldung entscheiden und nur evident „ungefährliche" Unregelmäßigkeiten verschweigen.

b) Sonderfall: Die Mitteilung von Einreden oder Einwendungen gegen Forderung oder Sicherheiten

Fraglich ist, inwieweit der Exporteur auch Einreden und Einwendungen mitzuteilen hat, die gegen die Forderung aus dem Exportgeschäft oder gegen die hierfür bestellten Sicherheiten erhoben werden. Im Entschädigungsverfahren hat der Deckungsnehmer derartige Umstände unverzüglich aufzudecken. Verletzt er diese Pflicht, kann der Bund die geleistete Entschädigung insoweit zurückfordern, als er den Entschädigungsantrag bei Kenntnis der wirklichen Sachlage zurückgewiesen hätte[624]. Für den vorherigen Zeitraum − die Zeit vom Abschluß des Gewährleistungsvertrages bis zu demjenigen Zeitpunkt, in dem ein Entschädigungsantrag gestellt wird − fehlt es an einer entsprechenden Bestimmung.

Dies hat seinen Grund in der Tatsache, daß die Streitbefangenheit von Forderung und/oder Sicherheiten für den Bund erst im Entschädigungsverfahren relevant wird, wenn über die an den Deckungsnehmer zu stellenden Beweisanforderungen zu entscheiden ist[625]. Vor Beginn des Entschädigungsverfahrens brauchen daher Einreden und Einwendungen grundsätzlich nicht gemeldet zu werden.

Eine Ausnahme gilt allerdings dann, wenn das Verhalten des ausländischen Schuldners den Verdacht begründet, daß in Wahrheit seine Bonität beeinträchtigt

---

623 *Hichert*, S. 156 f.
624 § 9 Abs. 1 der Bedingungen.
625 § 5 Abs. 2 der Bedingungen.

ist. Eine offensichtlich unbegründete Mängelrüge beispielsweise könnte dazu dienen, eigene Zahlungsschwierigkeiten zu verbergen. Solche Formen des „verschleierten" Verzuges sind dem in der vertraglichen Meldebestimmung genannten offenen Verzug gleichzustellen und daher zu melden.

c) Die Weitergabe ungünstiger Umstände aus dem Bereich
des Schuldners/Sicherheitengebers

Zu melden ist insbesondere, wenn sich die Vermögenslage, Zahlweise oder allgemeine Beurteilung der Geschäftspartner verschlechtern oder wenn der Schuldner die Rückgabe gelieferter Waren oder eine andere als die vertraglich vereinbarte Leistung anbietet[626].

Die Meldepflicht beschränkt sich auf die dem Deckungsnehmer „bekanntwerdenden" Umstände. Zu Nachforschungen, die über das im Rahmen der Überwachung von Geschäftskontakten übliche Maß hinausgehen, ist er nicht verpflichtet. Es obliegt grundsätzlich dem Kreditversicherer, Informationen zu beschaffen und auszuwerten, weil er über international weitreichende Informationssysteme verfügt und fortlaufend eine Vielzahl von Bonitätsprüfungen vornimmt[627]. Demgegenüber wäre es gerade für mittelständische Unternehmen zu aufwendig, ein auf das Auslandsgeschäft spezialisiertes Kreditmanagement aufzubauen[628].

Umstände, die ihm bekanntwerden, hat der Exporteur grundsätzlich unabhängig von ihrem Wahrheitsgehalt weiterzuleiten. Die nähere Überprüfung obliegt ebenfalls dem hierauf spezialisierten Kreditversicherer. Rechtliche Sanktionen, wie beispielsweise Schadensersatzansprüche seines Abnehmers wegen Kreditschädigung, hat der Deckungsnehmer auch bei Falschmeldungen nicht zu fürchten. Einen Schaden mag der ausländische Geschäftspartner im Einzelfall zwar dadurch erleiden, daß der Bund sonstige auf diesen Schuldner übernommene Deckungen sperrt und Lieferungen anderer Deckungsnehmer ausbleiben; der Anzeigende handelte aber zumindest in Wahrnehmung berechtigter Interessen (§ 824 Abs. 2 BGB), nämlich des Interesses an der Sicherung von Krediten[629].

Nur offensichtlich unseriöse Informationen darf der Exporteur im Rahmen seiner kaufmännischen Sorgfalt zurückhalten, da ihre Weitergabe niemandem nützt.

d) Rechtsfolgen einer Gefahrerhöhung

Verstöße gegen die Meldepflicht können zur Leistungsfreiheit des Bundes führen. Hierauf ist später einzugehen[630]. Davon zu unterscheiden sind diejenigen Rechts-

---

626 § 15 Nr. 4 b bzw. § 13 Nr. 4 b der Bedingungen.
627 Vgl. für die private Exportkreditversicherung *Ostheimer*, BB 1988, Beilage 12 zu Heft 26, S. 22, 24; ferner *Falterbaum*, Der Arbeitgeber 1984, S. 800.
628 *Wagner*, ZKW 1990, S. 290, 291.
629 Das Interesse an der Sicherung von Krediten ist von der Rspr. wiederholt als „berechtigt" angesehen worden, so in BGH GRUR 1970, 465 und BGHZ 8, 142 zu sog. „Kreditschutzlisten".
630 Unten, III.

folgen, die sich aus dem Eintritt einer Gefahrerhöhung ergeben. Diese wird der Bund häufig erst dann ziehen können, wenn der Deckungsnehmer seine Meldeobliegenheit *erfüllt* hat.

Klarzustellen ist zunächst, daß der Bund Informationen auch zum Nachteil des Meldenden verwerten darf. Ergibt sich beispielsweise, daß der Exporteur früher, nämlich im Deckungsantrag unwahre Angaben gemacht hat, kann der Bund seine Haftung ausschließen[631]. Beweisverwertungsverbote, die den Verfahrensordnungen der staatlichen Gerichtsbarkeit vergleichbar wären[632], gelten im Entschädigungsverfahren des Versicherers nicht. Dementsprechend kann der Versicherer nach der Regelung des VVG den Vertrag auch dann kündigen, wenn er erst durch den Versicherungsnehmer darauf hingewiesen wurde, daß eine Gefahrerhöhung vorliegt (arg. § 27 VVG).

Das Vorliegen einer Gefahrerhöhung zieht unterschiedliche Rechtsfolgen nach sich. Der Deckungsnehmer darf das Geschäft nicht ohne vorherige schriftliche Zustimmung des Bundes weiter abwickeln[633]. Desweiteren kann der Bund Weisungen zur Vermeidung eines Schadens erteilen[634], zum Beispiel die Einleitung von Inkassomaßnahmen anordnen. Er kann auch selbst aktiv werden und den Schuldner mahnen; bei öffentlichen Schuldnern werden zu diesem Zweck die Auslandsvertretungen der Bundesrepublik eingeschaltet[635]. Bei den Ausfuhrdeckungen schließlich kann der Kreditversicherer dem Exporteur jederzeit erklären, daß Forderungen oder Teilforderungen, für die er bisher noch nicht haftet, von der Deckung ausgeschlossen sind („Ausschlußrecht")[636]. Dem entspricht von seiner Funktion her bei den Fabrikationsrisiko-Deckungen das Recht, eine Weisung zu erteilen, daß der Deckungsnehmer die Fertigstellung oder den Versand der Ware abbrechen bzw. unterbrechen möge[637].

Der Bund hat diese vertraglichen Rechte nach pflichtgemäßem Ermessen auszuüben. Im Rahmen der Verhältnismäßigkeit sind dabei auch diejenigen Nachteile zu berücksichtigen, welche dem Exporteur entstehen. Von Maßnahmen ist daher zurückhaltender Gebrauch zu machen, wenn diese den Fortbestand einer bis dato störungsfrei verlaufenen ständigen Geschäftsbeziehung gefährden.

Bei den Ausfuhrdeckungen kommt das Ausschlußrecht erst als ultima ratio in Betracht. Ist der genaue Umfang der Gefahrerhöhung noch nicht geklärt, so ist es beispielsweise weniger einschneidend, vorübergehend die Zustimmung zu weiteren Versendungen zu versagen, anstatt künftige Forderungen – endgültig! –

---

631 § 16 Abs. 3 bzw. § 14 Abs. 3.
632 Vgl. z. B. § 136 a Abs. 3 StPO.
633 § 15 Nr. 5 B, G; P; FKB, FKG.
634 Vgl. § 15 Nr. 6 S. 1 bzw. § 13 Nr. 5 S. 1.
635 *Schallehn/Stolzenburg*, Abschn. X, Rn. 7 und Anlage 2.
636 § 13 B, G; P; FKB, FKG.
637 Das Bestehen eines solchen Weisungsrechtes setzen die einzelnen Schadenstatbestände voraus, z. B. § 4 Nr. 1 und 2 FB.

aus der Deckung auszuschließen. Die Interessen der Gefahrengemeinschaft sind in beiden Fällen gleichermaßen gewahrt, da der Bund vor der Versendung ohnehin nicht haftet[638]. Für die Fabrikationsrisiko-Deckungen stellt sich die Frage der Verhältnismäßigkeit nicht mit dergleichen Schärfe, da der Bund, nachdem er eine Weisung zum Abbruch erteilt hat, nach Ablauf weiterer sechs Monate zur Entschädigung verpflichtet ist[639].

Besondere Probleme wirft schließlich das Ausschlußrecht des Bundes auf. Im Unterschied zum Kündigungsrecht des § 27 Abs. 1 VVG ist es nicht binnen Monatsfrist auszuüben, sondern kann „jederzeit" erklärt werden. Gleichwohl ist es im Hinblick auf § 9 AGBG noch als angemessen anzusehen, da es nur im Rahmen der aufgezeigten Ermessensbindungen ausgeübt werden darf und auch die Ausübung selbst in abgestufter, mithin „angemessener" Form möglich erscheint. So könnte der Bund zum Beispiel eine Ausschlußerklärung mit dem Angebot verbinden, die nunmehr ausgeschlossenen Forderungen zu neuen Konditionen abzusichern, die der veränderten Gefahrenlage angepaßt sind[640]. Diese Lösung ist auch wesentlich weniger einschneidend als eine automatische Prämienanpassung, die dem Versicherungsnehmer die Entscheidung versperrt, ob er den Vertrag zu erhöhter Prämie fortsetzen will oder nicht, und deren Zulässigkeit nach dem AGB-Gesetz zurecht bezweifelt wird[641].

Zusätzliche konstruktive Schwierigkeiten ergeben sich aus der Zweistufigkeit der Rechtsbeziehung zwischen Bund und Deckungsnehmer[642]. Wirksam ist ein Ausschluß künftiger Forderungen wohl nur dann, wenn auch der Verwaltungsakt, welcher dem Gewährleistungsvertrag zugrundeliegt, (teilweise) widerrufen wird[643]. Die Rechtmäßigkeit eines solchen Widerrufs ergibt sich aus § 49 Abs. 2 Nr. 1 VwVfG. Indem die Allgemeinen Bedingungen Deckungseingriffe des Bundes ausdrücklich zulassen, enthalten sie einen für den Deckungsnehmer erkennbaren Widerrufsvorbehalt. In grundrechtlich geschützte Eigentumsrechte (Art. 14 GG) des Exporteurs wird nicht eingegriffen, da die Bundesdeckung von Anfang an nur unter dem Vorbehalt späteren Widerrufs gewährt worden war.

---

638 § 3 Abs. 1 B, G; P. Bei der Deckung von Finanzkrediten tritt die Auszahlung von Kreditbeträgen an die Stelle der Versendung, vgl. § 3 Abs. 1 und § 15 Nr. 5 FKB, FKG.

639 § 4 Nr. 1, 2 FB, FG.

640 Ausdruck dieses Gedankens ist auch § 18 Abs. 3 bzw. § 16 Abs. 3 der Bedingungen.

641 Vgl. nur *Prölss* in *Prölss/Martin*, § 23 Anm. 1 und 2 A b; ferner *Börner*, VW 1983, S. 1356, 1358 und BVerwG VersR 1981, 221. Da es sich um einen Sonderfall eines einseitigen Preisänderungsvorbehaltes handelt, ist auch auf die Rspr. des BGH zu dieser Frage hinzuweisen: BGH ZIP 1982, 71 und ZIP 1984, 330 (Tagespreisklausel gegenüber Nichtkaufleuten: unwirksam; sowie BGH NJW 1985, 853 (Preisgleitklausel gegenüber Kaufleuten: wirksam).

642 Dazu bereits oben, Erster Teil, § 3 III

643 So auch *Frhr. von Spiegel*, NJW 1984, S. 2005, 2007. An diesem Beispiel zeigen sich die – unvermeidlichen – Schwierigkeiten, beide Stufen eindeutig voneinander abzugrenzen.

6. Schadensverhütung und Schadensminderung

Maßnahmen der Schadensverhütung und -minderung sind für jedes Versicherungsverhältnis von zentraler Bedeutung. Die Initiative zu derartigen Maßnahmen darf der Versicherungsnehmer, der das Umfeld des versicherten Gegenstandes häufig besser kennt, nicht allein dem Versicherer überlassen. Bei dieser Ausgangslage stellen sich zwei Fragen: Zu welchen Maßnahmen ist der Versicherungsnehmer verpflichtet? Wer trägt die hierbei entstehenden Kosten? Beide Fragen werden von den HERMES-Bedingungen geregelt.

Danach gehört es zu den vertraglichen Obliegenheiten des Exporteurs, alle „nach den Regeln der kaufmännischen Sorgfalt erforderlichen und geeigneten Maßnahmen" zur Verhütung und Minderung des Schadens zu treffen[644]. Welche Maßnahmen dies sind, hängt von den Umständen des Einzelfalles ab. Bei privaten Kunden werden zum Beispiel Mahnungen mit Fristsetzung und der Androhung gerichtlicher Schritte häufig angezeigt sein. Zur Schadensminderungspflicht kann es ferner gehören, bereits abgesandte Ware bzw. erbrachte Zahlungen soweit möglich zurückzurufen. Auf der anderen Seite kann die weitere Abwicklung des Vertrages zur Sanierung des Schuldners gerade erforderlich sein[645]. Wie schon im Zusammenhang mit Prolongationen ausgeführt[646], ist die Bonität des ausländischen Kunden grundsätzlich vom Kreditversicherer zu beurteilen. Bevor er ein riskantes Geschäft abwickelt, sollte der Deckungsnehmer daher in jedem Falle erst eine entsprechende Weisung des Bundes abwarten.

Problematisch ist, daß die Kosten für die Schadensverhütung oder -minderung auf den Deckungsnehmer verlagert werden[647]. Für die Ausfuhrdeckungen wird diese, in § 15 Nr. 6 S. 2 enthaltene Regelung außerdem in einem Satz 2 folgendermaßen ergänzt:

„Droht ein Garantiefall oder ist ein solcher eingetreten, hat er (der Deckungsnehmer) auf Verlangen des Bundes diesen oder einen vom Bund zu bestimmenden Dritten mit der Wahrnehmung der beiderseitigen Interessen zu beauftragen, wenn die voraussichtlichen Kosten für die Beauftragung ... in einem angemessenen Verhältnis zu der Höhe der Forderung und den Erfolgsaussichten der Interessenwahrnehmung stehen"[648].

Die Regelung in den HERMES-Bedingungen könnte den Deckungsnehmer unangemessen benachteiligen, § 9 AGBG. Zwar gefährdet sie noch nicht den Vertragszweck (§ 9 Abs. 2 Nr. 2 AGBG), da sie die Kosten, die vom Deckungsnehmer zu tragen sind, auf ein „angemessenes Verhältnis" begrenzt. Diese Begrenzung – ausdrücklich nur in Satz 2 der Klausel erwähnt – hat sinngemäß auch für Satz 1

---

644 § 15 Nr. 6 S. 1 B, G; P; FKB, FKG. Ähnlich § 15 Nr. 5 FB, FG.
645 *Hichert*, S. 168.
646 Siehe oben, 3 b).
647 § 15 Nr. 6 S. 1 B, G; P; FKB, FKG; § 13 Nr. 5 FB, FG.
648 § 15 Nr. 6 S. 2 B, G; P; FKB, FKG.

zu gelten, denn unangemessen teure Maßnahmen wären nicht, wie es dort heißt, nach den Regeln der kaufmännischen Sorgfalt „erforderlich" und „geeignet".

Auch der Bundesgerichtshof[649] wollte die vom Versicherungsnehmer zur Erfüllung seiner Obliegenheiten zu tragenden Kosten nicht generell auf „5 bis 10%" begrenzen[650]. In dem entschiedenen Fall hätte zwar die für unwirksam erklärte Klausel zu einem Betrag von rund zehn Prozent des Gesamtschadens geführt. Als den Vertragszweck gefährdend sah der BGH jedoch erst ein hierüber hinausgehendes „Mißverhältnis zwischen Aufwand und Versicherungsleistung"[651] an, welches sich erst aufgrund einer generalisierenden Betrachtung insbesondere bei Mißbräuchen des Versicherers hätte einstellen können. Nach der Fassung der Allgemeinen Bedingungen ist bereits die abstrakte Möglichkeit eines solchen Mißverhältnisses ausgeschlossen. Den Vertragszweck gefährdet sie nicht; ihre Wirksamkeit kann jedenfalls aus diesem Gesichtspunkt keinem Zweifel unterliegen.

Die vertragliche Regelung verstößt allerdings teilweise gegen wesentliche Grundgedanken der gesetzlichen Regelung des § 63 VVG und ist insoweit unwirksam. Nach der gesetzlichen Regelung sind dem Versicherungsnehmer sogenannte „Rettungskosten" grundsätzlich zu ersetzen (§§ 63 Abs. 1, 62 Abs. 2 VVG). Um „Rettungsmaßnahmen" im Sinne des § 63 VVG handelt es sich allerdings nur, wenn der Schaden bereits eingetreten ist oder zumindest − dies ist für die Sachversicherung anerkannt − *unmittelbar* bevorsteht[652]. Alle sonstige Maßnahmen, die im Vorfeld eines Schadensfalles getroffen werden, sieht das Gesetz nach seiner Systematik als Maßnahmen an, die der „Verhütung einer Gefahrerhöhung" dienen (§ 32 VVG). Wer die Kosten solcher Maßnahmen zu tragen hat, bleibt offen.

Daraus folgt für die Wirksamkeit der eingangs widergegebenen Klauseln: Sie sind wirksam, soweit sie dem Deckungsnehmer die Kosten für Maßnahmen der Schadensverhütung auferlegen, die *nicht unmittelbar* einem Schaden vorausgehen. Insoweit handelt es sich nicht um „Rettungskosten" im Sinne des VVG. Wirksam sind sie ferner, soweit sie den Exporteur mit „Rettungskosten" belasten, die üblicherweise im Rahmen seines Geschäftsbetriebes anfallen. In diesem Sinne werden die den Versicherungsnehmer begünstigenden §§ 62, 63 VVG einschränkend ausgelegt[653], so daß ein Verstoß gegen die Grundgedanken der gesetzlichen Regelung ausscheidet. Insbesondere seinen eigenen Arbeitseinsatz wird der Deckungsnehmer zu tragen haben. Über das übliche Maß hinausgehende Rettungskosten dürfen allerdings dem Exporteur nicht auferlegt werden, da sie die Kehrseite einer gerade im Interesse des Versicherers (!) aufgestellten Obliegenheit darstellen[654].

---

649 BGHZ 83, 169, 177.
650 Unrichtig daher *van de Loo*, S. 90.
651 BGHZ 83, 169, 177.
652 Vgl. nur die Nachw. bei *Martin* in *Prölss/Martin*, § 62 Anm. 1 A a.
653 Vgl. nur *Prölss*, FS Larenz (1983), S. 487, 517.
654 Vgl. BGH VersR 1977, 709, 710; *Prölss*, FS Larenz, S. 487, 518. Das Problem sieht auch *Schäfer*, VersR 1978, S. 4, 12.

Unwirksam ist somit der eingangs wörtlich zitierte § 15 Nr. 6 S. 2 der Ausfuhrdeckungen. Bei dieser Klausel kommt erschwerend hinzu, daß die ausführenden Personen vom Bund ausgewählt und seinen Weisungen unterworfen sind. Auf die Höhe der im konkreten Fall anfallenden Kosten hat der Deckungsnehmer mithin keinen Einfluß. Kosten, die aufgrund von Weisungen des Bundes entstanden, werden dem Deckungsnehmer auch bei der Rechtsverfolgung anteilig erstattet[655]. Damit steht die Klausel in unerklärbarem Widerspruch. Sie ist durch die gesetzliche Regelung zu ersetzen. Die Kosten für die „Wahrnehmung der beiderseitigen Interessen" hat somit der Bund zu tragen, und zwar anteilig in Höhe seiner Deckungsquote (§ 6 Abs. 2 AGBG i. V. m. § 63 VVG).

Dagegen können § 15 Nr. 6 S. 1 der Ausfuhrdeckungen und § 13 Nr. 5 der Bedingungen für Fabrikationsrisiken in vollem Umfang aufrechterhalten werden. Sie lassen sich gesetzeskonform dahingehend auslegen, daß sie den Deckungsnehmer nur mit den Kosten für „übliche" Rettungsmaßnahmen belasten. Für Fabrikationsrisiken ergibt sich dieses Verständnis aus einem Umkehrschluß aus § 10 Abs. 3 FB, FG. Die Bestimmung regelt sachgemäße Aufwendungen zur Verwertung der gedeckten Gegenstände, also Rettungsmaßnahmen, die über das im täglichen Geschäftsbetrieb übliche Maß hinausgehen. Die dabei entstehenden Kosten werden nach „vorheriger Vereinbarung" zwischen den Parteien des Gewährleistungsvertrages verteilt, also gerade nicht einseitig dem Deckungsnehmer auferlegt.

Im Ergebnis sind damit die Klauseln in den HERMES-Bedingungen, die Maßnahmen zur Schadensverhütung oder -minderung betreffen, überwiegend wirksam. Unwirksam ist § 15 Nr. 6 S. 2 der Ausfuhrdeckungen.

III. Rechtsfolgen von Obliegenheitsverletzungen

Die wichtigste Rechtsfolge einer Obliegenheitsverletzung besteht darin, daß der Bund „von der Verpflichtung zur Zahlung einer Entschädigung frei" wird[656]. Sie gilt grundsätzlich für die Verletzung sämtlicher dem Versicherungsnehmer auferlegten Pflichten[657] und kann jedem seiner Rechtsnachfolger gegenüber geltend gemacht werden[658].

Neben der objektiven Verletzung einer Obliegenheit setzt die Leistungsfreiheit des Bundes das Vorliegen einer Reihe weiterer Merkmale voraus, auf die nachfolgend einzugehen ist.

1. Gemeinsame Voraussetzungen aller Tatbestände

Nach der gesetzlichen Regelung führt die Verletzung vertraglicher Obliegenheiten nur unter drei zusätzlichen Voraussetzungen zur Leistungsfreiheit des Versiche-

---

655 § 11 Abs. 2 der Bedingungen.
656 § 16 Abs. 1−3 bzw. § 14 Abs. 1−3 der Bedingungen.
657 § 16 Abs. 5 bzw. § 14 Abs. 5 der Bedingungen.
658 Vgl. auch BGHZ 44, 1 für die Geltendmachung gegenüber dem Konkursverwalter.

rers, die sich schlagwortartig mit „Kausalität", „Verschulden" und „Kündigung" bezeichnen lassen. Die beiden letzten Merkmale sind an dieser Stelle zu problematisieren.

Hinsichtlich des Verschuldens lassen die HERMES-Bedingungen einfache Fahrlässigkeit genügen. So haftet der Bund im Falle unwahrer Angaben fort, soweit der Deckungsnehmer „die Unrichtigkeit oder Unvollständigkeit seiner Angaben weder kannte noch kennen mußte"[659]. In den übrigen Fällen muß die Pflichtverletzung „unter Verstoß gegen die kaufmännische Sorgfalt" begangen worden sein[660].

Ob der Deckungsnehmer sich fahrlässig in diesem Sinne verhalten hat, läßt sich nicht abstrakt-generell bestimmen, sondern nur nach den Sorgfaltsmaßstäben des einschlägigen Verkehrskreises[661]. Das Verhalten des Deckungsnehmers wird daher an den Sorgfaltsanforderungen zu messen sein, die an die Exportwirtschaft zu stellen sind, wobei gegebenenfalls weiter zu differenzieren ist nach der Branche, Unternehmensgröße und sonstigen „gruppenbildenden" Kriterien.

Grundsätzlich darf der Exporteur nicht nachlässiger agieren, weil er sich durch eine Bundesdeckung gesichert weiß. Der Sorgfaltsmaßstab der kaufmännischen Sorgfalt ist hierdurch in keiner Weise gemindert. Obwohl sein Ausfall hauptsächlich auf die Selbstbeteiligung beschränkt ist, soll er sich auch weiterhin für die gesamte Forderung verantwortlich fühlen. Umgekehrt wird er häufig exkulpiert sein, wenn er Weisungen des Bundes Folge leistet. Nicht schuldhaft handelt der Exporteur ferner dann, wenn er Obliegenheiten verletzt, nachdem der Bund den Entschädigungsanspruch abgelehnt hat[662]. Fahrlässig ist dagegen in aller Regel die Unkenntnis der Allgemeinen Bedingungen[663].

Im Gegensatz zur abgestuften gesetzlichen Regelung unterscheiden die HERMES-Bedingungen nicht zwischen Obliegenheiten, die vor und solchen, die nach Eintritt des Versicherungsfalles zu erfüllen sind. Für die zweite Gruppe, zu der zum Beispiel Schadensminderungspflichten gehören, setzt § 6 Abs. 3 VVG das Vorliegen von Vorsatz oder grober Fahrlässigkeit voraus. Ist der Versicherungsfall schon eingetreten, so soll dem Versicherungsnehmer sein Entschädigungsanspruch nur unter erschwerten Voraussetzungen aus der Hand geschlagen werden können[664].

Die abweichende vertragliche Vereinbarung, die in allen Fällen einfache Fahrlässigkeit genügen läßt, ist jedoch auch im Hinblick auf § 9 AGBG zulässig[665]. Im

---

659 § 16 Abs. 1 S. 2 bzw. § 14 Abs. 1 S. 2.
660 § 16 Abs. 3 bzw. § 14 Abs. 3.
661 Vgl. nur BGH VersR 1952, 118; RG JW 1924, 1430.
662 Vgl. *Bruck/Müller*, § 6 Anm. 36 m. w. N.
663 Vgl. die Nachw. der umfangreichen Rspr. bei *Prölss* in *Prölss/Martin*, § 6 Anm. 13.
664 Vgl. Begr. I S. 21.
665 In diese Richtung tendiert auch *Prölss* in *Prölss/Martin*, § 6 Anm. 16; a. A. ohne nähere Begründung *Horn* in *Wolf/Horn/Lindacher*, § 23 AGBG Anm. 478.

Rahmen der Kreditversicherung bedeutet der Eintritt des Versicherungsfalles keinen echten, sonstigen Versicherungszweigen vergleichbaren Einschnitt: Die gedeckte Forderung ist zwar (in tatsächlicher Hinsicht) „uneinbringlich" im Sinne der gedeckten Risikotatbestände; rechtlich betrachtet besteht das Kreditverhältnis indessen in der Regel fort. Die Beitreibung der Forderung soll daher auch weiterhin versucht werden[666]. Der Kreditversicherer kalkuliert seine Prämien aufgrund der Annahme, daß spätere Beitreibungsversuche zu gewissem Grade Erfolg haben und zu Rückflüssen führen. Auf die Mitwirkung des Versicherungsnehmers ist er dafür in weit höherem Maße angewiesen als Versicherer anderer Branchen[667]. Nach alledem ist es nicht unbillig, wenn den Exporteuren auch nach Eintritt des Schadensfalls diejenige Sorgfalt abverlangt wird, die in ihrem spezifischen Geschäftsbetrieb einzuhalten ist[668.]

Nach § 6 Abs. 1 S. 2 und 3 VVG wird der Versicherer – anders, als nach den HERMES-Bedingungen – erst von der Leistung frei, nachdem er den Vertrag gekündigt hat. Die Kündigung soll der Klarstellung dienen. Der Versicherer soll nicht zur Erlangung weiterer Prämien auf dem Rücken des Versicherungsnehmers spekulieren dürfen, um sich erst im Schadensfall auf seine Leistungsfreiheit zu berufen[669]. Es ist jedoch nicht unangemessen und insbesondere mit dem AGB-Gesetz vereinbar, daß der Bund auch ohne vorherige Kündigung von der Haftung frei wird. Typischerweise wird der Bund von Obliegenheitsverletzungen erst erfahren, nachdem der Versicherungsfall bereits eingetreten ist und der Deckungsnehmer ihm vollständige Unterlagen eingereicht hat. In diesen Fällen aber kann der Versicherer nicht mehr arglistig zu Lasten des Versicherungsnehmers auf Prämien spekulieren, der Zweck der gesetzlichen Regelung greift mithin nicht ein[670].

---

666 Vgl. § 11 bzw. § 12 der Bedingungen.
667 Die hier vertretene Ansicht steht daher auch nicht im Widerspruch zu BGH NJW 1985, 559 = VersR 1984, 830 (dazu *Martin*, VersR 1984, 1107, 1117) zur Transportversicherung. Die Interessenlage bei beiden „kaufmännischen" Versicherungszweigen ist hier ausnahmsweise einmal unterschiedlich zu beurteilen. In dem entschiedenen Fall war dem Versicherungsnehmer zudem, anders als nach § 16 Abs. 3 bzw. § 14 Abs. 3 der Bedingungen, der Nachweis fehlender Kausalität abgeschnitten. – Zu unzulässigen Abweichungen von § 6 Abs. 3 VVG vgl. ferner BGHZ 52, 86, 91 (Umkehr der Beweislast für das Verschulden des Versicherungsnehmers).
668 So i. Erg. auch *Michels*, VersR 1977, 1082, 1084, der allerdings zu pauschal argumentiert, wenn er Kreditversicherer dem Einflußbereich des § 6 VVG entziehen will, weil das Vertragsverhältnis wegen diverser Serviceleistungen des Kreditversicherers „nicht mehr rein versicherungsrechtlicher Natur" sei. Dies erinnert an das oben, im Ersten Teil, § 4 III 3 b), bereits abgelehnte Argument, Verträge der Kreditversicherung seien nicht nach § 9 AGBG überprüfbar, da es an einer gesetzlichen Regelung dieses Vertragstyps fehle. Der Schwerpunkt der Tätigkeit des Kreditversicherers ist zweifellos versicherungstypisch, mögen auch durch die ständige Kreditüberwachung einige Bankfunktionen hinzukommen. – Vgl. ferner OLG Karlsruhe VersR 1982, 1189, wo die Ausdehnung des § 61 VVG auf leichte Fahrlässigkeit für zulässig erachtet wurde.
669 *Bruck/Möller*, § 6 Anm. 40.
670 Vgl. näher *Bruck/Möller*, § 6 Anm. 43.

In der Praxis nähert man sich schließlich wieder dem gesetzlichen Leitbild an. Besteht schon zu einem vorherigen Zeitpunkt der Verdacht einer Obliegenheitsverletzung, so teilt der Bund dies dem Deckungsnehmer mit und weist darauf hin, daß er den Sachverhalt erst im Schadensfalle näher prüft[671]. Verzichtet dieser daraufhin auf künftigen Deckungsschutz, so kann der Gewährleistungsvertrag mit Wirkung für die Zukunft einvernehmlich aufgehoben werden (§ 305 BGB, Aufhebungsvertrag), so daß der Exporteur für spätere Zeiträume keine Zeitentgelte zu entrichten hat.

2. „Fehlende Sicherheiten" als Sonderregelung

Wurden die in der Garantie- bzw. Bürgschaftserklärung angegebenen Sicherheiten nicht oder nicht rechtswirksam bestellt, ist der Bund grundsätzlich von der Haftung frei[672]. Fraglich ist der Sinn dieser Bestimmung, da der Bund ohnehin nur unter der Voraussetzung haftet, daß die angegebenen Sicherheiten bestehen[673].

Soweit sie unter der Überschrift „Rechtsfolgen von Pflichtverletzungen" aufgeführt ist, widerspricht dies ihrem eigentlichen Regelungsgehalt. Eine Obliegenheit des Versicherungsnehmers, Sicherheiten wirksam zu bestellen bzw. dafür Sorge zu tragen, daß sein Schuldner dies erledigt, findet sich nicht in der Aufzählung der „Pflichten des Deckungsnehmers"[674]; sie ist von den HERMES-Bedingungen nicht bezweckt.

Obliegenheiten führen nur dann zur Leistungsfreiheit des Versicherers, wenn sie schuldhaft verletzt wurden, § 6 Abs. 1 VVG. Die in den Bedingungen enthaltene Klausel setzt dagegen kein Verschulden voraus; sie wäre daher, als Obliegenheit verstanden, nach § 9 AGBG unwirksam[675]. Der mit der Regelung verfolgte Zweck der Risikoabgrenzung liefe bei diesem Verständnis leer[676].

Im Grunde wiederholt die Klausel daher nur eine Voraussetzung des Entschädigungsanspruchs, daß nämlich alle angegebenen Sicherheiten wirksam bestellt wurden. Ihr einziger Regelungsgehalt liegt bei den Rechtsfolgen: Stellt der Bund nämlich ausnahmsweise fest, daß der Mangel an Sicherheiten auf seine Entscheidung, das Exportgeschäft zu decken, ohne Einfluß war, so haftet er ausnahmsweise[677].

---

671 *Schallehn/Stolzenburg*, Abschn. X, Rn. 48–49.
672 § 16 Abs. 2 bzw. § 14 Abs. 2 der Bedingungen.
673 Dies folgt aus der Regelung der Beweislast in § 5 Abs. 2 S. 1 der Bedingungen.
674 § 15 bzw. § 13 der Bedingungen.
675 Vgl. nur BGHZ 77, 88: Der Ausschluß des Entschuldigungsbeweises ist nichtig.
676 Vgl. zu diesem bei der Auslegung von Allgemeinen Versicherungsbedingungen zu berücksichtigenden Gesichtspunkt auch BGH VersR 1982, 567; *Martin*, Sachversicherungsrecht M III 7.
677 § 16 Abs. 2, 2. Halbs.

Die Darlegungslast ist dabei nach denjenigen Grundsätzen zu verteilen, die schon bei der Verletzung der Wahrheitspflicht, welche an anderer Stelle behandelt wurde[678], zum Tragen kamen: Dem Deckungsnehmer steht der Nachweis frei, daß das Fehlen von Sicherheiten für die Entscheidung des Bundes nicht relevant war; der Bund hat in diesem Zusammenhang die tatsächlichen Grundlagen seiner Entscheidungspraxis darzulegen.

3. Ursächlichkeit für den Schaden

Nach der gesetzlichen Regelung des § 6 Abs. 2 VVG ist der Versicherer grundsätzlich nur dann von seiner Haftung befreit, wenn eine Obliegenheitsverletzung ursächlich war für den „Eintritt des Versicherungsfalles". Den HERMES-Bedingungen zufolge haftet der Bund dagegen schon dann nicht, wenn durch die Verletzung „ein Schaden zu besorgen (!)" ist[679]. Der Haftungsausschluß wird also an geringere Voraussetzungen geknüpft. Diese Abweichung vom Gesetz könnte den Deckungsnehmer unangemessen benachteiligen und daher unwirksam sein (§ 9 AGBG). Zuvor stellt sich allerdings die Frage, in welchem Sinn die vertragliche Regelung auszulegen ist.

Ein Schaden ist sicher nicht schon aufgrund des allgemeinen Schadensrisikos zu „besorgen", welches jederzeit und unabhängig von Obliegenheitsverletzungen des Exporteurs besteht. Da die Vorschrift die Kausalität zwischen der Obliegenheitsverletzung und einem äußeren Erfolg voraussetzt, ist zumindest eine Risikoerhöhung erforderlich. Den Begriff der Risikoerhöhung wiederum verwenden die Allgemeinen Bedingungen erst in einer der nachfolgenden Klauseln[680]. Für die „Besorgnis eines Schadens" ist daher mehr vorauszusetzen.

Mangels anderer Anhaltspunkte und auch im Hinblick auf die Unklarheitenregel des § 5 AGBG ist die Klausel restriktiv auszulegen: „Zu besorgen" ist ein Schaden erst dann, wenn die Forderung im Sinne eines der gedeckten Tatbestände uneinbringlich wurde. Später kann der Schaden immer noch, beispielsweise durch den Eingang von Rückflüssen, entfallen. Sinn und Zweck der in den Allgemeinen Bedingungen gewählten Formulierung ist es demnach, sicherzustellen, daß die Haftungsrisiken des Bundes noch vor Auszahlung der Entschädigung feststehen, ohne daß ein Abwarten auf den ungewissen Eingang von Rückflüssen erforderlich ist. Im Ergebnis stimmt die Klausel daher mit der gesetzlichen Regelung überein: Sie setzt den Eintritt des Versicherungsfalles voraus.

Der Eintritt des Versicherungsfalles muß schließlich durch die Obliegenheitsverletzung verursacht worden sein. Dabei reicht zwar Mitverursachung aus[681]; andererseits ist der Bund nicht leistungsfrei, wenn der Gewährleistungsfall bei Erfül-

---

678 Siehe oben, II 2.
679 § 16 Abs. 3, Unterabs. 1 bzw. § 14 Abs. 3, Unterabs. 1.
680 § 16 Abs. 3, Unterabs. 3 bzw. § 14 Abs. 3, Unterabs. 3.
681 *Schallehn/Stolzenburg*, Abschn. X Rn. 46. Die Haftung ist dann allerdings nicht im Sinne eines „Alles-oder-Nichts"-Prinzips ausgeschlossen. Den Umfang der Haftungsbefreiung kann der Bund einschränken. Dazu unten, 5.

lung der Obliegenheit ebenfalls eingetreten wäre[682]. Insoweit gelten die Überlegungen entsprechend, die zur Kausalität zwischen gedecktem Tatbestand und Uneinbringlichkeit angestellt wurden[683]. Den Nachweis mangelnder Kausalität schließlich hat der Deckungsnehmer zu führen.

4. Wesentlichkeit; Risikoerhöhung für andere Deckungen

In besonderen Fällen hat der Deckungsnehmer den Entschädigungsanspruch selbst dann verwirkt, wenn die Verletzung einer Obliegenheit keinen Schaden verursacht hat. Ist er schuldhaft vom dokumentierten Sachverhalt abgewichen, wird der Bund von der Haftung frei, wenn er den Ergänzungen oder Änderungen nach den Grundsätzen seiner Entscheidungspraxis nicht zugestimmt hätte[684]. Auf diese Regelung wurde bereits eingegangen[685].

Wichtig ist der Fall, in dem der Exporteur gefahrerhöhende Umstände pflichtwidrig nicht gemeldet hat. Dann tritt die Verwirkung bereits ein, wenn „die Unkenntnis meldepflichtiger Umstände für den Bund im Zusammenhang mit anderen Ausfuhrgewährleistungen eine Risikoerhöhung bewirkt oder ihn daran gehindert hat, Maßnahmen zur Risikominderung zu ergreifen"[686]. Abweichend von § 6 Abs. 2 VVG ist also nicht erforderlich, daß die Pflichtverletzung „Einfluß auf den Eintritt des Versicherungsfalls" oder den Umfang der Versicherungsleistung gehabt hat.

Der Unterschied rechtfertigt sich aus den Besonderheiten der Meldepflichten. Mehr als andere Obliegenheiten dienen sie dem Schutz der übrigen Versicherungsnehmer. Im Rahmen der Ausfuhrgewährleistungen des Bundes sind sie Bestandteil eines Systems zentraler Informationsbeschaffung, welches bei den häufig ungesicherten und widersprüchlichen Informationen im Auslandsgeschäft mit Krisenländern von existenzieller Bedeutung ist. Wegen der auch im Rahmen der Inhaltskontrolle zu berücksichtigenden Interessen der übrigen Versicherungsnehmer[687] ist die Klausel als wirksam anzusehen.

5. Eingeschränkte Haftungsbefreiung; Verzicht

Obliegenheitsverletzungen können von unterschiedlichem Gewicht sein. Eine pauschale, unterschiedslose Leistungsfreiheit des Versicherers könnte eine auch nach § 9 AGBG unzulässige[688] Pauschalierung von Schadensersatz darstellen[689].

---

682 Vgl. LG Berlin VersR 1985, 1136.
683 Siehe oben, III 3.
684 § 16 Abs. 3, Unterabs. 2 bzw. § 14 Abs. 3, Unterabs. 2.
685 Siehe oben, II 3.
686 § 16 Abs. 3, Unterabs. 3 bzw. § 14 Abs. 3, Unterabs. 3.
687 Vgl. *Prölss* in *Prölss/Martin*, Vorbem. I 6 C b.
688 Die Wertungen des § 11 Nr. 5 AGBG sind im kaufmännischen Verkehr auch über § 9 AGBG zu beachten: *Wolf* in *Wolf/Horn/Lindacher*, § 11 Nr. 5 AGBG, Rn. 39 f.
689 Auf diesen Gesichtspunkt weist *Horn* in *Wolf/Horn/Lindacher*, § 23 ABGB Rn. 477 zutreffend hin. – Kritisch zum „Alles-oder-Nichts"-Prinzip des deutschen Versicherungsrechts aus rechtsvergleichender Sicht *Werber*, Die Gefahrerhöhung, S. 118 ff.

Die Allgemeinen Bedingungen sehen daher vor, daß der Bund die Befreiung von der Entschädigungspflicht einschränken kann. Dabei hat er die Umstände des Einzelfalls, insbesondere das eingetretene Risiko und die Schwere des Verstoßes, zu berücksichtigen[690].

Mit dieser Bestimmung greifen die Allgemeinen Bedingungen einen Grundgedanken der sogenannten „Relevanzrechtsprechung" auf, nach der nur Verstöße von einigem Gewicht zur Leistungsfreiheit des Versicherers führen sollen[691]. Geboten ist danach „eine Abwägung der Schwere und der Vorwerfbarkeit der in die Klauselregelung einbezogenen Obliegenheitsverstöße, ihrer Geeignetheit, die Interessen des Versicherers zu gefährden, und der Auswirkungen auf den Versicherungsnehmer unter Berücksichtigung seiner Schutzbedürftigkeit. Diese Schutzbedürftigkeit entfällt bei einem Kaufmann ... nicht von vorneherein"[692].

Bei der Ausübung seines Gestaltungsrechtes hat der Bund die öffentlich-rechtlichen Ermessensbindungen zu beachten. Daher kann sich für den Deckungsnehmer, der seine Obliegenheiten verletzt hat, auch ein Anspruch auf Teilentschädigung ergeben, wenn dies einer ständigen Verwaltungspraxis entspricht (Prinzip der Selbstbindung der Verwaltung)[693]. Hat zum Beispiel ein Verstoß gegen Importvorschriften des Abnehmerlandes nur die Teilnichtigkeit des Geschäftes zur Folge – denkbar ist dies etwa bei Angabe falscher Rechnungsbeträge (Unterfakturierung, um Zollabgaben zu sparen; Überfakturierung, um einen erhöhten Devisentransfer zu erreichen) –, so kommt eine Teilentschädigung in derjenigen Höhe in Betracht, in der die Forderung unzweifelhaft noch besteht.

Umgekehrt dürfen die Anforderungen an den Bund, nach Höhe des Risikos und Schwere des Verstoßes zu differenzieren, nicht überspannt werden. Das im Versicherungsrecht geltende „Alles-oder-Nichts"-Prinzip schafft im Interesse der Gefahrengemeinschaft eindeutige Verhältnisse, aufgrund deren der Versicherer kalkulieren kann. Daher ist es zulässig, Entscheidungen über Teilentschädigungen auf relativ schematischer Grundlage zu treffen. Bei der Beurteilung der „Schwere des Verstoßes" können auch präventive Gesichtspunkte beachtlich sein[694], so daß es insbesondere bei vorsätzlichem Handeln des Deckungsnehmers häufig bei vollständiger Verwirkung bleiben kann.

Inwieweit der Bund darauf „verzichten" kann, seine Leistungsfreiheit geltend zu machen[695], erscheint im Hinblick auf die Interessen der übrigen Deckungsneh-

---

690 § 16 Abs. 4 bzw. § 14 Abs. 4.

691 Vgl. nur BGHZ 53, 160; BGH VersR 1975, 752; BGH NJW 1982, 167; OLG München VersR 1977, 539.

692 BGH VersR 1984, 830 = NJW 1985, 559, 560 (Transportversicherung). Zu dieser wichtigen Entscheidung bereits oben, 1.

693 Siehe oben, Erster Teil, § 4 IV 1.

694 Zum Präventionszweck von Verwirkungsabreden BGH VersR 1977, 272 = NJW 1977, 553 m. w. N.; vgl. ferner *Baumgärtel* VersR 1968, 818 und ausführlich *Schaer*, Rechtsfolgen der Verletzung versicherungsrechtlicher Obliegenheiten, S. 71, 80 ff.

695 Diese Möglichkeit bejaht *Prölss* in *Prölss/Martin*, § 6 Anm. 15 ganz allgemein für den Versicherer.

mer zweifelhaft. Jedenfalls kann der Bund unter bestimmten, außergewöhnlichen Umständen aus dem Gesichtspunkt widersprüchlichen Verhaltens daran gehindert sein, sich auf die Verwirkung zu berufen. So mögen die Dinge liegen, wenn er in Kenntnis – Verdacht reicht hier nicht – eines Verstoßes Entschädigung leistet[696] oder den Anspruch anerkennt[697].

6. Sonderproblem: Reichweite der Haftungsbefreiung bei den Pauschaldeckungen

Bei einer „Ausfuhr-Pauschal-Gewährleistung" versichert der Bund in einem Rahmenvertrag eine Mehrzahl von Ausfuhrforderungen an eine Mehrzahl ausländischer Schuldner[698]. Verletzt der Deckungsnehmer eine seiner Obliegenheiten, taucht die Frage auf, ob sich die Leistungsfreiheit auf den gesamten Rahmenvertrag erstreckt oder ob sie auf das betroffene Einzelrisiko beschränkt ist.

Die Regelungen über das Entgelt zeigen, daß die Parteien von der Existenz einzelner Versicherungsverträge ausgehen, deren Anzahl sich nach der – ursprünglich nicht bestimmten – Zahl der vom Deckungsnehmer anzumeldenden Forderungen richtet. Hinsichtlich der Fälligkeit und der Verzugsfolgen stellen die Allgemeinen Bedingungen auf den jeweiligen Einzelvertrag ab[699]; erst im Falle wiederholten Verzuges darf der Bund den Pauschalvertrag kündigen[700].

Daraus folgt, daß sich auch die Haftungsbefreiung nur auf den oder die Einzelverträge erstreckt, die von einer Obliegenheitsverletzung betroffen waren[701]. Eine pauschale Haftungsbefreiung wäre auch angesichts der Tatsache, daß gezahltes Entgelt verfällt, als unzulässige Übersanktion (§ 9 AGBG) anzusehen.

IV. Verletzung der allgemeinen Sorgfaltspflicht

Der Bund haftet ferner nicht für Umstände und Gefahren, die der Deckungsnehmer nach den Regeln einer gewissenhaften Geschäftsführung und kaufmännischen bzw. banküblichen Sorgfalt zu vertreten hat[702]. Praktische Bedeutung dürfte die Vorschrift kaum haben, da ein sorgfaltswidriges Verhalten des Exporteurs zumeist gegen die ihm auferlegten vertraglichen Obliegenheiten verstoßen wird. Sanktioniert wird es dann durch die spezielleren, oben dargestellten Verwirkungsregeln.

696 Vgl. BGH VersR 1976, 825; OLG Hamm VersR 1981, 178.
697 Vgl. VersR 1953, 316; OLG Düsseldorf VersR 1980, 33.
698 Vgl. im einzelnen die im Anhang abgedruckten Allgemeinen Bedingungen für Ausfuhr-Pauschal-Gewährleistungen vom April 1988.
699 § 18 Abs. 1 und 2 P.
700 § 18 Abs. 2, Buchst. c) P.
701 So auch *Michels*, VersR 1977, 1082, 1085 für § 7 Abs. 2 der AVB der Warenkreditversicherung.
702 § 17 bzw. § 15 der Bedingungen.

Erwähnenswert an der Regelung ist dreierlei: Zum einen setzt sie voraus, daß die Pflichtwidrigkeit zumindest mitursächlich für den Gewährleistungsfall war. Andernfalls „haftet" der Bund nicht „für" die vom Exporteur zu vertretenden Umstände und Gefahren, wie es der Wortlaut der Bestimmung voraussetzt.

Bemerkenswert ist weiter, daß die Klausel – abweichend von § 61 VVG – schon für den Fall des mit einfacher Fahrlässigkeit herbeigeführten Versicherungsfalls die Leistungsfreiheit vorsieht. Dies verstößt nicht gegen § 9 Abs. 2 Nr. 1 AGBG. Der Versicherungsschutz wird hierdurch nicht entwertet, da das Verhalten des Exporteurs in der Exportkreditversicherung gerade keine typische Schadensursache ist[703]. Politische Risiken gelten gemeinhin als „unkalkulierbar". Richtig daran ist, daß sie jedenfalls für den privaten Exporteur kaum vorherzusehen sind. Typische Unternehmerrisiken schließlich, die sich leicht durch einfaches Fehlverhalten des Geschäftsmannes realisieren könnten, sind von der Deckung ausgenommen[704].

Schließlich ist auf die Rechtsfolge der Bestimmung hinzuweisen. Abweichend von den speziellen Verwirkungsklauseln ist der Schaden zwingend – nicht aufgrund einer Ermessensentscheidung des Bundes – entsprechend § 254 BGB zu teilen. Von der Haftung frei wird der Bund nur in demjenigen Umfang, in welchem der Schaden auf vom Deckungsnehmer zu vertretende Umstände zurückgeht.

V. Materielle Ausschlußfristen und Verjährung

Die Durchsetzung des Entschädigungsanspruchs kann schließlich auch durch bloßen Zeitablauf ausgeschlossen sein. In diesem Zusammenhang sind Fristen für das Stellen des Entschädigungsantrags von zeitlichen Grenzen für die gerichtliche Geltendmachung zu unterscheiden.

1. Ausschlußfrist für das Stellen des Entschädigungsantrags

Während die Bedingungen für die Deckung von Fabrikationsrisiken keine besondere Antragsfrist vorsehen, ist bei den Ausfuhrdeckungen der Entschädigungsantrag grundsätzlich innerhalb von zwei Jahren nach der jeweiligen dem Bund mitgeteilten Fälligkeit zu stellen. Versäumt der Exporteur diese Frist, so „gilt" die Forderung „insoweit als erfüllt"[705], mit der Folge, daß die Haftung des Bundes in diesem Zeitpunkt erlischt[706]. Diese Erfüllungsfiktion hindert den Exporteur also nicht daran, seine Ansprüche gegenüber dem Abnehmer zu verfolgen; er verliert lediglich seine Rechte gegenüber dem Bund. Da die Erfüllung der Forderung

---

703 Vgl. zu diesem Gesichtspunkt *Prölss* in *Prölss/Martin*, § 61 Anm. 8. Ähnlich *Martin*, Sachversicherungsrecht, O I 3 b), sowie BGH VersR 1972, 85.
704 Siehe oben, Erster Teil, § 2 III 3 c.
705 § 3 Abs. 2 S. 1 B, G, P, FKB, FKG.
706 § 3 Abs. 1 S. 3 B, G, P, FKB, FKG.

unwiderleglich vermutet wird, sind vom Exporteur verspätet eingereichte Unterlagen nicht mehr auf ihre Beweiskraft hin zu untersuchen. Es handelt sich um eine materielle Ausschlußfrist, nicht eine Verjährungsregelung, die den Bestand des Anspruchs selbst unberührt ließe.

a) Der Zweck der Ausschlußfrist

Ihrem Zweck nach soll die Ausschlußfrist endgültige Klarheit über die Belastungen schaffen, die auf den Bundeshaushalt zukommen. Ohne eine derartige Regelung müßte der Bund bis zum Eintritt der Verjährung mit einer Inanspruchnahme rechnen. Haushaltsrechtlich hätte dies zur Folge, daß eine Enthaftungserklärung der Bundesschuldenverwaltung vorerst nicht erteilt würde.

Der Klarstellung dient es auch, daß die Frist mit der dem Bund mitgeteilten Fälligkeit anläuft, nicht hingegen mit dem Zeitpunkt der Uneinbringlichkeit der Forderung. Beim allgemeinen politischen Schadensfall kann der Zeitpunkt der Uneinbringlichkeit um mehr als sechs Monate divergieren[707]. Auch mag im Einzelfall schwierig festzustellen sein, zu welchem Zeitpunkt die Forderung uneinbringlich wurde. Um derlei Unwägbarkeiten nicht auch noch auf den folgenreichen Ablauf der Ausschlußfrist zu übertragen, war es sinnvoll, insoweit auf die zuverlässig feststellbare „gemeldete Fälligkeit" abzustellen.

b) Inhaltliche Mindestanforderungen an den Antrag

Nach dem erkennbaren Zweck der Klausel kann ein offenbar unsubstantiierter Antrag nicht den Ablauf der Frist hindern. Der Entschädigungsantrag hat vielmehr alle wesentlichen zur Schadensbearbeitung erforderlichen Angaben zu enthalten[708]. Wegen der Klarstellungsfunktion der Klausel wird man sogar einen in jedweder Hinsicht vollständigen Antrag verlangen dürfen, so daß jegliche Ergänzung in tatsächlicher oder rechtlicher Hinsicht als verspätet zurückgewiesen werden kann.

Diese Auslegung hält den Maßstäben des AGB-Gesetzes stand, da sie für den Deckungsnehmer weder überraschend noch unbillig ist: Ist er verhindert, sämtliche Nachweise noch vor Fristablauf zu erbringen, so kann er einen Antrag auf „Ruhen des Entschädigungsverfahrens" stellen[709]. Der Bund „kann" einem solchen Antrag stattgeben mit der Folge, daß sich die Frist entsprechend verlängert. Damit stellt sich die Frage, unter welchen Voraussetzungen der Unternehmer einen Anspruch auf Fristverlängerung hat.

---

707 § 4 Abs. 2 Nr. 1 B, G; P; FKB, FKG.
708 Anders liegt es bei der bloßen *Anzeige* des Schadens, für die im Versicherungsrecht auch weit kürzere Fristen gelten (z. B. für die Feuerversicherung drei Tage, § 92 Abs. 1 VVG;) und an die geringere inhaltliche Anforderungen gestellt werden (*Prölss* in *Prölss/Martin* § 33 VVG Anm. 4). – Für die HERMES-Deckungen läßt sich eine entsprechende Anzeigepflicht nur aus dem Zusammenhang von Melde- und Auskunftspflichten entnehmen.
709 § 3 Abs. 2 S. 2 B, G; P; FKB, FKG.

c) Der Anspruch auf Fristverlängerung

Rechtsstreitigkeiten im Ausland können sich jahrelang hinziehen. Hatte der Bund vom Exporteur einen gerichtlichen Nachweis der Forderung bzw. Sicherheiten verlangt[710], so darf er eine erst nach Ablauf der Ausschlußfrist ergangene Entscheidung nicht als Beweismittel zurückweisen, wenn die Verspätung vom Deckungsnehmer nicht zu vertreten ist. Es wäre ein widersprüchliches Verhalten (§ 242 BGB), die rechtzeitige Vervollständigung des Antrags zu vereiteln, sich aber andererseits auf den Ablauf der Ausschlußfrist zu berufen[711]. Die von der Rechtsprechung zum Ablauf von Verjährungsfristen entwickelten Grundsätze[712] dürften insoweit übertragbar sein.

Weitere Fälle eines Anspruchs auf Fristverlängerung lassen sich kaum denken. Nach Ansicht des Bundesgerichtshofs greift allerdings die Ausschlußfrist des § 12 Abs. 3 VVG – dazu sogleich – dann nicht ein, wenn sich der Versicherungsnehmer exkulpieren könne. Indem sie im Interesse des Versicherers vom Versicherungsnehmer ein bestimmtes Verhalten forderte, stehe die Frist nämlich einer Obliegenheit sehr nahe; bei Obliegenheiten aber dürfe der Entschuldigungsbeweis dem Versicherungsnehmer nicht abgeschnitten sein[713]. Daß ein Exporteur die Antragsfrist der Allgemeinen Bedingungen versäumt, ohne zugleich seine kaufmännische Sorgfalt zu verletzen, ist aber in der Praxis – von dem Fall eines Rechtsstreits im Ausland einmal abgesehen – kaum denkbar.

Für den *Umfang* der Fristverlängerung wird dagegen ein Vertretenmüssen des Versicherungsnehmers häufiger zu berücksichtigen sein. Das Entschädigungsverfahren sollte nur solange ruhen, bis der Exporteur seinen Antrag unverzüglich vervollständigen kann. Kann also z. B. der gerichtliche Nachweis deshalb nicht erbracht werden, weil eine schlecht vorbereitete Klage als unzulässig abgewiesen wurde, so ist dem Deckungsnehmer die hierdurch vergeudete Zeitspanne anzulasten. Versäumt er es, seinen Antrag unverzüglich, also ohne schuldhaftes Zögern, zu vervollständigen, so verstößt er im übrigen auch gegen seine im Rahmen des Gewährleistungsvertrages bestehende allgemeine Sorgfaltspflicht[714].

2. Verjährung und Ausschlußfrist zur gerichtlichen Geltendmachung

Die Verjährungsfrage ist in den Allgemeinen Bedingungen nicht geregelt. Nach dem somit einschlägigen § 12 Abs. 1 VVG verjähren Ansprüche aus der Deckung in zwei Jahren, beginnend mit dem Schluß des Jahres, in dem Entschädigung verlangt werden kann.

---

710 § 5 Abs. 2 S. 2 B, G; P; FKB, FKG.
711 Vgl. für die Ausschlußfrist des § 12 Abs. 3 VVG BGHZ 9, 195, 208; allgemein zu dem besonderen Stellenwert, den das Verbot widersprüchlichen Verhaltens im Versicherungsrecht genießt, *Prölss* in *Prölss/Martin*, Vorb. II 3 B.
712 Vgl. die Nachweise bei *Palandt/Heinrichs*, Überbl. zu § 194 BGB, Anm. 5.
713 BGHZ 43, 235, 238.
714 § 17 bzw. § 15. Dazu schon oben, IV.

Davon zu unterscheiden ist die gerichtliche Ausschlußfrist, die schon vor Ablauf der Verjährung abgelaufen sein kann. Ansprüche aus der Deckung sind innerhalb einer Ausschlußfrist von sechs Monaten geltendzumachen. Die Frist beginnt in dem Zeitpunkt, in dem der Bund dem Exporteur gegenüber die fraglichen Ansprüche unter Hinweis auf die Ausschlußfolge schriftlich abgelehnt hat[715]. Die Regelung ist mit § 12 Abs. 3 VVG inhaltlich nahezu identisch und daher nicht unangemessen[716].

VI. Exkurs: Sonstige Rechte und Ansprüche des Bundes

Rechte und Ansprüche des Bundes, die sich aus Gesetz oder allgemeinen Rechtsgrundsätzen ergeben, werden durch die bisher genannten Regelungen nicht berührt[717].

Hat der Bund beispielsweise in Unkenntnis seiner Leistungsfreiheit gezahlt oder seine Verpflichtung anerkannt, kann er die Entschädigung nach § 812 BGB zurückfordern bzw. das Anerkenntnis kondizieren[718]. Unberührt bleibt auch das Recht auf Anfechtung wegen arglistiger Täuschung (§ 22 VVG i. V. m. § 123 BGB).

§ 10 Berechnung und Auszahlung der Entschädigung

I. Einführung in die Problematik

Hat der deutsche Exporteur nur ein einziges Geschäft mit seinem Kunden abgeschlossen bzw. – bei den Ausfuhrdeckungen – abgewickelt, so läßt sich sein Schaden ohne größere Schwierigkeiten berechnen. Einzelheiten wurden bereits dargestellt[719].

---

715 § 21 B, G; P; FKB, FKG.
716 Für die Transportversicherung, für die § 12 Abs. 3 VVG ebenfalls nicht halbzwingend ist (vgl. §§ 187 Abs. 1, 15 a VVG), ließ das LG Stuttgart VersR 1978, 835 sogar eine Klausel zu, die eine Hinweispflicht des Versicherers nicht enthielt. Es sei anzunehmen, daß der Versicherungsnehmer binnen sechs Monaten die AVB zur Kenntnis nehme, wenn er prozessual gegen den Versicherer vorgehen wolle.
717 Vgl. § 16 Abs. 6 bzw. § 14 Abs. 6 der Bedingungen.
718 Vgl. OLG Stuttgart VersR 1979, 366.
719 Siehe oben, § 7 III 4. b) für die Ausfuhrdeckungen, sowie § 8 III 1 für die Deckung von Fabrikationsrisiken.

Doch entspricht diese Betrachtung nicht ganz der wirtschaftlichen Praxis: Typischerweise tätigen Exporteure mehrere Geschäfte mit dem gleichen Abnehmer, gehen ständige Geschäftsbeziehungen ein oder konzentrieren sich auf wenige Länder. Auf diese Weise können die im Vorfeld eines jeden Geschäftsabschlusses entstehenden Kosten für Vertragsverhandlungen, Kreditwürdigkeitsprüfung, Vertragsgestaltung usw. gesenkt werden – so jedenfalls erklärt die neuere Wirtschaftswissenschaft[720] die Vorteile dieser unternehmerischen Praxis.

Der Nachteil einer solchen unternehmerischen Strategie zeigt sich in der Krise. In der Regel teilen sämtliche Geschäftsbeziehungen zu einem Abnehmer oder Abnehmerland das gleiche Schicksal: Geschäfte werden undurchführbar, Forderungen uneinbringlich. Für eine lückenlose Deckung aller Ausfälle, wie sie beispielsweise in Form einer revolvierenden oder einer Pauschaldeckung möglich wäre[721], haben die Exporteure längst nicht in allen Fällen gesorgt.

Ist nur ein Teil der Außenstände gedeckt, ergeben sich hieraus für den Kreditversicherer, der den ersatzfähigen Schaden zu berechnen hat, zusätzliche Probleme. Es fragt sich, in welcher Weise eingehende Zahlungen und sonstige Vermögensvorteile (zum Beispiel Verwertungserlöse) anzurechnen sind, ob sie, mit anderen Worten, gedeckten oder ungedeckten Forderungen zuzuordnen sind. Eine Anrechnung auf ungedeckte Forderungen wirkt sich in voller Höhe schadensmindernd für den Exporteur aus, während der Bund ungeschmälert zur Entschädigung verpflichtet bleibt. Dagegen kommen Zahlungen weitgehend – nämlich in Höhe der gedeckten Quote – dem Bundeshaushalt zugute, wenn man sie auf eine gedeckte Forderung anrechnet.

Bei der Deckung von Fabrikationsrisiken stellt sich die Frage der Anrechnung in anderer Form, da nicht in jedem Fall der Bestand einer „Forderung" vorausgesetzt wird. Die damit zusammenhängenden Sonderfragen werden am Ende dieses Abschnitts erläutert[722], während die folgenden Ausführungen in erster Linie für die Ausfuhrdeckungen gelten.

II. Probleme der Anrechnung bei den Ausfuhrdeckungen

Das Problem der Anrechnung ist gesetzlich dispositiv[723] in § 366 BGB geregelt, von dem die Regelungen in den Allgemeinen Bedingungen für Ausfuhrdeckungen

---

720 Diese ökonomische Theorie der „Transaktionskosten" wurde entwickelt und auf Vertragsbeziehungen angewandt von *Williamson*, Transaction-Cost Economics: The Governance of Contractual Relations, in: Journal of Law and Economics, Bd. 22, 1979, S. 233–261. – Zu einem weiteren Anwendungsfeld dieses Ansatzes vgl. ferner *von der Osten*, Technologie-Transaktionen. Die Akquisition von technologischer Kompetenz durch Unternehmen, Diss. Hamburg 1989.
721 Vgl. zu diesen Begriffen oben, Erster Teil, § 1 III.
722 Siehe unten, III.
723 Allg. Meinung, vgl. nur *MünchKomm-Heinrichs*, § 366 Rn. 7.

– wie noch zu zeigen sein wird – verschiedentlich abweichen. Beide Regelungen sind, über ihren Wortlaut hinaus, auch auf selbständige Forderungsteile entsprechend anwendbar. Für § 366 BGB ist dies aus praktischen Erwägungen heraus anerkannt[724], die auch bei der Exportkreditversicherung zum Tragen kommen: Die Zahlung einzelner Raten einer Einzelforderung ist sinnvollerweise nach den gleichen Regeln anzurechnen wie die Zahlung einer von mehreren Forderungen. Anders liegt es bei rechtlich unselbständigen Rechnungsposten eines Kontokorrents. Da in diesem Fall Zahlungen nicht zur Tilgung bestimmter Forderungen geleistet werden, sondern Habenposten der künftigen Gesamtrechnung darstellen sollen, sind die Anrechnungsbestimmungen nicht anwendbar[725].

Wie heikel die Frage der Anrechnung sein kann, wurde spätestens seit den beiden Ende 1982 ergangenen Entscheidungen des Bundesgerichtshofs[726] offenkundig. Der Bundesgerichtshof kam zu dem Ergebnis, die damals gültigen Bestimmungen[727] seien unklar i. S. d. § 5 AGBG. Sie wurden daher zu Lasten des Bundes als Verwender ausgelegt. Die Kompliziertheit der Fragestellung spiegelt sich auch in der Neufassung der HERMES-Bedingungen wieder, die im Folgenden untersucht werden soll.

Von grundlegender Bedeutung ist dabei die Unterscheidung zwischen Zahlungen, bei denen der Schuldner eine Tilgungsbestimmung trifft (gezielte Zahlungen)[728], und sonstigen, ungezielten Zahlungen[729].

1. Gezielte Zahlungen

Nach dem Gesetz steht das Recht zur Tilgungsbestimmung grundsätzlich dem Schuldner zu, § 366 Abs. 1 BGB. Dieses Bestimmungsrecht kann durch eine vor der Leistung getroffene Anrechnungsregelung zwischen Gläubiger und Schuldner ausgeschlossen werden[730]. Demgemäß enthalten viele Exportverträge Regelungen, die von der Anrechnung, wie sie in § 366 BGB vorgesehen ist, abweichen. Andererseits sollen derartige Bestimmungen nach den AVB, die für das Verhältnis zwischen Bund und Exporteur maßgeblich sind, unter besonderen, später darzustellenden Voraussetzungen unbeachtlich sein. Anders ausgedrückt sollen Zahlungen nach einem in den HERMES-Bedingungen abweichend festgesetzten

---

724 Vgl. BGH NJW 1973, 1689, 1690; RGZ 66, 266, 271; RGRK-Weber § 366 Rn. 5.

725 So für § 366 BGB die ganz h.M.: BGHZ 77, 256, 261 = NJW 1980, 2131; NJW 1970, 560, 561; RGZ 87, 434, 438; a.A. *Gerhuber*, § 7 I 3 und *Canaris* in Großkomm. HGB, 3. Aufl., § 355 Anm. 74–76.

726 BGH ZIP 1983, 184 = WM 1983, 151; BGH WM 1983, 912.

727 Dazu *Schallehn/Stolzenburg*, Abschn. X Rn. 53.

728 § 7 Abs. 1 Nr. 1, 2 B, G, P; FKB, FKG.

729 § 7 Abs. 1 Nr. 3 der Bedingungen.

730 Ganz h.M.: RGZ 105, 29, 31; BGH NJW 1984, 2404; *MünchKomm-Heinrichs*, § 366 Rn. 7; a.A. *Gernhuber*, § 7 I 5, der den Gläubiger auf einen Schadensersatzanspruch gegen den Schuldner verweist – eine unnötig komplizierte Begründung für ein einfacher zu erzielendes Ergebnis.

Modus angerechnet werden. Es stellt sich somit die Frage nach dem Vorrang kollidierender rechtsgeschäftlicher Bestimmungen: der Tilgungsbestimmung der Parteien des Exportgeschäfts einerseits oder der vertraglichen Klausel zwischen Gläubiger und Kreditversicherung andererseits.

Soweit die Allgemeinen Bedingungen den Vorrang ihrer eigenen Anrechnungsklausel postulieren, könnten sie wegen Verstoßes gegen die wesentlichen Grundgedanken der gesetzlichen Regelung, die nachfolgend darzustellen sind, unwirksam sein (§ 9 Abs. 2 Nr. 1 AGBG). Die Regelung ist inhaltlich überprüfbar, da sie jedenfalls nicht den mit den HERMES-Deckungen verfolgten Vertragszweck selbst regelt[731].

a) Die Grundgedanken der gesetzlichen Regelung

Das Problem des Vorrangs läßt sich, dies sei vorab klargestellt, nicht einfach mit Hilfe von § 4 AGBG (Vorrang der Individualabrede) lösen[732]. Haben die Parteien des Ausfuhrgeschäftes die Frage der Anrechnung individuell vereinbart, so könnte diese Abrede gegenüber den HERMES-Bedingungen doch nur dann vorrangig sein, wenn auch der Bund an ihr beteiligt war. § 4 AGBG beruht nämlich auf dem Grundgedanken, das *beide* Parteien einer Individualabrede größere Bedeutung beimessen als den generell zwischen ihnen vereinbarten AGB[733].

Soweit ersichtlich, haben Rechtsprechung und Literatur zu der Frage des Vorrangs lediglich für den – insoweit einem Kreditversicherer vergleichbaren – Bürgen Stellung bezogen. Das Reichsgericht hielt den Bürgen für grundsätzlich an die vom Hauptschuldner getroffene Bestimmung gebunden. Sollten Zahlungen in erster Linie auf verbürgte Forderungen angerechnet werden, so sei eine dahingehende Vereinbarung „mindestens zwischen dem Bürgen und dem Gläubiger" erforderlich[734]. Ohne nähere Begründung hielt das Reichsgericht es anscheinend für zulässig, einer Tilgungsabrede mit dem Bürgen den Vorrang einzuräumen.

Demgegenüber hat nach Auffassung *Pringsheims*[735] der Bürge „natürlich" kein Bestimmungsrecht über Zahlungen des Hauptschuldners. Dem liegt der Gedanke der Gleichstellung von Bürge und Schuldner zugrunde. Die Bürgschaftsschuld sei – von ihrer Akzessorietät einmal abgesehen – eine Verpflichtung wie jede andere. Wie der Hauptschuldner zahle auch der Bürge auf seine eigene Schuld[736]. Der eigenen Zahlungspflicht entspreche ein eigenes Recht zur Tilgungsbestimmung[737]. Auf welche Schuld die Zahlungen des *Schuldners* anzu-

731 Vgl. oben, Erster Teil, § 4 III 3 c dd).
732 Diesen Gedanken erwägt *Graf von Westphalen*, ZIP 1986, 1497, 1510.
733 *Ulmer* in: *Ulmer/Brandner/Hensen* § 4 Rn. 10.
734 RGZ 136, 178 (184).
735 Gruchot 53, 13, (19).
736 A. a. O., S. 14.
737 A. a. O., S. 15.

rechnen seien, könne er hingegen ebensowenig bestimmten, wie im umgekehrten Falle der Schuldner Zahlungen des Bürgen zuordnen dürfe[738].

Diese Ansicht beurteilt nicht nur die Interessenlage zutreffend; sie hat auch den Wortlaut des § 366 Abs. 1 BGB für sich, der das Bestimmungsrecht dem Leistenden selbst einräumt, nicht hingegen einem möglicherweise von einer Anrechnung mittelbar betroffenen Dritten. Als Ausgangspunkt ist daher festzuhalten: Nach der gesetzlichen Regelung ist die Tilgungsbestimmung des Schuldners (Importeurs), sei es einseitig oder durch Vereinbarung mit dem Gläubiger (Exporteur), gegenüber einer vertraglichen Regelung zwischen Gläubiger und Kreditversicherer vorrangig.

Zur „gesetzlichen Regelung", an deren wesentlichen Grundgedanken die Anrechnungsbestimmung zu messen sind (§ 9 Abs. 2 Nr. 1 AGBG), gehören auch allgemeine Rechtsgrundsätze wie derjenige von Treu und Glauben (§ 242 BGB)[739], der auch beim Problem der Tilgungsbestimmung seinen Platz hat[740].

Eine treuwidrig erwirkte Tilgungsabrede kann daher unbeachtlich sein. Nach neuerer Rechtsprechung des BGH[741] kann dem Gläubiger ein willkürliches Verhalten dann vorgeworfen werden, wenn er „nur zum Schaden des Bürgen" handelt, ohne das dies „durch eigene Interessen gerechtfertigt" ist[742]. Auf der anderen Seite sei es dem Gläubiger „nicht vorzuwerfen", daß er „rechtliche Möglichkeiten zur Wahrung eigener Belange" wahrgenommen habe[743]. Dies ist freilich nicht der Fall, wenn er den Schuldner arglistig getäuscht[744] oder wenn dieser kollusiv mit ihm zum Nachteil des Bürgen zusammengewirkt hat. Schließlich seien aus dem einseitigen Bürgschaftsvertrag keine Sorgfaltspflichten des Gläubigers gegenüber dem Bürgen abzuleiten; der Gläubiger dürfe den Bürgen folglich grundsätzlich auch benachteiligen[745].

Diese Rechtsprechung konkretisiert in zutreffender Weise den Grundsatz von Treu und Glauben (§ 242 BGB) als Bestandteil der „gesetzlichen Regelung", an deren Grundgedanken die Anrechnungsbestimmungen zu überprüfen sind (§ 9 Abs. 2 Nr. 1 AGBG). Allerdings darf sie nicht schematisch auf die HERMES-Deckung übertragen werden. Im Gegensatz zur Bürgschaft ist der Kreditversicherungsvertrag ein gegenseitiger Vertrag mit zahlreichen Obliegenheiten des Versicherungs-

---

738 A.a.O., S. 19.
739 Ganz h.M.; vgl. statt aller *Brandner* in *Ulmer/Brandner/Hensen*, § 9 AGBG Rn. 99.
740 Vgl. *Soergel/Siebert/Zeiss*, § 366 Rn. 2.
741 NJW-RR 1986, 518.
742 A.a.O., 519. Vgl. auch BGH WM 1966, 317: Der Bürgschaftsforderung steht grds. die Einrede der Arglist entgegen, wenn der Gläubiger den Hauptschuldner veranlaßt, die Schuld nicht zu bezahlen.
743 A.a.O., 520 mit Hinweis auf die Entscheidung des Senats in NJW 1984, 2455 = WM 1984, 425 = ZIP 1984, 418.
744 A.a.O., 520.
745 A.a.O., 520.

nehmers. In diesem Lichte besehen können auch sonstige, vom BGH nicht ausdrücklich erwähnte Beeinflussungen des Schuldners treuwidrig sein und seine Tilgungsbestimmung unbeachtlich erscheinen lassen.

b) Die Regelung in den Allgemeinen Bedingungen

Nicht unbedenklich erscheint zunächst, daß die Bedingungen eine zwischen den Parteien des Exportgeschäftes unter Umständen getroffene Anrechnungsregelung gänzlich ignorieren[746] und stattdessen auf die einseitige Tilgungsbestimmung des Schuldners abstellen (dazu sogleich). Nach dem Gesetz würde dagegen eine – gegebenenfalls auch im Vorhinein getroffene – Anrechnungsvereinbarung das spätere Bestimmungsrecht des Schuldners beseitigen[747].

Doch greifen diese Bedenken nicht durch. Der Exporteur konnte mit dem Abschluß des Deckungsvertrages eine ihm gegebenenfalls günstigere, früher mit seinem ausländischen Schuldner vereinbarte Anrechnungsregelung wirksam abbedingen. Die Interessen des Schuldners schließlich, der ja nicht am Deckungsvertrag beteiligt ist, werden dann nicht berührt, wenn seine (einseitige) Tilgungsbestimmung respektiert wird. Inwieweit dies der Fall ist, soll nun untersucht werden.

In zwei Fallgruppen respektieren die Allgemeinen Bedingungen die Tilgungsbestimmung des ausländischen Schuldners uneingeschränkt: Bei Zahlungen auf gedeckte Forderungen sowie bei Zahlungen auf ungedeckte Forderungen, die früher fällig sind als die gedeckte Forderung[748]. Problematisch, weil von der Regelung des § 366 BGB abweichend, ist nur die nachfolgende Klausel.

Sie beurteilt gezielte Zahlungen auf ungedeckte Forderungen, die nicht früher als die gedeckte Forderung fällig werden[749]. Während sich die Tilgungsbestimmung des Schuldners in den politischen Gewährleistungsfällen durchsetzt[750], wird sie bei den wirtschaftlichen Schadensfällen im Regelfall übergangen. Zahlungen werden dann ohne Unterschied auf sämtliche noch offenen Forderungen in der Reihenfolge ihrer Fälligkeit angerechnet. Dem Deckungsnehmer steht lediglich der Nachweis offen, daß er „nach den Umständen des Einzelfalles" nicht „auf die Tilgungsbestimmung der Zahlung Einfluß genommen hat"[751].

Nach § 366 Abs. 2 BGB wird von mehreren Schulden zunächst die fällige getilgt. Die Regelung entspricht dem mutmaßlichen Willen des Schuldners[752], der sich aus Zahlungsschwierigkeiten möglichst befreien will[753]. Zumindest in den wirt-

---

746 § 7 Abs. 1 S. 1.
747 BGHZ 91, 375, 379; RGZ 66, 54, 59.
748 § 7 Abs. 1 Nr. 1 B, G; P; FKB, FKG.
749 § 7 Abs. 1 Nr. 2 der Bedingungen.
750 § 7 Abs. 1 Nr. 2 S. 2.
751 § 7 Abs. 1 Nr. 2 S. 1, 2. Halbs.
752 *MünchKomm-Heinrichs* § 366 Rn. 12; *Staudinger-Kaduk*, § 366 Rn. 29.
753 BGH WM 1966, 317, 319.

schaftlichen Schadensfällen geht das Interesse des ausländischen Abnehmers in der Regel dahin, anfallende Verzugszinsen, Vertragsstrafen etc. möglichst gering zu halten, indem er Forderungen in der Reihenfolge ihrer Fälligkeit bedient[754].

Von diesem Grundsatz könnten ihn mangels anderer Anhaltspunkte nur erhebliche Einflußnahmen des Gläubigers abbringen. Zu Manipulationen hat der Gläubiger besonders in wirtschaftlichen Schadensfällen auch allen Grund, da ihm daran gelegen sein muß, die begrenzte Zahlungsfähigkeit des Abnehmers auf ungedeckte Forderungen zu lenken. Nach dem Gesetz hätte allerdings der Bund derartige treuwidrige Manipulationen nachzuweisen[755], da beim Einwand der unzulässigen Rechtsausübung von den allgemeinen Beweislastregeln auszugehen ist[756].

Insofern könnte die in den Bedingungen enthaltene Klausel gegen das in § 11 Nr. 15 AGBG enthaltene Verbot der Beweislastumkehr verstoßen, das auch unter Kaufleuten im Rahmen der Angemessenheitsprüfung nach § 9 AGBG grundsätzlich zu berücksichtigen ist[757]. Im Rahmen des § 9 AGBG ist dann allerdings eine Interessenabwägung vorzunehmen, die unter bestimmten Umständen ein Abweichen von der gesetzlichen Beweislastverteilung als tragbar erscheinen läßt[758].

Hier liegt die Tatsache, ob der Gläubiger auf die Tilgungsbestimmung seines Abnehmers Einfluß genommen hat, sicher nicht im Verantwortungsbereich des Bundes (vgl. § 11 Nr. 15a AGBG). Der Sphärengedanke spricht vielmehr eher dafür, dem Deckungsnehmer den Nachweis fehlender Einflußnahme aufzuerlegen. Schließlich kommt dem Schutz der übrigen Versicherungsnehmer vor mißbräuchlicher Inanspruchnahme, der bei der Inhaltskontrolle von AVB zu berücksichtigen ist, in diesem Zusammenhang hohes Gewicht zu[759].

Demnach ist die in den Allgemeinen Bedingungen getroffene Beweislastverteilung nicht zu beanstanden. Der Nachweis, er habe die Tilgungsbestimmung seines Abnehmers nicht beeinflußt, wird dem Exporteur jedenfalls dann leichtfallen, wenn er die Anrechnung erlangter Zahlungen gar nicht steuern konnte, wie zum Beispiel bei Zahlungen einer Versicherung oder Schadensersatz-Zahlungen. In allen übrigen Fällen dürfen die Anforderungen an den Nachweis allerdings nicht

---

754 Für Ratenzahlungen auf eine Einzelforderung gilt diese Wertung entsprechend. – Daß der Schuldner – entgegen der in § 366 Abs. 2 BGB getroffenen Regelung – vorrangig die *zuletzt* fällig gewordene Rate bedienen wolle, wird zwar vereinzelt bei laufenden Zahlungen angenommen (*Gernhuber*, § 7 I 4 b; a. A. BGH NJW 1965, 1373). Mit diesen Fällen sind aber Zahlungen auf einen Exportkredit schon deshalb nicht vergleichbar, weil dessen Nennbetrag aufgrund der vertraglich vereinbarten Zahlungsbedingungen von vornherein feststeht.

755 Vgl. BGH NJW 1962, 1718 für den Mißbrauch der Vertretungsmacht.

756 BGHZ 12, 154, 160; *MünchKomm-Roth*, § 242 Rn. 52.

757 BGH NJW 1985, 3016, 3017; OLG Frankfurt NJW-RR 1986, 245, 247; *Hensen* in *Ulmer/Brandner/Hensen*, § 11 Nr. 15 AGBG, Rn. 24–25.

758 *Wolf* in *Wolf/Horn/Lindacher*, § 11 Nr. 15 AGBG, Rn. 28.

759 Vgl. *van de Loo*, S. 58 und 106.

überspannt werden. Der im Rahmen des Kausalitätsgegenbeweises weitgehend anerkannte Anscheinsbeweis[760] sollte hier genügen. Er ist zum Beispiel dann erbracht, wenn ein ernsthaftes Schuldnerinteresse erkennbar ist, die Forderung nicht nach Reihenfolge ihrer Fälligkeit zu bedienen, welches uanbhängig von einer Einflußnahme des Deckungsnehmers besteht. Indizien dafür gibt § 366 BGB mit der höheren Lästigkeit, die zum Beispiel bei einer höher verzinslichen Schuld zu bejahen ist[761].

Nicht unangemessen erscheint schließlich der sachliche Gehalt der Regelung. Über die dargestellte Rechtsprechung des Bundesgerichtshofs zur Bürgschaft geht sie zwar insoweit hinaus, als sie jede – also nicht nur die treuwidrige – Einflußnahme des Gläubigers sanktioniert. In der Praxis wird die Klausel freilich nur solche Fälle erfassen, in denen der Exporteur die Tilgungsweise seines Abnehmers maßgeblich beeinflußt hat. Denn der Schuldner ist, wie bereits ausgeführt wurde, gerade in wirtschaftlichen Schadensfällen vital daran interessiert, seine Außenstände in der Reihenfolge ihrer Fälligkeit zu tilgen und wird hiervon nur durch massive Beeinflussung abzubringen sein. Eine solche Beeinflussung läßt sich im Rahmen eines Kreditversicherungsvertrages nicht durch erhebliche Eigeninteressen des Gläubigers rechtfertigen. Im Gegensatz zur Bürgschaft treffen den Gläubiger bei der Kreditversicherung eine Reihe von Obliegenheiten und weitergehenden Treuepflichten[762], die aus dem Versicherungsvertrag als besonderem Vertrauensverhältnis resultieren. Eigeninteressen des einzelnen Versicherungsnehmers haben demgegenüber in weitergehendem Umfang zurückzutreten.

Im Ergebnis ist damit die Art und Weise, in der die Allgemeinen Bedingungen die Anrechnung gezielter Zahlungen regeln, nicht zu beanstanden. Sie benachteiligt den Deckungsnehmer nicht unangemessen, steht insbesondere nicht in Widerspruch zu den Grundgedanken der gesetzlichen Regelung.

2. Ungezielte Zahlungen

Ungezielte Zahlungen werden im allgemeinen politischen Schadensfall und in den wirtschaftlichen Schadensfällen unterschiedslos auf gedeckte und ungedeckte Forderungen nach ihrer Fälligkeit angerechnet[763]. Dagegen wäre nach § 366 Abs. 2 BGB bei mehreren fälligen Schulden auf diejenige mit der geringeren Sicherheit für den Gläubiger – hier also die ungedeckten Forderungen – anzurechnen.

Nach § 366 Abs. 2 BGB wird also der Sicherheitengeber (hier: der Bund als Kreditversicherer) besonders benachteiligt. Kann schon der Schuldner durch Verein-

---

760 Vgl. z. B. BGH VersR 1987, 503 (Selbstmord) und VGH Baden-Württemberg VersR 1986, 457 (Erdbeben).

761 *Palandt-Heinrichs*, § 366 Anm. 3 b cc); *Soergel/Siebert/Zeiss*, § 366 Rn. 8.

762 Vgl. zu der besonderen Bedeutung des Grundsatzes von Treu und Glauben im Versicherungsrecht nur *Prölss* in *Prölss/Martin*, Vorb. II 3 und III A 8.

763 § 7 Abs. 1 Nr. 3.

barung mit dem Gläubiger die Regelung des § 366 Abs. 2 BGB abbedingen, so hat dies erst recht für den vom Gesetz einseitig benachteiligten Sicherheitengeber zu gelten. Durch eine solche Vereinbarung wird auch der Schuldner, der ja bei ungezielten Zahlungen gerade keine Tilgungsbestimmung getroffen hat, nicht unangemessen benachteiligt.

Die Klausel ist somit zulässig.

Nach welchen Kriterien in den sonstigen politischen Schadensfällen anzurechnen ist, regeln die Bedingungstexte nicht. Insoweit ist auf die gesetzlich vorgesehene, aus § 366 Abs. 2 BGB im einzelnen ersichtliche Reihenfolge zurückzugreifen.

3. Sonstige Vermögensvorteile

Die bisher dargestellten Regeln sollen möglichst lückenlos zur Anwendung kommen. Sie gelten daher entsprechend für alle sonstigen Vermögensvorteile, die dem Deckungsnehmer im Zusammenhang mit dem Schadensfall entstanden sind, wie beispielsweise für Zahlungen Dritter oder Erlöse aus der Verwertung von Sicherheiten[764].

Da der Schuldner auch in den Fällen des Pfandverkaufs oder der Verwertung von Sicherheiten eine Tilgungsbestimmung treffen kann[765], erscheint es sinnvoll, daß die Klausel auch für diese Fälle auf die Regelung der Anrechnung bei gezielten Zahlungen verweist.

Schließlich sind die Anrechnungsbestimmungen grundsätzlich auch auf die *nach* Auszahlung der Entschädigung erlangten Vermögensvorteile (Rückflüsse) anwendbar. Darauf wird später einzugehen sein[766].

4. Sachgemäße Aufwendungen

Die anzurechnenden Zahlungen werden um die vom Deckungsnehmer aufgewendeten Rechtsverfolgungs- und Beitreibungskosten gekürzt, wobei die üblichen, insbesondere im Geschäftsbetrieb des Exporteurs anfallenden Kosten unberücksichtigt bleiben[767]. Wie bereits gezeigt wurde[768], entspricht diese Regelung gerade dem gesetzlichen Leitbild des § 66 Abs. 1 VVG. Innerhalb ihres Anwendungsbereiches ist die Klausel daher wirksam.

Sachgemäße Aufwendungen sind dem Exporteur freilich ganz unabhängig von einer Anrechnung zu ersetzen, sofern sie über das übliche Maß hinausgehen.

---

764 § 7 Abs. 1 Nr. 4.
765 So die h. M. zu § 366 Abs. 1 BGB; vgl. die Nachw. bei *Staudinger-Kaduk*, § 366 Rn. 16.
766 Siehe unten, § 11 III.
767 § 7 Abs. 1 Nr. 6.
768 Oben, § 7 III 5.

Insoweit kann auf die an anderer Stelle gemachten Ausführungen verwiesen werden[769].

5. Fristen zur Schadensberechnung; Abschlagszahlung

Der Wert einer HERMES-Deckung wird für den Exporteur ganz maßgeblich von der Zügigkeit der Entschädigung bestimmt. Aus unternehmerischer Sicht liegt der Sinn einer Ausfuhrgewährleistung neben der Abwehr von Risiken auch darin, die Liquidität des Unternehmens aufrecht zu erhalten[770], die gerade durch politische Schadensfälle, die typischerweise sämtliche Abnehmer eines Landes betreffen, gefährdet sein kann. Bedenkt man, daß ein Gewährleistungsfall erst nach Ablauf einer Karenz- oder Wartefrist eintritt und sich zusätzliche Verzögerungen ergeben, wenn ein gerichtlicher Nachweis über den Bestand der Forderung erbracht werden muß[771], so wird das Interesse der Exportwirtschaft an einer zügigen Berechnung und Auszahlung der Entschädigung verständlich.

Nach der Regelung der Allgemeinen Bedingungen stellt der Bund innerhalb von zwei Monaten nach Einreichung aller erforderlichen Unterlagen die Schadensberechnung auf; der sich ergebende Betrag wird binnen eines weiteren Monats „insoweit" an den Deckungsnehmer ausgezahlt, als dieser die Berechnung „anerkannt" hat[772].

Hinsichtlich der genannten Zeiträume erscheint die Klausel unbedenklich. Das Gesetz billigt dem Versicherer in § 11 Abs. 1 VVG ausreichend Zeit für die „nötigen Erhebungen" zur Feststellung des Umfangs seiner Leistungspflicht zu; nach den aufsichtsbehördlich genehmigten AVB der Warenkredit- und der Investitionsgüterversicherung ist der Versicherer sogar erst nach sechs Monaten zu einer Abschlagszahlung (dazu sogleich) verpflichtet[773].

Problematischer erscheint auf den ersten Blick, daß die Auszahlung von einem „Anerkenntnis" des Deckungsnehmers abhängig gemacht wird. In der Erklärung, die auf gesonderten, vom Exporteur zu unterschreibenden Formularen[774] abzugeben ist, liegt ein negatives Schuldanerkenntnis (§ 397 Abs. 2 BGB), welches selbst dann nicht kondiziert werden kann, wenn es in Kenntnis des möglichen (!) Bestehens weitergehender Ansprüche abgegeben wurde[775].

Bei der Prüfung der Angemessenheit dieser Praxis ist zum einen zu bedenken, daß sich das Anerkenntnis nur auf die „Schadensberechnung" und die ihr zugrunde-

769 Siehe oben, § 7 III 5 (Ausfuhrdeckungen) und § 8 V (Deckung von Fabrikationsrisiken).
770 Vgl. zur Liquiditätswirkung der HERMES-Deckung *Hichert*, S. 100–103.
771 siehe oben, § 7 I 2–3.
772 § 7 Abs. 3 der Bedingungen.
773 § 11 Ziff. 1 AVB Warenkredit 1984, VA 1984, 98 ff. bzw. § 10 Ziff. 1 AVB Investitionskredit, VA 1987, 227 ff.
774 Abgedruckt bei *Schallehn/Stolzenburg*, Abschn. X, Anlage 3 und 8.
775 Vgl. nur *Palandt-Heinrichs*, § 397 Anm. 3 a.

liegenden Tatsachen beziehen. Weitergehende Ansprüche des Exporteurs, die sich zum Beispiel nach dem Ausgang eines anhängigen Rechtsstreits gegen den Schuldner oder Sicherheitengeber ergeben können, sind durch das Anerkenntnis also nicht ausgeschlossen. Hinsichtlich des der Schadensberechnung zugrundeliegenden Sachverhalts aber kann ein Bedürfnis des Bundes zu einem Anerkenntnis nicht völlig verkannt werden.

Die Dinge liegen hier ähnlich wie bei der Genehmigung von Rechnungsabschlüssen der Banken, die als Saldoanerkenntnis nach § 781 BGB zu werten sind[776] und angesichts der Bedürfnisse des Massengeschäfts der Banken für zulässig erachtet werden[777]. Stellt sich später heraus, daß der Exporteur bei seinem Anerkenntnis von unrichtigen Tatsachen ausgegangen ist, kann er dieses – insoweit einem Schuldanerkenntnis nach § 781 BGB vergleichbar – kondizieren. Die damit verbundene Erschwerung des Beweises – der Deckungsnehmer hat neben den Voraussetzungen für weitergehende Ansprüche auch seinen Irrtum nachzuweisen – macht die Klausel noch nicht unangemessen[778].

Ist schließlich die Schadensberechnung innerhalb der genannten Frist infolge eines Umstandes nicht möglich, den der Deckungsnehmer nicht zu vertreten hat, so „kann" ihm auf Antrag eine Abschlagszahlung geleistet werden, soweit die Entschädigung „in ihrem Mindestumfang . . . feststeht"[779]. In der bisherigen Praxis konnte die Entschädigung stets innerhalb der vorgesehenen Fristen berechnet und ausgezahlt werden, so daß sich die Frage einer Abschlagszahlung noch nicht stellte[780]. Im Hinblick auf zukünftige Fälle wirft die Klausel gleichwohl ein grundsätzliches Auslegungsproblem auf.

Im Gegensatz zu § 11 Abs. 2 VVG gibt sie dem Versicherungsnehmer jedenfalls dem Wortlaut nach keinen Anspruch auf Abschlagszahlung. Bedenklich erscheint dies zumal deshalb, weil der Mindestumfang der Entschädigung gerade feststeht. Legt man die Klausel ihrem Wortlaut entsprechend als „Kann"-Bestimmung aus, so hat der Bund hiervon jedenfalls nach pflichtgemäßem Ermessen Gebrauch zu machen[781]. Dabei ist zu berücksichtigen, daß mit der Ablehnung eines Abschlags grundsätzlich immer zugleich die Äquivalenz zwischen Leistung und Gegenleistung des Versicherungsvertrages gestört wird, da der Wert der Versicherung – wie bereits eingangs gezeigt wurde – auch von der Zügigkeit der Scha-

---

776 BGHZ 73, 207, 210; OLG Hamm NJW-RR 1986, 791, 792.

777 Vgl. nur *H. Schmidt* in *Ulmer/Brandner/Hensen*, § 10 Nr. 5 AGBG Rn. 15 f. – Wegen der praktischen Bedürfnisse will die h. M. derartige Anerkenntnisse selbst unter Nichtkaufleuten nicht an § 11 Nr. 15 AGBG messen, sondern im Rahmen des § 9 AGBG den Weg zu einer umfassenden Interessenabwägung öffnen: *Wolf* in *Wolf/Horn/Lindacher*, § 11 Nr. 15 AGBG, Rn. 12 m. w. N.

778 Vgl. auch *Wolf* in *Wolf/Horn/Lindacher*, § 11 Nr. 15 AGBG, Rn. 26 für die Beweislaständerung bei einer Abnahmebestätigung nach § 640 BGB.

779 § 7 Abs. 4 der Bedingungen.

780 Auskunft aus dem Hause HERMES vom 4. April 1990.

781 Siehe oben, Erster Teil, § 4 IV 2.

densabwicklung bestimmt wird. Daher darf die Abschlagszahlung nur aus besonders gewichtigen Gründen abgelehnt werden, die nur ausnahmsweise vorliegen dürften. Im Regelfall wird sich daher aus der Klausel, obwohl sie als „Kann"-Bestimmung gefaßt ist, ein Anspruch auf Abschlagszahlung ergeben. Bei dieser Auslegung ist die Vereinbarkeit mit den Grundgedanken der gesetzlichen Regelung gewahrt, die Klausel folglich wirksam.

6. Ergebnis zur Schadensberechnung

Insgesamt sind daher die Anrechnungsbestimmungen bei der Ausfuhrdeckung wirksam. Für die Berechnung der Entschädigung ergibt sich damit folgendes Bild:

Ausfall der gedeckten Forderung(en) = Deckungsgegenstand, § 2

minus   Anzurechnende Zahlungen (§ 7 Abs. 1 Nr. 2, 3)[782]
minus   Anzurechnende Vermögensvorteile (§ 7 Abs. 1 Nr. 4)[783]
plus   Sachgemäße Aufwendungen (§ 7 Abs. 1 Nr. 6)
minus   Selbstbehalt (§ 7 Abs. 2)
gleich   *Umfang des Entschädigungsanspruchs*

III. Besonderheiten bei der Deckung von Fabrikationsrisiken

Gegenstand einer Fabrikationsrisiko-Deckung ist nicht eine Forderung, auf die vermögenswerte Leistungen „angerechnet" werden könnten, sondern die dem Hersteller entstandenen Selbstkosten bis zur Höhe des Auftragswertes[784]. Daraus erklären sich einige begriffliche Unterschiede zur Regelung der Ausfuhrdeckungen, die im folgenden kurz darzustellen sind.

Von den entschädigungsfähigen Selbstkosten sind gewisse, näher aufgeführte Vermögensvorteile „abzuziehen". Ein Unterschied zu einer „Anrechnung", die bei den Selbstkosten, wie gesagt, begrifflich ausscheidet, besteht nicht: Wirtschaftlich gesehen wird in beiden Fällen die Entschädigung nach Maßgabe der einzelnen Vertragsklauseln gekürzt.

Die Tatsache, daß der Gegenstand der Deckung keine Forderung ist, bringt es mit sich, daß die Bedingungen nicht zwischen gezielten und ungezielten Zahlungen unterscheiden, denn eine Tilgungsbestimmung kann sich jedenfalls nicht auf die – nicht zu tilgenden – Selbstkosten beziehen. Abgezogen werden zunächst Leistungen, die „im Zusammenhang mit dem Ausfuhrvertrag", auf den sich die Deckung „bezieht", erbracht wurden. Der Zusammenhang mit dem Ausfuhrver-

---

782 Quotelung gem. § 7 Abs. 5 möglich.
783 Siehe oben, Fn. 64.
784 § 2 Abs. 1 FB, FG.

trag wird nicht allein objektiv zu bestimmen sein, sondern sich auch nach der Tilgungsbestimmung des Schuldners richten. Insoweit kann auf das zu den Ausfuhrdeckungen Gesagte verwiesen werden. Zahlt der Abnehmer beispielsweise eine im Ausfuhrvertrag vereinbarte Anzahlung, so ist diese grundsätzlich von den Selbstkosten abzuziehen. Trifft er eine Tilgungsbestimmung, die seiner typischen Interessenlage widerspricht, so hat der Deckungsnehmer im Streitfall darzulegen, daß er auf die Tilgungsbestimmung keinen Einfluß genommmmen hat[785].

Umgekehrt ist der „Zusammenhang" mit dem der Deckung zugrundeliegenden Ausfuhrgeschäft auch anhand objektiver Kriterien zu bestimmen. Das folgt aus der Tatsache, daß solche Zahlungen nicht abzuziehen sind, die „als Bezahlung bereits erbrachter Leistungen ... anzusehen sind"[786]. In diesem Rahmen kann auf die für ungezielte Zahlungen bei den Ausfuhrdeckungen entwickelten Kriterien zurückgeriffen werden. Verwertungserlöse schließlich werden nur insoweit von der Entschädigung abgezogen, als sie durch die Verwertung von Waren und Leistungen entstanden, die in die Deckung einbezogen sind[787].

Hinsichtlich der sonstigen Regelungen ergeben sich zur Ausfuhrdeckung keine Unterschiede. Was den Abzug sachgemäßer Aufwendungen, die Fristen und den Anspruch auf Abschlagszahlung betrifft, kann daher auf die obigen Ausführungen verwiesen werden.

§ 11 Das Verfahren nach Auszahlung der Entschädigung

Mit Zahlung der Entschädigung wird der Schaden nicht ersetzt, sondern lediglich vom Deckungsnehmer auf den Bund verlagert. Häufig ist der Schaden auch nicht endgültig. Von den Fällen der (endgültigen) Zahlungsunfähigkeit privater Schuldner einmal abgesehen, besteht der Schaden nur in der verzögerten Realisierung der uneinbringlich gewordenen − aber in der Regel auch weiterhin rechtsbeständigen − Forderung bzw. von Surrogatforderungen, die an ihre Stelle getreten sind. Der endgültigen Schadensregulierung dient das Verfahren nach Zahlung der Entschädigung. Nachdem alle Rechte und Ansprüche auf den Bund übergegangen sind[788], soll die Rechtsverfolgung[789] − soweit sie erforderlich und aussichtsreich ist − dazu führen, daß Rückflüsse erzielt werden[790]. Unter bestimmten Voraussetzungen kann der Bund auch die Entschädigung zurückfordern[791].

---

785 Vgl. oben, II 1 b.
786 § 7 Abs. 2 Nr. 1 am Ende FB, FG.
787 § 7 Abs. 2 Nr. 3 FB, FG.
788 § 10 B, G; P; FKB, FKG; § 11 FB, FG.
789 § 11 bzw. § 12 der Bedingungen.
790 § 8.
791 § 9 der Bedingungen.

Diese verschiedenen Stadien des Verfahrens nach Auszahlung der Entschädigung sind im folgenden zu erläutern.

I. Übergang der Rechte und Ansprüche

Durch die Entschädigungszahlung des Versicherers soll der Schuldner nicht befreit, der Deckungsnehmer nicht bereichert werden[792]. Etwaige Ansprüche, die im Zusammenhang mit dem Exportgeschäft stehen, werden daher nach den Allgemeinen Bedingungen weitgehend auf den Bund übergeleitet[793].

Nach der Ausgangsvorschrift sollen Forderungen und Nebenrechte mit Zahlung der Entschädigung grundsätzlich „von selbst" übergehen. Sollte dies nicht möglich sein, weil etwa das auf den Forderungsübergang anwendbare Recht keine dem § 67 VVG vergleichbare cessio legis kennt oder untersagt, so hat der Deckungsnehmer die zum Rechtsübergang erforderlichen Rechtshandlungen vorzunehmen, insbesondere die Forderung abzutreten. Ist schließlich, weil zum Beispiel im Exportgeschäft Abtretungsverbote vereinbart wurden[794], auch eine rechtsgeschäftliche Übertragung ausgeschlossen, so hat der Deckungsnehmer die betreffenden Rechte als Treuhänder des Bundes zu halten.

Gegenstand des Rechtsübergangs ist bei den Ausfuhrdeckungen zunächst „die entschädigte Forderung". Daraus folgt, daß sich bei einer Entschädigung in Raten auch der Rechtsübergang ratenweise vollzieht. Zusätzlich zur Forderung gehen auch etwaige für sie bestehende Sicherheiten und Versicherungen über, Ansprüche auf Zinsen und Verzugszinsen allerdings nur für die Zeit *nach* Zahlung der Entschädigung. Vorher entstandene Zinsansprüche werden dem Exporteur belassen, da sie von vornherein nicht gedeckt waren und folglich auch nicht entschädigt wurden[795].

Im KT-Fall würde dem Bund die Forderung gegen einen privaten ausländischen Schuldner wenig nützen: Indem der Schuldner den Gegenwert der Forderung in Landeswährung an der vereinbarten Stelle eingezahlt hat, ist er im Regelfall von seiner Zahlungspflicht freigeworden[796]; die Forderung hat sich jedoch in einen

---

792 Vgl. nur BGHZ 79, 35 und ausführlich *Gärtner*, Das Bereicherungsverbot (1970).

793 § 10 bzw. § 11 der Bedingungen.

794 Ob und inwieweit der Anspruchsübergang auf den Versicherer durch Vereinbarung mit dem Dritten ausgeschlossen werden kann, ist im deutschen Recht (§§ 399, 412 BGB i. V. m. § 67 VVG) nicht unumstritten. Grds. bejahend RGZ 97, 76; ablehnend dagegen für einen formularmäßig vereinbarten Ausschluß BGHZ 65, 364. – In der Praxis dürften derartige vertragliche Abtretungsverbote die Risikobewertung des Geschäftes häufig so verschlechtern, daß es gar nicht erst in Deckung genommen wird.

795 Vgl. § 2 Abs. 3 B, G; P; FKB, FKG.

796 Der Eingriff des Abnehmerlandes stellt jedenfalls ein faktisches Leistungshindernis für den Schuldner dar, das im Rahmen des Schuldstatuts zumindest als „datum" zu berücksichtigen ist und z. B. über § 275 BGB zum Freiwerden des Schuldners führt. Siehe dazu schon oben, Erster Teil, § 2 II 3 c.

Anspruch gegen die zuständige Transferbank auf Konvertierung und Transfer einbezahlter oder hinterlegter Beträge umgewandelt. Die Bedingungen für Ausfuhrgeschäfte mit Privaten enthalten folgerichtig eine gesonderte Klausel, derzufolge auch dieser Anspruch auf den Bund übergeht[797].

Nicht in den Rechtsübergang eingeschlossen sind dagegen Ansprüche des Deckungsnehmers auf Aufwendungsersatz, insbesondere auf Ersatz notwendiger Rechtsverfolgungskosten gegen den Schuldner. Der Grund hierfür ist darin zu sehen, daß die Allgemeinen Bedingungen – zu unrecht – die Kosten für Sachverständige und Prozeßführung dem Deckungsnehmer auferlegen, sofern sie vor Auszahlung der Entschädigung entstanden[798].

Der Zweck der vertraglichen Bestimmung läßt hingegen erkennen, daß Rechte gegen den Schuldner insoweit übergehen sollen, als dies dem Anteil des Bundes am Ausfall entspricht. Erhöht sich dieser Anteil über die eigentliche Entschädigungssumme auch auf Aufwendungen, die zur Feststellung des Schadens notwendig waren, so sollen auch entsprechende Ersatzansprüche vom Rechtsübergang erfaßt werden. Ob man diesen Schluß aus einer ergänzenden Auslegung der Klausel zieht oder die entstandene Lücke durch die Anwendung der zu § 67 Abs. 1 VVG entwickelten Grundgedanken[799] schließt, macht dabei im Ergebnis keinen Unterschied.

II. Die Rechtsverfolgung nach Leistung der Entschädigung

Auch nach dem Übergang der Forderung bleibt der Deckungsnehmer verpflichtet, alle zum Einzug der Forderung geeigneten Maßnahmen durchzuführen und hierbei etwaige Weisungen des Bundes zu beachten; als geeignete Maßnahme gilt auch die Führung eines Rechtsstreits[800]. Problematisch kann es allerdings sein, ob der Versicherungsnehmer prozeßführungsbefugt ist. Aufgrund der in der Weisung des Bundes liegenden gewillkürten Prozeßstandschaft dürfte die Prozeßführungsbefugnis jedenfalls für das deutsche Recht[801] zu bejahen sein[802]; andern-

---

797 § 10 Abs. 1 der Bedingungen.

798 Siehe dazu oben, § 7 III 5 (Kosten der Rechtsverfolgung) und § 8 III 2 (Kosten für Sachverständige).

799 Vgl. z.B. BGH NJW 1962, 1678 = VersR 1962, 725; für Rettungskosten nach § 63 VVG: *Bruck/Möller*, § 67 Anm. 50.

800 § 11 Abs. 1 S. 1 bzw. § 12 Abs. 1 S. 1 der Bedingungen. – In der Praxis ist die Führung eines Rechtsstreits eher die Ausnahme. Weit höher ist der Prozentsatz der Fälle, in denen Inkassobüros eintreten oder der Schuldner letztlich „freiwillig" zahlt.

801 Nach welchem Recht das angerufene Gericht die Prozeßführungsbefugnis beurteilt, kann allerdings nicht mit letzter Sicherheit vorhergesagt werden. Aus deutscher Sicht wird diese Frage nicht einheitlich – als Sachurteilsvoraussetzung – nach der „lex fori" beurteilt, sondern teilweise nach dem Recht, welches auf das die Prozeßführungsbefugnis begründende Rechtsverhältnis (Abtretung etc.) anwendbar ist. Vgl. *Nagel*, Internationales Zivilprozeßrecht, Rn. 278–282 m.w.N.

802 Für das deutsche Versicherungsrecht bejahend BGHZ 5, 105; OLG Bamberg VersR 1956, 68; a.A. *Bruck/Möller* § 67 Anm. 143.

falls wäre für den Bund ein sachlicher Grund gegeben, auf den Übergang der Forderung und Nebenrechte zu verzichten[803], so daß der Exporteur als Inhaber der Forderung die Rechtsverfolgung jedenfalls unproblematisch aufnehmen kann.

Umgekehrt kann der Bund von einer Weisung zum Führen eines Rechtsstreits absehen, wenn sich die Erfolgsaussichten wegen des Gerichtsstands oder der anwendbaren Rechtsordnung nicht hinreichend beurteilen lassen (1. Fall), oder wenn die Kosten unverhältnismäßig hoch sind (2. Fall)[804].

Im ersten Fall muß als weitere Voraussetzung hinzukommen, daß der Exporteur den ausländischen Gerichtsstand bzw. die Rechtsordnung „nicht abbedingen konnte". Dies ist nur dann anzunehmen, wenn dem Deckungsnehmer eine Rechtswahl und die Vereinbarung eines ihm vorteilhafteren Gerichtsstandes *rechtlich* unmöglich war, wie dies zum Beispiel bei einigen lateinamerikanischen Staaten noch in dem Maße der Fall ist, in dem sie sich − auf der Grundlage der Calvo-Doktrin − einer ausländischen Gerichtsbarkeit verweigern[805]. Ob anwendbares Recht und Gerichtsstand rein tatsächlich hätten abbedungen werden können, ist demgegenüber unbeachtlich. Die Wahl von Gerichtsstand und anwendbarem Recht sind grundsätzlich Bestandteil der von den Parteien des Exportgeschäfts privatautonom geführten Verhandlungen, über deren Ergebnisse der Kreditversicherer im Nachhinein schlecht urteilen kann und wozu er auch keine Veranlassung hat, nachdem er das Geschäft zu den ihm bekannten Konditionen in Deckung genommen hat.

III. Rückflüsse

Der Begriff „Rückflüsse" bezeichnet sämtliche nach Zahlung der Entschädigung eingehenden Zahlungen und sonstigen Vermögensvorteile (zum Beispiel Erlöse aus der Verwertung von Sicherheiten)[806]. In der Praxis kommt Rückflüssen große Bedeutung zu, insbesondere für die Schadensabwicklung nach dem Abschluß eines bilateralen Umschuldungsabkommens[807]. Im Jahre 1989 betrugen sie insgesamt 263 Millionen DM, was gegenüber dem Vorjahr einer Steigerung von sieben Prozent entspricht[808].

Grundsätzlich werden Rückflüsse so verteilt, wie es der Beteiligung am Ausfall der Forderung bzw. − bei der Deckung von Fabrikationsrisiken − der Selbstkosten entspricht. Der Bund behält folglich einen der Deckungsquote entsprechenden Betrag ein und kehrt nur den Anteil des Selbstbehalts an den Exporteur aus.

---

803 Vgl. § 10 Abs. 2 bzw. § 11 Abs. 2.
804 § 11 Abs. 1 bzw. § 12 Abs. 1.
805 Vgl. dazu *Samtleben*, WM 1989, S. 769 ff. m. w. N.
806 § 8 Abs. 1 S. 1 der Bedingungen.
807 Dazu näher unten, im *Dritten Teil*.
808 *Ohne Verfasser*, Frankfurter Allgemeine Zeitung v. 2. 5. 1990, S. 19.

Verkompliziert wird diese einfache Regel durch die Tatsache, daß in der Praxis regelmäßig verschiedene Schadenspositionen zu berücksichtigen sind. So werden bei der Deckung von Fabrikationsrisiken alle eingehenden Rückflüsse in der Reihenfolge „Aufwendungen – Selbstkosten – Zinsen" zugeordnet[809]. Gehen bei der Ausfuhrdeckung Rückflüsse auf verschiedene, nur zum Teil gedeckte Forderungen ein, so findet eine Anrechnung nach den bereits dargestellten[810] Grundsätzen statt.

Allerdings gibt es auch hiervon eine Ausnahme, bei der Rückflüsse in keiner Weise berücksichtigt, also auch nicht angerechnet werden. Dies ist der Fall, wenn sie auf einen Vertrag erfolgen, der zumindest drei Jahre nach demjenigen Zeitpunkt abgeschlossen wurde, in welchem die zuletzt fällige Forderung aus dem gedeckten Geschäft erfüllt oder entschädigt wurde[811].

Dies sei an einem Beispiel erläutert: Im Rahmen eines größeren Anlagengeschäftes hat der Bund mehrere Forderungen eines Exporteurs entschädigt, die zuletzt fällige am 15. Juli 1986. Nachdem sich die politischen und wirtschaftlichen Rahmenbedingungen seines Abnehmers konsolidiert haben, nimmt der Exporteur die alte Geschäftsbeziehung wieder auf. *Fall 1:* Der neue Ausfuhrvertrag wird im Jahre 1988 geschlossen. *Fall 2:* Datum des Vertragsschlusses ist der 10. August 1989.

In Fall 1 werden eingehende Zahlungen nach dem bereits dargestellten Schema angerechnet. Für den Exporteur besteht hier die Gefahr, daß Zahlungen, mag der Abnehmer sie auch dem Neugeschäft zugedacht haben, auf die älteren Fälligkeiten angerechnet werden (Grundsatz „Alt vor Neu")[812]. Soweit dies der Fall ist, hat der Deckungsnehmer dann die erhaltenen Beträge in Höhe der entschädigten Quote an den Bund abzuführen. In Fall 2 findet dagegen eine Anrechnung nicht statt; der Deckungsnehmer kann erhaltene Beträge in vollem Umfang einbehalten.

Der Sinn der genannten Ausnahmevorschrift dürfte somit weniger haushaltspolitisch (Entlastung von Kosten der Rückflußverwaltung) zu erklären sein, sondern in dem Zweck der Exportförderung liegen. Würden die Anrechnungsregeln konsequent und ohne zeitliche Begrenzung angewandt, bestünden für deutsche Exporteure geringe Anreize zu neuen Krediten. Die Präsenz der deutschen Exportwirtschaft auf risikoreichen, hochverschuldeten Märkten wäre dann zwangsläufig geringer. Diese Folgen werden mit der dargestellten Ausnahmevorschrift gemildert.

Das Recht, an Rückflüssen beteiligt zu werden, verliert der Deckungsnehmer ausnahmsweise dann, wenn ihn der Bund auf seinen Antrag hin aus der Verpflich-

---

809 Einzelheiten ergeben sich aus § 8 Abs. 1 FB, FG.
810 Siehe oben, § 11 II.
811 § 8 Abs. 1 S. 2 B, G; P; FKB, FKG.
812 Siehe oben, § 11 II 1 b.

tung zur Rechtsverfolgung entläßt[813]. Unterbleibt die Rechtsverfolgung *ohne* Antrag des Exporteurs, weil sie insbesondere unwirtschaftlich erscheint, bleibt der Deckungsnehmer folglich an Rückflüssen beteiligt. Praktisch dürfte es in derartigen Fällen allerdings kaum zu Rückflüssen kommen.

Den Eingang von Rückflüssen hat der Deckungsnehmer unverzüglich anzuzeigen und die dem Bund zustehenden Beträge umgehend abzuführen[814].

IV. Rückzahlung der Entschädigung

In einer Reihe von Fällen kann der Bund eine bereits geleistete Entschädigung zurückfordern[815]. Wichtigster Fall ist die Klageabweisung durch das für Streitigkeiten aus dem Exportgeschäft zuständige Gericht oder Schiedsgericht. Wie bereits für den gerichtlichen Nachweis *vor* Auszahlung der Entschädigung dargestellt wurde[816], sind auch in diesem Zusammenhang offensichtliche Fehlurteile unbeachtlich. Es obliegt dann dem Bund als dem Zurückfordernden, anderweitig den Nachweis zu erbringen, daß die Forderung aus dem Exportgeschäft in Wahrheit nicht bestand bzw. aus anderen Gründen zu Unrecht entschädigt worden war.

Weitergehende Ansprüche des Bundes, insbesondere aus Bereicherungsrecht, bleiben ausdrücklich unberührt[817].

§ 12 Hilfsansprüche zur Beweisführung

Wie bereits an anderer Stelle[818] herausgearbeitet wurde, gilt im Entschädigungsverfahren nicht der Amtsermittlungsgrundsatz, sondern es sind die zivilrechtlichen Regeln über die Darlegungs- und Beweislast maßgebend. Problematisch sind diejenigen Fälle, in denen der Nachweis der in den vorausgegangenen Ausführungen untersuchten, für den Entschädigungsanspruch erheblichen Tatsachen ausschließlich mit Hilfe von Informationen geführt werden kann, über die nur der andere, nicht beweisbelastete Teil verfügt. Dann stellt sich die Frage, inwieweit dem Beweispflichtigen Ansprüche insbesondere auf die Erteilung von Auskünften oder auf die Herausgabe von Urkunden zustehen.

---

813 § 11 Abs. 3 bzw. § 12 Abs. 3.
814 § 8 Abs. 2 der Bedingungen.
815 § 9 Abs. 2 bis 3.
816 Siehe oben, § 7 I 3 c dd).
817 § 9 Abs. 5.
818 Oben, Erster Teil, § 4 IV 2.

I. Ansprüche des Deckungsnehmers

Ansprüche des Exporteurs gegen den Bund sind in den Allgemeinen Bedingungen nicht erwähnt. Sie ergeben sich jedoch aus allgemeinen zivilrechtlichen Grundsätzen.

Nach Treu und Glauben besteht eine Auskunftspflicht dann, wenn die zwischen den Parteien bestehenden Rechtsbeziehungen es mit sich bringen, daß der Berechtigte in entschuldbarer Weise über Bestehen oder Umfang seines Rechtes im Ungewissen ist und der Verpflichtete die zur Beseitigung dieser Ungewißheit erforderliche Auskunft unschwer zu geben vermag[819].

Problematisch sind diejenigen Fälle, in denen der Deckungsnehmer einen Entschädigungsanspruch auch dem Grunde nach noch nicht nachweisen kann, sondern das Ergebnis der Auskunft abzuwarten hat. Grundsätzlich soll es nämlich nicht genügen, daß der Auskunft Fordernde eine Verpflichtung des anderen Teils wahrscheinlich macht. Vielmehr soll der Leistungsanspruch dem Grunde nach feststehen müssen[820].

Allerdings hat die Rechtsprechung von diesem Grundsatz Ausnahmen zugelassen[821]. Für Schadensersatzansprüche hat sie bereits mehrfach entschieden, daß bereits ein begründeter Verdacht den Auskunftsanspruch entstehen läßt, sofern nur der Anspruch innerhalb eines *bestehenden* Vertragsverhältnisses geltend gemacht wird[822]. Entsprechendes hat auch für die Geltendmachung von vertraglichen Erfüllungsansprüchen zu gelten, deren Bestand von einer dem Berechtigten nicht nachprüfbaren Voraussetzung abhängt.

In der Praxis der Bundesdeckungen dürften diese Voraussetzungen nur bei solchen Umständen vorliegen, die nicht aus der einzelnen, dem Exporteur ja in der Regel vertrauten Geschäftsbeziehungen herrühren. Zu denken ist in erster Linie an Informationen über den „politischen" Charakter einer Maßnahme[823], sowie – je nach Lage des Falles – auch über sonstige tatsächliche Umstände im Schuldnerland, die einen politischen Schadensfall begründen könnten[824].

Zweifelhaft ist es, ob und inwieweit der Unternehmer Informationen zur *rechtlichen* Situation im Ausland verlangen kann. Hier wird man unterscheiden müssen.

---

819 Ständige Rspr.: RGZ 108, 7; 158, 379; BGHZ 10, 387; 81, 24.

820 BGH FamRZ 83, 352 (Unterhaltsanspruch).

821 Vgl. z. B. BGHZ 61, 184 für den Anspruch des Pflichtteilsberechtigten gegen den Empfänger unentgeltlicher Verfügungen.

822 BGH LM § 242 (Be) Nr. 19; BAG BB 67, 839; Betr 72, 1831.

823 Dazu bereits oben, § 7 III 2 a, b.

824 Beispielsweise die Frage, ob und inwieweit es privaten Schuldnern nach der Situation auf den Devisenmärkten wirtschaftlich unzumutbar ist, den Gegenwert der Forderung in Landeswährung einzuzahlen. Dann liegt mangels Einzahlung zwar kein „KT-Fall", möglicherweise aber ein allgemeiner politischer Schadensfall vor. – Dazu bereits oben, § 7 III 2 c bb).

Soweit das Abnehmerland sein Recht in nicht formalisierter, verdeckter Form geändert hat, indem es beispielsweise den Devisenumtausch auf „grauen Märkten" neuerdings streng sanktioniert, wird der Bund hierüber grundsätzlich zu Auskünften verpflichtet sein, sofern der Exporteur diese Tatsachen nicht selbst, aufgrund seiner eigenen Geschäftskontakte, ermitteln kann.

Kommt es dagegen zur Darlegung des Entschädigungsanspruchs nicht auf die Rechtspraxis, sondern auf die formale Rechtslage im Ausland an (zum Beispiel neue Devisenbestimmungen), so ließen sich diese Umstände grundsätzlich auch durch Einholung von Gutachten zum Auslandsrecht klären. Für den Exporteur handelt es sich daher nicht ohne weiteres um eine „notwendige" Information im Sinne der genannten Rechtsprechung, die nur der Bund erteilen könnte. Auf der anderen Seite machen Maßnahmen zur Schadensabwendung und -minderung, die in Verfolgung „gemeinsamer Interessen" geschehen, das Versicherungsverhältnis zu einem besonderen Vertrauensverhältnis, aus dem sich der Bund zu keiner Zeit vollständig zurückziehen darf. Im Rahmen eines etwaigen späteren Zivilverfahrens in Deutschland hätte er ohnedies den entscheidenden Richter zu unterstützen, sofern er sich ohne Schwierigkeiten über die ausländische Rechtsordnung informieren kann[825]. Dem entspricht es, den Bund schon im Verlauf des (vorprozessualen) Entschädigungsverfahrens in gewissem Umfang zu Auskünften über das ausländische Recht zu verpflichten.

Im Ergebnis ist gleichwohl der Umfang der Auskunftspflicht eng zu begrenzen. Die Auskunftpflicht darf nicht de facto auf eine Amtsermittlungspflicht (vgl. § 24 VwVfG) des Bundes hinauslaufen, für die im Rahmen des zivilrechtlichen Entschädigungsverfahrens kein Raum ist[826]. Im übrigen stellt die Wahrung „gemeinsamer Interessen" den Kreditversicherer nicht auf eine Stufe mit demjenigen, der die Wahrnehmung (ausschließlich) fremder Interessen übernommen hat[827]. Für eine umfassende, einem Beauftragten vergleichbare Auskunftspflicht (§ 666 BGB) ist beim Kreditversicherungsvertrag kein Raum[828].

Ein prozessualer Anspruch, der über die soeben entwickelten materiell-rechtlichen Auskunftsansprüche hinausgeht und ohnehin nur im Rahmen eines Zivilprozesses von Bedeutung wäre, steht dem Deckungsnehmer dagegen nicht zu. Der Ansicht *Stürners,* die nicht beweisbelastete Partei treffe eine umfassende prozessuale Aufklärungspflicht[829], kann in dieser Allgemeinheit nicht gefolgt werden. Eine etwaige Aufklärungspflicht der Parteien läßt sich nur aus dem materiellen

---

825 Vgl. BGH NJW 76, 1581 (1583); ferner *Hök,* JurBüro 1987, 1760.
826 Siehe oben, Erster Teil, § 4 IV 2.
827 Die Ansicht, nach der ein Versicherer als Treuhänder der Gefahrengemeinschaft fungiere, konnte sich nicht durchsetzen. Vgl. dazu *Prölss,* FS Larenz (1983), S. 487 f.; *Sieg,* VersWiss 1986, 320.
828 Vgl. zu ähnlichen Auskunftpflichten §§ 27 Abs. 3; 713 BGB; § 86 Abs. 2 HGB; § 131 AktG.
829 *Stürner,* Die Aufklärungspflicht der Parteien des Zivilprozesses (1976); *ders.* ZZP 1985, 237 ff.

Recht herleiten[830]. Dies zeigt insbesondere § 422 ZPO, der für die Verpflichtung zur Vorlegung von Urkunden ausdrücklich auf das materielle Recht verweist[831].

Allerdings ist Stürner zuzugeben, daß die Rechtsprechung bisweilen Auskunftsansprüche in Fällen gewährte, in denen das Vorliegen eines materiell-rechtlichen Anspruches zumindest zweifelhaft erschien, so bei Entscheidungen zur Vorlegung von Urkunden im Zivilprozeß[832] und bei der über § 444 ZPO hinausgehenden Pflicht, Beweismittel zu schaffen. Diese Pflicht läßt sich indes aus den Besonderheiten des Versicherungsvertrages bzw. aus öffentlich-rechtlichen Buchführungsvorschriften herleiten[833]. Einen Hinweis für das Bestehen einer *allgemeinen* Prozeßaufklärungspflicht ist sie nicht.

II. Ansprüche und Rechte des Bundes

Die tatbestandlichen Voraussetzungen für Einwendungen gegen den Entschädigungsanspruch hat der Bund zu beweisen. Im Einzelfall mag dieser Nachweis schwierig erscheinen; so setzen Verstöße gegen die Wahrheits- sowie die Meldepflicht voraus, daß die fraglichen Tatsachen dem Deckungsnehmer auch bekannt waren[834]. Über Klippen der Beweisführung hilft die in den Allgemeinen Bedingungen verankerte Kombination von Auskunftspflichten des Deckungsnehmers[835] und Prüfungsrechten des Bundes[836] hinweg. Sie bestehen „jederzeit" und ermöglichen es auch *nach* Auszahlung der Entschädigungssumme noch, eine Pflichtverletzung des Deckungsnehmers festzustellen[837]. Zu prüfen sind sie insbesondere auf ihre Angemessenheit im Lichte des § 9 AGBG.

1. Auskunftspflicht des Deckungsnehmers

Über den jeweiligen Abwicklungsstand des Exportgeschäfts sowie über sonstige Umstände, die für die Gewährleistung „von Bedeutung sein können", hat der Deckungsnehmer jederzeit Auskunft zu erteilen[838].

Zu Auskünften aus eigenem Antrieb ist der Deckungsnehmer grundsätzlich nur im Rahmen seiner Meldeobliegenheit verpflichtet[839]. Gleichwohl kann die Aus-

---

830 Gegen Stürner auch *Arens*, ZZP 1983, S. 1 ff.; *Rosenberg/Schwab*, § 118 VI 3, S. 726; *Prütting*, Gegenwartsprobleme der Beweislast (1983), S. 137 ff.

831 *Prütting*, a. a. O., S. 138.

832 Vgl. nur BGHZ 60, 275 ff., 292.

833 OLG Düsseldorf MDR 1973, 592 (Abrechnungspflicht eines Kaufmanns); BGHZ 72, 132, 137 (Dokumentationspflicht eines Arztes).

834 Vgl. § 15 Nr. 1 und 4 bzw. § 13 Nr. 1 und 4 der Bedingungen.

835 § 15 Nr. 7 bzw. § 13 Nr. 6.

836 § 15 Nr. 8 und 9 bzw. § 13 Nr. 7 und 8.

837 Arg. § 15 Nr. 9 am Ende („vorgelegen haben") bzw. § 13 Nr. 8 am Ende.

838 § 15 Nr. 7 bzw. § 13 Nr. 6.

839 Siehe oben, § 9 II 5 a.

kunftspflicht über die Beantwortung konkret gestellter Fragen hinausgehen. Für die vom Wortlaut her enger gefaßte gesetzliche Regelung des § 34 VVG gilt nach gefestigter Rechtsprechung[840], daß der Versicherungsnehmer über den vom Versicherer vorgelegten Fragenkatalog hinaus alle Angaben zu machen hat, die für die Leistungspflicht des Versicherers von Bedeutung sein können.

In inhaltlicher Hinsicht erstreckt sich die Auskunftspflicht nicht nur auf gefahrerhöhende Umstände, die ohnehin aufgrund der Meldepflicht mitzuteilen wären[841], sondern auf alle Tatsachen, die für die Deckung „von Bedeutung sein können". Hierzu zählen auch gefahrmindernde Tatsachen, wie z. B. Zahlungseingänge. Die Auskunftspflicht umfaßt auch Umstände, deren Preisgabe den Interessen des Deckungsnehmers zuwiderläuft, etwa weil sie den Bund zur Leistungsverweigerung berechtigen oder gar zu einem Strafverfahren gegen den Versicherungsnehmer führen können[842]. Wie bei den Meldepflichten bereits ausgeführt[843], dürfen solche belastende Auskünfte auch gegen den Deckungsnehmer verwertet werden.

Auf diese Weise dient die Auskunftspflicht also dazu, neben der objektiven Gefahrenlage auch das sogenannte „subjektive Risiko" kontrollieren zu können, das Risiko nämlich, daß sich der Deckungsnehmer vertragswidrig zum Nachteil des Bundes verhält. So dient die Vorlage des vollständigen Kundenkontos, das sechs Monate vor dem Rechnungsdatum der ältesten uneinbringlich gewordenen Forderung zu beginnen hat[844], auch der Feststellung, ob der Exporteur Zahlungsverzögerungen seines Abnehmers ordnungsgemäß gemeldet oder ob er den Vertrag in Kenntnis dieses Verzuges weiterhin abgewickelt hat.

Problematisch ist, inwieweit der Deckungsnehmer über die reine Auskunftserteilung hinaus zu eigenen Erkundigungen verpflichtet ist. Der Wortlaut der Klausel gibt dafür nichts her[845]. Nach ihrem Zweck wird man den Deckungsnehmer jedoch im Rahmen des ihm billigerweise Zumutbaren auch zu eigenen Nachforschungen verpflichtet anzusehen haben. Dies entspricht dem in § 34 Abs. 2 VVG niedergelegten Grundgedanken. Die Grenze der Zumutbarkeit wird dabei maßgeblich durch die Bedeutung der zutreffenden und vollständigen Auskunft für die Verhütung bzw. Aufklärung des Versicherungsfalles bestimmt.

---

840 BGH VersR 1960, 1033 = NJW 1961, 268; vgl. auch BGH VersR 1969, 267; ferner OLG Karlsruhe VersR 1967, 174.

841 § 15 Nr. 4 bzw. § 13 Nr. 4.

842 Ständige Rspr. zu § 34 VVG. Vgl. die Nachw. bei *Prölss* in *Prölss/Martin*, § 34 Anm. 2 A.

843 Siehe oben, § 9 II 5.

844 *Schallehn/Stolzenburg*, Abschn. X Rn. 39.

845 Anders z. B. § 7 Abs. 1 Nr. 2, S. 3 AKB: „Der Versicherungsnehmer ist verpflichtet, alles zu tun, was zur Aufklärung des Tatbestandes ... dienlich sein kann". Eine Aufklärungspflicht im Rahmen des § 34 VVG bejaht auch BGH VersR 1969, 694 = NJW 1969, 1384.

2. Prüfungsrechte

Das Gesetz räumt dem Versicherer keine Prüfungsrechte ein; nach § 34 Abs. 2 VVG kann er allenfalls Belege über den Eintritt des Versicherungsfalles verlangen. Doch spricht dies wegen der dem Kreditversicherer eingeräumten Vertragsfreiheit (§ 187 Abs. 1 VVG) noch nicht gegen die Angemessenheit (vgl. § 9 AGBG) des vertraglich Vereinbarten. Das Kreditversicherungsverhältnis ist weniger durch den reinen Austausch von Leistungen gekennzeichnet als vielmehr durch beiderseitige Mitwirkungspflichten zur Abwendung eines Schadens. Im Rahmen der Wahrnehmung gemeinsamer Interessen bedarf es grundsätzlich besonderer Kontrollrechte, die auch in anderem Zusammenhang gesetzlich anerkannt sind (vgl. zum Beispiel § 716 BGB). Entscheidend für ihre Wirksamkeit ist dann ihre konkrete Ausgestaltung.

Nach der vertraglichen Regelung sind der Bund und seine Beauftragten zunächst berechtigt, jederzeit Bücher und Unterlagen des Deckungsnehmers einzusehen und Abschriften von ihnen zu nehmen oder zu verlangen. Diese Rechte beschränken sich auf diejenigen Unterlagen, die für die Bundes-Deckung „von Bedeutung sein können"[846]. Dieser Zusatz ist Ausfluß der im Rahmen der Verhältnismäßigkeit staatlichen Handelns stets zu prüfenden Erforderlichkeit.

Insgesamt erscheint die Klausel, die mit § 8 Nr. 5 der aufsichtsbehördlichen genehmigten AVB der Warenkreditversicherung[847] nahezu identisch ist, nicht unangemessen. Zur Führung zusätzlicher, über die nach handelsrechtlichen Vorschriften ohnehin anzulegenden Bücher (vgl. §§ 238 ff. HGB) hinausgehenden Unterlagen wird der Deckungsnehmer gerade nicht verpflichtet[848]. Das Recht, Abschriften zu verlangen, stört schließlich den Geschäftsbetrieb des Unternehmers kaum, da ihm – im Gegensatz zur Beschlagnahme – die Originale bleiben.

Problematischer, weil über die bloße Buchprüfung hinausgehend, ist die nachfolgende Klausel[849]: Danach kann der Bund auch den *Betrieb* des Exporteurs prüfen bzw. prüfen lassen – „damit festgestellt werden kann, ob eine Inanspruchnahme in Frage kommt, die Voraussetzungen hierfür vorliegen oder vorgelegen haben". „In Frage" kommt eine Inanspruchnahme des Bundes erst, nachdem ein Entschädigungsantrag gestellt ist. Mit einer Betriebsprüfung braucht der Deckungsnehmer folglich erst im Rahmen des Entschädigungsverfahrens zu rechnen, wobei deren Umfang noch zusätzlich durch den in der Klausel genannten Prüfungszweck begrenzt ist. Insoweit kann eine unangemessene Benachteiligung des Deckungsnehmers nicht festgestellt werden.

Die vereinbarten Prüfungsrechte halten auch im Hinblick auf ihre Sanktionsandrohung einer Inhaltskontrolle stand. Da sie im Rahmen eines zivilrechtlichen

---

846 § 15 Nr. 8 bzw. § 13 Nr. 7.
847 Abgedruckt in VA 1984, 98, 101.
848 Anders z. B. die Modellklausel: Feuerklauseln, abgedruckt bei *Bruck/Möller* unter D 2/12.
849 § 15 Nr. 9 bzw. § 13 Nr. 8.

Vertrages vereinbart wurden, versteht sich von selbst, daß sie nicht mit den Mitteln des Verwaltungszwanges durchsetzbar sind[850]. Nach der Systematik der HERMES-Bedingungen sollen sie aber auch nicht selbständig einklagbar sein. Genau genommen handelt es sich vielmehr um Obliegenheiten[851] des Deckungsnehmers, die Ausübung der vom Bund eingeräumten Prüfungsrechte zu *dulden*. Bei ihrer Verletzung ist der Bund nach den allgemeinen Regeln von der Haftung frei[852].

Die Reichweite dieser Duldungspflicht wird weiter begrenzt durch die Tatsache, daß der Bund seine Prüfungsrechte auch im Einzelfall nur unter strenger Beachtung der Verhältnismäßigkeit ausüben darf. Unzulässig wäre danach eine Betriebsprüfung „zur Unzeit", d. h. außerhalb der üblichen Geschäftszeiten, ohne daß hierfür ein besonderer Grund vorliegt. Unangemeldete Prüfungen („surprise visits")[853] sind dagegen in gewissem Ausmaß zulässig und auch unabdingbar, um eine wirksame Kontrolle ausüben zu können.

Nach alledem sind die vertraglichen Prüfungsrechte auch mit dem Grundrecht auf Unverletzlichkeit der Wohnung (Art. 13 GG) vereinbar, welches nach der Rechtsprechung des Bundesverfassungsgerichts[854], wenngleich in abgeschwächter Form, auch für Geschäftsräume von Unternehmen gilt. Die Frage, inwieweit ein Grundrechtseingriff schon durch das Einverständnis des Deckungsnehmers, welches in dem Abschluß des Deckungsvertrages liegt, ausgeschlossen ist, kann daher an dieser Stelle offenbleiben[855].

III. Bedeutung für die vertragliche Risikoverteilung

Die dargestellten Hilfsansprüche bei der Beweiserbringung nehmen der Verteilung der Beweislast viel von ihrer Schärfe. Zwar trägt nach wie vor die beweisbela-

---

850 Eine Vollstreckung nach dem VwVG wäre allenfalls bei öffentlich-rechtlichen Verträgen mit subordinationsrechtlichem Charakter denkbar, § 61 VwVfG i. V. m. § 54 S. 2 VwVfG, nicht jedoch im Rahmen des zivilrechtlichen Gewährleistungsvertrages. − Daher stellt sich auch nicht das im Rahmen des EG-Kartellrechts vielerörterte Problem, inwieweit Nachprüfungsrechte der öffentlichen Hand auch im Wege unmittelbaren Zwanges (vgl. § 12 VwVG) durchsetzbar sind, oder inwieweit dies − wegen der Grundrechte des betroffenen Unternehmens − nur aufgrund richterlicher Anordnung zulässig ist. Vgl. näher zum Ganzen *Gillmeister*, Ermittlungsrechte im deutschen und europäischen Kartellordnungswidrigkeitenverfahren, S. 180−189, sowie EuGH, Urteil vom 21. 9. 1989 − verb. Rs. 46/87 und 227/88 („Hoechst"), BB 1989, S. 2275 = DB 1989, S. 2112 = WuW 1989, S. 1003.
851 Zu Begriff und Rechtsnatur der Obliegenheiten schon oben, § 9 II 1.
852 Dies folgt aus § 16 Abs. 3 bzw. § 14 Abs. 3 der Bedingungstexte, die die hier untersuchten Bestimmungen ausdrücklich mit einschließen.
853 Vgl. dazu für das EG-Kartellrecht *Grabitz/Pernice*, nach Art. 87 EWG-Vertrag, Art. 14 VO 17, Rn. 40.
854 BVerfGE 32, 54, 71.
855 Darauf wird im Zusammenhang mit der Umschuldungsermächtigung des § 14 zurückzukommen sein. Siehe unten, Dritter Teil, § 15 II 2.

stete Partei das Risiko eines „non liquet", doch wird dieses „Aufklärungsrisiko"[856] durch die Mitwirkungspflicht des anderen Teils erheblich vermindert. Dem Versicherungsverhältnis liegt der Gedanke zugrunde, daß jeweils derjenige ein Risiko abwehren bzw. mindern soll, dem dies objektiv gesehen zu geringeren Kosten möglich ist[857]. Dieser Gedanke einer „optimalen" Risikoverteilung findet bei den dargestellten Hilfsansprüchen und Mitwirkungspflichten seinen angemessenen prozessualen Ausdruck.

---

856 Begriff von *Stürner*, ZZP 1985, 237, 238.
857 *Prölss* geht in *Prölss/Martin*, Vorb. II 3) sogar soweit, diesen Gedanken im Rahmen des § 242 BGB berücksichtigen zu wollen.

Dritter Teil: Das Verfahren bei Umschuldungen

§ 13 Der weltwirtschaftliche Hintergrund für Umschuldungen

Die internationale Verschuldungskrise hat sich in den vergangenen Jahren als eines der Hauptprobleme der Weltwirtschaft herausgestellt. Sie steht im Blickpunkt des öffentlichen Interesses.

Zahlungsschwierigkeiten eines Staates bezüglich seiner Auslands-, insbesondere seiner Fremdwährungs-Verbindlichkeiten, sind zwar ein älteres, noch in die Zeit vor der großen Weltwirtschaftskrise zurückreichendes Phänomen[858]. Die gegenwärtig andauernde Krise weist jedoch besondere Gefahren auf. Sie ergeben sich unter anderem aus der Vereinbarung variabler Zinsen, zu denen kapitalschwache Länder gegen Ende der siebziger Jahre vermehrt bei Industrienationen und international tätigen Geschäftsbanken Kredit aufnahmen. Vor dem Hintergrund weltweit steigender Zinsen und gleichzeitig fallender Ausfuhrpreise für Rohstoffe (mit Ausnahme von Erdöl) sollte diese Politik schon bald fatale Folgen zeigen[859].

Um ihre Schulden zu tilgen, hätten die Schuldnerstaaten gewaltige Teile ihres Bruttoinlandsproduktes einsetzen müssen – die Exporterlöse reichten hierfür nicht mehr aus. Auf einem ersten Höhepunkt der Krise, im Jahre 1983, hätte Chile etwa 103% seines Bruttoinlandsproduktes, Peru etwa 76%, Uruguay etwa 63%, Mexiko und Brasilien je rund 44% einsetzen müssen, um ihre Auslandsverbindlichkeiten aufzulösen[860].

Betroffen von dieser devisenbedingten[861] Beeinträchtigung der Schuldendienstfähigkeit sind ausschließlich Entwicklungsländer einschließlich der Schwellenländer sowie einige osteuropäische Staaten. Die Außenverschuldung der Entwick-

---

858 Vgl. näher zur geschichtlichen Entwicklung, die bis zum Altertum zurückreicht, *Manes*, Staatsbankrotte (1922), S. 24ff.; ferner *Borchard*, State Insolvency and Foreign Bondholders, Bd. 1: General Principles (1951); *Born*, Geld und Banken im 19. und 20. Jahrhundert (1977), S. 64ff., 232ff., 28ff. Hinzuweisen ist in diesem Zusammenhang auch auf die Umwandlung der deutschen Reparationsschulden aus dem Versailler Vertrag durch die Dawes- und Young-Anleihen.

859 *Weltbank* (Hrsg.), Weltentwicklungsbericht 1988, S. 33f.

860 Vgl. *Wiesner*, Finanzierung & Entwicklung, März 1985, S. 24.

861 Dagegen lautet ein Großteil der Auslandsverbindlichkeiten der USA auf US-Dollar. Dies ist nur einer der Gründe, weshalb die USA trotz der zahlenmäßig höchsten Auslandsverschuldung der Welt (März 1988 über 885 Milliarden US-Dollar) als einer der solventesten Schuldner angesehen werden: *Wulfken*, S. 5 m. w. N.

lungsländer überstieg im Jahre 1985 1000 Mrd. US-Dollar. Für die Jahre 1988 und 1989 wurde ein Ansteigen auf ca. 1300 Mrd. US-Dollar prognostiziert[862].

Mittelbar sind von dieser Entwicklung auch die westlichen Industrieländer in verschiedener Hinsicht tangiert. Unter anderem drohen sie aufgrund der Devisenknappheit Absatzmärkte für ihre Exportgüter zu verlieren. Diese wirtschaftliche Folge stellte eine neue Herausforderung für die Exportförderungsmaßnahmen der Industrieländer dar.

Allein im Jahre 1988 wurden im Rahmen des Pariser Clubs Umschuldungen auf multilateraler Ebene mit 15 Schuldnerländern vereinbart; die Bundesrepublik schloß 14 bilaterale Durchführungsabkommen. Insgesamt befanden sich Ende 1988 106 Umschuldungsabkommen mit deutscher Beteiligung in der Abwicklung. Das Gesamtvolumen dieser Abkommen belief sich einschließlich der den Exporteuren zustehenden Anteile auf rund 13,8 Milliarden DM, die Summe der noch nicht getilgten Beträge auf ca. 11,7 Milliarden DM[863]. Dies entsprach dem weitaus größten Anteil aller Außenstände bei den Ausfuhrgewährleistungen. Die enorme praktische Bedeutung des Umschuldungsverfahrens wird auch in den kommenden Jahren kaum nachlassen.

§ 14 Das Außenverhältnis: Verfahren und Inhalt von Umschuldungen zwischen Bund und Schuldnerstaat

Die achtziger Jahre waren durch zahlreiche Hilfs- und Umschuldungsprogramme gekennzeichnet, auf die hier nicht im einzelnen eingegangen werden kann[864]. Namentlich die Entwicklungsländer waren in der Vergangenheit immer wieder bestrebt, Umschuldungsverfahren nach international anerkannten, politischen Richtlinien ablaufen zu lassen und zu institutionalisieren, konnten sich jedoch mit dieser Forderung nicht durchsetzen[865]. Auch weiterhin läuft das Verfahren nach relativ verfestigten, aber nirgends kodifizierten Regeln[866] in zwei Etappen ab, die im folgenden darzustellen sind. Auf multilaterale Verhandlungen folgen dabei bilaterale Verhandlungen.

---

862 Vgl. *World Bank* (Hrsg.), World Debt Tables, 1987−88 Edition, Vol. I, S. viii.
863 *HERMES-Bericht* 1988, S. 17.
864 Vgl. hierzu näher *Wulfken*, S. 10−19 m.w.N.
865 Nach dem geltenden Völkerrecht besteht insbesondere keine Pflicht des Gläubigers, überhaupt Verhandlungen zu führen. Eine gemeinsame Rechtsüberzeugung, die ein solches Abgehen von dem völkerrechtlichen Satz „pacta sunt servanda" begründen könnte, ist auch nach der langjährigen Praxis von Umschuldungsverhandlungen nicht festzustellen: *Hahn*, ZKW 1989, S. 314, 315 m.w.N.
866 Nachw. hierzu in *Bothe/Brink/Kirchner/Stockmayer*, S. 132 Fn. 1.

I. Multilaterale Verhandlungen

Zurückgehend auf eine Empfehlung des Internationalen Währungsfonds (nachfolgend: IWF) treffen sich die wesentlichen Gläubigerländer im sogenannten Pariser Club. Dabei handelt es sich um eine ad hoc und auf Antrag eines Schuldnerstaates einberufene Konferenz mit dem Ziel, eine multilaterale Umschuldungsvereinbarung herbeizuführen. Als Beobachter sind häufig der IWF, die Weltbank und die regionalen Entwicklungsbanken sowie die UNCTAD vertreten. Soweit in der Vergangenheit multilaterale Umschuldungen auch außerhalb des Pariser Clubs durchgeführt wurden, lehnte sich das Verfahren doch sehr stark an die im folgenden darzustellenden Grundsätze an[867].

1. Voraussetzungen

In der Praxis haben sich drei Voraussetzungen für das Zusammentreffen des Pariser Clubs herausgebildet. Erforderlich ist zunächst ein formeller Antrag eines Schuldnerstaates auf Umschuldung[868]. Zweitens muß ein konkreter Umschuldungsbedarf bestehen, also eine erhebliche Finanzierungslücke des Schuldnerlandes unmittelbar bevorstehen[869]. Zu diesem Zweck prüfen zunächst die Gläubigerländer die wirtschaftliche Lage und die Zahlungsprobleme des Schuldners und holen Stellungnahmen von IWF und Weltbank sowie in Einzelfällen auch von UNCTAD und OECD ein[870].

Dritte und wichtigste Voraussetzung ist schließlich, daß sich der Schuldnerstaat mit dem IWF vor Beginn der Umschuldungsverhandlungen über die Bereitstellung höherer Kreditlinien geeinigt hat („Bereitschaftskredit-Abkommen")[871]. Die

---

867 Vgl. *Bothe/Brink/Kirchner/Stockmayer*, S. 117f.

868 Dies mag man als Ausdruck der wirtschafts- und währungspolitischen Souveränität des jeweiligen Staates betrachten (vgl. *Carreau*, J. du Droit International 1985, S. 5, 20). Wirtschaftlich betrachtet führt allerdings für viele Staaten kein Weg an einer multilateralen Einigung mit den wichtigsten Gläubigerländern vorbei, um überhaupt noch (Neu-)Kredite zu erhalten. Daher gab es bisher auch keine Fälle, in denen ein Schuldnerland gegen seine Auslandsverbindlichkeiten die „Einrede des Staatsnotstandes" (plea/claim of necessity) erhoben hätte. Die völkerrechtliche Zulässigkeit einer solchen Einrede ist außerdem sehr zweifelhaft, der Entwurf einer UN-Konvention über den Staatsnotstand ließ sie immerhin im Grundsatz zu; vgl. dazu *Hahn*, ZKW 1989, S. 314, 318.

869 *Rieffel*, Col.J. Transnat.L. 1984, S. 83, 84.

870 Am zuverlässigsten kann häufig der IWF die wirtschaftliche Lage notleidender Mitgliedstaaten beurteilen, da die umfassende Analyse der Wirtschaftslage und das Erkennen drohender Zahlungsbilanzdefizite zu den ihm speziell zugewiesenen Aufgaben gehört. Dazu im einzelnen *Rieffel*, a. a. O., S 94ff. – Der IWF informiert den Pariser Club auch über die Konditionen von Umschuldungen anderer Gläubiger, z. B. privater Geschäftsbanken: *Euler*, S. 49.

871 Hierzu im einzelnen *Bothe/Brink/Kirchner/Stockmayer*, S. 119–123. Vgl. zur Rechtsnatur von Bereitschaftskredit-Abkommen *Gold*, The Legal Character, S. 43ff.

Neuvergabe von Krediten ist in der Regel daran gebunden, daß der Schuldner bestimmte wirtschaftspolitische Auflagen – Reform- und Anpassungsmaßnahmen – erfüllt[872]. Auf diese Weise sollen zumindest die kurzfristigen Ursachen der Überschuldung beseitigt werden. Üblicherweise wird auf die Vereinbarung auch in der Präambel und in den Durchführungsbestimmungen des Pariser Protokolls (dazu sogleich) Bezug genommen, was ihre zentrale Bedeutung unterstreicht.

2. Das Pariser Protokoll

Die im Pariser Club vereinbarte Umschuldungsregelung wird in der Form eines Schlußdokuments, den sogenannten „Agreed Minutes", festgehalten. Mit Ausnahme des Zinssatzes enthält das Protokoll sämtliche für die spätere bilaterale Umschuldung maßgeblichen Rahmenbedingungen, die im nachfolgenden Überblick kurz darzustellen sind.

a) Definition der erfaßten Forderungen

Die erfaßten Forderungen („debts concerned") werden anhand der nachstehenden Kriterien näher eingegrenzt.

Erfaßt werden zunächst nur Kredite, die von den Gläubigerstaaten selbst oder von staatlichen Institutionen gewährt wurden, sowie private Handelsforderungen, soweit sie von den Gläubigerstaaten garantiert oder versichert sind. Zur letzten Gruppe gehören auch hermesgedeckte Forderungen[873]. Sonstige Privatforderungen nehmen damit an der Umschuldung nicht teil. De facto können allerdings die

---

872 An dieser „Konditionalität" neuer Kredite hat sich stets heftige Kritik entzündet, auf die hier nicht im einzelnen eingegangen werden kann. Indem man einem Sanierungsplan unterwerfe, schränke man ihre Souveränität in unzulässiger Weise ein; außerdem finde ein Erlaß von Schulden, der bei der Überschuldung Privater nach nationalen Rechten häufig vorgeschrieben sei, nicht in nennenswertem Umfang statt. Vgl. zum Ganzen nur *Frankenberg/Knieper*, RIW 1983, 569, 572. – Zurückhaltender und um ausgewogenere Lösungen bemüht ist *Meessen*, Foreign Debts in the Present and a New International Economic Order, S. 117 ff.

873 Die Unterscheidung beider Gruppen von Forderungen ist wichtig für die Höhe des Konsolidierungszinssatzes. Während sich der Zinssatz für öffentliche Forderungen am niedrigeren Vergabezinssatz orientiert, gilt für Handelsschulden der Grundsatz der marktüblichen Verzinsung (vgl. unten, § 15 II 2 c). Daher werden im Pariser Protokoll wie in den bilateralen Abkommen Hermes-gedeckte Forderungen auch dann noch als „privat" eingestuft, wenn diese zwischenzeitlich entschädigt wurden. Mit der Entschädigungszahlung gehen sie zwar in der Regel auf den Bund über (vgl. dazu oben, Zweiter Teil, § 11 I) und werden so begrifflich zu einer „öffentlichen" Forderung. Doch soll mit diesem Übergang gerade verhindert werden, daß sich die Konditionen des Kredits zu Lasten einer Seite verändern. Im Rahmen von Umschuldungen bleibt der Übergang der Forderung daher außer Betracht. – Zu den öffentlichen Forderungen zählen dagegen die Außenstände aus der sog. „finanziellen Zusammenarbeit" des Bundes, also aus finanzieller Unterstützung von Entwicklungsländern aus dem Haushaltsmittel des Bundesministeriums für wirtschaftliche Zusammenarbeit.

Ergebnisse des Pariser Clubs auch spätere, gesondert stattfindende Umschuldungen privater Kredite weitgehend beeinflussen.

In der Regel werden nur Forderungen aus Krediten mit einer Laufzeit von über 360 Tagen umgeschuldet. Bei einigen Schuldnerländern kam es allerdings in den letzten Jahren auch zur Umschuldung kürzerer Fälligkeiten. In jedem Fall werden nur Forderungen aus solchen Verträgen erfaßt, die vor einem bestimmten Stichtag, dem sogenannten „cut-off-date", abgeschlossen waren. Forderungen aus zu einem späteren Datum abgeschlossenen Ausfuhrverträgen sind folglich von der Umschuldung ausgenommen.

Schließlich erstreckt sich die Umschuldung nur auf Forderungen, die innerhalb eines bestimmten Zeitraums fällig werden. Dieser sogenannte „Konsolidierungszeitraum" beträgt in Anlehnung an die Laufzeit des Bereitschaftskredit-Abkommens des IWF in den meisten Fällen 12 bis 18 Monate. Das Schuldnerland soll eben nur von den drängendsten Zahlungsverpflichtungen entlastet werden. Ist jedoch − wie so häufig − ein Bedarf für weitere Umschuldungen von vornherein erkennbar, so erklären die Gläubigerstaaten oftmals ihre Bereitschaft zu neuen Verhandlungen, sofern das IWF-Programm weitergeführt wird[874].

b) Rückzahlungsbedingungen

Im Protokoll des Pariser Clubs werden sodann die einzelnen Bedingungen für die Rückzahlung der betroffenen Forderungen festgelegt. Hierzu gehört die Frage, in welchem Zeitraum die Rückzahlung erfolgen und ob dem Schuldnerland tilgungsfreie Jahre („grace period") eingeräumt werden sollen. In diesem Zusammenhang werden auch die Tilgungsraten näher festgelegt.

Andere Bestimmungen des Schlußdokumentes stellen den Grundsatz der Gleichbehandlung aller Gläubiger auf, der auch heute noch den Charakter von Umschuldungen prägt[875]. Der Schuldnerstaat erklärt, dafür Sorge zu tragen, daß bei späteren Verhandlungen Forderungen öffentlicher wie privater Gläubiger zu „vergleichbaren" Bedingungen umgeschuldet werden[876].

---

874 *Schallehn/Stolzenburg*, Abschn. X Rn. 111; hierzu und zur Möglichkeit aneinandergereihter Umschuldungen („serial reschedulding") *Bothe/Brink/Kirchner/Stockmayer*, S. 127 f.

875 Soweit das Pariser Protokoll den Beteiligten neuerdings für die Gestaltung der bilateralen Abkommen die Wahl zwischen mehreren Optionen einräumt (dazu im einzeln unten, § 15 II 2 d), ist dies weniger als Aufgabe denn als Bestätigung des Gleichbehandlungsgrundsatzes anzusehen, da diese Optionen prinzipiell als „gleichwertig" angesehen werden. − Bei der Umschuldung privater, nicht staatlich gesicherter Bankenforderungen ist allerdings eine gewisse Abkehr vom Gleichbehandlungsgrundsatz festzustellen. So sieht beispielsweise der nach dem US-amerikanischen Finanzminister benannte Brady Plan eine Vorzugsbehandlung verschiedener Gläubigerklassen vor. Näher hierzu *Messer*, S. 67−80.

876 Formulierungsbeispiele finden sich bei *Bothe/Brink/Kirchner/Stockmayer*, S. 129. Der Sicherung der Gleichbehandlung dient ferner die Pflicht, den Vorsitzenden des Pariser Clubs bzw. die übrigen Gläubigerstaaten vom Inhalt der nachfolgenden bilateralen Abkommen zu unterrichten: a. a. O., S. 130.

In den meisten Fällen werden nur zwischen 80 und 90 Prozent der eingangs definierten Forderungen (Tilgungs- und Zinsfälligkeiten) umgeschuldet. Der nicht umgeschuldete Anteil, die sogenannte Barquote, ist entweder zu einem bestimmten Datum oder verteilt über die Freijahre der „grace period" zu zahlen. Infolge gestiegener Zahlungsbilanzprobleme verringerte sich die Barquote drastisch und entfiel manchmal vollständig. Ihre Fälligkeit wurde auch häufig auf einen Zeitpunkt nach dem Abschluß der bilateralen Durchführungsabkommen hinausgeschoben.

Abschließend setzt das Abkommen des Pariser Clubs meist eine Frist zum Abschluß bilateraler Vereinbarungen mit den einzelnen Gläubigerstaaten.

II. Bilaterale Verhandlungen

Nach Abschluß des multilateralen Umschuldungsverfahrens beginnt die bilaterale Phase, in welcher der durch das Pariser Protokoll vorgegebene Rahmen ausgefüllt wird.

1. Die Vorbereitung

Zur Vorbereitung der bilateralen Umschuldungsabkommen sind zunächst die von der Umschuldung erfaßten Forderungen festzustellen. Für Handelsforderungen[877] erfordert dies eine sogenannte Exporteurumfrage, bei der HERMES mit jedem einzelnen in Frage kommenden Exporteur jede von der Umschuldung betroffene Forderung abstimmt.

Zu diesem Zwecke erhalten die betroffenen Exporteure ein erstes Rundschreiben, in dem sie zum ersten Mal offiziell über das Ergebnis der multilateralen Verhandlungen und die für die bilaterale Vereinbarung vorgesehenen Konditionen informiert werden[878]. Das Schreiben enthält außerdem die Aufforderung, den Abwicklungsstand gedeckter Exportgeschäfte, die unter die Umschuldung fallen, präzise mitzuteilen[879].

Nach dem Eingang der Antwortschreiben erfolgt eine „summarische Vorprüfung" der Forderungen daraufhin, ob die Voraussetzungen einer Entschädigung vorliegen[880]. In die Umschuldung einbezogen werden nur solche Fälligkeiten, die als rechtsbeständig – insbesondere als unbestritten – anzusehen sind. Die fraglichen Positionen werden sodann in sogenannten Fälligkeitslisten festgehalten, in denen getrennt nach Kapital und Zinsen jede Fälligkeit der umzuschuldenden Kredite aufgenommen wird.

---

877 Auf Forderungen aus finanzieller Zusammenarbeit des Bundes mit Entwicklungsländern ist im Rahmen dieser Arbeit nicht näher einzugehen.
878 *Schallehn/Stolzenburg,* Abschn. X Rn. 122.
879 Zu dieser Mitteilung sind die Deckungsnehmer aufgrund der vertraglichen Auskunftspflicht verpflichtet. Siehe dazu oben, Zweiter Teil, § 12 II 1.
880 *Schallehn/Stolzenburg,* Abschn. X Rn. 123.

Nach erneuter Abstimmung mit dem Exporteur werden diese Listen anschließend mit dem Entwurf für das abzuschließende Regierungsabkommen sowie der technischen Durchführungsvereinbarungen[881] dem Schuldnerstaat als Verhandlungsgrundlage zugesandt. Bei längeren Umschuldungen müssen die Listen häufig korrigiert werden, da sich zwischenzeitlich der Forderungsbestand durch eingehende Zahlungen verändern kann.

2. Die Vereinbarung, insbesondere das Handelsschuldenabkommen

In der Regel besteht die bilaterale Umschuldung aus einem Rahmenabkommen, welches detaillierte Regelungen nur für Forderungen der öffentlichen Hand enthält, sowie einem sogenannten Handelsschuldenabkommen. Letzteres bezieht sich auf private, staatlich gedeckte Forderungen und ist daher näher zu untersuchen.

Das Abkommen wiederholt im einzelnen die Konditionen des Pariser Protokolls. An eigentlich neuen Vereinbarungen regelt es den Konsolidierungszinssatz[882], die Umrechnung von Fremdwährungsbeträgen sowie die Reihenfolge der Tilgungen, d. h. die Anrechnung eingehender Beträge auf die aufgelisteten Forderungen.

Form und Inhalt der deutschen Umschuldungsabkommen sind in mehrjähriger Praxis entstanden. Transferaufschub-Abkommen sind von Zahlungsaufschub-Abkommen zu unterscheiden.

a) Transferaufschub

Die Notwendigkeit von Umschuldungen geht in den meisten Ländern auf Devisen- und Transferprobleme zurück. Die Schuldner sind zwar in der Lage, ihre vertraglichen Zahlungsverpflichtungen in lokaler Währung zu erfüllen; die angespannte Devisenlage des Schuldnerlandes gestattet es aber nicht, den Gegenwert in der vertraglich vereinbarten Währung zu transferieren. In diesen Fällen wird mit dem Schuldnerland ein Transferaufschub vereinbart.

Unberührt bleibt dabei die Verpflichtung ausländischer privater Schuldner, den Gegenwert der umgeschuldeten Forderung in Landeswährung einzuzahlen[883]. Inhaltlich verändert wird jedoch die Pflicht des Staates bzw. der hierfür zuständigen Stellen, eingezahlte Beträge unverzüglich zu konvertieren und zu transferie-

---

881 Dazu unten, 3.

882 In den Pariser Protokollen ist lediglich festgehalten, daß sich der Konsolidierungszinssatz am angemessenen Marktzins orientieren soll. Da sich der Zinssatz in einzelnen Gläubigerländern wegen unterschiedlicher Währung stark unterscheidet (*Bothe/ Brink/Krichner/Stockmayer*, S. 130), konnte er nicht bereits im Rahmen der multilateralen Verhandlungen festgesetzt werden. – Die Bundesregierung orientiert sich insoweit an den Refinanzierungskosten des Bundeshaushalts, d. h. an den Kosten des Bundes für Kapitalmarkttitel zzgl. einer Marge für den entstehenden Verwaltungsaufwand.

883 Vgl. dazu bereits oben, Zweiter Teil, § 7 III 2 c).

ren, indem ein Transferaufschub gewährt wird. Für die nicht transferierten Beträge sind dann Konsolidierungszinsen in der vereinbarten Höhe zu entrichten.

Da die staatliche Transferpflicht aber grundsätzlich erst entsteht, nachdem der Schuldner in Landeswährung eingezahlt hat, müssen Transferaufschub-Abkommen auch sicherstellen, daß er zur Einzahlung überhaupt in die Lage versetzt wird. Bei öffentlichen Schuldnern kann die Einzahlung aufgrund von Regelungen im Abkommen fingiert werden[884]. Für private Schuldner können sich aus den lokalen Regelungen des Devisenverkehrs Probleme ergeben[885]. Insgesamt gesehen spiegelt ein Transferaufschub-Abkommen die Problemlage des Konvertierungs- und Transferfalles wider.

b) Zahlungsaufschub

Abkommen nach Typ des Zahlungsaufschubs knüpfen unmittelbar an die vertragliche Zahlungspflicht des Schuldners an. Im Rahmen von Regierungsabkommen können daher nur solche Verbindlichkeiten einbezogen werden, deren Schuldner oder jedenfalls Mithaftender der ausländische Staat oder seine Institutionen sind. Ein Transferaufschub wird in Abkommen dieses Typs grundsätzlich nicht gewährt. Vielmehr garantiert der Schuldnerstaat den, wie es in einer typischen Formulierung heißt, „freien und unverzüglichen Transfer" des Gegenwertes von Beträgen, die in Landeswährung eingezahlt wurden.

c) Rechtswirkungen auf die ursprünglichen Handelsforderungen

Beide Typen von Abkommen, die dem Verfasser vorliegen, enthalten Bestimmungen, wonach die den einbezogenen Forderungen zugrundeliegenden Verträge „nicht berührt" werden. Insbesondere bleiben die vertraglich vereinbarten Fälligkeiten unverändert. Die ursprünglich bestehenden vertraglichen Rechte und Pflichten sind somit nicht – wie im Fall einer Novation – erloschen, sondern lediglich in ihrer Durchsetzung gehemmt[886].

So hat die Bundesregierung „während der Dauer der Anwendung" der Abkommen im einzelnen sicherzustellen, daß die deutschen Gläubiger einbezogene Forderungen nicht geltendmachen[887]. Ist das Abkommen nicht mehr anwendbar,

---

884 Vgl. *Schallehn/Stolzenburg,* Abschn. X Rn. 103.

885 Dazu bereits oben, Zweiter Teil, § 7 III 2c.

886 Vgl. auch das Beispiel einer Klausel, die private Gläubiger bei einer Brasilien-Umschuldung verwendet hatten, bei *Rüßmann,* WM 1983, S. 1126. Demzufolge sollte die Beteiligung an der Umschuldung gerade keine Annahme an Erfüllung statt im Sinne des § 364 Abs. 1 BGB bedeuten, sondern den Gläubigerbanken weiterhin die Wahl offenlassen, sich aus bestehenden Sicherheiten zu befriedigen.

887 Dementsprechend erklären sich die Exporteure in einem zweiten Rundschreiben u. a. mit folgender Passage einverstanden: „Weiterhin verzichten die beteiligten deutschen Gläubiger für die Dauer der Wirksamkeit des Abkommens insoweit auf die Ausübung ihrer vertraglichen Rechte, als es zur Durchführung des Abkommens erforderlich ist." (zitiert nach *Bothe/Brink/Kirchner/Stockmayer,* S. 257).

entfällt folglich diese Freistellung des Schuldners, vertragliche Rechte sind wieder in ihrer ursprünglichen Form durchsetzbar, Verzugszinsen treten an die Selle der Konsolidierungszinsen. Verletzt beispielsweise der Schuldnerstaat das Abkommen in erheblicher Weise, steht dem Bund ein Kündigungsrecht zu, mit dessen Hilfe er die ursprünglichen Verträge wieder aufleben lassen kann.

3. Die technischen Abkommen

Gleichzeitig mit den Handelsschuldenabkommen werden zumeist auch technische Abkommen geschlossen. Sie regeln die für die Einbeziehung, Anerkennung und Bezahlung der umgeschuldeten Forderungen nötigen technischen Details. Handelsforderungen werden demnach erst dann in eine Umschuldung einbezogen, wenn sie mit dem Schuldnerstaat abgestimmt und von der dort zuständigen Stelle sogenannte Belastungsermächtigungen erteilt wurden. Die auf den Namen des Schuldnerlandes bzw. der Abwicklungsstelle lautenden Konten können dann mit den entsprechenden Forderungsbeträgen belastet werden. Der Zeitpunkt, zu dem eine Belastungsermächtigung erteilt wird, richtet sich nach dem Typ des Umschuldungsabkommens. Wird ein Zahlungsaufschub gewährt, ergeht die Ermächtigung nach Anerkennung und Fälligkeit einer jeden Forderung. Beim Transferaufschub ist überdies erforderlich, daß die Forderung in Landeswährung eingezahlt ist[888].

§ 15 Das Innenverhältnis: Wirkungen auf die gedeckte Forderung und den Entschädigungsanspruch des Exporteurs

Zu innerstaatlichem deutschem Recht werden die bilateralen Umschuldungsverträge entweder, sofern man sie als völkerrechtliche Abkommen ansieht, schon bei ihrem Abschluß („self executing") oder jedenfalls mit Erlaß eines entsprechenden parlamentarischen Zustimmungsgesetzes. Sie stehen dann im Rang eines einfachen Gesetzes[889]. Mit dieser Feststellung ist allerdings noch nicht die Frage beantwortet, ob die Wirkungen, welche die Umschuldungsvereinbarung für die Handelsforderung vorsieht[890], auch tatsächlich eintreten.

Die Bestimmungen des privatrechtlichen Gewährleistungsvertrages könnten hier entgegenstehen oder zumindest eine Schadensersatzpflicht des Bundes wegen Vertragsverletzung auslösen. Zu untersuchen ist also, in welchem Ausmaß vertragliche Regelungen den Abschluß von Umschuldungsabkommen durch den

---

888 *Schallehn/Stolzenburg,* Abschn. X Rn. 120.
889 Vgl. im einzelnen *Bothe/Brink/Kirchner/Stockmayer,* S. 246.
890 Siehe oben, § 14 II 2 c).

Bund zulassen. Schließlich ist zu fragen, ob die relevanten Vertragsklauseln ihrerseits rechtmäßig sind[891].

I. Die vertragliche Ermächtigung des Bundes

Nach Abschluß des bilateralen Umschuldungsabkommens erhalten die Exporteure ein zweites Rundschreiben. Es gibt die ausgehandelten Konditionen im einzelnen bekannt und enthält eine vorbereitete Erklärung, mit welcher der Exporteur diesen Konditionen rechtsverbindlich zustimmen soll[892]. Davon unabhängig ist der Bund aufgrund einer in den Allgemeinen Bedingungen enthaltenen Klausel „berechtigt, ... Umschuldungsvereinbarungen ... abzuschließen"[893].

1. Rechtsnatur, Zweck und Anwendungsbereich

Es handelt sich dabei um eine privatrechtlich vereinbarte Verfügungsermächtigung (vgl. § 185 BGB), welche den Bund im Rahmen von Umschuldungen zu Verfügungen über die einbezogene Forderung ermächtigt.

Der Zweck der Regelung ist vor dem dargestellten[894] wirtschaftlichen Hintergrund von Umschuldungen erkennbar. Zahlungsbilanzschwierigkeiten von Schuldnerländern betrafen in der Vergangenheit immer wieder eine kaum überschaubare Anzahl privater Gläubiger. Allein wegen der fehlenden Informationen über die tatsächliche Wirtschaftslage im Schuldnerland ist ein isoliertes Vorgehen einzelner Gläubiger unter diesen Umständen wenig aussichtsreich. Besondere Vorteile könnten Einzelgläubiger zudem wegen des bei Umschuldungen vereinbarten Gleichbehandlungsgrundsatzes[895] nicht erzielen. Zweckmäßig ist demgegenüber die zentralisierte Verhandlungsführung durch den Bund[896].

Einer Ermächtigung des Bundes bedarf es auch dann, wenn bereits entschädigt wurde. Forderungsteile, die der Bund nicht entschädigt hat, wie z. B. den Selbstbehalt, gehen nicht auf den Bund über[897]. Insoweit ist er nicht ohne weiteres verfügungsberechtigt. Demnach bezieht sich die Umschuldungsklausel auch auf Umschuldungen, die nach der Entschädigungszahlung abgeschlossen werden.

Umschuldungen setzen eine fällige oder in Kürze fällig werdende Forderung voraus. Da es bei den Fabrikationsrisiko-Deckungen an einer fälligen Forderung

---

891 Dazu unten, II.
892 Die Erklärung ist abgedruckt bei *Bothe/Brink/Kirchner/Stockmayer*, S. 255.
893 § 14 Abs. 1 B, G; P; FKB, FKG.
894 Siehe oben, §§ 13 und 14.
895 Siehe oben, § 14 I 2 b.
896 Auch private Forderungen ohne staatliche Gewährleistung werden heutzutage weitgehend gebündelt umgeschuldet. Vgl. dazu nur *Horn*, WM 1984, S. 713–721.
897 Vgl. § 10 Abs. 1 bzw. § 11 Abs. 1 der Bedingungen.

fehlt[898], bedurfte es in den entsprechenden Bedingungstexten auch keiner Umschuldungsklausel.

Im Gesamtsystem der Allgemeinen Bedingungen stellt sich die Umschuldungsklausel als ein weiterer Fall dar, in dem die Verfügungsmacht des Deckungsnehmers beschnitten wird. Zu eigenmächtigen Umschuldungen, sei es in Form von Prolongationen oder Vergleichen, ist er schon deshalb nicht befugt, weil er hierdurch vom „dokumentierten Sachverhalt" abweichen würde[899]. Zu Abtretungen der Forderung ist er, außer zu Sicherungszwecken, nur mit schriftlicher Zustimmung des Bundes berechtigt[900]. In diesem Zusammenhang sind schließlich auch die Obliegenheiten über die Schadensminderung zu sehen, welche die Initiative bei der „Wahrnehmung gemeinsamer Interessen" weitgehend dem Bund überlassen[901].

2. Das Recht des Bundes zur Umschuldung[902]

Bevor auf die möglichen Wirkungen einer Umschuldung und ihre Vereinbarkeit mit innerstaatlichem deutschem Recht eingegangen wird, ist zunächst die inhaltliche Reichweite der Verfügungsermächtigung darzustellen, welche die HERMES-Bedingungen dem Bund einräumen.

Die Umschuldungsklausel ermächtigt den Bund, „Umschuldungsvereinbarungen mit dem Schuldnerland abzuschließen . . ."[903]. Es versteht sich von selbst, daß der Bund neben dem formalen Abschluß der Regierungsabkommen auch zu ihrer Vorbereitung und zur Verhandlungsführung ermächtigt ist. Zweifelhaft könnte sein, ob die Klausel auch zum Abschluß des Pariser Protokolls ermächtigt, da es sich hierbei nicht eigentlich um eine Vereinbarung „mit dem Schuldnerland" handelt, sondern um ein multilaterales Abkommen.

Die Frage kann letztlich offenbleiben. Das Pariser Protokoll wird schon völkerrechtlich für unverbindlich gehalten[904]. Tatsächlich läßt der Wortlaut der „agreed minutes" in der Regel erkennen, daß es sich um eine bloße Empfehlung der Verhandlungsführer an die Regierungen der Gläubigerstaaten handelt[905]. Zivilrechtlich betrachtet ist jedenfalls über die einbezogenen Forderungen schon deshalb noch nicht verfügt worden, weil sich die Beteiligten über den Konsolidierungszins noch nicht geeinigt haben. Fehlt es somit bereits an einer „Verfügung", ist eine dahingehende Ermächtigung entbehrlich.

---

898 Siehe oben, Zweiter Teil, § 8 I.
899 § 15 Nr. 2 B, G; P; FKB, FKB. Dazu näher oben, Zweiter Teil, § 5 II 3.
900 § 19 B, G; P; FKB, FKG.
901 § 15 Nr. 6 S. 2 B, G; P; FKB, FKG.
902 § 14 Abs. 1 B, G; P; FKB, FKG.
903 § 14 Abs. 1 der Bedingungen.
904 Hierzu näher *Bothe/Brink/Kirchner/Stockmayer,* S. 134–139.
905 So zutreffend *Euler,* S. 50 mit dem Beispiel einer typischen Formulierung aus den „agreed minutes".

Im Ergebnis ist damit der Bund auch ohne vertragliche Regelung dazu ermächtigt, das Pariser Protokoll abzuschließen; zur Verhandlungsführung und zum Abschluß der bilateralen Umschuldungsabkommen ermächtigen ihn die Allgemeinen Bedingungen.

Gegenstand der Umschuldungsermächtigung sind neben der vom Bund zu entschädigenden Deckungsquote auch folgende Positionen, für die der Exporteur nicht entschädigt wird:

– Selbstbehalt
– Nicht garantierte Nebenforderungen (zum Beispiel Zinsen) und nicht garantierte Teile nur teilweise garantierter Forderungen (sogenannte „ungedeckte Spitzen"). Beispiele hierfür sind nicht gedeckte Anteile von Dienstleistungen, die im Rahmen eines Exportgeschäftes erbracht wurden. Ungedeckte Forderungsteile können ferner bei Überschreitung des Deckungslimits bei Pauschal-Deckungen entstehen.

Insoweit zeigt die Ermächtigung einen weiten Anwendungsbereich. Mit dieser dem Bund verliehenen „Annexkompetenz" soll die im Rahmen von Umschuldungen gebotene einheitliche und gleichmäßige Behandlung von miteinander vergleichbaren Außenständen gefördert werden, um so dem Schuldnerland bei der Bedienung seiner Auslandsverbindlichkeiten die erforderliche „Atempause" zu verschaffen. Würde beispielsweise der Selbstbehalt nicht in die Umschuldung einbezogen, so könnte der Deckungsnehmer diesen gegenüber dem Schuldnerland auch weiterhin zu den ursprünglich vereinbarten Konditionen (Zinsen, Fälligkeiten) geltend machen. Es käme zur Aufspaltung einer aus Sicht des Schuldners einheitlich zu behandelnden Forderung; der Entlastungseffekt der Umschuldung wäre auf diese Weise vereitelt.

3. Voraussetzung der Rechtsausübung; Wahrung des Entschädigungsanspruchs

Nach Absatz 2 der Umschuldungsklausel darf der Bund sein Recht zur Umschuldung nur ausüben, wenn er „vor Abschluß der Umschuldungsvereinbarung anerkennt, nach welchem der in § 4 geregelten Gewährleistungsfälle Uneinbringlichkeit der gedeckten Forderung vorliegt . . .". Im übrigen kann der Deckungsnehmer unbeschadet der Regelung des Umschuldungsverfahrens „Entschädigung nach den allgemeinen Regeln (§§ 4 ff.) verlangen".

Diese Bestimmungen schützen den Exporteur weitgehend vor ungerechtfertigter Benachteiligung infolge der Umschuldung. Ohne die Klauseln würde die Forderung in ihrem Wert gemindert, ohne daß der Exporteur Ausgleichsansprüche an den Bund stellen könnte. Wie bereits dargestellt, führt die bilaterale Umschuldung zwar nicht zu einer Novation mit der Folge des Erlöschens der Handelsforderung in ihrer ursprünglichen Gestalt[906]. Sie steht indes der Durchsetzbarkeit

---

906 Siehe oben, § 14 II 2c).

von Ansprüchen aus dem Exportvertrag entgegen, wirkt sich mithin als Einwendung aus. Im Sprachgebrauch der HERMES-Bedingungen wäre die Forderung demnach schon nicht als „rechtsbeständig" anzusehen, da sie schon nach Lage der Akten einredebehaftet wäre[907]. Eine Entschädigung käme dann nicht in Betracht.

Diese dem Exporteur nachteiligen Folgen verhindert die zuletztgenannte, neben der Randüberschrift „Wahrung des Entschädigungsanspruchs" stehende Klausel. Aus ihr läßt sich folgern, daß die Tatsache der Umschuldung auf die Entschädigung nach den allgemeinen Regeln keinen Einfluß haben darf. Bei der Prüfung der Rechtsbeständigkeit der Forderung hat sie ebenso außer Betracht zu bleiben wie im Rahmen der Uneinbringlichkeit.

Aufgrund des Anerkenntnisses des Bundes schließlich wird dem Exporteur ein weiterer, mit dem allgemeinen Entschädigungsanspruch konkurrierender Anspruch eingeräumt. Die Vor- und Nachteile beider dem Exporteur eingeräumten Ansprüche sind im nachfolgenden Abschnitt[908] abzuwägen. In zeitlicher Hinsicht genügt es, wenn das Anerkenntnis vor dem Abschluß der bilateralen Abkommen abgegeben wird. Erst in diesem Zeitpunkt treten nämlich die oben beschriebenen Rechtsfolgen ein, wohingegen die Pariser Protokolle den Inhalt der Handelsschulden noch unberührt lassen.

Die inhaltliche Reichweite des Anerkenntnisses ist dadurch begrenzt, daß die „sonstigen Entschädigungsvoraussetzungen unberührt" bleiben[909]. Dies bedeutet insbesondere, daß die Karenzfrist grundsätzlich noch abzuwarten ist. In der Praxis hat der Bund allerdings regelmäßig auf die Einhaltung der Karenzfrist verzichtet und bereits nach Fälligkeit der in die Umschuldung einbezogenen Forderungen entschädigt. Dies geschah ohne Präjudiz für künftige Fälle[910].

Eine derartige Praxis ist rechtlich nicht zu beanstanden. Nach dem allgemeinen Gleichheitssatz (Art. 3 Abs. 1 GG) wäre es allenfalls unzulässig, aus sachfremden Erwägungen heraus verschiedene Gläubigerklassen zu bilden. Es erscheint jedoch nicht sachwidrig, vorweggenommene Auszahlungen − wie dies in der Praxis geschehen ist − von der jeweiligen Haushaltslage abhängig zu machen[911].

Das Anerkenntnis ist schließlich auf den Grund des Schadens beschränkt. Die Höhe des Schadens wird nach den allgemeinen Regeln, insbesondere nach den Anrechnungsbestimmungen, erst später im einzelnen berechnet.

---

907 Siehe oben, Zweiter Teil, § 7 I 1.
908 Unten, 4.
909 § 14 Abs. 2 Unterabs. 3 der Bedingungen.
910 *Schallehn/Stolzenburg,* Abschn. X Rn. 128.
911 *Schallehn/Stolzenburg,* Abschn. X, Rn. 128.

4. Rechtsfolge: Begrenzte Entschädigungspflicht nach der Umschuldung

Verglichen mit dem allgemeinen Entschädigungsverfahren ist die Entschädigungspflicht nach dem Abschluß von Umschuldungen in verschiedener Hinsicht begrenzt.

Klarzustellen ist zunächst, daß die Haftung des Bundes nicht etwa auf die sogenannten „ungedeckten Spitzen", die ebenfalls in die Umschuldung einbezogen sind, erweitert wird. Das konstitutive Anerkenntnis beschränkt sich ausdrücklich auf die „Uneinbringlichkeit der gedeckten (!) Forderung"[912]. Für eine erweiterte Haftung läßt sich auch aus sonstigen Rechtsgründen nichts herleiten, denn ungedeckte Spitzen waren zu keiner Zeit Gegenstand der Gewährleistung. Für sie hatte der Exporteur folglich auch kein Entgelt zu entrichten.

Die Haftung des Bundes wird weiter eingegrenzt durch folgende, schwer verständliche Bestimmung:

> „Für einbezogene Forderungen, für die das Risiko der Uneinbringlichkeit infolge wirtschaftlicher Umstände fortbesteht, kann der Bund die Entschädigungsleistung höchstens nach Maßgabe des Selbstbehalts für den Gewährleistungsfall gemäß § 4 Absatz 3 begrenzen"[913].

Ohne eine solche Klausel würde der Deckungsnehmer durch das Anerkenntnis des Bundes in vielen Fällen in ungerechtfertigter Weise begünstigt. In der Praxis der Umschuldungen erkennt der Bund denjenigen Schadensfall an, der voraussichtlich eingetreten wäre, wenn die vertragliche Einigung des Umschuldungsabkommens hinweggedacht wird. Dies wären beim Abschluß eines Transferaufschub-Abkommens der „KT-Fall", bei einem Abkommen vom Typ des Zahlungsaufschubs der allgemeine politische Schadensfall gewesen – in jedem Fall politische Schadensfälle. Nach den allgemeinen, im Schadensfall anwendbaren Konkurrenzregeln wäre selbst dann nach einem politischen Schadensfall zu entschädigen, wenn erst später, nach dem Anerkenntnis des Bundes, ein wirtschaftlicher Schadensfall eintritt, also beispielsweise der Schuldner zahlungsunfähig wird[914]. Da das Anerkenntnis häufig sehr früh, vor dem Eintritt eines politischen Schadensfalles erfolgt, wäre der Exporteur in vielen Fällen nach den ihm günstigeren Konditionen des politischen Schadensfalles zu entschädigen.

Hier führt die eingangs zitierte Bestimmung zu einem Interessenausgleich: Das Anerkenntnis verschafft dem Deckungsnehmer frühzeitige Sicherheit, daß der Bund dem Grunde nach zur Entschädigung verpflichtet ist; es entfaltet indessen keine „Sperrwirkung" gegenüber später eintretenden wirtschaftlichen Schadensfällen. Der Deckungsnehmer ist selbst dann nach dem ihm ungünstigen wirtschaftlichen Tatbestand zu entschädigen, wenn nur das „Risiko" fortbesteht, daß

---

912 § 14 Abs. 2 S. 1.
913 § 14 Abs. 2 Unterabs. 2 der Bedingungen.
914 Vgl. § 4 Abs. 5 G, P, FKG; § 4 Abs. 4 B, FKB.

ein solcher Tatbestand eintritt. Um den Deckungsschutz nicht unangemessen zu verkürzen (vgl. § 9 AGBG), wird für ein solches „Risiko" allerdings eine konkrete Gefahr vorauszusetzen sein, die über das jederzeit bestehende allgemeine Insolvenzrisiko privater Schuldner hinausgeht und deren Tatsachen der Bund darzulegen hat. Hinsichtlich der Anforderungen, die an eine solche konkrete Gefahr zu stellen sind, läßt sich auf die Ausführungen im Zusammenhang mit dem Begriff der „Gefahrerhöhung" zurückgreifen[915].

Will der Deckungsnehmer diese Nachteile vermeiden, so mag er sich dafür entscheiden, nach den allgemeinen Regeln entschädigt zu werden[916]. In diesem Fall gilt, sobald ein politischer Gewährleistungsfall eingetreten ist, die allgemeine Konkurrenzregel: Der Exporteur ist auch dann „politisch" zu entschädigen, wenn zu einem späteren Zeitpunkt ein wirtschaftlicher Schadensfall eintritt.

Nach welchem der beiden Verfahren – Umschuldung oder allgemeine Regeln – der Deckungsnehmer Entschädigung verlangen sollte, hängt im übrigen von weiteren Gesichtspunkten ab, die im Einzelfall sorgfältig abzuwägen sind.

Der Vorteil des allgemeinen Entschädigungsverfahrens liegt darin, daß nach Ablauf der Karenzfrist zuverlässig mit Entschädigung gerechnet werden kann, wohingegen die Dauer von Umschuldungsverhandlungen nicht immer absehbar ist. Umgekehrt bereitet der Nachweis der Uneinbringlichkeit nach den allgemeinen Regeln, insbesondere über die Einzahlung des Gegenwertes in Landeswährung (KT-Fall), wegen der Hinhaltetaktik ausländischer Behörden in der Praxis häufig Schwierigkeiten. Im Rahmen einer Umschuldung ist dieser Nachweis vereinfacht: Aus den Fälligkeitslisten[917] werden angemeldete Forderungen erst auf Einwendungen des Schuldnerlandes hin herausgenommen[918]. Die Darlegungslast verlagert sich damit in der Praxis teilweise vom Deckungsnehmer zum Schuldnerland.

5. Vorrang der Zinsregelung des Umschuldungsabkommens

Die Zinsvereinbarung des Abkommens ist gegenüber gesetzlichen oder vertraglichen Regelungen vorrangig. Dieser Vorrang gilt nach dem Wortlaut der Allgemeinen Bedingungen ab Fälligkeit oder „für einen später beginnenden Zeitraum"[919]. Der zuletzt genannte Passus dürfte sich auf die Transferaufschub-Abkommen beziehen, bei denen der Konsolidierungszins erst nach dem Zeitpunkt der Einzahlung durch den Schuldner an die Stelle der Verzugszinsen tritt[920]. Weitergehende Ansprüche aus Verzug können dann nicht mehr geltend gemacht werden.

915 Siehe oben, Zweiter Teil, § 9 II 5 a).
916 § 14 Abs. 2 Unterabs. 4.
917 Siehe dazu oben, § 14 II 1.
918 Auskunft aus dem Hause HERMES v. 10. 5. 1990.
919 § 14 Abs. 3.
920 Siehe oben, § 14 II 2 a).

Der eindeutige Wortlaut der Klausel stellt anhand der Zinsen nochmals klar, daß ·
die aufgrund der Verfügungsermächtigung ausgehandelten Umschuldungskondi-
tionen für und gegen den Deckungsnehmer wirken. Eine andere Frage ist allerdings, ob Vereinbarungen, welche den Exporteur in besonderem Maße benachteiligen – beispielsweise eine Umschuldung zu Zinsen unter Marktniveau – gegen
höherrangiges Recht, insbesondere die Grundrechte des Deckungsnehmers, verstoßen können. Darauf wird später zurückzukommen sein[921].

6. Die Umrechnung von Fremdwährungsbeträgen

Vertragswährung der HERMES-Deckung, in der auch die Entschädigung ausbe-
zahlt wird, ist Deutsche Mark[922]. Weicht die Vertragswährung des Exportgeschäftes hiervon ab, stellt sich das Problem der Umrechnung.

Die Modalitäten der Umrechnung, insbesondere der Umrechnungskurs, können
im bilateralen Umschuldungsabkommen in einer Weise geregelt sein, die von der
Umrechnungsklausel der HERMES-Bedingungen[923] abweicht. Welche der beiden Bestimmungen sich in einem solchen Fall durchsetzt, wäre zweifelhaft. Für
einen Vorrang des Umschuldungsabkommens spräche, daß die Umschuldungsermächtigung nach ihrem Wortlaut zu urteilen inhaltlich nicht begrenzt ist, sich
folglich auch auf die Frage der Umrechnung erstreckt. Andererseits ließe sich die
Umrechnungsregelung der Allgemeinen Bedingungen gerade als immanente
Beschränkung der Verfügungsbefugnis auffassen, die dem Bund abweichende
Fremdwährungsabreden untersagt.

In den Bedingungstexten ist die Umrechungsfrage auf differenzierte Weise, im
Rahmen einer gesonderten Bestimmung, gelöst. Gehen Zahlungen ein, die – zugunsten des Bundes – auf den entschädigten Teil der Forderung anzurechnen[924]
sind, so bleibt es bei der allgemeinen Regelung: Maßgeblich ist, je nachdem welcher Gewährleistungsfall anerkannt wurde, der amtliche Geldkurs der Frankfurter Börse am Tag der Fälligkeit bzw. der Einzahlung. Er wird jedoch nach oben
hin begrenzt durch den sogenannten „Entgeltkurs", welcher vor der Festsetzung
des Entgelts bei Abschluß des Gewährleistungsvertrages gültig war[925].

Für Zahlungen auf nicht entschädigte Positionen (Selbstbehalt, ungedeckte Spitzen) gilt dagegen der in der Umschuldungsvereinbarung bestimmte Umrechnungskurs[926].

---

921 Unten, II 2.
922 § 12 Abs. 1 S. 1 der Bedingungen.
923 § 12 B, G; P; FB; FG; FKB, FKG.
924 Vgl. allgemein zur Anrechnung schon oben, Zweiter Teil, § 10 II, sowie für die Anrechnung von Rückflüssen unten, 7).
925 Einzelheiten sind geregelt in § 14 Abs. 4 S. 1 i. V. m. § 12 Abs. 1 der Bedingungen.
926 § 14 Abs. 4 S. 2.

7. Rückflüsse

Zahlungen und sonstige Vermögensvorteile, die nach Leistung der Entschädigung eingehen, sind Rückflüsse im Sinne der Allgemeinen Bedingungen[927]. Sie sind folglich, wie bereits im Rahmen des allgemeinen Entschädigungsverfahrens dargestellt wurde, grundsätzlich im Verhältnis des Bundesanteils (Höhe der Entschädigung) zu dem vom Deckungsnehmer zu tragenden Anteil (Selbstbehalt und ungedeckte Spitzen) aufzuteilen.

Um den bei Umschuldungen mitunter exorbitanten Verwaltungsaufwand auf ein vertretbares Maß zu reduzieren, wurden früher häufig die Exporteure vorweg befriedigt, obwohl der Bund zu einem solchen Vorgehen nicht verpflichtet war[928]. Seit Mitte der achziger Jahre wird diese Vorabbefriedung der Exporteure aus Mitteln des Bundes (sog. Bundesrücktritt) praktisch nicht mehr vorgenommen. Es wird lediglich ein kleiner Teil der den Exporteuren zustehenden Beträge (bis höchstens 10%) benutzt, um vorab Kleinstforderungen abzugelten. Hierbei handelt es sich um einen befristeten Rücktritt der Exporteure mit größeren Forderungen zugunsten derjenigen mit Kleinforderungen. Die Zustimmung der Exporteure zu diesem Verfahren wird mit dem sog. 2. Exporteurrundschreiben jeweils schriftlich eingeholt[928a].

8. Zusammenfassung: Wirkungen einer Umschuldung auf die Rechtsstellung des Deckungsnehmers

Wie bereits gezeigt wurde, wirkt sich der Abschluß der bilateralen Umschuldung dergestalt aus, daß alle einbezogenen Forderungen für die Geltungsdauer des Abkommens in ihrer ursprünglichen Gestalt nicht mehr durchsetzbar sind[929]. Das Anerkenntnis des Bundes verschafft dem Deckungsnehmer einen Entschädigungsanspruch in Höhe der Deckungsquote. Zahlungen, die unter der Geltung des Umschuldungsabkommens eingehen, werden in der Regel anteilig auch auf die nicht entschädigten Beträge angerechnet, so daß der Deckungsnehmer auch insoweit befriedigt wird. In diesen Punkten treffen den Exporteur gegenüber dem allgemeinen Entschädigungsverfahren keine wesentlichen Nachteile.

Problematischer ist indes die Frage der Zinsen. Zur Entlastung des Schuldnerlandes werden die ursprünglich vertraglich vereinbarten Zinsen auf ein niedrigeres Niveau „heruntergeschleust". Bis zur Zahlung der in die Umschuldung einbezogenen Beträge stehen dem deutschen Gläubiger nur diese Konsolidierungszinsen zu. Die Zinsdifferenz zur ursprünglichen Handelsforderung vergrößert sich noch dadurch, daß häufig auch die Laufzeit des Kredites verlängert wird oder tilgungsfreie Jahre bzw. großzügige Tilgungsmodalitäten vereinbart werden[930]. Kommt

---

927 § 8 Abs. 1.
928 *Schallehn/Stolzenburg,* Abschn. X Rn. 131 f.
928a Auskunft aus dem Hause HERMES v. 28. 12. 1990.
929 Siehe oben, § 14 II 2 c).
930 Siehe oben, § 14 I 2 b).

es wegen der katastrophalen Zahlungslage des Abnehmerlandes gar zu einem zumindest teilweisen Schuldenerlaß, ist die Diskrepanz für den Exporteur, der auf diese Weise seine Handelsforderung verliert, am größten.

Besonders schwerwiegend scheinen die Nachteile für den Deckungsnehmer auch deswegen zu sein, weil er − verglichen mit dem allgemeinen Entschädigungsverfahren − unter Umständen mit einem höheren Eigenanteil haftet: Neben dem eigentlichen Selbstbehalt können auch ungedeckte Spitzen in die Umschuldung einbezogen werden. Wirtschaftlich betrachtet wird dadurch sein Selbstbehalt in einer Weise erhöht, die der Exporteur nicht exakt vorherberechnen konnte, da die Einbeziehung grundsätzlich in das Ermessen des Bundes gestellt ist. Festzuhalten ist allerdings, daß ungedeckte Spitzen als „nicht gedeckte Teile nur teilweise gedeckter Forderungen"[931] schon per definitionem im Verhältnis zu den gedeckten Forderungen vergleichsweise geringfügige Beträge ausmachen[932]. Der hieraus resultierende Nachteil für den Unternehmer hält sich daher in Grenzen.

Angesichts der dominanten wirtschaftlichen Hintergründe einer Umschuldung darf sich die Darstellung ihrer Wirkungen nicht auf den Vergleich der formalen Rechtsstellung des Deckungsnehmers beschränken. Ohne die Regierungsvereinbarung hätte dieser zwar eine dem Nennbetrag nach höherwertige Forderung in Händen, könnte sie allerdings in den meisten Fällen schwieriger realisieren, als das im Rahmen des durch die Umschuldung geregelten und geordneten Abwicklungsverfahrens möglich ist. Bei der gebotenen wirtschaftlichen Betrachtung werden die zuvor genannten formalen Nachteile des Exporteurs relativiert.

Auf die hier angeschnittenen Gesichtspunkte wird bei der Prüfung der rechtlichen Zulässigkeit von Umschuldungen noch im einzelnen zurückzukommen sein.

II. Wirksamkeit der Ermächtigung und der auf sie gestützten Umschuldungen

Abschließend ist die Wirksamkeit der gegenwärtigen Umschuldungspraxis von HERMES-gedeckten Forderungen zu überprüfen. Da diese Praxis − den Veränderungen der weltwirtschaftlichen Lage folgend − ständig modifiziert wird[933],

---

931 Vgl. § 14 Abs. 1 der Bedingungen.

932 Dies trifft auch für die Handhabung in der Praxis zu. Beispielsweise wird bei einer Überschreitung des Deckungslimits im Rahmen einer Pauschaldeckung nur der „überschießende" Teil der nächstfälligen Rate eines Abnehmers einbezogen, keinesfalls aber weitere, vollständig aus dem Deckungsrahmen fallende Raten (Auskunft aus dem Hause HERMES vom 2. 5. 1990).

933 Dies hat die Entwicklung der letzten Jahre gezeigt. Seit Beginn der Verschuldungskrise lassen sich mindestens zwei Phasen einer wesentlich unterschiedlichen Reaktion der Gläubigerländer auf die Verschuldung unterscheiden. Dazu ausführlich *Messer,* S. 18−80.

erscheint es darüber hinaus sinnvoll, ganz allgemein die rechtlichen Grenzen einer noch zulässigen Vorgehensweise bei Umschuldungen aufzuzeigen.

Unwirksam, weil gegen zwingendes höherrangiges Recht verstoßend, könnte zum einen die vertragliche Umschuldungsermächtigung sein, zum anderen ihr Gebrauch beim Abschluß bilateraler Umschuldungsvereinbarungen durch den Bund. Bedenken gegen die Zulässigkeit könnten sich insbesondere aus dem Haushaltsrecht und aus den Grundrechten der betroffenen Exporteure ergeben.

1. Haushaltsrecht

Nach § 9 BHaushG 1990 ist der Bundesminister für Finanzen ermächtigt, Haushaltsmittel im Außenwirtschaftsverkehr auch für Umschuldungen einzusetzen[934]. Gegenüber der Ermächtigung für sonstige Ausfuhrdeckungen weist die Regelung zwei Besonderheiten auf: Zum einen können „in Ausnahmefällen" Gewährleistungen auch für ungedeckte Forderungen übernommen werden, wenn andernfalls Umschuldungsmaßnahmen nicht durchgeführt werden können. Zum anderen können die Selbstbehalte nachträglich ermäßigt werden.

Von beiden Ermächtigungen wurde in der bisherigen Umschuldungspraxis kein Gebrauch gemacht[935]. Daß für ungedeckte Forderungen keine Gewährleistungen übernommen werden, läßt sich bereits der vertraglichen Umschuldungsklausel entnehmen, derzufolge „ungedeckte Spitzen" gerade nicht entschädigt werden[936].

Dieses Zurückbleiben hinter der haushaltsrechtlichen Ermächtigung ist zulässig. Es ist allgemein anerkannt, daß sich ein Anspruch auf die Gewährung von Subventionen oder sonstigen Förderungen noch nicht aus den Ansätzen im Haushaltsplan ergibt. Das Haushaltsgesetz entfaltet nämlich als rein formelles Gesetz grundsätzlich keine Außenwirkung gegenüber dem Bürger und verschafft diesem keinen Anspruch auf innerstaatliche Umsetzung[937]. Einen Anspruch auf Entschädigung ungedeckter Forderungsteile können die Exporteure schließlich auch nicht aus einer ständigen Verwaltungspraxis des Bundes herleiten, an der es nach dem zuvor Gesagten gerade fehlt.

---

934 § 9 Abs. 1 Ziff. 1 c; 2 b BHaushG 1990.
935 Auskunft aus dem Hause HERMES v. 2. 5. 1990.
936 Siehe oben, I 4. Dagegen geht *Graf von Westphalen,* Exportfinanzierung, S. 451 f. von der unzutreffenden Annahme aus, der Exporteur werde gegen Zahlung einer entsprechenden Zusatzprämie auch für ungedeckte Spitzen entschädigt. Eine solche „Deckung in den Schaden hinein" widerspräche wohl auch dem versicherungsrechtlichen Bereicherungsverbot, da insoweit keine „äquivalente" Prämie entrichtet wurde.
937 Vgl. zur Rechtsnatur des Haushaltsgesetzes nur BVerfGE 38, 12, 125 f.; ferner BVerwG NJW 1980, 718. Dementsprechend heißt es in § 3 Abs. 2 BHO: „Durch den Haushaltsplan werden Ansprüche oder Verbindlichkeiten weder begründet noch aufgehoben".

Dementsprechend kann die Ermächtigung der Allgemeinen Bedingungen auch nicht nach § 9 Abs. 2 Nr. 1 AGBG unwirksam sein. Soweit das AGB-Gesetz die „gesetzliche Regelung" zum Prüfungsmaßgab der Angemessenheit einer Klausel erhebt, setzt dies ein Gesetz im materiellen Sinne, das heißt mit unmittelbarer Rechtswirkung gegenüber den Vertragsparteien, voraus[938]. An der haushaltsrechtlichen Ermächtigung kann die Umschuldungsklausel der Allgemeinen Bedingungen daher nicht überprüft werden[939].

Die vorstehenden Überlegungen schließen indessen nicht aus, daß im Einzelfall aufgrund besonderer Absprachen der Selbstbehalt für die Deckungsnehmer herabgesetzt werden kann, wobei auf die Einhaltung des Gleichheitssatzes zu achten ist.

Haushaltsrechtlich gesehen ist die derzeitige Praxis der Umschuldung bundesgarantierter Forderungen unbedenklich.

2. Die Verfassungsmäßigkeit, insbesondere die Frage des enteignungsgleichen Eingriffs

Auch bei privatrechtlichem Tätigwerden ist der Staat, wie bereits gezeigt, an die Grundrechte gebunden[940]. Es stellt sich somit die Frage, ob die privatrechtlich vereinbarte Umschuldungsermächtigung in unzulässiger Weise in grundrechtlich geschützte Positionen des Deckungsnehmers eingreift.

Als betroffenes Grundrecht kommt hier allein die Eigentumsfreiheit des Art. 14 GG in Betracht. Liegt ein Eingriff in dessen Schutzbereich vor, so ist weiter zu fragen, ob der Deckungsnehmer wirksam im Sinne eines Grundrechtsverzichts auf den Eigentumsschutz verzichtet hat. Ist diese Frage zu verneinen, so ist schließlich Art und Umfang des Eingriffes und die Folgen für eine Entschädigungspflicht näher zu untersuchen.

a) Eigentum betroffen?

Der Begriff des Eigentums in Art. 14 GG ist nicht mit dem des bürgerlichen Rechts gleichzusetzen. Anerkanntermaßen umfaßt er alle vermögenswerten Rechtspositionen des Privatrechts[941]. Als verfassungsrechtlich geschützte Eigentumspositionen kommen damit in Betracht:

— Die Handelsforderung des Deckungsnehmers aus dem Exportgeschäft;
— Seine Ansprüche gegen den Bund aus dem Gewährleistungsvertrag, insbesondere der Entschädigungsanspruch.

938 *Wolf* in *Wolf/Horn/Lindacher,* § 8 AGBG Rn. 5 und § 9 AGBG Rn. 66.
939 Das übersieht *Graf von Westphalen,* Exportfinanzierung, S. 452, der die vertragliche Umschuldungsermächtigung in vollem Umfang für nichtig gemäß § 9 Abs. 2 Nr. 1 AGBG hält.
940 Siehe oben, Erster Teil § 4 IV 1.
941 Vgl. nur BVerfGE 58, 300, 335; *Kimminich* in Bonner Kommentar, Art. 14 Rn. 8, 55 f.; *Papier* in *Maunz/Dürig,* Art. 14 Rn. 8.

Allerdings besteht der Entschädigungsanspruch nur unter der aufschiebenden Bedingung, daß ein Schadensfall eintritt. Er ist jedoch bereits vorher mit Zustimmung des Bundes selbständig von der gedeckten Forderung abtretbar[942], was Exporteuren insbesondere Möglichkeiten der Refinanzierung über Geschäftsbanken eröffnet. Als vermögenswertes Recht ist der Anspruch somit als „Eigentum" im Sinne des Art. 14 GG anzusehen[943].

Die Ansprüche aus der Deckung sind jedoch von der Umschuldungspraxis des Bundes nicht „betroffen". Wie bereits gezeigt, bleiben die allgemeinen Entschädigungsansprüche des Deckungsnehmers ausdrücklich „gewahrt"[944]. Etwaige Schwierigkeiten, außerhalb einer Umschuldung die Voraussetzungen eines politischen Gewährleistungsfalles nachzuweisen, bestanden in der Regel schon im Vorfeld der Regierungsabkommen und sind nicht durch diese ausgelöst.

Unabhängig davon kommt allerdings die Forderung aus dem Exportgeschäft als Objekt eines Grundrechtseingriffs in Betracht. Sie steht dem Deckungsnehmer bis zum Zeitpunkt der Auszahlung der Entschädigung, in dem sie regelmäßig (in Höhe der Deckungsquote) auf den Bund übergeht[945], zu und wird durch den Abschluß von Umschuldungsabkommen zumindest vorübergehend in ihrer Durchsetzung gehemmt[946].

Ob und in welchem Umfang das Eigentum betroffen ist, hängt von der Bewertung der Handelsforderung ab. Gewichtige Gründe sprechen dafür, insoweit nicht auf den Nennwert, sondern auf den tatsächlichen Wert abzustellen.

Art. 14 GG gewährleistet grundsätzlich nur den Bestand, nicht aber den wirtschaftlichen Wert (insbesondere den Tauschwert) vermögenswerter Rechte[947]. Nicht frei von Zweifeln erscheint dieser Ausgangssatz allerdings dann, wenn er auf Geldforderungen angewandt wird, deren einzige wirtschaftliche Funktion in ihrem Tauschwert besteht. Hier wurde verschiedentlich versucht, Art. 14 GG als Argument gegen eine staatlich mitverursachte Inflation auf den Plan zu rufen[948].

---

942 Vgl. §§ 19, 20 der Bedingungen.

943 Dies gilt selbst dann, wenn man den Anspruch – m. E. kaum haltbar – als öffentlich-rechtlich qualifiziert, da er seine Grundlage in der Entscheidung des Interministeriellen Ausschusses über die Indeckungnahme findet, mithin in der öffentlich-rechtlichen Stufe (vgl. zur Zweitstufenlehre oben, Erster Teil, § 3 III). Öffentlich-rechtliche Positionen sind durch Art. 14 GG jedenfalls dann geschützt, wenn sie das Äuqivalent eigener Leistung darstellen (BVerfGE 14, 288, 293 ff.) oder zumindest durch eigene Leistungen „mitbestimmt" sind (BVerfGE 53, 257, 291 für die Sozialversicherung). Zumindest letzteres ist bei den HERMES-Deckungen, mögen sie auch als Subvention anzusehen sein, zu bejahen.

944 Siehe oben, 3.

945 Siehe oben, Zweiter Teil, § 11 I.

946 Vgl. zu den Rechtswirkungen bilateraler Umschuldungen schon oben, § 14 II 2c).

947 Vgl. nur *Papier* in *Maunz/Dürig*, Art. 14 Rn. 155.

948 Vgl. *Papier* in *Maunz/Dürig*, Art. 14 Rn. 176 ff., ferner *Mammitzsch,* Die Eigentumsgarantie des Grundgesetzes und die Stabilität des Geldwerts, 1967.

Im Gegensatz zu nationaler Inflation kann der tatsächliche Wertverlust von Auslandsforderungen von der Wirtschaftspolitik des Bundes nicht maßgeblich beeinflußt werden und daher nicht Gegenstand verfassungsrechtlicher Garantien sein. Wie bereits dargestellt[949], geht der Wertverlust vielmehr auf weltwirtschaftliche Ursachen, insbesondere Zahlungsbilanzschwierigkeiten der Schuldnerstaaten zurück.

Verfassungsrechtlich garantiertes Eigentum im Sinne des Art. 14 GG ist die Handelsforderung demnach nur zu ihrem tatsächlichen Wert. Auf welche Weise dieser festzustellen ist, wird später dargestellt.

b) Wirksamer Grundrechtsverzicht oder Grundrechtseingriff?

Ein Eingriff in verfassungsrechtlich geschütztes Eigentum könnte allerdings dadurch ausgeschlossen sein, daß der Deckungsnehmer wirksam auf sein Grundrecht verzichtet hat, indem er den Bund vertraglich dazu ermächtigte, im Rahmen von Umschuldungen über seine Forderungen zu verfügen.

Die Zulässigkeit eines Grundrechtsverzichts ist umstritten. Während sie von einigen Autoren zumindest bei einzelnen Grundrechten gänzlich verneint wird[950], hält die Gegenansicht – auch die Rechtsprechung[951] – einen Grundrechtsverzicht innerhalb bestimmter Grenzen für wirksam[952]. Die hiermit zusammenhängenden Fragen wurden erst in neuerer Zeit näher untersucht. Vieles ist hier dogmatisch noch ungeklärt.

Eine eingehendere Auseinandersetzung kann im Rahmen dieser Arbeit nicht erfolgen. Die besseren Argumente sprechen dafür, einen Grundrechtsverzicht jedenfalls im Ausgangspunkt zuzulassen. Zwar spricht Art. 1 Abs. 2 GG von den unveräußerlichen Menschenrechten. „Unveräußerlich" und damit unverzichtbar soll aber wohl nur der dem Inhalt des Art. 1 Abs. 1 GG entsprechende Menschenrechtsgehalt der einzelnen Grundrechte sein[953]. Gegen die Zulässigkeit eines Grundrechtsverzichtes spricht auch nicht das Prinzip vom Vorbehalt des Gesetzes. Wie in dem hier zu untersuchenden Fall der HERMES-Deckungen wird der Verzicht häufig im Rahmen eines Vertrages erklärt. Für den verwaltungsrechtlichen Vertrag ist inzwischen durch § 54 VwVfG gesetzlich anerkannt, daß dieser Fälle regeln kann, in denen es an einer gesetzlichen Ermächtigungsgrundlage fehlt[954]. Liegt eine vertragliche Einigung vor, so entfällt auch die Funktion des

949 Siehe oben, § 13.
950 *Dagtoglou* in Bonner Kommentar, Art. 13 GG Rn. 54.
951 Vgl. etwa BVerfGE 9, 194, 199 (Rechtsbehelfsverzicht); BVerfGE 65, 1, 41 ff. (Weitergabe persönlicher Daten), ferner BGHZ, 79, 131 ff. (Teilweiser Verzicht auf körperliche Unversehrtheit vor gesundheitsschädlichen Emissionen).
952 *Pietzcker,* Der Staat 17 (1978), S. 527 ff. m. w. N.; *Amelung,* Die Einwilligung in die Beeinträchtigung eines Grundrechtsgutes, 1981.
953 *Von Münch* in ders. (Hrsg.), Art. 1 Rn. 37 ff. m. w. N.
954 *Pietzcker,* a. a. O., S. 534. Ausführlich zur Begründung BVerwGE 42, 331, 334 ff.

Gesetzesvorbehalts, den Bürger vor unkontrollierten Eingriffen des Staates zu schützen.

Letztlich ausschlaggebend ist der Charakter des konkret in Frage stehenden Grundrechts. Art. 14 GG gewährleistet auch das Recht, über Eigentum zu verfügen, sich also durch Grundrechtsgebrauch selbst zu beschränken. Grundrechtsverzicht ist hier – schlagwortartig formuliert – Grundrechtsgebrauch[955] und somit zulässig.

Auf der anderen Seite ist ein Grundrechtsverzicht, dies entspricht allgemeiner Auffassung, nicht schrankenlos zuzulassen. Nach der Rechtsprechung des Bundesverfassungsgerichtes[956] kann ein Verzicht dann unbeachtlich sein, wenn de facto keine Wahl zwischen verschiedenen Entscheidungsmöglichkeiten bestand, so daß es an der Freiwilligkeit des Verzichtes fehlt. Politische Risiken, die letztlich dem Abschluß von Umschuldungsabkommen zugrundeliegen, können deutsche Exporteure nicht außerhalb einer HERMES-Deckung absichern. Insoweit fehlt es an einer „freien Wahl".

Zumindest im Rahmen des Art. 14 GG läßt sich aber ein Grundrechtsverzicht noch nicht allein wegen der Monopolstellung des Staates als unbeachtlich ansehen. Nach § 54 S. 2 VwVfG dürfen Behörden einen Vertrag schließen, anstatt einen Verwaltungsakt zu erlassen. Die Regelung setzt geradezu voraus, daß der Staat auch in Monopolbereichen Verträge mit Privaten schließen darf. Im Rahmen gegenseitiger Verträge können diese folglich auch auf ihre Grundrechte innerhalb bestimmter Grenzen verzichten[957].

Im Rahmen des Art. 14 GG ist ein Grundrechtsverzicht erst dann unbeachtlich, wenn der Staat seine Monopolstellung in einer Weise mißbraucht, daß bei wirtschaftlicher Betrachtung die Äquivalenz von Leistung und Gegenleistung nicht mehr gegeben ist. Bei fehlender Äquivalenz ist ein Grundrechtsverzicht folglich nichtig und ein Eingriff in den Schutzbereich des Art. 14 GG zu bejahen. Diese Erkenntnis läßt sich auch aus dem Grundsatz ableiten, daß der Staat gegen das Übermaßverbot verstößt, wenn er in der Leistungsverwaltung vom Äquivalenzprinzip abweicht[958].

Nachfolgend ist also die Äquivalenz von Leistung und Gegenleistung näher zu überprüfen. Zu fragen ist, ob der Deckungsnehmer im Falle einer Umschuldung eine äquivalente Gegenleistung für seine Prämie enthält. Zu diesem Zwecke ist der tatsächliche Wert der gedeckten Handelsforderung zu bestimmen, da allein dieser

---

955 *Pietzcker,* a. a. O., S. 540. Er zieht daher den Begriff der „Verfügung über grundrechtsgeschützte Positionen" dem des Grundrechtsverzichtes vor (S. 544).

956 BVerfG NJW 1982, 375: Kein wirksamer Verzicht auf das Grundrecht aus Art. 1 Abs. 1 i. V. m Art. 2 Abs. 1 GG („Lügendetektor").

957 Dementsprechend kann sich auch eine Gemeinde zum Festhalten an der vereinbarten Bauplanung verpflichten, also zu einer Gegenleistung, die schon von Gesetzes wegen nur sie allein erbringen kann: BVerwGE 42, 331.

958 Vgl. BVerfGE 20, 257 ff.; BVerwGE 42, 331, 345; *Ehlers,* S. 230 f. m. w. N.

verfassungsrechtlich geschütztes „Eigentum" darstellt[959]. Wird dieser Wert durch die Einbeziehung in ein Umschuldungsabkommen „äquivalent" erhöht, so ist dies durch einen wirksamen Grundrechtsverzicht gedeckt; andernfalls ist der Verzicht unwirksam − der Abschluß des Umschuldungsabkommens stellt dann einen entschädigungspflichtigen Eingriff in geschütztes Eigentum dar.

Als Ausgangspunkt bietet sich der Preis an, der im Zeitpunkt der Umschuldung auf dem Sekundärmarkt für Forderungen gegen Schuldnerstaaten aktuell zu zahlen wäre. Die Abschläge für Forderungen gegen hochverschuldete Staaten variieren erheblich. Während beispielsweise Algerien-Forderungen zum 1. Oktober 1988 mit 91 − 93% ihres Nennwerts eingestuft wurden, wurden für Forderungen gegen Peru lediglich 5 − 6,5% angesetzt[960]. Geht man davon aus, daß der Index bei den meisten Ländern bestenfalls knapp über 50% liegt[961], so dürfte ein „Eingriff" durch die Umschuldung aufgrund dieses Maßstabes nur in den seltensten Fällen zu bejahen sein. Mit der Umschuldung erhält der Exporteur nämlich einen Entschädigungsanspruch gegen den Bund, dessen Realisierbarkeit außer Frage steht und dessen Höhe dem Nennwert der Forderung (= 100 Prozent), abzüglich des Selbstbehalts (nach den Bedingungen[962] maximal 25 Prozent) und der vergleichsweise gering ins Gewicht fallenden ungedeckten Spitzen entspricht.

Um den wirtschaftlichen Wert der Handelsforderung festzustellen, könnte es allerdings geboten sein, den Marktpreis um einen Aufschlag für das Bestehen einer HERMES-Deckung zu erhöhen. Wie sich in den verschiedensten Zusammenhängen, unter anderem bei der Bilanzierung[963] zeigt, wirkt der Bestand einer Bundesbürgschaft werterhöhend. Diese Werterhöhung scheint auf den ersten Blick zu berücksichtigen zu sein, da sie ein wirtschaftliches Äquivalent für die vom Deckungsnehmer entrichtete Prämie darstellt und die Frage des „Eingriffs" im Rahmen gegenseitiger Verträge − wie oben dargestellt − nach der Äquivalenz von Leistung und Gegenleistung zu beantworten ist.

Ein „pauschaler" Aufschlag auf den festgestellten Marktpreis trägt indessen der Tatsache nicht hinreichend Rechnung, daß der Gewährleistungsvertrag eben keine „pauschale" Risikoübernahme vorsieht, sondern − wie es bei Versicherungsverträgen allgemein üblich ist − ein ausdifferenziertes System von Haftungstatbeständen und Risikoausschlüssen enthält. Mit diesem System erklären sich die Deckungsnehmer bei Vertragsschluß auch grundsätzlich einverstanden. Da sie für ihre Entgelte, wie aus den langjährigen Verlusten der Bundesdeckungen folgt,

959 Siehe oben, a).
960 Vgl. näher *Wulfken,* S. 49 mit dem Abdruck einer Länderliste von Salomon Brothers Inc., aus der die An- und Verkaufspreise im einzelnen ersichtlich sind.
961 So zum Beispiel bei den Philippinen: knapp unter 50% liegt er bei Mexiko, Brasilien und Venezuela (*Wulfken,* a.a.O.).
962 § 6 Abs. 1 Ziff. 3 G. Allerdings kann aufgrund besonderer Absprachen auch ein höherer Selbstbehalt gelten. Dazu *Schallehn/Stolzenburg,* Abschn. XIII Rn. 22.
963 Vgl. dazu *Graf von Westphalen,* BB 1982, S. 711−719.

eine zumindest äquivalente Gegenleistung erhalten, konnten sie insoweit wirksam über ihr verfassungsrechtlich geschütztes Eigentum verfügen. Greift ein mithin wirksam vereinbarter Risikoausschluß ein, stehen dem Deckungsnehmer keinerlei Entschädigungsansprüche zu. Im Schadensfall liegt dann der Wert der Forderung in keiner Weise über dem Marktpreis ungedeckter Forderungen.

Ein „Eingriff" kann folglich nicht anhand eines Pauschalwertes ermittelt werden, sondern nur anhand des Wertes, den die Forderung im konkreten Fall einer Umschuldung beinhaltet. Dieser Fall ist freilich nur nach Maßgabe der Umschuldungsklausel gedeckt, die den Bund ihrem Wortlaut nach dazu ermächtigt, in unbegrenztem Umfang über die Forderung zu verfügen, also zumindest bis zur Grenze des Marktpreises ungedeckter (!) Forderungen zum Nachteil des Deckungsnehmers umzuschulden. In Umschuldungsfällen brächte die Gewährleistung nach dieser wortlautgetreuen Auslegung keine Verbesserung. Sie hätte die Wirkung eines (verdeckten) Risikoausschlusses. Angesichts der erheblichen Bedeutung von Umschuldungen drohte dann die Deckung leerzulaufen; die Wirksamkeit der Umschuldungsklausel wäre schon zivilrechtlich gesehen (§ 9 Abs. 2 Nr. 2 AGBG) zweifelhaft. Verfassungsrechtlich wäre ein Eingriff in geschütztes Eigentum zu bejahen.

Im Ergebnis läßt sich jedoch die Bestimmung restriktiv, und damit verfassungs- und gesetzeskonform auslegen.

c) Verfassungskonforme Auslegung der Umschuldungsermächtigung

Im Rahmen des Kreditversicherungsverhältnisses kommt dem zivilrechtlichen Grundsatz von Treu und Glauben, darauf wurde bereits verschiedentlich hingewiesen[964], besondere Bedeutung zu. Demnach ist der Bund schon zivilrechtlich gehalten, beim Abschluß von Umschuldungsabkommen die Belange des Deckungsnehmers nicht vollständig zu vernachlässigen. Erst recht sind im Lichte des Art. 14 GG verfassungsrechtlich geschützte Vermögenspositionen des Deckungsnehmers angemessen zu berücksichtigen. Eine solche Begrenzung der Umschuldungsermächtigung ist zwar ihrem Wortlaut nicht zu entnehmen, entspricht aber dem von beiden Seiten bei Abschluß des Deckungsvertrages typischerweise vorausgesetzten Verständnis.

Umgekehrt gibt die Klausel ersichtlich keinen Anspruch auf ein konkretes Verhandlungsergebnis. Immer dann, wenn der Schutz von Rechtsgütern deutscher Staatsangehöriger gegenüber dem Ausland in Rede stand, haben Rechtsprechung[965] und h. L.[966] der Exekutive ein „weites politisches Ermessen" zugestanden. Da auswärtige Geschehensabläufe nicht allein vom Willen der Bundesrepu-

---

964 Siehe z. B. oben, Zweiter Teil, § 12 I (Hilfsansprüche zur Beweisführung); § 9 II (Obliegenheiten).

965 BVerfGE 6, 290, 299 (Deutsch-Schweizerischer Vermögensvertrag); BVerfGE 40, 141, 177 ff. (Grundvertrag); vgl. ferner OVG Münster NJW 1989, 2209.

966 *Doehring*, S. 89 ff.; *Klein*, DÖV 1977, S. 704, 707.

blik Deutschland bestimmt werden könnten, gewährc das Grundgesetz den Organen der auswärtigen Gewalt einen sehr weiten Spielraum in der Einschätzung außenpolitisch erheblicher Sachverhalte sowie der Zweckmäßigkeit eigenen Verhaltens. Ein Ermessensfehler sei allenfalls dann in Betracht zu ziehen, wenn sich die Entscheidung im konkreten Fall als Willkür gegenüber dem Bürger darstelle, also unter keinem – auch außenpolitischen – vernünftigen Gesichtspunkt vertretbar wäre[967].

Der entscheidende Grund für diese weithin anerkannte Zubilligung weiten Ermessens liegt also darin, daß der Geschehensablauf „nicht allein vom Willen der Bundesrepublik Deutschland bestimmt" werden kann. Er kommt auch beim Abschluß von Umschuldungsabkommen zum Tragen. Unabhängig von dem auf die Handelsforderung anwendbaren Recht (Schuldstatut)[968] verfügen die Schuldnerstaaten nämlich rein faktisch über vielfältige Mittel und Wege, die Beitreibbarkeit und damit den wirtschaftlichen Wert der Forderung empfindlich zu stören"[969]. Die Praxis der Umschuldungen wurde und wird hiervon maßgeblich beeinflußt. Dies rechtfertigt es, der Bundesregierung auch bei der Umschuldung von Handelsforderungen im Grundsatz ein weites politisches Ermessen zuzubilligen. Die vertragliche Umschuldungsklausel ist in diesem Sinne auszulegen.

Wie dieses im Ausgangspunkt weitgehend anerkannte Ergebnis dogmatisch zu begründen ist, ist letztlich zweitrangig. Überzeugender erscheint es, den Staat aufgrund einer den Grundrechten innewohnenden Schutzpflicht[970] auch bei seinem Auftreten gegenüber dem Ausland zu verpflichten, betroffene Grundrechte seiner Bürger im Rahmen seiner Ermessensausübung zu berücksichtigen[971]. Die Geltung der Grundrechte ist nämlich nicht auf reine Inlandssachverhalte beschränkt. Das völkerrechtliche Territorialitätsprinzip verbietet lediglich, ausländischen Staatsorganen Verpflichtungen aufzuerlegen, nicht aber, die inländische Staatsgewalt auch bei Auslandssachverhalten zu verpflichten[972]. Demgegenüber erscheint die Begründung über ein sogenanntes „diplomatisches Schutzrecht"[973] als eine künstliche Konstruktion, für die sich im Grundgesetz keine Anhaltspunkte finden

---

967 BVerfGE 55, 349, 364f., 367f. (Fall „Hess"); im gleichen Sinne auch BVerwGE 62, 11, 15f. und BVerwG NJW 1989, 2208, 2209.

968 Soweit ersichtlich, hatte die bisherige Rspr. nur Fälle zum Gegenstand, in denen das betroffene Vermögen auch im Sinne des Internationalen Privatrechts im Ausland „belegen", also ausländisches Privatrecht auf den Sachverhalt anwendbar war. Vgl. z. B. BVerwG NJW 1989, 2208 (AG mit Sitz in der Schweiz) sowie *Bryde,* Auslandsinvestitionen, S. 44.

969 Vgl. dazu die bereits oben, Zweiter Teil, § 7 III dargestellten Beispiele für währungspolitische Maßnahmen des Schuldnerstaates.

970 Eine solche Schutzpflicht hat im Grundsatz auch das Bundesverfassungsgericht anerkannt und immer wieder bestätigt, vgl. nur BVerfGE 39, 1, 41f. („Fristenlösung").

971 So insbesondere *Klein,* DÖV 1977, 704, 707.

972 Vgl. *von Münch,* Art. 1 GG Rn. 30.

973 Dazu umfassend *Doehring,* Die Pflicht des Staates zur Gewährung diplomatischen Schutzes (1959).

lassen und die angesichts der Fortentwicklung der Grundrechtsdogmatik auch überflüssig ist.

Abschließend ist zu prüfen, nach welchen Kriterien dieses „weite politische Ermessen", das dem Bund nach alledem im Rahmen von Umschuldungsverhandlungen zusteht, zu begrenzen ist. Soweit Handelsforderungen grundsätzlich – wie dies der bisherigen Praxis des Pariser Clubs entspricht – zu kommerziellen Bedingungen, insbesondere mit marktüblicher Verzinsung umgeschuldet werden, kann eine Überschreitung dieses Ermessens nicht festgestellt werden. Im Anschluß an den Weltwirtschaftsgipfel in Toronto und die IWF-Weltbanktagung in Berlin 1988 ist jedoch ein Wandel dieser Politik erkennbar. Ländern, die sich in einer besonders gravierenden wirtschaftlichen Krise befinden, ohne Zugang zu sonstigen internationalen Finanzquellen zu haben – dies trifft insbesondere für die afrikanischen Entwicklungsländer südlich der Sahara zu –, sollen demnach in Ausnahmefällen auch weitergehende Konzessionen gemacht werden.

Ausgangspunkt ist ein vom Pariser Club entwickeltes sogenanntes Optionenmenü, das den Gläubigerländern die Wahl zwischen drei im Grundsatz als gleichwertig angesehenen Formen der Schuldendienst-Erleichterung einräumt[974]:

Option A: Erlaß eines Drittels der Schuldendienstverbindlichkeiten bei Umschuldung der verbleibenden Verbindlichkeiten zu Marktzinsen über 14 Jahre bei 8 Freijahren;

Option B: Umschuldung zu Marktzinsen bei verlängerten Rückzahlungszeiten von 25 Jahren, davon 14 Freijahre;

Option C: Umschuldung zu Zinssätzen, die um 3,5 % unter dem Marktzins liegen, jedoch mindestens die Hälfte des Marktzinssatzes betragen, bei Rückzahlungszeiten von 14 Jahren mit 8 Freijahren.

Diese Optionen sollen hier auf ihre Verfassungsmäßigkeit überprüft werden. Festzuhalten ist zunächst, daß in keiner der Optionen der Deckungsnehmer im Verhältnis zum Bund einseitig belastet wird, was wohl als ermessensmißbräuchliche Praxis anzusehen wäre. Alle in den Optionen enthaltenen Komponenten, die auf einen (Teil-)Erlaß bzw. ein Hinausschieben der Fälligkeiten abzielen – Verlängerung der Laufzeit, Freijahre – betreffen die vom Bund entschädigte Deckungsquote in gleicher Weise wie die nicht entschädigten Positionen. Die Hauptlast trägt also weiterhin der Bund; das Konditionengefüge des Kredites wird nicht einseitig zu Lasten des Exporteurs verändert.

Gleiches gilt für die dritte, nur in Option C enthaltene Komponente des Zinsnachlasses. Nach Auszahlung der Entschädigung kann der Exporteur für die Zukunft – nur insoweit soll der Zinsnachlaß wirken – Zinsen nur für ungedeckte Beträge verlangen. In Höhe der Deckungsquote ist die Forderung inklusive zukünftiger

---

974 Abgedruckt bei *Schallehn/Stolzenburg,* Abschn. X Rn. 109, sowie im *AGA-Report* Nr. 18, September 1989, S. 6.

Zinsansprüche auf den Bund übergegangen[975]. Wiederum trägt der Bund den Hauptanteil der Umschuldung. Soweit sich die Bundesregierung im Grundsatz für die Option C entschieden hat[976], können rechtliche Bedenken hiergegen im Ausgangspunkt nicht erhoben werden.

Aus diesen Ausführungen darf freilich nicht der Schluß gezogen werden, daß der Bund im Rahmen seines Ermessens zu unbegrenztem Nachgeben in Umschuldungsverhandlungen ermächtigt ist. Im Rahmen von Umschuldungen sind, wie bei der Ausübung staatlichen Ermessens überhaupt, neben den Ergebnissen auch die Gründe für eine bestimmte Entscheidung zu überprüfen. Aus Sicht des Bundes können Umschuldungen auch entwicklungs- und außenpolitischen Zielen dienen, die sich mit den kaufmännischen Interessen des Exporteurs (Aufrechterhaltung von Märkten bzw. möglichst schadensfreier Rückzug aus diesen) keinesfalls zu decken brauchen. Nach dem Sinn, den beide Seiten beim Abschluß des Deckungsvertrages der Umschuldungsermächtigung beigemessen haben, soll diese sich nicht auf Umschuldungen zu Konditionen erstrecken, die aus kaufmännischer Sicht nicht mehr vertretbar erscheinen und lediglich mit allgemein-politischen Zielen zu erklären sind.

Dennoch können zum Beispiel entwicklungspolitische Gesichtspunkte auch im Rahmen der Umschuldung von Handelsforderungen eine Rolle spielen. Den Exporteuren ist von Anfang an erkennbar, daß diese Gesichtspunkte die „Förderungswürdigkeit" des Geschäftes und damit die Deckungsentscheidung des IMA beeinflussen können. Waren schon damals Inhalt und Zahlungskonditionen des Geschäftes auch entwicklungspolitisch zu bewerten[977] und hat der Deckungsnehmer vor diesem Hintergrund seinerzeit den Bund vertraglich zu Umschuldungen ermächtigt, so kann er nicht darauf vertrauen, daß später, im Rahmen von Umschuldungsverhandlungen, derartige Kriterien vollständig ausgeklammert werden. Dabei ist freilich der Grundsatz der Verhältnismäßigkeit zu beachten.

Letztlich ist die Grenze für das dem Bund eingeräumte Ermessen naturgemäß schwer zu ziehen. Unzulässig wäre es jedenfalls, über die Umschuldung privater Handelsforderungen allgemein-politische Ziele zukünftiger Jahre zu „finanzieren". Beispielsweise dürfte einem Staat wie Polen Handelsschulden nicht vollständig erlassen werden, um den politischen und wirtschaftlichen Neubeginn in den osteuropäischen Ländern zu stützen. Das geeignete Mittel wäre hier ein „Marshall-Plan für Osteuropa", der letztlich von der Allgemeinheit der Steuerzahler zu finanzieren ist, nicht aber durch ein „Sonderopfer"[978] der in der Vergangenheit

---

975 Vgl. § 10 Abs. 1 der Bedingungen.

976 *AGA-Report* Nr. 18, September 1989, S. 7.

977 Bei Großprojekten beziehen Exporteure derartige Gesichtspunkte auch gezielt in ihre Argumentation ein, um eine Deckung zu erhalten (vgl. *Hauptmannl.,* S. 20). Dann wäre es ein widersprüchliches Verhalten, die Berechtigung derartiger Kriterien nunmehr zu leugnen.

978 Vgl. zu dem Gesichtspunkt des Sonderopfers im Rahmen des Art. 14 GG BGHZ 6, 270 und *Kimminich* in Bonner Kommentar, Art. 14 Rn. 128 ff.

mit Polen Handel Treibenden. Langfristige Maßnahmen der Entwicklungspolitik sind dementsprechend aus Mitteln des Bundesministeriums für wirtschaftliche Zusammenarbeit zu finanzieren. Für derartige langfristige, auf die Zukunft gerichtete politische Ziele kann und darf die Umschuldung privater Handelsforderungen nur eine begleitende Maßnahme sein.

d) Ergebnis

Im Ergebnis ist nochmals festzuhalten: Die gegenwärtige Praxis bundesdeutscher Umschuldungen von Handelsforderungen ist, insbesondere im Hinblick auf Art. 14 GG, rechtmäßig. Das Ermessen des Bundes ist aufgrund der ihm vertraglich eingeräumten Umschuldungsermächtigung weit, aber nicht unbegrenzt. Die Grenze ist dann überschritten, wenn private Exporteure zugunsten der Allgemeinheit der Steuerzahler zur (Mit-)Finanzierung allgemeinpolitischer Ziele in Anspruch genommen werden.

Zusammenfassung der wichtigsten Ergebnisse

In über 40jähriger Praxis sind die Ausfuhrgewährleistungen des Bundes, mit deren Bearbeitung die Hermes AG als Mandatar betraut ist, auch in juristischer Hinsicht immer detaillierter ausgestaltet worden. Gleichwohl sind einige Fragen noch ungelöst, was zum einen auf den sich ständig wandelnden weltwirtschaftlichen Hintergrund zurückzuführen ist, zum anderen auf Grundsätze, welche die deutsche Rechtsprechung zum AGB-Gesetz und zum Versicherungsrecht entwickelt hat.

Im einzelnen lassen sich die Ergebnisse der vorstehenden Untersuchung folgendermaßen zusammenfassen:

1. Die Rechtsgrundlagen, auf denen das System der Ausfuhrgewährleistungen des Bundes („HERMES-Deckungen") beruht, sind

– die gesetzliche Ermächtigung im Haushaltsgesetz,
– die ministeriellen Richtlinien,
– die Allgemeinen Bedingungen.

Besondere Bedingungen, die im Einzelfall vertraglich vereinbart werden können, konnten im Rahmen dieser Untersuchung nicht berücksichtigt werden.

2. Inhaltlich übernimmt der Bund die in den Allgemeinen Bedingungen abschließend aufgeführten politischen und wirtschaftlichen Risiken. Neben typischen Unternehmerrisiken (Kostensteigerungen usw.) hat der Exporteur auch das Risiko des anwendbaren Rechts und des Gerichtsstands zu tragen. Entlastet wird er lediglich von dem Risiko *nachträglicher* Rechtsänderungen, soweit diese den Tatbestand eines gedeckten Gewährleistungsfalles erfüllen.

3. Die erhobenen Entgelte werden grundsätzlich nicht nach Ländern differenziert. Dieses Prinzip der Einheitsprämie führt dazu, daß Exporte in risikoreiche Regionen durch die Entgeltsaufkommen aus sonstigen Deckungen subventioniert werden. Diese Praxis mag wirtschaftspolitisch zu beanstanden sein, rechtlich gesehen ist sie – insbesondere im Hinblick auf das AGB-Gesetz – zulässig.

4. Begrifflich stellen die HERMES-Deckungen eine unzulässige nationale Beihilfe im Sinne des Art. 92 Abs. 1 EWG-Vertrag, nicht aber eine Subvention im Sinne des Art. XVI GATT dar. Ob auch die sonstigen Voraussetzungen von Art. 92 Abs. 1 EWG-Vertrag vorliegen, könnte nur im Rahmen einer eingehenderen Untersuchung geklärt werden.

5. Die Übernahme einer Deckung wird von dem sogenannten Interministeriellen Ausschuß (IMA) beschlossen. Die dieser Entscheidung zugrundeliegenden Kriterien der „Förderungswürdigkeit" und „risikomäßigen Vertretbarkeit" sind rechtlich kaum nachprüfbar. Die vorliegende Untersuchung beschränkt sich daher im wesentlichen auf Rechtsfragen der „zweiten", zivilrechtlichen Ebene des Gewährleistungsvertrages.

6. Der Gewährleistungsvertrag ist zivilrechtlich als Versicherungsvertrag einzuordnen. Eine andere Beurteilung folgt weder aus dem öffentlichen Zweck der Exportförderung, noch aus der Tatsache, daß es an einem abgegrenzten „Sondervermögen" des Versicherers fehlt. Die Grundsätze des Privatversicherungsrechts sind daher weitgehend anwendbar.

7. Einer Inhaltskontrolle nach § 9 AGB-Gesetz unterliegen die HERMES-Bedingungen, wie andere Versicherungsbedingungen auch, grundsätzlich unbeschränkt. Der Inhaltskontrolle entzogen sind lediglich deklaratorische Klauseln und Preisbestimmungen (§ 8 AGBG) sowie diejenigen Klauseln, die den eigentlichen Vertragszweck der Gewährleistung festlegen.

8. Im Rahmen des Gewährleistungsvertrages unterliegt der Bund zudem gewissen öffentlich-rechtlichen Bindungen. Gebunden ist er an die Grundrechte und die öffentlich-rechtlichen Regeln über die Ermessensausübung. Nicht anwendbar sind dagegen die Regeln des Verwaltungsverfahrensrechts; auszugehen ist vielmehr von der allgemeinen, zivilrechtlichen Verteilung der Beweislast.

9. Bei den Ausfuhrdeckungen[979] setzt der Entschädigungsanspruch voraus: Bestand, Fälligkeit und Uneinbringlichkeit der Forderung. Welche Anforderungen der Bund an den gerichtlichen Nachweis des Bestandes stellen darf, ist problematisch und vom Einzelfall abhängig.

10. Politische Gewährleistungsfälle setzen ein Ereignis voraus, das zumindest geeignet ist, eine unbestimmte Vielzahl von Personen zu betreffen. Dies schließt nicht aus, auch politisch motivierte Einzelfallmaßnahmen (Gerichtsentscheidungen usw). zu entschädigen.

---

979 Die von den Fabrikationsrisiko-Deckungen zu unterscheiden sind. Dazu unten, Ziff. 13.

11. Gegen geld- und währungspolitische Maßnahmen des Schuldnerstaates ist der Exporteur nicht lückenlos geschützt. Probleme ergeben sich unter anderem dann, wenn dem Schuldner die Einzahlung des Gegenwertes in Landeswährung zwar nicht unmöglich, aber doch wesentlich erschwert ist.

12. Die Kostenregelung der Ausfuhrdeckungen ist unwirksam. Nach § 6 Abs. 2 AGBG i. V. m. § 61 Abs. 1 VVG kann der Deckungsnehmer auch insoweit Ersatz seiner Rechtsverfolgungskosten verlangen, als sie zum Nachweis eines ersatzfähigen Schadens geboten waren und ein solcher Schaden nachgewiesen wurde.

13. Bei den Fabrikationsrisiko-Deckungen setzt der Entschädigungsanspruch die Wirksamkeit des Ausfuhrvertrages und seine Undurchführbarkeit voraus. Embargos sind unabhängig von ihrer Rechtmäßigkeit gedeckt. Ersetzt werden die sog. „Selbstkosten". Unwirksam ist die Bestimmung, welche die Sachverständigenkosten, die zur Ermittlung der „Selbstkosten" entfallen, dem Deckungsnehmer auferlegt. Nach der gesetzlichen Regelung hat diese Kosten der Bund in Höhe seiner Deckungsquote zu tragen.

14. Die wichtigsten Einwendungen gegen einen Entschädigungsanspruch sind der Prämienverzug, die Verletzung von Obliegenheiten oder der allgemeinen Sorgfaltspflicht sowie das Versäumen von materiellen Ausschlußfristen.

15. Obliegenheiten sind gerichtlich nicht durchsetzbar; ihre Verletzung führt aber unter bestimmten Voraussetzungen (Kausalität, Verschulden) zur Leistungsfreiheit des Bundes. Diese Voraussetzungen sind weniger eng als nach der gesetzlichen Regelung. Gleichwohl ist der Exporteur hierdurch nicht unangemessen benachteiligt (vgl. § 9 AGBG), die vertraglichen Klauseln sind folglich wirksam. Der Deckungsnehmer haftet auch für das Verhalten Dritter, insbesondere seiner Repräsentanten.

16. Sofern sich die Gefahrumstände hierdurch nicht wesentlich erhöhen, ist der Bund dazu verpflichtet, einer Änderung des dokumentierten Sachverhalts zuzustimmen. Maßnahmen, zu denen er bei dem Eintritt einer Gefahrerhöhung vertraglich berechtigt ist, hat er nach pflichtgemäßem Ermessen, insbesondere unter Berücksichtigung der Verhältnismäßigkeit, zu treffen.

17. Die Kosten der Schadensverhütung und -minderung sind vertraglich weitgehend dem Deckungsnehmer auferlegt. Die Regelung ist unwirksam, soweit sie Maßnahmen einschließt, die durch den Bund oder einen von diesem zu bestimmenden Dritten durchzuführen sind.

18. Bei der Anrechnung von Vermögensvorteilen ist zwischen gezielten und ungezielten Zahlungen zu unterscheiden. Die Anrechnungsbestimmungen der Ausfuhrdeckungen setzen sich in begrenztem Umfang über die Tilgungsbestimmung des Schuldners hinweg, um Mißbräuche auszuschließen. Dies ist, obwohl von § 366 BGB abweichend, im Ergebnis nicht unangemessen.

19. Hilfsansprüche zur Beweiserbringung ergeben sich für den Deckungsnehmer aus den zivilrechtlich anerkannten Fallgruppen, für den Bund aus der vertraglich vereinbarten Auskunftspflicht bzw. den Prüfungsrechten.

20. Umschuldungen sind für das Gewährleistungssystem des Bundes von außerordentlicher wirtschaftlicher Bedeutung. Aufgrund vertraglicher Ermächtigung ist der Bund befugt, im Rahmen bilateraler Regierungsvereinbarungen auch private, HERMES-gedeckte Handelsschulden umzuschulden.

21. Die Ermächtigung ist verfassungskonform dahingehend auszulegen, daß der Bund nur zu solchen Konditionen umschulden darf, bei denen verfassungsrechtlich garantierte Eigentumsrechte des Exporteurs in angemessener Weise berücksichtigt werden.

Anhang

Anhang 1: Obligoaufgliederung

	1984	1985	1986	1987	1988
Export	DM 488,2 Mrd.	DM 537,1 Mrd.	DM 526,4 Mrd.	DM 527,0 Mrd.	DM 567,8 Mrd.
Zahl der entschiedenen Anträge	45 000	44 100	38 800	40 100	36 600
Volumen der Anträge	DM 95,8 Mrd.	DM 105,7 Mrd.	DM 53,7 Mrd.	DM 50,7 Mrd.	DM 42,1 Mrd.
Neu gedeckte Auftragswerte	DM 32,1 Mrd.	DM 31,0 Mrd.	DM 25,2 Mrd.	DM 24,4 Mrd.	DM 26,0 Mrd.
Ermächtigung	DM 195,0 Mrd.	DM 195,0 Mrd.	DM 195,0 Mrd.	DM 195,0 Mrd.	DM 195,0 Mrd.
Obligoausnutzung	DM 156,3 Mrd.	DM 158,3 Mrd.	DM 147,2 Mrd.	DM 139,7 Mrd.	DM 132,6 Mrd.
Obligovormerkungen	DM 69,8 Mrd.	DM 65,1 Mrd.	DM 46,6 Mrd.	DM 48,7 Mrd.	DM 45,0 Mrd.
Obligoaufgliederung					
Industrie- und sonstige Länder	DM 20,1 Mrd.	DM 19,9 Mrd.	DM 18,9 Mrd.	DM 21,4 Mrd.	DM 20,4 Mrd.
Entwicklungsländer	DM 111,3 Mrd.	DM 110,3 Mrd.	DM 102,3 Mrd.	DM 100,1 Mrd.	DM 97,4 Mrd.
davon OPEC	DM 66,5 Mrd.	DM 63,9 Mrd.	DM 56,3 Mrd.	DM 48,9 Mrd.	DM 45,2 Mrd.
Staatshandelsländer	DM 24,9 Mrd.	DM 28,1 Mrd.	DM 26,0 Mrd.	DM 18,2 Mrd.	DM 14,8 Mrd.
Aufwendungen für politische und wirtschaftliche Schäden und Umschuldungen (incl. Wechselkursschäden)	DM 2 102,5 Mio.	DM 1 770,9 Mio.	DM 1 929,0 Mio.	DM 2 321,1 Mio.	DM 2 276,6 Mio.
Rückschlüsse aus Schäden und Umschuldungen*)	DM 419,5 Mio.	DM 502,0 Mio.	DM 484,0 Mio.	DM 417,4 Mio.	DM 246,2 Mio.
Entgelteinnahmen	DM 541,6 Mio.	DM 625,0 Mio.	DM 507,0 Mio	DM 491,7 Mio.	DM 501,7 Mio.
Verwaltungskosten	DM 65,2 Mio.	DM 67,0 Mio.	DM 67,9 Mio.	DM 67,1 Mio.	DM 74,5 Mio.
Ergebnis	− DM 1 206,7 Mio.	− DM 705,0 Mio	− DM 927,0 Mio.	− DM 1 479,1 Mio.	− DM 1 577,8 Mio.

*) inkl. Wechselkursgewinne. Quelle: Schallehn/Stolzenburg, Abschn. I, Seite 25.

Anhang 2: Aufgliederung der Neudeckungen

in % der Gesamtausfuhr nach Ländergruppen

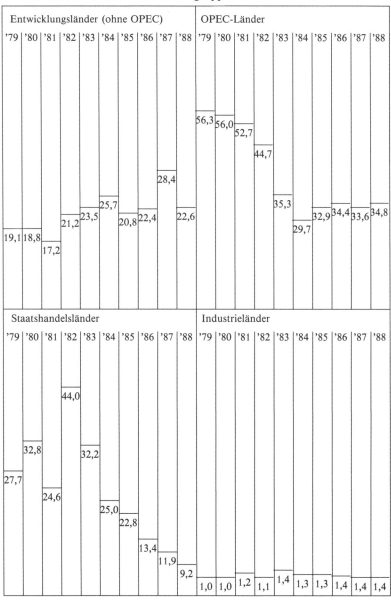

Anhang 3: Antrag auf Übernahme einer Ausfuhrgewährleistung

Bitte senden Sie diesen Antrag **dreifach** an die für Sie zuständige Außenstelle der Hermes Kreditversicherungs-AG, Hamburg

Hermes
Kreditversicherungs-AG
Zweigniederlassung Hamburg
Chilehaus A, Fischertwiete 2
Postfach 10 30 29

2000 Hamburg 1

Sofern Ihnen bereits eine Deckungsnehmer-Nr. zugeteilt ist, bitte hier eintragen:

DN-Nr. ⌞_|_|_|_|_|_⌟

Wichtige Hinweise:

Bitte informieren Sie sich rechtzeitig über die für Ihr Ausfuhrgeschäft in Betracht kommenden Ausfuhrgewährleistungen. Die Direktion und die Außenstellen des Hermes stehen zur Aushändigung der im Antragsformular angesprochenen **Richtlinien, Allgemeinen Bedingungen** und **Entgeltsätze** sowie zur Auskunftserteilung und Beratung zur Verfügung.

Anträge auf Ausfuhrgewährleistungen sind möglichst vor Abschluß des Ausfuhrvertrages, spätestens vor Beginn des zu deckenden Risikos zu stellen. Nach Risikobeginn gestellte Anträge können als verspätet zurückgewiesen werden.

Bitte fügen Sie dem Antrag keine Verträge oder sonstigen Vertragsunterlagen bei; diese werden erst in einem etwaigen Entschädigungsverfahren geprüft.

Wir beantragen für das nachfolgend dargestellte Ausfuhrgeschäft die Übernahme einer Ausfuhrgewährleistung als:

Fabrikationsrisikobürgschaft (FB)	**Fabrikationsrisikogarantie (FG)**
Ausfuhrbürgschaft (B)	**Ausfuhrgarantie (G) bzw.**
revolvierend ja nein	**Ausfuhrgarantie / kurzfristige Einzeldeckung (G/kE)**
	revolvierend (G/kE) ja nein

zu den für die beantragte Ausfuhrgewährleistung derzeit gültigen Allgemeinen Bedingungen.

Die Entscheidung über diesen Antrag erfolgt nach Maßgabe der vom Bundesminister für Wirtschaft erlassenen Richtlinien für die Übernahme von Ausfuhrgewährleistungen vom 30.12.1983.

Entgelte

Für die Prüfung und die Übernahme der beantragten Ausfuhrgewährleistung werden wir Entgelte entrichten, deren Berechnung aufgrund der vom Bundesminister für Wirtschaft festgesetzten Entgeltsätze erfolgt. Die Bezahlung der Antragsgebühr erfolgt unabhängig von der Übernahme der beantragten Ausfuhrgewährleistung.

Wird das in Rechnung gestellte Entgelt bei Fälligkeit nicht entrichtet, so wird mit der zweiten Mahnung neben dem angemahnten Entgeltbetrag eine Verzugskostenpauschale (Mahngebühr) von DM 20,– und mit der dritten Mahnung eine Verzugskostenpauschale von DM 30,– erhoben. Die Geltendmachung von Verzugszinsen bleibt vorbehalten.

Verantwortlichkeit für den Antrag

Die beantragte Ausfuhrgewährleistung wird aufgrund der in diesem Antrag oder in sonstiger Weise erfragten Angaben übernommen. Änderungen oder Ergänzungen gegenüber den bei Antragstellung erfolgten Angaben werden wir unverzüglich mitteilen.

Uns ist bekannt, daß eine unrichtige oder unvollständige Beantwortung der Fragen oder eine unterlassene Berichtigung der Angaben den Bund berechtigen kann, die Übernahme der Ausfuhrgewährleistung abzulehnen oder sich bei übernommener Ausfuhrgewährleistung von einer Verpflichtung zur Entschädigung zu befreien.

_____   _____
Ort und Datum   Unterschrift des Antragstellers / Firmenstempel

Bitte beachten Sie bei der Beantwortung der nachstehenden Fragen die Erläuterungshinweise.

DN-Nr. ⌊___,___,___,___⌋   FA-Nr. ⌊___,___,___,___⌋

(1) Bestellerland Land-AK ⌊___,___⌋ / ⌊___,___,___,___⌋

(2) Antragsteller vollständige Firmierung

Postfach und/oder Straße
PLZ und Ort
Telefon und FS-Anschluß (mit Kennung)
für Rückfragen zuständiger Sachbearbeiter

(3) Ausländischer Besteller vollständige Bezeichnung

Postfach und/oder Straße
Ort   Bankverbindung

Wir sind an der Bestellerfirma kapitalmäßig beteiligt (nur für private Besteller)
    nein   ja (Erläuterungen erforderlich)
Auskünfte über den ausländischen Besteller   liegen bei   werden nachgereicht

(4) Vertrag
Vertrag abgeschlossen am   in Kraft getreten am
Vertrag noch nicht abgeschlossen
bei Ausschreibungen: Submissionstermin
Unsere Auftrags- oder Projekt-Nr.
Kennwort des Projektes

(5) Projekt bzw. Warenart*

Bestimmungsort der Ware bzw. Standort der Anlage
Die Ware bzw. Leistung hat ihren Ursprung im Geltungsbereich des Außenwirtschafts-
gesetzes der Bundesrepublik Deutschland   ja   nein (Erläuterungen erforderlich)
Die Ware/Leistung ist ausfuhrgenehmigungspflichtig   nein   ja   (Erläuterungen erforderlich)
Für die ordnungsgemäße Durchführung des Geschäftes sind Lieferungen/Leistungen
aus Drittländern erforderlich, die im Falle ihres Ausbleibens nicht anderweitig ersetzt
werden können oder dürfen   nein   ja   (Erläuterungen erforderlich)
Flaggenklausel (nicht bei fob-Lieferungen)   nein   ja   (Erläuterungen erforderlich)

(6) Auftragswert*
Warenwert (fob, cif, etc.)
Montagekosten
Finanzierungskosten   (Zinssatz   % p. a.)
Vertragswährung
Es ist eine Preisgleitklausel vereinbart   ja   nein
wenn ja: Deckung gewünscht   ja   nein
Angaben zu örtlichen Kosten und ausländischen Zulieferungen*

Bei Fremdwährungen:
Es wird Aufhebung der Kursbegrenzung bei Entschädigung beantragt   ja   nein

Es ist eine Kursgleitklausel / ein Festkurs vereinbart   ja   Kurs   nein

* (ggf. Anlage verwenden)

205

(7) Selbstkosten im Sinne des § 2 der Allgemeinen Bedingungen FB/FG (nur bei Antrag auf FB/FG auszufüllen)
für diesen Auftrag insgesamt DM
Hiervon sollen **nicht** gedeckt werden:
1. gemäß § 2 Absatz 4 die Selbstkosten
  für folgende Lieferungen und Leistungen*

  DM
2. die Selbstkosten, die nach Versand entstehen DM
somit Deckung beantragt für DM

(8) Gegengarantien*
Von uns herauszulegende Garantien (z. B. Bietungsgarantie, Liefergarantie, Gewährleistungsgarantie)
Deckung gewünscht ja nein
Art der Garantie und Höhe

(9) Zahlungsbedingungen*

Für Kreditgeschäfte:
  Die Zinsen werden degressiv berechnet und fälliggestellt ja nein
  Wir stimmen einem evtl. notwendig werdenden Konsultationsverfahren zu ja nein
Die Aufbringung der Mittel für alle Zahlungen – auch teilweise – erfolgt
ohne unsere Mithaftung mit unserer Mithaftung (Erläuterungen erforderlich)
Für dieses Geschäft ist eine Unterstützung der öffentlichen Hand in einer anderen Weise als durch eine etwaige
Ausfuhrgarantie oder -bürgschaft oder sonstige Förderungsmaßnahmen des Bundes vorgesehen
nein ja (Erläuterungen erforderlich)

(10) Sicherheiten* (vom ausländischen Besteller beizubringen)

(11) Liefer- und Leistungstermine*
Fabrikationsbeginn (nur bei FB/FG) Leistungs-/Montagebeginn
Lieferbeginn Leistungs-/Montageende
Lieferende Betriebsbereitschaft

(12) Sonstige bemerkenswerte Einzelheiten des Geschäftes
Memorandum (nur für Großgeschäfte) liegt bei wird nachgereicht
Wenn das Geschäft durch internationale Quellen (z. B. Weltbank) finanziert wird, nähere Angaben hierzu*

(13) Zahlungserfahrungen mit dem ausländischen Besteller
Wir stehen mit dieser Firma in Geschäftsverbindung seit
Alle bisherigen Verpflichtungen wurden ohne Zielverlängerung oder Verzögerungen erfüllt ja nein
Es bestehen gedeckte und/oder ungedeckte Forderungen gegen den Besteller und/oder Garanten
ja (Erläuterungen erforderlich, bei gedeckten Geschäften FA-Nummer angeben)* nein
Höhe des letzten Jahresumsatzes

(14) Sonstige Deckungen* (z. B. Konsignationslager-, Messelager-, Gerätedeckungen etc.)

(15) Revolvierende Ausfuhrgewährleistungen
Höchstbetrag DM Laufzeitbeginn
Forderungen aus Sichtakkreditiven sollen einbezogen werden ja nein

* (ggf. Anlage verwenden)

206

Erläuterungshinweise zum Antrag auf Ausfuhrgewährleistungen

(3) **Ausländischer Besteller** – Falls der Warenempfänger und der Zahlungsverpflichtete nicht identisch sind, erbitten wir – ggf. in besonderer Anlage – eine Schilderung des Vertragsverhältnisses.

Für den Fall einer Beteiligung Ihrerseits am ausländischen Besteller nennen Sie uns bitte die Höhe Ihrer prozentualen Beteiligung und ob diese direkt oder indirekt (auf welche Weise) besteht. Geben Sie bitte gleichfalls an, ob Sie maßgeblichen Einfluß auf die Geschäftsführung ausüben.

(4) **Vertrag** – Falls Sie nicht alleiniger Vertragspartner des ausländischen Bestellers sind, erbitten wir – ggf. in besonderer Anlage – eine Schilderung des Vertragsverhältnisses (z. B. Konsortialvertrag, Arbeitsgemeinschaft).

(5) **Projekt** – Schildern Sie bitte die vertraglich vereinbarten Lieferungen und Leistungen, z. B. Warenart und -menge, Art und Umfang der Leistungen (Leistungen in diesem Sinne sind z. B. Bau-, Montage-, Transport- und Engineering-Leistungen), Projektbeschreibung. Sofern Sie nur Teile eines Projektes anbieten, erbitten wir – soweit bekannt – Einzelheiten zum Gesamtprojekt und zu weiteren beteiligten Firmen.

Prüfen Sie bitte, ob die vorgesehene Ware/Leistung ausfuhrgenehmigungspflichtig ist, insbesondere nach Liste A, B oder C des Teils I der Ausfuhrliste (AL). Der Ausschuß kann eine Entscheidung u. a. von der Vorlage der Ausfuhrgenehmigung/Negativbescheinigung abhängig machen.

Ausländische Lieferungen und Leistungen können nur insoweit zur Deckung angetragen werden, als Sie hierfür die Zahlungsrisiken tragen, d. h. Ihrem/Ihren Unterlieferanten zur Zahlung verpflichtet sind, unabhängig davon, ob der ausländische Schuldner seinen Zahlungsverpflichtungen nachkommt. Erläuterungen hierzu geben Sie bitte unter Auftragswert/Selbstkosten oder in besonderer Anlage.

Flaggenklausel bedeutet Verpflichtung zur ausschließlichen Nutzung einer ausländischen Fluglinie/Reederei.

(6) **Auftragswert** – Geben Sie bitte – ggf. in besonderer Anlage – eine genaue Aufteilung des Auftragswertes, z. B. nach Warenwert, Montagewert etc., jeweils getrennt nach Transfer- und Landeswährungsteil.
Bei Kreditgeschäften geben Sie bitte auch den Wert zu liefernder Ersatz- und Verschleißteile an.

Ist eine Preisgleitklausel vereinbart, die in die Deckung einbezogen werden soll, stehen das Prozent- und das Betragsverfahren zur Verfügung. Näheres entnehmen Sie bitte dem Merkblatt „Preisgleitklausel". Wenn von Ihnen nicht ausdrücklich etwas anderes beantragt wird, unterstellen wir, daß Sie die Deckung nach dem Prozentverfahren wünschen.

Örtliche Kosten sind Lieferungen und Leistungen aus dem Bestellerland.

Auf Antrag kann die in den Allgemeinen Bedingungen geregelte Umrechnung der Entschädigung in der Weise geändert werden, daß ein Höchstkurs für die Umrechnung der Entschädigung entfällt. Hierfür wird ein Entgeltzuschlag in Höhe von 10 % auf das Grund- und Zeitentgelt erhoben. Nähere Einzelheiten erfragen Sie bitte gesondert.

(7) **Selbstkosten** – Sofern für die Durchführung Ihres Ausfuhrgeschäftes in die Fabrikationsrisikodeckung einzubeziehende Unterlieferungen erforderlich sind, sorgen Sie bitte dafür, daß Weisungen des Bundes zur Einstellung oder Unterbrechung der Fertigung auch von Ihren Unterlieferanten befolgt werden können.

Anzahlungen können grundsätzlich nicht von den zu deckenden Selbstkosten abgesetzt werden.

(8) **Gegengarantien** – Geben Sie bitte Art, Währung und Höhe der von Ihnen herauszulegenden Garantien an. Beachten Sie, daß Anzahlungsgarantien, die pro rata Lieferung erlöschen, bei Forderungsdeckungen nicht abgesichert werden können, jedoch im Rahmen von Fabrikationsrisikodeckungen berücksichtigt werden.

(9) **Zahlungsbedingungen** – Bei Kreditgeschäften beachten Sie bitte, daß nur eine degressive Zinsberechnung und -fälligstellung zulässig ist; d. h. daß die Zinsen auf den jeweils ausstehenden Forderungsbetrag berechnet und zusammen mit den jeweiligen Rückzahlungsraten bezahlt werden und sich insoweit während der Kreditlaufzeit von Rate zu Rate betragsmäßig verringern.

Für Kreditlaufzeiten von mehr als 5 Jahren ist eine besondere Begründung erforderlich, z. B. ausländische Konkurrenz. Diese Kreditlaufzeiten unterliegen dem internationalen Konsultationsverfahren. Zur Durchführung des Verfahrens bedarf es Ihrer Zustimmung. Ohne diese Zustimmung ist eine Entscheidung über eine Kreditlaufzeit von mehr als 5 Jahren nicht möglich.

(10) **Sicherheiten** – Geben Sie bitte an:
a) welche Sicherheiten (Akkreditive, Garantien, Avale)   b) für welche Raten/Beträge
c) zu welchem Zeitpunkt (vor Fabrikationsbeginn, vor Lieferung)   d) von wem (Name und Anschrift)

(11) **Liefer- und Leistungstermine** – Geben Sie bitte diese Termine durchgehend in festen Daten an (d. h. Monat und Jahr) bzw. wenn noch nicht bekannt, in Monaten, gerechnet ab Vertragsabschluß oder Inkrafttreten des Vertrages.

(12) **Sonstige bemerkenswerte Einzelheiten des Geschäftes** – Ein Memorandum wird erforderlich bei Auftragswerten ab DM 25 Mio. (6-fach erforderlich). Es sollte in eingehender Form das Projekt schildern (Finanzierung, Infrastruktur, volkswirtschaftliche Bedeutung etc.).

Bei internationalen Finanzierungen geben Sie bitte die genaue englischsprachige Bezeichnung der/des von Ihnen zu liefernden Waren/Projektes sowie die „Loan Number" des finanzierenden Institutes an. Für Großprojekte ggf. auch weitere Spezifizierungen (Lose, Bauabschnitte etc.).

(15) **Revolvierende Ausfuhrgewährleistungen** – Falls Sie mit dem ausländischen Besteller in einer ständigen Geschäftsbeziehung (zu kurzfristigen Zahlungsbedingungen) stehen, kann bei Antrag einen Höchstbetrag für laufende Versendungen/Leistungen genehmigt werden. Das Verfahren wird im einzelnen durch Besondere Bedingungen geregelt, die u. a. eine Andienungs- und Meldepflicht vorsehen. Eine Meldung der Versendungen findet hierbei monatlich nachträglich statt.
Bitte zusätzlich zu (15) nur folgende Positionen ausfüllen: (1) Bestellerland, (2) Antragsteller, (3) Ausländischer Besteller, (5) Warenart, (9) Zahlungsbedingungen, (10) Sicherheiten, (13) Zahlungserfahrungen.

Anhang 4.1: Allgemeine Bedingungen für Ausfuhrbürgschaften

Begriffsbestimmung

Die Bundesrepublik Deutschland (Bund) übernimmt Ausfuhrgewährleistungen unter der Bezeichnung „**Ausfuhrbürgschaften**" für Geldforderungen deutscher Exporteure aus Ausfuhrverträgen über Lieferungen und Leistungen, wenn der ausländische Vertragspartner des deutschen Exporteurs oder ein für das Forderungsrisiko voll haftender Garant ein Staat, eine Gebietskörperschaft oder eine vergleichbare Institution ist.

Gewährleistungsvertrag

Die Allgemeinen Bedingungen für Ausfuhrbürgschaften sind Bestandteil des Gewährleistungsvertrages, den der Bund nach Maßgabe der Richtlinien für die Übernahme von Ausfuhrgewährleistungen schließt, und gelten, soweit sie nicht im Gewährleistungsvertrag ausdrücklich abbedungen, ergänzt oder ersetzt sind.

HERMES
TREUARBEIT

Der Bund als Vertragspartner des Bürgschaftsnehmers wird durch den Bundesminister für Wirtschaft (BMWi) vertreten. Der BMWi wird durch die HERMES Kreditversicherungs-AG (HERMES), Hamburg, und die TREUARBEIT Aktiengesellschaft Wirtschaftsprüfungsgesellschaft Steuerberatungsgesellschaft (TREUARBEIT), Hamburg, als Mandatare des Bundes vertreten. HERMES und TREUARBEIT sind vom Bund beauftragt und ermächtigt, alle den Abschluß und die Abwicklung des Gewährleistungsvertrages betreffenden Erklärungen, soweit sie nicht gemäß § 1 der Bundesschuldenverwaltung vorbehalten sind, namens und im Auftrag des Bundes abzugeben und entgegenzunehmen. Federführend ist HERMES.

§ 1
Formerfordernisse

Schriftform

Der Gewährleistungsvertrag kommt dadurch zustande, daß der Bund den Antrag des Bürgschaftsnehmers auf Übernahme einer Ausfuhrbürgschaft schriftlich und unter Bezugnahme auf diese Allgemeinen Bedingungen annimmt. Der Bund kann jedoch auf Zahlung erst in Anspruch genommen wer-

Urkunde der Bundes-
schuldenverwaltung

den, wenn über die Ausfuhrbürgschaft eine Urkunde (Ausfuhrbürgschafts-Erklärung) erstellt, mit zwei Unterschriften der Bundesschuldenverwaltung versehen und dem Bürgschaftsnehmer zugegangen ist. Entsprechendes gilt für Änderungen der Ausfuhrbürgschaft, die Inhalt oder Umfang der Haftung des Bundes erweitern. Mündliche Nebenabreden haben keine Gültigkeit.

§ 2
Gegenstand der Ausfuhrbürgschaft

Kaufpreisforderung

(1) Gegenstand der Ausfuhrbürgschaft sind die im Ausfuhrvertrag zwischen Bürgschaftsnehmer und ausländischem Schuldner für Lieferungen und Leistungen des Bürgschaftsnehmers als Gegenleistung vereinbarten und in der Ausfuhrbürgschafts-Erklärung bezeichneten Geldforderungen (verbürgte Forderung).

Surrogatforderung

(2) Die verbürgte Forderung umfaßt unter der Voraussetzung, daß der Ausfuhrvertrag wirksam zustande gekommen ist, auch solche Geldforderungen, die auf den Ausgleich erbrachter Lieferungen und Leistungen gerichtet sind und aufgrund des Ausfuhrvertrages oder aus anderen Rechtsgründen an die Stelle der als Gegenleistung vereinbarten Geldforderung treten.

Zinsen und Neben-
forderungen

(3) Die verbürgte Forderung umfaßt ferner die im Ausfuhrvertrag vereinbarten und in der Ausfuhrbürgschafts-Erklärung bezeichneten Kreditzinsen und Finanzierungsnebenkosten bis zur Fälligkeit der Hauptforderung. **Schadensersatzforderungen**, soweit sie nicht gemäß Absatz 2 von der Bürgschaft umfaßt sind, **und sonstige Nebenforderungen**, z. B. auf Verzugszinsen, Vertragsstrafen oder Reugeld, **sind auch dann nicht verbürgt, wenn sie in dem Vertrag zwischen Bürgschaftsnehmer und ausländischem Schuldner ausdrücklich vorgesehen sind.**

§ 3
Haftungszeitraum

Haftungsbeginn

(1) Die Haftung aus der Ausfuhrbürgschaft beginnt bei Lieferungen mit der Versendung der Ware, bei Leistungen mit deren Beginn; bei Teillieferungen oder Teilleistungen beginnt die Haftung nur für diejenigen Zahlungsansprüche, die der Bürgschaftsnehmer aufgrund des Ausfuhrvertrages oder aus sonstigen Rechtsgründen für die jeweilige Teillieferung oder Teilleistung erwirbt. Soweit für die der Ausfuhrbürgschaft zugrundeliegenden Lieferungen und Leistungen eine Fabrikationsrisikodeckung besteht, beginnt die Haftung aus dieser Ausfuhrbürgschaft mit dem Ende der Haftung aus der Fabrikationsrisikodeckung, wenn dieser Zeitpunkt vor Versand liegt. Die Haftung aus der Ausfuhrbürgschaft endet, sobald und soweit die verbürgte Forderung erfüllt ist.

Haftungsende

Verlust der Ansprüche
bei Fristversäumnis

(2) **Hat der Bürgschaftsnehmer innerhalb von 2 Jahren nach jeweiliger dem Bund mitgeteilter Fälligkeit der verbürgten Forderung keinen Entschädigungsantrag gestellt, gilt die verbürgte Forderung insoweit als erfüllt.** Auf Antrag des Bürgschaftsnehmers kann der Bund jedoch das Ruhen des Entschädigungsverfahrens anordnen mit der Folge, daß sich die vorgenannte Frist von 2 Jahren entsprechend verlängert; der Antrag auf Ruhen des Entschädigungsverfahrens kann zugleich mit dem Entschädigungsantrag gestellt werden. Sobald und soweit die verbürgte Forderung erfüllt ist oder nach Satz 1 als erfüllt gilt, verliert die Ausfuhrbürgschafts-Erklärung ihre Gültigkeit.

§ 4
Bürgschaftsfälle

Uneinbringlichkeit

(1) Der Bürgschaftsfall tritt ein, wenn und soweit die verbürgte Forderung aufgrund eines der in den Absätzen 2 und 3 genannten Umstände uneinbringlich ist.

Mitverpflichtung Dritter

Besteht für die verbürgte Forderung eine in der Ausfuhrbürgschafts-Erklärung aufgeführte Mithaftung Dritter, so tritt der Bürgschaftsfall jedoch erst ein, wenn und soweit auch die gegen mithaftende Dritte begründeten Forderungen uneinbringlich sind. Für die Feststellung der Uneinbringlichkeit gelten die Absätze 2 und 3 entsprechend.

politische Schadens-
tatbestände

(2) Uneinbringlichkeit infolge politischer Umstände liegt vor,

– allgemeiner politischer
Bürgschaftsfall

1. wenn nicht später als 12 Monate nach Fälligkeit

gesetzgeberische oder behördliche Maßnahmen im Ausland, die nach Abschluß des Ausfuhrvertrages mit Bezug auf die verbürgte Forderung ergangen sind,

oder

kriegerische Ereignisse oder Aufruhr oder Revolution im Ausland

die Erfüllung oder Beitreibung der verbürgten Forderung

in jeder Form verhindern

oder

in der vereinbarten Währung verhindern und keine Möglichkeit zur Einzahlung des Gegenwertes zum Zwecke des Transfers gemäß Nr. 2 besteht und der Bund der Zahlung in einer anderen als der vereinbarten Währung mit schuldbefreiender Wirkung nicht zustimmt

und 6 Monate ohne Zahlung nach der mit dem ausländischen Schuldner vereinbarten Fälligkeit verstrichen sind;

- Konvertierungs- und
  Transferfall („KT-Fall")

2. wenn infolge von Beeinträchtigungen des zwischenstaatlichen Zahlungsverkehrs Beträge, die der ausländische Schuldner als Gegenwert für die verbürgte Forderung bei einer zahlungsfähigen Bank oder einer anderen vom Bund anerkannten Stelle zum Zwecke der Überweisung an den Bürgschaftsnehmer eingezahlt hat, nicht in die vereinbarte Währung konvertiert oder nicht transferiert werden, alle bestehenden Vorschriften für die Konvertierung und den Transfer dieser Beträge erfüllt waren und 4 Monate nach Fälligkeit der Forderung, Einzahlung und Erfüllung dieser Vorschriften verstrichen sind;

- Kursverluste an
  eingezahlten Beträgen

3. wenn nach Erfüllung aller bestehenden Vorschriften für die Konvertierung und den Transfer ausschließlich infolge einer Abwertung der vom ausländischen Schuldner auf die verbürgte Forderung eingezahlten Beträge Kursverluste entstehen, sofern nach Abschluß des Ausfuhrvertrages erlassene Vorschriften des Schuldnerlandes eine schuldbefreiende Wirkung dieser Zahlungen vorsehen. Kursverluste, die mit dem ausländischen Schuldner vereinbarten oder einer anderen ohne Zustimmung des Bundes angenommenen Währung sind nicht gedeckt;

- Verlust von Ansprüchen
  infolge Unmöglichkeit
  der Vertragserfüllung

4. wenn gesetzgeberische oder behördliche Maßnahmen im Ausland, die nach Abschluß des Ausfuhrvertrages ergangen sind, oder kriegerische Ereignisse oder Aufruhr oder Revolution im Ausland die Erfüllung der vertraglich vom Bürgschaftsnehmer geschuldeten Lieferungen und Leistungen ganz oder teilweise verhindern und dem Bürgschaftsnehmer deshalb durchsetzbare Forderungen für die schon erbrachten Lieferungen und Leistungen nicht zustehen;

- Verlust der Ware
  vor Gefahrübergang

5. wenn infolge politischer Umstände die Ware während des Zeitraums von der Versendung bis zum Übergang der Gefahr auf den ausländischen Schuldner durch ausländische staatliche Stellen beschlagnahmt oder auf andere Weise der Verfügungsgewalt des Bürgschaftsnehmers entzogen oder vernichtet oder beschädigt wird oder verlorengeht und der Ausfall 6 Monate nach der im Ausfuhrvertrag vereinbarten Fälligkeit der Forderung nicht ersetzt worden ist, soweit keine Möglichkeit bestanden hat, die Gefahren bei Versicherungsgesellschaften abzudecken, und der Ersatz des Schadens nicht durch gesetzliche Bestimmungen gewährleistet ist;

- Mindererlös bei
  anderweitiger Verwertung

6. wenn nach Versendung der Ware die Uneinbringlichkeit der verbürgten Forderung gemäß Nr. 1, 4 oder 5 zu besorgen ist und der Bürgschaftsnehmer noch in seiner Verfügungsgewalt befindliche Ware anderweitig im Einvernehmen mit dem Bund verwertet und dabei einen Mindererlös erleidet.

Nichtzahlungsfall
(„protracted default")

(3) Uneinbringlichkeit liegt auch vor,

1. wenn die verbürgte Forderung 6 Monate nach ihrer Fälligkeit nicht erfüllt worden ist und **der Bürgschaftsnehmer die nach den Regeln der kaufmännischen Sorgfalt erforderlichen Maßnahmen zur Einziehung der verbürgten Forderung ergriffen hat.** Die Nichtaufnahme der Dokumente steht bei Geschäften mit den Zahlungsbedingungen D/P oder D/A dem Eintritt der Fälligkeit nicht entgegen, sofern sich aus dem Vertrag mit dem ausländischen Schuldner nichts anderes ergibt;

2. wenn nach Versendung der Ware die Uneinbringlichkeit der verbürgten Forderung gemäß Absatz 3 Nr. 1 zu besorgen ist und der Bürgschaftsnehmer noch in seiner Verfügungsgewalt befindliche Ware anderweitig im Einvernehmen mit dem Bund verwertet und dabei einen Mindererlös erleidet.

Konkurrenzen – Grundregel	(4) Entschädigt wird aufgrund des Bürgschaftsfalles, der zuerst eingetreten ist. Sind ein Bürgschaftsfall gemäß Absatz 3 und ein politischer Bürgschaftsfall gleichzeitig eingetreten, wird nach dem politischen Bürgschaftsfall entschädigt.
– Ausnahme für den allgemeinen politischen Bürgschaftsfall	Tritt der Bürgschaftsfall gemäß Absatz 2 Nr. 1 ein, so bleibt der Eintritt des Bürgschaftsfalles gemäß Absatz 3 außer Betracht, wenn der Bürgschaftsnehmer innerhalb von 12 Monaten seit Fälligkeit der Forderung keinen Antrag auf Entschädigung nach diesem Bürgschaftsfall gestellt hat.
– Ausnahme für den „KT-Fall"	Sind bei Eintritt eines Bürgschaftsfalles gemäß Absatz 3 bis auf den Ablauf der Karenzfrist alle Voraussetzungen des Bürgschaftsfalles gemäß Absatz 2 Nr. 2 erfüllt, so wird eine Entschädigung nur aufgrund des Bürgschaftsfalles gemäß Absatz 2 Nr. 2 geleistet. Des Ablaufs der dort bestimmten Frist bedarf es in diesem Fall jedoch nicht, sofern nach Fälligkeit der verbürgten Forderung mindestens 10 Monate verstrichen sind.
– Nachentschädigung	Treten nach einer Entschädigung gemäß Absatz 3 die Voraussetzungen des Bürgschaftsfalles gemäß Absatz 2 Nr. 2 ein, wird eine Nachentschädigung geleistet, soweit die Anwendung dieser Vorschrift zu einer höheren Entschädigung führt.

§ 5
Fälligkeit und Rechtsbeständigkeit der verbürgten Forderung

Rechtsbeständigkeit als Entschädigungsvoraussetzung	(1) **Voraussetzung für die Entschädigung der verbürgten Forderung ist deren Fälligkeit und Rechtsbeständigkeit.** Wird aufgrund gesetzlicher oder vertraglicher Bestimmungen der gesamte Restbetrag der verbürgten Forderung fällig, so erfolgt die Entschädigung gleichwohl nach Maßgabe der im Ausfuhrvertrag festgelegten Fälligkeiten; der Bund ist jedoch berechtigt, vor diesen Fälligkeiten Entschädigungen zu leisten.
Beweislast	(2) **Der Bürgschaftsnehmer hat den Bestand der verbürgten Forderung und der in der Ausfuhrbürgschafts-Erklärung aufgeführten Sicherheiten, das Vorliegen der Voraussetzungen für den Eintritt des Bürgschaftsfalles sowie Grund und Höhe des Schadens auf seine Kosten nachzuweisen.** Wird der Bestand der Forderung oder der in der Ausfuhrbürgschafts-Erklärung aufgeführten Sicherheiten bestritten oder werden dagegen Einreden oder Einwendungen erhoben, kann der Bund den Entschädigungsantrag zurückweisen, bis der Bürgschaftsnehmer – erforderlichenfalls durch Entscheidung des im Verhältnis zwischen ihm und seinem ausländischen Schuldner oder Sicherheitengeber zuständigen Gerichts oder Schiedsgerichts – die Rechtsbeständigkeit der Forderung und der in der Ausfuhrbürgschafts-Erklärung aufgeführten Sicherheiten nachgewiesen hat; **die Risiken des anwendbaren Rechts und des Gerichtsstands trägt dabei der Bürgschaftsnehmer.**
Risiken des anwendbaren Rechts	
Verantwortung für Rechtsmängel keine Prüfung von Unterlagen außerhalb der Schadensprüfung	(3) **Die Verantwortung für die Rechtsbeständigkeit der verbürgten Forderung und dafür bestellter Sicherheiten trägt im Verhältnis zum Bund ausschließlich der Bürgschaftsnehmer.** Der Bund wird Verträge und sonstige Unterlagen, aus denen sich die verbürgten Forderungen und Sicherungsrechte ergeben sollen, erst im Entschädigungsverfahren prüfen. Der Bürgschaftsnehmer kann sich nicht darauf berufen, daß der Bund den Inhalt solcher Verträge oder Unterlagen oder Teile derselben vorher, insbesondere bei Übernahme der Ausfuhrbürgschaft, gekannt habe oder hätte kennen müssen.

211

Regelsätze

(1) Der Bürgschaftsnehmer ist an jedem Ausfall an der verbürgten Forderung selbst beteiligt. Sofern in der Ausfuhrbürgschafts-Erklärung nichts anderes festgelegt ist, beträgt die Selbstbeteiligung

1. 10 % im Bürgschaftsfall gemäß § 4 Absatz 2,
2. 15 % im Bürgschaftsfall gemäß § 4 Absatz 3.

Verbot der anderweitigen Absicherung

(2) **Der Bürgschaftsnehmer darf das Risiko aus der Selbstbeteiligung nicht anderweitig absichern.** Dies gilt nicht für die Weitergabe des Risikos aus der Selbstbeteiligung an Unterlieferanten des Bürgschaftsnehmers.

§ 7
Berechnung und Auszahlung der Entschädigung

Anrechnung von Zahlungen

(1) Stehen dem Bürgschaftsnehmer aus seiner Geschäftätigkeit mehrere Forderungen gegen den ausländischen Schuldner zu, so werden für die Feststellung der Entschädigung hierauf geleistete Zahlungen des ausländischen Schuldners auch dann, wenn zwischen Bürgschaftsnehmer und Schuldner eine andere Anrechnungsregelung vereinbart ist, wie folgt berücksichtigt:

– Regel bei gezielten Zahlungen

1. Bei Zahlungen auf gedeckte Forderungen sowie bei Zahlungen auf ungedeckte Forderungen, die früher fällig sind als die verbürgte Forderung, gilt die Tilgungsbestimmung des ausländischen Schuldners.

– Ausnahme bei gezielten Zahlungen auf ungedeckte Forderungen

2. Zahlungen auf ungedeckte Forderungen, die zur selben Zeit wie die verbürgte Forderung oder später als diese fällig sind, werden in den Bürgschaftsfällen gemäß § 4 Absatz 3 auf gedeckte und ungedeckte Forderungen und vertraglich vereinbarte Zinsforderungen (ausgenommen Verzugszuschläge) nach der Reihenfolge ihrer Fälligkeit angerechnet, es sei denn, nach den Umständen des Einzelfalles ist auszuschließen, daß der Bürgschaftsnehmer auf die Tilgungsbestimmung der Zahlung Einfluß genommen hat. In den Bürgschaftsfällen gemäß § 4 Absatz 2 bleibt bei derartigen Zahlungen die Tilgungsbestimmung des ausländischen Schuldners maßgeblich.

– ungezielte Zahlungen

3. Ohne Tilgungsbestimmung des ausländischen Schuldners geleistete Zahlungen werden in den Bürgschaftsfällen gemäß § 4 Absatz 2 Nr. 1 und Absatz 3 auf gedeckte und ungedeckte Forderungen und vertraglich vereinbarte Zinsforderungen (ausgenommen Verzugszuschläge) nach der Reihenfolge ihrer Fälligkeit angerechnet.

– entsprechende Anwendung

4. Die Nr. 1 – 3 gelten entsprechend für

a) Zahlungen des Garanten, Bürgen und Dritter; sonstige Leistungen des Schuldners, Garanten, Bürgen und Dritter;

b) Ausschüttungen und Erlöse aus der schuldnerischen Masse;

c) Erlöse aus Rücklieferungen oder anderweitiger Verwertung von Waren, Pfändungen, Versicherungen und sonstigen Sicherheiten;

d) aufrechenbare Forderungen, Forderungsnachlässe, Gutschriften und Leistungen an Zahlungs Statt;

e) sonstige dem Bürgschaftsnehmer im Zusammenhang mit dem Eintritt des Bürgschaftsfalles entstandene Vermögensvorteile.

– Quotelung bei gleicher Fälligkeit	5. Anrechnungen gemäß Nr. 2 – 4 auf Forderungen mit gleicher Fälligkeit erfolgen nach dem Verhältnis dieser Forderungsbeträge (ohne Verzugszuschläge).
– Vorwegabzug sachgemäßer Aufwendungen	6. Werden Zahlungen gemäß Nr. 2 oder die in Nr. 4 genannten Vermögensvorteile gemäß Nr. 2 oder 3 angerechnet, so werden von diesen Zahlungen oder Vermögensvorteilen die vom Bürgschaftsnehmer sachgemäß aufgewendeten Rechtsverfolgungs- oder Beitreibungskosten abgezogen. **Die zur Einziehung einer Forderung üblichen Kosten einschließlich Protestkosten sowie die im gewöhnlichen Geschäftsbetrieb des Bürgschaftsnehmers entstandenen Kosten bleiben außer Betracht.**
Abzug der Selbstbeteiligung	(2) Der nach Anwendung von Absatz 1 verbleibende Betrag ist um die Selbstbeteiligung des Bürgschaftsnehmers zu kürzen.
Fristen für Schadensbearbeitung	(3) Nach Einreichung aller für die Feststellung des Entschädigungsanspruches erforderlichen Unterlagen stellt der Bund die Schadensberechnung innerhalb von 2 Monaten auf. Der sich aus der Schadensberechnung ergebende Betrag wird innerhalb eines Monats nach Bekanntgabe der Schadensberechnung an den Bürgschaftsnehmer insoweit ausgezahlt, als der Bürgschaftsnehmer die Schadensberechnung anerkannt hat.
Abschlagszahlung	(4) Ist die Schadensberechnung infolge eines Umstandes, den der Bürgschaftsnehmer nicht zu vertreten hat, nicht innerhalb von 2 Monaten möglich, kann dem Bürgschaftsnehmer auf Antrag eine Abschlagszahlung auf die zu erwartende Entschädigung gewährt werden, als diese in ihrem Mindestumfang bereits vor Abschluß der Schadensberechnung feststeht.

§ 8
Rückflüsse

Zuordnung und Verteilung von Rückflüssen	(1) Alle nach Leistung einer Entschädigung eingehenden Zahlungen und sonstigen Vermögensvorteile (Rückflüsse) werden unter Einbeziehung der entschädigten Forderung entsprechend § 7 Absatz 1 zugeordnet. Unberücksichtigt bleiben jedoch diejenigen Rückflüsse, die auf einem Vertrag beruhen, der erst später als 3 Jahre nach Erfüllung oder Entschädigung der zuletzt fälligen Forderung aus dem verbürgten Geschäft geschlossen worden ist.
Mitteilungs- und Abführungspflicht	(2) **Der Bürgschaftsnehmer hat dem Bund jeden Eingang von Rückflüssen unverzüglich anzuzeigen. Die dem Bund zustehenden Beträge hat der Bürgschaftsnehmer unverzüglich an den Bund abzuführen.**

§ 9
Rückzahlung der Entschädigung

Mitteilungspflicht über Einreden oder Einwendungen gegen Forderung oder Sicherheiten	(1) **Wird der Bestand der verbürgten Forderung oder der in der Ausfuhrbürgschafts-Erklärung aufgeführten Sicherheiten bestritten oder werden dagegen Einreden oder Einwendungen erhoben, hat der Bürgschaftsnehmer dies im Entschädigungsverfahren unverzüglich mitzuteilen.** Verletzt der Bürgschaftsnehmer diese Pflicht, kann der Bund die geleistete Entschädigung insoweit zurückfordern, als er bei Kenntnis der Sachlage den Entschädigungsantrag zurückgewiesen hätte.

Rückforderung bei Wegfall der Entschädigungs- voraussetzungen

(2) Stellt sich nach Leistung der Entschädigung heraus, daß die entschädigte Forderung des Bürgschaftsnehmers nicht oder nicht in voller Höhe besteht, wird insbesondere in einem Rechtsstreit zur Beitreibung der entschädigten Forderung vom zuständigen Gericht die Klage ganz oder teilweise rechtskräftig abgewiesen, oder ergibt sich nach Leistung der Entschädigung, daß der Bund aus sonstigen Gründen nicht zur Entschädigung verpflichtet war, kann der Bund die geleistete Entschädigung einschließlich erstatteter Kosten insoweit zurückfordern.

Rückforderung bei nachträglicher Leistungsfreiheit

(3) Wird der Bund infolge eines Umstandes, der erst nach Leistung der Entschädigung eingetreten ist, von der Verpflichtung zur Entschädigung frei oder verletzt der Bürgschaftsnehmer die ihn nach § 11 Absatz 1 treffenden Pflichten, so ist der Bund berechtigt, die geleistete Entschädigung einschließlich erstatteter Kosten insoweit zurückzufordern.

Verzinsungspflicht bei Rückforderung

(4) **Soweit dem Bund ein Rückzahlungsanspruch zusteht, hat der Bürg- schaftsnehmer** in den Fällen der Absätze 1 und 2 **den zurückzuzah- lenden Betrag** vom Zeitpunkt der Leistung der Entschädigung, im Falle des Absatzes 3 vom Zeitpunkt des Wegfalls der Entschädigungsverpflich- tung an mit dem Zinssatz **zu verzinsen,** der den Kosten der Kreditauf- nahme des Bundes ab diesem Zeitpunkt entspricht. Mit Erfüllung des Rückzahlungsanspruchs des Bundes fallen gemäß § 10 Absatz 1 auf den Bund übergegangene Forderungen, Ansprüche und sonstige Rechte inso- weit an den Bürgschaftsnehmer zurück.

weitergehende Ansprüche

(5) Weitergehende, nach gesetzlichen Regelungen oder allgemeinen Rechtsgrundsätzen bestehende Ansprüche des Bundes werden hier- durch nicht berührt.

§ 10
Übergang der Rechte und Ansprüche

Forderungsübergang

(1) Mit Leistung der Entschädigung gehen die entschädigte Forderung, die Ansprüche auf Zinsen und Verzugszinsen für die Zeit nach Zahlung der Entschädigung sowie die Ansprüche aus etwaigen Versicherungen und der Anspruch auf die im Ausland eingezahlten oder hinterlegten Beträge einschließlich der für diese Forderungen und Ansprüche bestehenden Sicherheiten insoweit auf den Bund über, als dies dem Anteil des Bundes am Ausfall an der entschädigten Forderung entspricht. Der Bürgschafts- nehmer hat auf Verlangen des Bundes die zum Übergang der Forderung, Ansprüche und sonstige Rechte etwa erforderlichen Rechtshandlungen vorzunehmen.

treuhänderische Verwaltung

(2) Ist die Übertragung nicht möglich oder verzichtet der Bund auf sie, so hat der Bürgschaftsnehmer die in Absatz 1 genannten Forderungen, Ansprüche und sonstigen Rechte als Treuhänder des Bundes zu halten.

§ 11
Rechtsverfolgung nach Leistung der Entschädigung

Verpflichtung zur Rechtsverfolgung

(1) **Unbeschadet des Übergangs der Forderungen, Ansprüche und sonstigen Rechte gemäß § 10 hat der Bürgschaftsnehmer alle zur Einziehung der entschädigten Forderung und zur Verwertung von Sicherheiten geeigneten Maßnahmen durchzuführen und hierbei etwaige Weisungen des Bundes zu befolgen;** als geeignete Maßnahme gilt auch die Führung eines Rechtsstreites. Von einer Weisung zur Führung eines Rechtsstreites kann abgesehen werden, wenn Gerichtsstand bzw.

Beurteilungsspielraum des Bundes

anwendbare Rechtsordnung keine hinreichende Beurteilung der Erfolgsaussichten des Rechtsstreites zulassen und der Bürgschafts- nehmer einen solchen Gerichtsstand bzw. die Anwendung einer solchen Rechtsordnung nicht abbedingen konnte oder wenn die voraussichtlichen Kosten des Rechtsstreites außer Verhältnis zu der Höhe der Forderung bzw. den Erfolgsaussichten von Vollstreckungsmaßnahmen stehen.

Kostenbeteiligung

(2) Erfolgen Rechtsverfolgungsmaßnahmen mit Zustimmung oder auf Weisung des Bundes, werden dadurch entstehende sachgemäße Aufwendungen zwischen dem Bund und dem Bürgschaftsnehmer im Verhältnis ihrer Beteiligung an der geltend gemachten Forderung aufgeteilt. **Die zur Einziehung einer Forderung üblichen Kosten einschließlich Protestkosten sowie die im gewöhnlichen Geschäftsbetrieb des Bürgschaftsnehmers entstandenen Kosten trägt der Bürgschaftsnehmer.** § 9 Absatz 2 findet entsprechende Anwendung.

Verzicht auf
Rückflußbeteiligung

(3) Entläßt der Bund den Bürgschaftsnehmer auf dessen Antrag aus der Verpflichtung gemäß Absatz 1, so verliert der Bürgschaftsnehmer das Recht, an Rückflüssen nach Maßgabe seiner Selbstbeteiligung beteiligt zu werden.

§ 12
Umrechnung von Fremdwährungsbeträgen

(1) Vertragswährung für die Ausfuhrbürgschaft ist die Deutsche Mark. Für die Umrechnung von Beträgen, die auf andere Währungen lauten, in Deutsche Mark gilt folgendes:

Umrechnungskurs für
Entgelt

1. Das gemäß § 18 zu entrichtende Entgelt wird zu dem letzten vor der Entgeltfestsetzung im Bundesanzeiger veröffentlichten Umsatzsteuer-Umrechnungssatz (Entgeltkurs) umgerechnet.

Umrechnungskurs für
Entschädigung

2. Die Entschädigung wird zum amtlichen Geldkurs der Frankfurter Börse

   – am Tage der Einzahlung in dem Bürgschaftsfall gemäß § 4 Absatz 2 Nr. 2

   – am Tage der Fälligkeit in den anderen Bürgschaftsfällen

   umgerechnet. Hat am maßgeblichen Tage keine amtliche Kursnotierung stattgefunden, so tritt die nachfolgende Notierung an ihre Stelle.

   Ist aufgrund des eingetretenen Bürgschaftsfalles eine Fälligkeit der verbürgten Forderung nicht gegeben oder erfolgt die Entschädigung vor den im Ausfuhrvertrag festgelegten Fälligkeiten, wird die Entschädigung zum letzten amtlichen Geldkurs der Frankfurter Börse vor Absendung der Mitteilung über die Entschädigung umgerechnet.

Kursbegrenzung bei
Entschädigung

In allen Fällen erfolgt die Umrechnung der Entschädigung höchstens zum Entgeltkurs.

Umrechnungskurs für
Rückflüsse

3. Rückflüsse auf die entschädigte Forderung werden zum amtlichen Geldkurs der Frankfurter Börse am Tage ihres Eingangs beim Bürgschaftsnehmer umgerechnet.

Beteiligung an Kursgewinnen
bei durch Kursbegrenzung
reduzierten Entschädigungen

4. Hat der Bund die Entschädigung gemäß Nr. 2 zum Entgeltkurs in Deutsche Mark umgerechnet und erbringt ein Rückfluß für den Bund über den Betrag hinaus, der insgesamt zur Entschädigung der Forderungen aus diesem Ausfuhrvertrag geleistet worden ist, einen Kursgewinn, so steht der Kursgewinn dem Bürgschaftsnehmer bis zur Höhe des Betrages zu, der sich insgesamt zwischen dem amtlichen Geldkurs der Frankfurter Börse am Tage der Einzahlung in dem Bürgschaftsfall gemäß § 4 Absatz 2 Nr. 2 oder am Tage der Fälligkeit in den anderen Bürgschaftsfällen und dem Entgeltkurs entspricht. Dies gilt nicht, soweit der Bund für die entschädigte Forderung eine Wechselkursbürgschaft übernommen hat.

nicht amtlich
notierte Währungen

(2) Für Währungen, für die keine Umsatzsteuer-Umrechnungssätze bzw. keine amtlichen Notierungen der Frankfurter Börse festgestellt werden, tritt an deren Stelle der von der Deutschen Bundesbank zuletzt als Geldkurs bekanntgegebene Umrechnungssatz. Ist ein solcher Umrechnungssatz nicht bekanntgegeben, so setzt der Bund die gemäß Absatz 1 anzuwendenden Umrechnungskurse unter Berücksichtigung der den amtlichen Notierungen der Frankfurter Börse entsprechenden Notierungen an den maßgebenden Börsen des Auslandes fest.

§ 13
Deckungseingriffe

Ausschlußrecht bei
Gefahrerhöhung

Bei Eintritt gefahrerhöhender Umstände kann der Bund dem Bürgschaftsnehmer gegenüber jederzeit erklären, daß Forderungen oder Teilforderungen, für die der Bund bei Zugang dieser Erklärung gemäß § 3 noch nicht haftet, **von der Ausfuhrbürgschaft ausgeschlossen sind.**

§ 14
Umschuldungsvereinbarungen

Recht des Bundes
zur Umschuldung

(1) **Der Bund ist berechtigt, über die verbürgte Forderung (einschließlich Selbstbeteiligung) Umschuldungsvereinbarungen mit dem Schuldnerland abzuschließen; nicht verbürgte Nebenforderungen und nicht verbürgte Teile nur teilweise verbürgter Forderungen darf er dabei einbeziehen.**

Voraussetzung der
Rechtsausübung

(2) Der Bund darf das Recht nach Absatz 1 nur ausüben, wenn er vor Abschluß der Umschuldungsvereinbarung anerkennt, nach welchem der in § 4 geregelten Bürgschaftsfälle Uneinbringlichkeit der verbürgten Forderung vorliegt, sobald die in der Umschuldungsvereinbarung festgelegten Voraussetzungen für die Anwendung dieser Vereinbarung auf die verbürgte Forderung vorliegen. Die Geltung von § 4 Absatz 4 bleibt davon unberührt.

Für einbezogene Forderungen, für die das Risiko der Uneinbringlichkeit gemäß § 4 Absatz 3 fortbesteht, kann der Bund die Entschädigungsleistung nach Maßgabe des Selbstbehalts für diesen Bürgschaftsfall begrenzen.

Die sonstigen Entschädigungsvoraussetzungen bleiben unberührt.

Wahrung des
Entschädigungsanspruchs

Der Bürgschaftsnehmer kann unbeschadet vorstehender Regelung Entschädigung nach den allgemeinen Regeln (§§ 4 ff) verlangen.

Vorrang der Zinsregelung
des Umschuldungs-
abkommens

(3) **Der Bürgschaftsnehmer und seine Rechtsnachfolger müssen ferner Regelungen der Umschuldungsvereinbarung gegen sich gelten lassen, durch die die Verzinsung der Forderung für den Zeitraum ab ihrer Fälligkeit oder für einen später beginnenden Zeitraum abweichend von den gesetzlichen oder vertraglichen Zinsregelungen bestimmt wird** und aufgrund derer weitergehende Ansprüche aus dem Gesichtspunkt des Verzugs nicht geltend gemacht werden können.

Umrechnung von Fremd-
währungsbeträgen im
Umschuldungsabkommen

(4) Für die Umrechnung der Entschädigung bleibt § 12 Absatz 1 Nr. 2 auch dann maßgeblich, wenn der in der Umschuldungsvereinbarung bestimmte Umrechnungskurs für nicht auf Deutsche Mark lautende Beträge in Deutsche Mark von dem in dieser Vorschrift geregelten Umrechnungskurs abweicht. **In bezug auf Selbstbeteiligung, nicht verbürgte Nebenforderungen und nicht verbürgter Teile nur teilweise verbürgter Forderungen müssen der Bürgschaftsnehmer und seine Rechtsnachfolger den in der Umschuldungsvereinbarung bestimmten Umrechnungskurs gegen sich gelten lassen.**

§ 15
Pflichten des Bürgschaftsnehmers

Neben den sonstigen nach diesen Allgemeinen Bedingungen und den Bestimmungen der Ausfuhrbürgschafts-Erklärung bestehenden Pflichten hat der Bürgschaftsnehmer die folgenden Pflichten zu beachten:

Wahrheitspflicht im Antragsverfahren

1. **Der Bürgschaftsnehmer hat im Zusammenhang mit der Beantragung einer Ausfuhrbürgschaft alle für die Übernahme der Ausfuhrbürgschaft erheblichen Umstände vollständig und richtig anzuzeigen und unverzüglich zu berichtigen, wenn sich bis zum Zugang der Ausfuhrbürgschafts-Erklärung gegenüber den bei Antragstellung erfolgten Angaben Änderungen oder Ergänzungen ergeben.** Durch Antragsformular oder in sonstiger Weise erfragte Angaben gelten im Zweifel als erheblich.

Verbot des Abweichens vom dokumentierten Sachverhalt, insbesondere hinsichtlich der Zahlungsbedingungen

2. **Nach Übernahme der Ausfuhrbürgschaft darf der Bürgschaftsnehmer Änderungen oder Ergänzungen, die sich auf den in der Ausfuhrbürgschafts-Erklärung dargestellten Sachverhalt oder auf die mit dem Schuldner oder sonstigen Verpflichteten getroffenen Vereinbarungen beziehen, nicht ohne schriftliche Zustimmung des Bundes vornehmen,** es sei denn, die Änderungen oder Ergänzungen sind unerheblich; Nr. 1 Satz 2 gilt entsprechend. **Der Bürgschaftsnehmer darf insbesondere keine Zahlung in einer anderen als der vertraglich vereinbarten Währung an Erfüllungs Statt annehmen.**

Beachtung staatlicher Vorschriften

3. **Der Bürgschaftsnehmer darf den Ausfuhrvertrag nur durchführen, wenn dabei die Ausfuhrvorschriften der Bundesrepublik Deutschland und die Einfuhrvorschriften des Bestimmungslandes eingehalten werden.**

Meldepflicht bei Gefahrerhöhung

4. **Der Bürgschaftsnehmer hat ihm bekanntwerdende gefahrerhöhende Umstände unverzüglich schriftlich anzuzeigen und mitzuteilen, welche Maßnahmen er zur Sicherung seiner Ansprüche beabsichtigt oder getroffen hat.** Als gefahrerhöhender Umstand gilt insbesondere, daß

   a) der Schuldner in Verzug gerät oder um Prolongation nachsucht;

   b) die Vermögenslage, Zahlweise oder allgemeine Beurteilung des Schuldners oder Sicherheitengebers sich verschlechtert oder vom Schuldner die Rückgabe gelieferter Waren oder eine andere als die geschuldete Leistung angeboten wird;

   c) gesetzgeberische oder behördliche Maßnahmen im Ausland oder sonstige politische Ereignisse die Erfüllung oder Beitreibung der verbürgten Forderung gefährdet erscheinen lassen.

Zustimmungserfordernis bei Gefahrerhöhung

5. **In den Fällen der Nr. 4 darf der Bürgschaftsnehmer Lieferungen und Leistungen nicht ohne vorherige schriftliche Zustimmung des Bundes ausführen.**

Schadensverhütungs- und Schadensminderungspflichten

6. **Der Bürgschaftsnehmer hat auf seine Kosten alle zur Vermeidung eines Bürgschaftsfalles oder Minderung des Ausfalles nach den Regeln der kaufmännischen Sorgfalt erforderlichen und geeigneten Maßnahmen zu ergreifen und hierbei etwaige Weisungen des Bundes zu befolgen. Droht ein Bürgschaftsfall oder ist ein solcher eingetreten, hat er auf Verlangen des Bundes diesen oder einen vom Bund zu bestimmenden Dritten mit der Wahrnehmung der beiderseitigen Interessen zu beauftragen,** wenn die voraussichtlichen Kosten der Beauftragung des Bundes oder des Dritten in einem angemessenen Verhältnis zu der Höhe der Forderung und den Erfolgsaussichten der Interessenwahrnehmung stehen.

Auskunftspflicht

7. Der Bürgschaftsnehmer hat dem Bund oder dessen Beauftragten über die Einzelheiten und den jeweiligen Abwicklungsstand des Ausfuhrgeschäftes sowie über sonstige Umstände, die für die Ausfuhrbürgschaft von Bedeutung sein können, jederzeit Auskunft zu erteilen. Hierzu gehört die fristgerechte, richtige und vollständige Beantwortung der zur Vorbereitung einer Umschuldungsvereinbarung gestellten Fragen und die Bereitstellung der zum Nachweis der Forderungen benötigten Unterlagen.

Prüfungsrechte des Bundes

8. Der Bund und seine Beauftragten sind berechtigt, jederzeit die Bücher und Unterlagen des Bürgschaftsnehmers, die für die Ausfuhrbürgschaft von Bedeutung sein können, einzusehen und Abschrifte von ihnen zu nehmen oder zu verlangen. Auf Verlangen des Bundes hat der Bürgschaftsnehmer Unterlagen in fremder Sprache auf seine Kosten übersetzen zu lassen.

9. Der Bürgschaftsnehmer hat eine Prüfung seiner Bücher und seines Betriebes, soweit dies für die Ausfuhrbürgschaft von Bedeutung sein kann, durch den Bund, den Bundesrechnungshof oder einen von diesen bestimmten Beauftragten zuzulassen, damit festgestellt werden kann, ob eine Inanspruchnahme des Bundes in Frage kommt oder die Voraussetzungen für eine solche vorliegen oder vorgelegen haben.

§ 16
Rechtsfolgen von Pflichtverletzungen

Haftungsbefreiung bei

– unwahren Angaben

(1) **Hat der Bürgschaftsnehmer die ihm nach § 15 Nr. 1 obliegende Pflicht verletzt, so ist der Bund von seiner Verpflichtung zur Entschädigung frei,** es sei denn, der Bund stellt fest, daß die die Pflichtverletzung begründende Unvollständigkeit oder Unrichtigkeit auf seine Entscheidung über die Übernahme der Ausfuhrbürgschaft keinen Einfluß gehabt hat. Eine Befreiung des Bundes von seiner Verpflichtung zur Entschädigung tritt nicht ein, soweit der Bürgschaftsnehmer die Unrichtigkeit oder Unvollständigkeit seiner Angaben weder kannte noch kennen mußte.

– fehlerhaften Sicherheiten

(2) **Sind in der Ausfuhrbürgschafts-Erklärung aufgeführte Sicherheiten nicht oder nicht rechtswirksam bestellt worden, so ist der Bund von seiner Verpflichtung zur Entschädigung frei,** es sei denn, der Bund stellt fest, daß die fehlende oder mangelhafte Sicherheit auf seine Entscheidung über die Übernahme der Ausfuhrbürgschaft keinen Einfluß gehabt hat.

– sonstigen Obliegenheitsverletzungen unter dem Gesichtspunkt der
– – Schadensursächlichkeit

(3) **Hat der Bürgschaftsnehmer unter Verstoß gegen die kaufmännische Sorgfalt eine ihm nach § 15 Nr. 2 – 9 obliegende Pflicht verletzt, ist der Bund von der Verpflichtung zur Entschädigung frei,** es sei denn, durch die Pflichtverletzung ist ein Schaden weder entstanden noch zu besorgen.

– – Wesentlichkeit

Unabhängig davon, ob ein Schaden entstanden oder zu besorgen ist, ist der Bund bei einer Pflichtverletzung nach § 15 Nr. 2 von der Verpflichtung zur Entschädigung auch dann frei, wenn er feststellt, daß er den Änderungen oder Ergänzungen den Grundsätzen, denen er in seiner Entscheidungspraxis folgt, nicht zugestimmt hätte.

– – Risikoerhöhung

Bei einer Pflichtverletzung nach § 15 Nr. 4 ist der Bund von der Verpflichtung zur Entschädigung auch dann frei, wenn die Unkenntnis meldepflichtiger Umstände für den Bund im Zusammenhang mit anderen Ausfuhrgewährleistungen eine Risikoerhöhung bewirkt oder ihn daran gehindert hat, Maßnahmen zur Risikominderung zu ergreifen.

(4) Der Bund kann die Befreiung von seiner Verpflichtung zur Entschädigung nach den Umständen des Einzelfalles, insbesondere unter Berücksichtigung des eingetretenen Risikos und der Schwere des Verstoßes, einschränken.

(5) Soweit für die Verletzung sonstiger dem Bürgschaftsnehmer nach diesen Allgemeinen Bedingungen und den Bestimmungen der Ausfuhrbürgschafts-Erklärung obliegenden Pflichten keine gesonderten Rechtsfolgen gelten, finden die Absätze 1 – 4 entsprechende Anwendung.

(6) Aus dem Gesetz oder der Anwendung allgemeiner Rechtsgrundsätze sich ergebende Ansprüche und sonstige Rechte des Bundes werden durch die in diesen Allgemeinen Bedingungen und der Ausfuhrbürgschafts-Erklärung enthaltenen Bestimmungen nicht berührt.

§ 17
Mitwirkendes Verschulden

Der Bund haftet nicht für Umstände und Gefahren, die der Bürgschaftsnehmer nach den Regeln einer gewissenhaften Geschäftsführung und kaufmännischen Sorgfalt zu vertreten hat.

§ 18
Entgelt

Entgeltpflicht

(1) Für die Übernahme der Ausfuhrbürgschaft wird ein von Art und Umfang des gedeckten Risikos abhängiges Entgelt erhoben. Sofern nichts anderes bestimmt ist, wird das Entgelt mit der Aushändigung der Ausfuhrbürgschafts-Erklärung fällig.

Verzugsfolgen

(2) **Wird das fällige Entgelt nicht innerhalb von 14 Tagen nach einer Mahnung entrichtet,** die den Hinweis auf diese Frist und auf die nachstehend genannten Rechtsfolgen enthält, so **ist der Bund,** wenn seit der Fälligkeit des Entgelts insgesamt mindestens 6 Wochen verstrichen sind,

– Haftungsbefreiung

a) **von der Haftung** für Bürgschaftsfälle **befreit,** die nach Fälligkeit, aber vor Zahlung des Entgelts eingetreten sind,

– Kündigungsrecht

b) außerdem **berechtigt,** die Ausfuhrbürgschaft ohne Einhaltung einer weiteren Frist **zu kündigen,** solange das Entgelt nicht bezahlt ist.

Neuberechnung

Einbehalt einer Verwaltungskostenpauschale

(3) Stimmt der Bund einer Änderung des Inhalts oder des Umfanges der Ausfuhrbürgschaft zu und ändert sich hierdurch der Betrag der verbürgten Forderung oder die Dauer des Risikos, erfolgt eine Neuberechnung des Entgelts. Sofern kein Bürgschaftsfall eingetreten ist, werden sich aus der Neuberechnung ergebende Überzahlungen erstattet **abzüglich einer Verwaltungskostenpauschale in Höhe von 5 % der Überzahlung, höchstens jedoch von DM 5.000,–.**

Verfall des Entgelts bei Haftungsbefreiung

(4) **Ist der Bund** nach diesen Allgemeinen Bedingungen oder den Bestimmungen der Ausfuhrbürgschafts-Erklärung **von der Verpflichtung zur Entschädigung frei, gebührt ihm gleichwohl das Entgelt,** soweit es fällig geworden ist, bevor der Bund von seiner Leistungsfreiheit Kenntnis erlangt hat.

§ 19
Abtretung der verbürgten Forderung

Verfügt der Bürgschaftsnehmer zu anderen als Sicherungszwecken **ganz oder teilweise über die verbürgte Forderung, erlischt die Ausfuhrbürgschaft,** es sei denn, der Bund hat der Verfügung schriftlich zugestimmt.

219

§ 20
Abtretung der Ansprüche aus der Ausfuhrbürgschaft

Die Abtretung der Ansprüche aus der Ausfuhrbürgschaft bedarf der schriftlichen Zustimmung des Bundes. Stimmt der Bund der Abtretung zu, bleiben sämtliche Verpflichtungen des Bürgschaftsnehmers aus der Ausfuhrbürgschaft dem Bund gegenüber unverändert bestehen.

§ 21
Ausschlußfrist

Ansprüche gegen den Bund aus der Ausfuhrbürgschaft sind innerhalb einer Ausschlußfrist von 6 Monaten gerichtlich geltend zu machen, nachdem der Bund dem Bürgschaftsnehmer gegenüber die Ansprüche unter Hinweis auf diese Rechtsfolge schriftlich abgelehnt hat.

§ 22
Gerichtsstand

Für Streitigkeiten zwischen dem Bund und dem Bürgschaftsnehmer aus der Ausfuhrbürgschaft sind die ordentlichen Gerichte in Hamburg zuständig.

Anhang 4.2: Allgemeine Bedingungen für Ausfuhrgarantien

Begriffsbestimmung

Die Bundesrepublik Deutschland (Bund) übernimmt Ausfuhrgewährleistungen unter der Bezeichnung „**Ausfuhrgarantien**" für Geldforderungen deutscher Exporteure aus Ausfuhrverträgen über Lieferungen und Leistungen an private ausländische Schuldner.

Gewährleistungsvertrag

Die Allgemeinen Bedingungen für Ausfuhrgarantien sind Bestandteil des Gewährleistungsvertrages, den der Bund nach Maßgabe der Richtlinien für die Übernahme von Ausfuhrgewährleistungen schließt, und gelten, soweit sie nicht im Gewährleistungsvertrag ausdrücklich abbedungen, ergänzt oder ersetzt sind.

HERMES
TREUARBEIT

Der Bund als Vertragspartner des Garantienehmers wird durch den Bundesminister für Wirtschaft (BMWi) vertreten. Der BMWi wird durch die HERMES Kreditversicherungs-AG (HERMES), Hamburg, und die TREUARBEIT Aktiengesellschaft Wirtschaftsprüfungsgesellschaft Steuerberatungsgesellschaft (TREUARBEIT), Hamburg, als Mandatare des Bundes vertreten. HERMES und TREUARBEIT sind vom Bund beauftragt und ermächtigt, alle den Abschluß und die Abwicklung des Gewährleistungsvertrages betreffenden Erklärungen, soweit sie nicht gemäß § 1 der Bundesschuldenverwaltung vorbehalten sind, namens und im Auftrag des Bundes abzugeben und entgegenzunehmen. Federführend ist HERMES.

§ 1
Formerfordernisse

Schriftform

Der Gewährleistungsvertrag kommt dadurch zustande, daß der Bund den Antrag des Garantienehmers auf Übernahme einer Ausfuhrgarantie schriftlich und unter Bezugnahme auf diese Allgemeinen Bedingungen annimmt. Der Bund kann jedoch auf Zahlung erst in Anspruch genommen werden, wenn er

Urkunde der Bundes-schuldenverwaltung

über die Ausfuhrgarantie eine Urkunde (Ausfuhrgarantie-Erklärung) erstellt, mit zwei Unterschriften der Bundesschuldenverwaltung versehen und dem Garantienehmer zugegangen ist. Entsprechendes gilt für Änderungen der Ausfuhrgarantie, die Inhalt oder Umfang der Haftung des Bundes erweitern. Mündliche Nebenabreden haben keine Gültigkeit.

§ 2
Gegenstand der Ausfuhrgarantie

Kaufpreisforderung

(1) Gegenstand der Ausfuhrgarantie sind die im Ausfuhrvertrag zwischen Garantienehmer und ausländischem Schuldner für Lieferungen und Leistungen des Garantienehmers als Gegenleistung vereinbarten und in der Ausfuhrgarantie-Erklärung bezeichneten Geldforderungen (garantierte Forderung).

Surrogatforderung

(2) Die garantierte Forderung umfaßt unter der Voraussetzung, daß der Ausfuhrvertrag wirksam zustande gekommen ist, auch solche Geldforderungen, die auf den Ausgleich erbrachter Lieferungen und Leistungen gerichtet sind und aufgrund des Ausfuhrvertrages oder aus anderen Rechtsgründen an die Stelle der als Gegenleistung vereinbarten Geldforderung treten.

Zinsen und Neben-forderungen

(3) Die garantierte Forderung umfaßt ferner die im Ausfuhrvertrag vereinbarten und in der Ausfuhrgarantie-Erklärung bezeichneten Kreditzinsen und Finanzierungsnebenkosten bis zur Fälligkeit der Hauptforderung. **Schadensersatzforderungen**, soweit sie nicht gemäß Absatz 2 von der Garantie umfaßt sind, **und sonstige Nebenforderungen**, z. B. auf Verzugszinsen, Vertragsstrafen oder Reugeld, **sind auch dann nicht garantiert, wenn sie in dem Vertrag zwischen Garantienehmer und ausländischem Schuldner ausdrücklich vorgesehen sind.**

221

§ 3
Haftungszeitraum

Haftungsbeginn

(1) Die Haftung aus der Ausfuhrgarantie beginnt bei Lieferungen mit der Versendung der Ware, bei Leistungen mit deren Beginn; bei Teillieferungen oder Teilleistungen beginnt die Haftung nur für diejenigen Zahlungsansprüche, die der Garantienehmer aufgrund des Ausfuhrvertrages oder aus sonstigen Rechtsgründen für die jeweilige Teillieferung oder Teilleistung erwirbt. Soweit für die der Ausfuhrgarantie zugrundeliegenden Lieferungen und Leistungen eine Fabrikationsrisikodeckung besteht, beginnt die Haftung aus dieser Ausfuhrgarantie mit dem Ende der Haftung aus der Fabrikationsrisikodeckung, wenn dieser Zeitpunkt vor Versand liegt. Die

Haftungsende

Haftung aus der Ausfuhrgarantie endet, sobald und soweit die garantierte Forderung erfüllt ist.

Verlust der Ansprüche bei Fristversäumnis

(2) **Hat der Garantienehmer innerhalb von 2 Jahren nach jeweiliger dem Bund mitgeteilter Fälligkeit der garantierten Forderung keinen Entschädigungsantrag gestellt, gilt die garantierte Forderung insoweit als erfüllt.** Auf Antrag des Garantienehmers kann der Bund jedoch das Ruhen des Entschädigungsverfahrens anordnen mit der Folge, daß sich die vorgenannte Frist von 2 Jahren entsprechend verlängert; der Antrag auf Ruhen des Entschädigungsverfahrens kann zugleich mit dem Entschädigungsantrag gestellt werden. Sobald und soweit die garantierte Forderung erfüllt ist oder nach Satz 1 als erfüllt gilt, verliert die Ausfuhrgarantie-Erklärung ihre Gültigkeit.

§ 4
Garantiefälle

Uneinbringlichkeit

(1) Der Garantiefall tritt ein, wenn und soweit die garantierte Forderung aufgrund eines der in den Absätzen 2 – 4 genannten Umstände uneinbringlich ist.

Mitverpflichtung Dritter

Besteht für die garantierte Forderung eine in der Ausfuhrgarantie-Erklärung aufgeführte Mithaftung Dritter, so tritt der Garantiefall jedoch erst ein, wenn und soweit auch die gegen mithaftende Dritte begründeten Forderungen uneinbringlich sind. Für die Feststellung der Uneinbringlichkeit gelten die Absätze 2 – 4 entsprechend.

politische Schadenstatbestände

(2) Uneinbringlichkeit infolge politischer Umstände liegt vor,

– allgemeiner politischer Garantiefall

1. wenn nicht später als 12 Monate nach Fälligkeit

   gesetzgeberische oder behördliche Maßnahmen im Ausland, die nach Abschluß des Ausfuhrvertrages mit Bezug auf die garantierte Forderung ergangen sind,

   oder

   kriegerische Ereignisse oder Aufruhr oder Revolution im Ausland

   die Erfüllung oder Beitreibung der garantierten Forderung

   in jeder Form verhindern

   oder

   in der vereinbarten Währung verhindern und keine Möglichkeit zur Einzahlung des Gegenwertes zum Zwecke des Transfers gemäß Nr. 2 besteht und der Bund der Zahlung in einer anderen als der vereinbarten Währung mit schuldbefreiender Wirkung nicht zustimmt

   und 6 Monate ohne Zahlung nach der mit dem ausländischen Schuldner vereinbarten Fälligkeit verstrichen sind;

– Konvertierungs- und Transferfall („KT-Fall")	2. wenn infolge von Beeinträchtigungen des zwischenstaatlichen Zahlungsverkehrs Beträge, die der ausländische Schuldner als Gegenwert für die garantierte Forderung bei einer zahlungsfähigen Bank oder einer anderen vom Bund anerkannten Stelle zum Zwecke der Überweisung an den Garantienehmer eingezahlt hat, nicht in die vereinbarte Währung konvertiert oder nicht transferiert werden, alle bestehenden Vorschriften für die Konvertierung und den Transfer dieser Beträge erfüllt waren und 4 Monate nach Fälligkeit der Forderung, Einzahlung und Erfüllung dieser Vorschriften verstrichen sind;
– Kursverluste an eingezahlten Beträgen	3. wenn nach Erfüllung aller bestehenden Vorschriften für die Konvertierung und den Transfer ausschließlich infolge einer Abwertung der vom ausländischen Schuldner auf die garantierte Forderung eingezahlten Beträge Kursverluste entstehen, sofern nach Abschluß des Ausfuhrvertrages erlassene Vorschriften des Schuldnerlandes eine schuldbefreiende Wirkung dieser Zahlungen vorsehen. Kursverluste an der mit dem ausländischen Schuldner vereinbarten oder einer anderen ohne Zustimmung des Bundes angenommenen Währung sind nicht gedeckt;
– Verlust von Ansprüchen infolge Unmöglichkeit der Vertragserfüllung	4. wenn gesetzgeberische oder behördliche Maßnahmen im Ausland, die nach Abschluß des Ausfuhrvertrages ergangen sind, oder kriegerische Ereignisse oder Aufruhr oder Revolution im Ausland die Erfüllung der vertraglich vom Garantienehmer geschuldeten Lieferungen und Leistungen ganz oder teilweise verhindern und dem Garantienehmer deshalb durchsetzbare Forderungen für die schon erbrachten Lieferungen und Leistungen nicht zustehen;
– Verlust der Ware vor Gefahrübergang	5. wenn infolge politischer Umstände die Ware während des Zeitraums von der Versendung bis zum Übergang der Gefahr auf den ausländischen Schuldner durch ausländische staatliche Stellen beschlagnahmt oder auf andere Weise der Verfügungsgewalt des Garantienehmers entzogen oder vernichtet oder beschädigt wird oder verlorengeht und der Ausfall 6 Monate nach der im Ausfuhrvertrag vereinbarten Fälligkeit der Forderung nicht ersetzt worden ist, soweit keine Möglichkeit bestanden hat, die Gefahren bei Versicherungsgesellschaften abzudecken, und der Ersatz des Schadens nicht durch gesetzliche Bestimmungen gewährleistet ist;
– Mindererlös bei anderweitiger Verwertung	6. wenn nach Versendung der Ware die Uneinbringlichkeit der garantierten Forderung gemäß Nr. 1, 4 oder 5 zu besorgen ist und der Garantienehmer noch in seiner Verfügungsgewalt befindliche Ware anderweitig im Einvernehmen mit dem Bund verwertet und dabei einen Mindererlös erleidet;
wirtschaftliche Schadenstatbestände	(3) Uneinbringlichkeit infolge wirtschaftlicher Umstände liegt vor, wenn mit Bezug auf das Vermögen des ausländischen Schuldners oder dessen Nachlaß
– Konkurs	1. ein Konkursverfahren eröffnet oder mangels Masse abgelehnt worden ist;
– amtlicher Vergleich	2. ein amtliches Vergleichsverfahren oder ein anderes amtliches Verfahren, das zum Ausschluß der Einzelzwangsvollstreckung führt, eröffnet worden ist;
– außeramtlicher Vergleich	3. ein außeramtlicher Vergleich (Stundungs-, Quoten- oder Liquidationsvergleich), dem alle oder eine Gruppe untereinander vergleichbarer Gläubiger einschließlich des Garantienehmers zugestimmt haben, abgeschlossen worden ist;

– fruchtlose Zwangsvoll- streckung	4. eine Zwangsvollstreckung wegen der garantierten Forderung nicht zur vollen Befriedigung geführt hat;
– Zahlungseinstellung	5. die wirtschaftlichen Verhältnisse nachweislich so ungünstig sind, daß der ausländische Schuldner seine Zahlungen ganz oder in wesentlichem Umfang eingestellt hat;
– Mindererlös bei anderweitiger Verwertung	6. nach Versendung der Ware die Uneinbringlichkeit der garantierten Forderung gemäß Nr. 1 – 5 zu besorgen ist und der Garantienehmer noch in seiner Verfügungsgewalt befindliche Ware anderweitig im Einvernehmen mit dem Bund verwertet und dabei einen Mindererlös erleidet.

Nichtzahlungsfall ("protracted default") (4) Uneinbringlichkeit infolge wirtschaftlicher Umstände ist auch dann anzunehmen, wenn die garantierte Forderung 6 Monate nach ihrer Fälligkeit nicht erfüllt worden ist und **der Garantienehmer die nach den Regeln der kaufmännischen Sorgfalt erforderlichen Maßnahmen zur Einziehung der garantierten Forderung ergriffen sowie dem Bund unbeschadet seiner sonstigen Pflichten nach diesen Allgemeinen Bedingungen den Nichteingang der Forderung spätestens 2 Monate nach Fälligkeit mitgeteilt hat.** Die Nichtaufnahme der Dokumente steht bei Geschäften mit den Zahlungsbedingungen D/P oder D/A dem Eintritt der Fälligkeit nicht entgegen, sofern sich aus dem Vertrag mit dem ausländischen Schuldner nichts anderes ergibt. Der Garantienehmer hat in diesen Fällen dem Bund entsprechend Satz 1 die Nichtaufnahme der Dokumente spätestens 2 Monate nach deren Vorlage mitzuteilen.

verzögerte Meldung (s. a. §§ 15 (4), 16 (3)) Soweit die genannten Meldefristen von 2 Monaten überschritten werden, tritt der Garantiefall entsprechend später ein.

Konkurrenzen – Grundregel (5) Entschädigt wird aufgrund des Garantiefalles, der zuerst eingetreten ist. Sind ein wirtschaftlicher und ein politischer Garantiefall gleichzeitig eingetreten, wird nach dem politischen Garantiefall entschädigt.

– Ausnahme für den allgemeinen politischen Garantiefall Tritt der Garantiefall gemäß Absatz 2 Nr. 1 ein, so bleibt der Eintritt des Garantiefalles gemäß Absatz 4 außer Betracht, wenn der Garantienehmer innerhalb von 12 Monaten seit Fälligkeit der Forderung keinen Antrag auf Entschädigung nach diesem Garantiefall gestellt hat.

– Ausnahme für den "KT-Fall" Sind bei Eintritt eines Garantiefalles gemäß Absatz 4 bis auf den Ablauf der Karenzfrist alle Voraussetzungen des Garantiefalles gemäß Absatz 2 Nr. 2 erfüllt, so wird eine Entschädigung nur aufgrund des Garantiefalles gemäß Absatz 2 Nr. 2 geleistet. Des Ablaufs der dort bestimmten Frist bedarf es in diesem Fall jedoch nicht, sofern nach Fälligkeit der garantierten Forderung mindestens 10 Monate verstrichen sind.

– Nachentschädigung Treten nach einer Entschädigung gemäß Absatz 4 die Voraussetzungen des Garantiefalles gemäß Absatz 2 Nr. 2 oder Absatz 3 ein, wird eine Nachentschädigung geleistet, soweit die Anwendung dieser Vorschriften zu einer höheren Entschädigung führt.

§ 5
Fälligkeit und Rechtsbeständigkeit der garantierten Forderung

Rechtsbeständigkeit als Entschädigungsvoraussetzung (1) **Voraussetzung für die Entschädigung der garantierten Forderung ist deren Fälligkeit und Rechtsbeständigkeit.** Wird aufgrund gesetzlicher oder vertraglicher Bestimmungen der gesamte Restbetrag der garantierten Forderung fällig, so erfolgt die Entschädigung gleichwohl nach Maßgabe der im Ausfuhrvertrag festgelegten Fälligkeiten; der Bund ist jedoch berechtigt, vor diesen Fälligkeiten Entschädigungen zu leisten.

Beweislast

(2) **Der Garantienehmer hat den Bestand der garantierten Forderung und der in der Ausfuhrgarantie-Erklärung aufgeführten Sicherheiten, das Vorliegen der Voraussetzungen für den Eintritt des Garantiefalles sowie Grund und Höhe des Schadens auf seine Kosten nachzuweisen.** Wird der Bestand der Forderung oder der in der Ausfuhrgarantie-Erklärung aufgeführten Sicherheiten bestritten oder werden dagegen Einreden oder Einwendungen erhoben, kann der Bund den Entschädigungsantrag zurückweisen, bis der Garantienehmer – erforderlichenfalls durch Entscheidung des im Verhältnis zwischen ihm und seinem ausländischen Schuldner oder Sicherheitengeber zuständigen Gerichts oder Schiedsgerichts – die Rechtsbeständigkeit der Forderung und der in der Ausfuhrgarantie-Erklärung aufgeführten Sicherheiten nachgewiesen hat; **die Risiken des anwendbaren Rechts und des Gerichtsstands trägt dabei der Garantienehmer.**

Risiken des anwendbaren Rechts

Verantwortung für Rechtsmängel

keine Prüfung von Unterlagen außerhalb der Schadensprüfung

(3) **Die Verantwortung für die Rechtsbeständigkeit der garantierten Forderung und dafür bestellter Sicherheiten trägt im Verhältnis zum Bund ausschließlich der Garantienehmer.** Der Bund wird Verträge und sonstige Unterlagen, aus denen sich die garantierten Forderungen und Sicherungsrechte ergeben sollen, erst im Entschädigungsverfahren prüfen. Der Garantienehmer kann sich nicht darauf berufen, daß der Bund den Inhalt solcher Verträge oder Unterlagen oder Teile derselben vorher, insbesondere bei Übernahme der Ausfuhrgarantie, gekannt habe oder hätte kennen müssen.

§ 6
Selbstbeteiligung

Regelsätze

(1) Der Garantienehmer ist an jedem Ausfall an der garantierten Forderung selbst beteiligt. Sofern in der Ausfuhrgarantie-Erklärung nichts anderes festgelegt ist, beträgt die Selbstbeteiligung

1.   10 % im Garantiefall gemäß § 4 Absatz 2,
2.   15 % im Garantiefall gemäß § 4 Absatz 3,
3.   25 % im Garantiefall gemäß § 4 Absatz 4.

Verbot der anderweitigen Absicherung

(2) **Der Garantienehmer darf das Risiko aus der Selbstbeteiligung nicht anderweitig absichern.** Dies gilt nicht für die Weitergabe des Risikos aus der Selbstbeteiligung an Unterlieferanten des Garantienehmers.

§ 7
Berechnung und Auszahlung der Entschädigung

Anrechnung von Zahlungen

(1) Stehen dem Garantienehmer aus seiner Geschäftstätigkeit mehrere Forderungen gegen den ausländischen Schuldner zu, so werden für die Feststellung der Entschädigung hierauf geleistete Zahlungen des ausländischen Schuldners auch dann, wenn zwischen Garantienehmer und Schuldner eine andere Anrechnungsregelung vereinbart ist, wie folgt berücksichtigt:

– Regel bei gezielten Zahlungen

1.   Bei Zahlungen auf gedeckte Forderungen sowie bei Zahlungen auf ungedeckte Forderungen, die früher fällig sind als die garantierte Forderung, gilt die Tilgungsbestimmung des ausländischen Schuldners.

– Ausnahme bei gezielten Zahlungen auf ungedeckte Forderungen

2.   Zahlungen auf ungedeckte Forderungen, die zur selben Zeit wie die garantierte Forderung oder später als diese fällig sind, werden in den Garantiefällen gemäß § 4 Absätze 3 und 4 auf gedeckte und ungedeckte Forderungen und vertraglich vereinbarte Zinsforderungen (ausgenommen Verzugszuschläge) nach der Reihenfolge ihrer

Fälligkeit angerechnet, es sei denn, nach den Umständen des Einzelfalles ist auszuschließen, daß der Garantienehmer auf die Tilgungsbestimmung der Zahlung Einfluß genommen hat. In den Garantiefällen gemäß § 4 Absatz 2 bleibt bei derartigen Zahlungen die Tilgungsbestimmung des ausländischen Schuldners maßgeblich.

– ungezielte Zahlungen

3. Ohne Tilgungsbestimmung des ausländischen Schuldners geleistete Zahlungen werden in den Garantiefällen gemäß § 4 Absatz 2 Nr. 1, Absätze 3 und 4 auf gedeckte und ungedeckte Forderungen und vertraglich vereinbarte Zinsforderungen (ausgenommen Verzugszuschläge) nach der Reihenfolge ihrer Fälligkeit angerechnet.

– entsprechende Anwendung

4. Die Nr. 1 – 3 gelten entsprechend für

a) Zahlungen des Garanten, Bürgen und Dritter; sonstige Leistungen des Schuldners, Garanten, Bürgen und Dritter;

b) Ausschüttungen und Erlöse aus der schuldnerischen Masse;

c) Erlöse aus Rücklieferungen oder anderweitiger Verwertung von Waren, Pfändungen, Versicherungen und sonstigen Sicherheiten;

d) aufrechenbare Forderungen, Forderungsnachlässe, Gutschriften und Leistungen an Zahlungs Statt;

e) sonstige dem Garantienehmer im Zusammenhang mit dem Eintritt des Garantiefalles entstandene Vermögensvorteile.

– Quotelung bei gleicher Fälligkeit

5. Anrechnungen gemäß Nr. 2 – 4 auf Forderungen mit gleicher Fälligkeit erfolgen nach dem Verhältnis dieser Forderungsbeträge (ohne Verzugszuschläge).

– Vorwegabzug sachgemäßer Aufwendungen

6. Werden Zahlungen gemäß Nr. 2 oder die in Nr. 4 genannten Vermögensvorteile gemäß Nr. 2 oder 3 angerechnet, so werden von diesen Zahlungen oder Vermögensvorteilen die vom Garantienehmer sachgemäß aufgewendeten Rechtsverfolgungs- oder Beitreibungskosten abgezogen. **Die zur Einziehung einer Forderung üblichen Kosten einschließlich Protestkosten sowie die im gewöhnlichen Geschäftsbetrieb des Garantienehmers entstandenen Kosten bleiben außer Betracht.**

Abzug der Selbstbeteiligung

(2) Der nach Anwendung von Absatz 1 verbleibende Betrag ist um die Selbstbeteiligung des Garantienehmers zu kürzen.

Fristen für Schadensbearbeitung

(3) Nach Einreichung aller für die Feststellung des Entschädigungsanspruches erforderlichen Unterlagen stellt der Bund die Schadensberechnung innerhalb von 2 Monaten auf. Der sich aus der Schadensberechnung ergebende Betrag wird innerhalb eines Monats nach Bekanntgabe der Schadensberechnung an den Garantienehmer insoweit ausgezahlt, als der Garantienehmer die Schadensberechnung anerkannt hat.

Abschlagszahlung

(4) Ist die Schadensberechnung infolge eines Umstandes, den der Garantienehmer nicht zu vertreten hat, nicht innerhalb von 2 Monaten möglich, kann dem Garantienehmer auf Antrag insoweit eine Abschlagszahlung auf die zu erwartende Entschädigung gewährt werden, als diese in ihrem Mindestumfang bereits vor Abschluß der Schadensberechnung feststeht.

§ 8
Rückflüsse

Zuordnung und Verteilung
von Rückflüssen

(1) Alle nach Leistung einer Entschädigung eingehenden Zahlungen und sonstigen Vermögensvorteile (Rückflüsse) werden unter Einbeziehung der entschädigten Forderung entsprechend § 7 Absatz 1 zugeordnet. Unberücksichtigt bleiben jedoch diejenigen Rückflüsse, die auf einem Vertrag beruhen, der erst später als 3 Jahre nach Erfüllung oder Entschädigung der zuletzt fälligen Forderung aus dem garantierten Geschäft geschlossen worden ist.

Mitteilungs- und
Abführungspflicht

(2) **Der Garantienehmer hat dem Bund jeden Eingang von Rückflüssen unverzüglich anzuzeigen. Die dem Bund zustehenden Beträge hat der Garantienehmer unverzüglich an den Bund abzuführen.**

§ 9
Rückzahlung der Entschädigung

Mitteilungspflicht über
Einreden oder Einwendungen
gegen Forderung oder
Sicherheiten

(1) **Wird der Bestand der garantierten Forderung oder der in der Ausfuhrgarantie-Erklärung aufgeführten Sicherheiten bestritten oder werden dagegen Einreden oder Einwendungen erhoben, hat der Garantienehmer dies im Entschädigungsverfahren unverzüglich mitzuteilen.** Verletzt der Garantienehmer diese Pflicht, kann der Bund die geleistete Entschädigung insoweit zurückfordern, als er bei Kenntnis der Sachlage den Entschädigungsantrag zurückgewiesen hätte.

Rückforderung bei Wegfall
der Entschädigungs-
voraussetzungen

(2) Stellt sich nach Leistung der Entschädigung heraus, daß die entschädigte Forderung des Garantienehmers nicht oder nicht in voller Höhe besteht, wird insbesondere in einem Rechtsstreit zur Beitreibung der entschädigten Forderung vom zuständigen Gericht die Klage ganz oder teilweise rechtskräftig abgewiesen, oder ergibt sich nach Leistung der Entschädigung, daß der Bund aus sonstigen Gründen nicht zur Entschädigung verpflichtet war, kann der Bund die geleistete Entschädigung einschließlich erstatteter Kosten insoweit zurückfordern.

Rückforderung bei
nachträglicher
Leistungsfreiheit

(3) Wird der Bund infolge eines Umstandes, der erst nach Leistung der Entschädigung eingetreten ist, von der Verpflichtung zur Entschädigung frei oder verletzt der Garantienehmer die ihn nach § 11 Absatz 1 treffenden Pflichten, so ist der Bund berechtigt, die geleistete Entschädigung einschließlich erstatteter Kosten insoweit zurückzufordern.

Verzinsungspflicht
bei Rückforderung

(4) **Soweit dem Bund ein Rückzahlungsanspruch zusteht, hat der Garantienehmer** in den Fällen der Absätze 1 und 2 **den zurückzuzahlenden Betrag** vom Zeitpunkt der Leistung der Entschädigung, im Falle des Absatzes 3 vom Zeitpunkt des Wegfalls der Entschädigungsverpflichtung an mit dem Zinssatz **zu verzinsen,** der den Kosten der Kreditaufnahme des Bundes ab diesem Zeitpunkt entspricht. Mit Erfüllung des Rückzahlungsanspruchs des Bundes fallen gemäß § 10 Absatz 1 auf den Bund übergegangene Forderungen, Ansprüche und sonstige Rechte insoweit an den Garantienehmer zurück.

weitergehende Ansprüche

(5) Weitergehende, nach gesetzlichen Regelungen oder allgemeinen Rechtsgrundsätzen bestehende Ansprüche des Bundes werden hierdurch nicht berührt.

§ 10
Übergang der Rechte und Ansprüche

Forderungsübergang

(1) Mit Leistung der Entschädigung gehen die entschädigte Forderung, die Ansprüche auf Zinsen und Verzugszinsen für die Zeit nach Zahlung der Entschädigung sowie die Ansprüche aus etwaigen Versicherungen und

der Anspruch auf die im Ausland eingezahlten oder hinterlegten Beträge einschließlich der für diese Forderungen und Ansprüche bestehenden Sicherheiten insoweit auf den Bund über, als dies dem Anteil des Bundes am Ausfall an der entschädigten Forderung entspricht. Der Garantienehmer hat auf Verlangen des Bundes die zum Übergang der Forderung, Ansprüche und sonstigen Rechte etwa erforderlichen Rechtshandlungen vorzunehmen.

treuhänderische Verwaltung

(2) Ist die Übertragung nicht möglich oder verzichtet der Bund auf sie, so hat der Garantienehmer die in Absatz 1 genannten Forderungen, Ansprüche und sonstigen Rechte als Treuhänder des Bundes zu halten.

§ 11
Rechtsverfolgung nach Leistung der Entschädigung

Verpflichtung zur Rechtsverfolgung

Beurteilungsspielraum des Bundes

(1) **Unbeschadet des Übergangs der Forderungen, Ansprüche und sonstigen Rechte gemäß § 10 hat der Garantienehmer alle zur Einziehung der entschädigten Forderung und zur Verwertung von Sicherheiten geeigneten Maßnahmen durchzuführen und hierbei etwaige Weisungen des Bundes zu befolgen;** als geeignete Maßnahme gilt auch die Führung eines Rechtsstreites. Von einer Weisung zur Führung eines Rechtsstreites kann abgesehen werden, wenn Gerichtsstand bzw. anwendbare Rechtsordnung keine hinreichende Beurteilung der Erfolgsaussichten des Rechtsstreites zulassen und der Garantienehmer einen solchen Gerichtsstand bzw. die Anwendung einer solchen Rechtsordnung nicht abbedingen konnte oder wenn die voraussichtlichen Kosten des Rechtsstreites außer Verhältnis zu der Höhe der Forderung bzw. den Erfolgsaussichten von Vollstreckungsmaßnahmen stehen.

Kostenbeteiligung

(2) Erfolgen Rechtsverfolgungsmaßnahmen mit Zustimmung oder auf Weisung des Bundes, werden dadurch entstehende sachgemäße Aufwendungen zwischen dem Bund und dem Garantienehmer im Verhältnis ihrer Beteiligung an der geltend gemachten Forderung aufgeteilt. **Die zur Einziehung einer Forderung üblichen Kosten einschließlich Protestkosten sowie die im gewöhnlichen Geschäftsbetrieb des Garantienehmers entstandenen Kosten trägt der Garantienehmer.** § 9 Absatz 2 findet entsprechende Anwendung.

Verzicht auf Rückflußbeteiligung

(3) Entläßt der Bund den Garantienehmer auf dessen Antrag aus der Verpflichtung gemäß Absatz 1, so verliert der Garantienehmer das Recht, an Rückflüssen nach Maßgabe seiner Selbstbeteiligung beteiligt zu werden.

§ 12
Umrechnung von Fremdwährungsbeträgen

(1) Vertragswährung für die Ausfuhrgarantie ist die Deutsche Mark. Für die Umrechnung von Beträgen, die auf andere Währungen lauten, in Deutsche Mark gilt folgendes:

Umrechnungskurs für Entgelt

1. Das gemäß § 18 zu entrichtende Entgelt wird zu dem letzten vor der Entgeltfestsetzung im Bundesanzeiger veröffentlichten Umsatzsteuer-Umrechnungssatz (Entgeltkurs) umgerechnet.

Umrechnungskurs für Entschädigung

2. Die Entschädigung wird zum amtlichen Geldkurs der Frankfurter Börse

   – am Tage der Einzahlung in dem Garantiefall gemäß § 4 Absatz 2 Nr. 2

   – am Tage der Fälligkeit in den anderen Garantiefällen

umgerechnet. Hat am maßgeblichen Tage keine amtliche Kursnotierung stattgefunden, so tritt die nachfolgende Notierung an ihre
Stelle.

Ist aufgrund des eingetretenen Garantiefalles eine Fälligkeit der
garantierten Forderung nicht gegeben oder erfolgt die Entschädigung
vor den im Ausfuhrvertrag festgelegten Fälligkeiten, wird die
Entschädigung zum letzten amtlichen Geldkurs der Frankfurter Börse
vor Absendung der Mitteilung über die Entschädigung umgerechnet.

Kursbegrenzung bei
Entschädigung

**In allen Fällen erfolgt die Umrechnung der Entschädigung
höchstens zum Entgeltkurs.**

Umrechnungskurs für
Rückflüsse

3. Rückflüsse auf die entschädigte Forderung werden zum amtlichen
Geldkurs der Frankfurter Börse am Tage ihres Eingangs beim
Garantienehmer umgerechnet.

Beteiligung an Kursgewinnen
bei durch Kursbegrenzung
reduzierten Entschädigungen

4. Hat der Bund die Entschädigung gemäß Nr. 2 zum Entgeltkurs in
Deutsche Mark umgerechnet und erbringt ein Rückfluß für den Bund
über den Betrag hinaus, der insgesamt zur Entschädigung der
Forderungen aus diesem Ausfuhrvertrag geleistet worden ist, einen
Kursgewinn, so steht der Kursgewinn dem Garantienehmer bis zur
Höhe des Betrages zu, der dem Unterschied zwischen dem amtlichen
Geldkurs der Frankfurter Börse am Tage der Einzahlung in dem
Garantiefall gemäß § 4 Absatz 2 Nr. 2 oder am Tage der Fälligkeit in den
anderen Garantiefällen und dem Entgeltkurs entspricht. Dies gilt nicht,
soweit der Bund für die entschädigte Forderung auch eine
Wechselkursgarantie übernommen hat.

nicht amtlich
notierte Währungen

(2) Für Währungen, für die keine Umsatzsteuer-Umrechnungssätze bzw. keine
amtlichen Notierungen der Frankfurter Börse festgestellt werden, tritt an
deren Stelle der von der Deutschen Bundesbank zuletzt als Geldkurs
bekanntgegebene Umrechnungssatz. Ist ein solcher Umrechnungssatz
nicht bekanntgegeben, so setzt der Bund die gemäß Absatz 1
anzuwendenden Umrechnungskurse unter Berücksichtigung der den
amtlichen Notierungen der Frankfurter Börse entsprechenden Notierungen
an den maßgebenden Börsen des Auslandes fest.

§ 13
Deckungseingriffe

Ausschlußrecht bei
Gefahrerhöhung

**Bei Eintritt gefahrerhöhender Umstände kann der Bund dem Garantie-
nehmer gegenüber jederzeit erklären, daß Forderungen** oder Teilforderungen, für die der Bund bei Zugang dieser Erklärung gemäß § 3
noch nicht haftet, **von der Ausfuhrgarantie ausgeschlossen sind.**

§ 14
Umschuldungsvereinbarungen

Recht des Bundes
zur Umschuldung

(1) **Der Bund ist berechtigt, über die garantierte Forderung (einschließlich
Selbstbeteiligung) Umschuldungsvereinbarungen mit dem
Schuldnerland abzuschließen; nicht garantierte Nebenforderungen
und nicht garantierte Teile nur teilweise garantierter Forderungen darf
er dabei einbeziehen.**

Voraussetzung der
Rechtsausübung

(2) Der Bund darf das Recht nach Absatz 1 nur ausüben, wenn er vor Abschluß
der Umschuldungsvereinbarung anerkennt, nach welchem der in § 4
geregelten Garantiefälle Uneinbringlichkeit der garantierten Forderung
vorliegt, sobald die in der Umschuldungsvereinbarung festge-

legten Voraussetzungen für die Anwendung dieser Vereinbarung auf die garantierte Forderung vorliegen. Die Geltung von § 4 Absatz 5 bleibt davon unberührt.

Für einbezogene Forderungen, für die das Risiko der Uneinbringlichkeit infolge wirtschaftlicher Umstände fortbesteht, kann der Bund die Entschädigungsleistung höchstens nach Maßgabe des Selbstbehalts für den Garantiefall gemäß § 4 Absatz 3 begrenzen.

Die sonstigen Entschädigungsvoraussetzungen bleiben unberührt.

Wahrung des Entschädigungsanspruchs

Der Garantienehmer kann unbeschadet vorstehender Regelung Entschädigung nach den allgemeinen Regeln (§§ 4 ff) verlangen.

Vorrang der Zinsregelung des Umschuldungsabkommens

(3) **Der Garantienehmer und seine Rechtsnachfolger müssen ferner Regelungen der Umschuldungsvereinbarung gegen sich gelten lassen, durch die die Verzinsung der Forderung für den Zeitraum ab ihrer Fälligkeit oder für einen später beginnenden Zeitraum abweichend von den gesetzlichen oder vertraglichen Zinsregelungen bestimmt wird** und aufgrund derer weitergehende Ansprüche aus dem Gesichtspunkt des Verzugs nicht geltend gemacht werden können.

Umrechnung von Fremdwährungsbeträgen im Umschuldungsabkommen

(4) Für die Umrechnung der Entschädigung bleibt § 12 Absatz 1 Nr. 2 auch dann maßgeblich, wenn der in der Umschuldungsvereinbarung bestimmte Umrechnungskurs für nicht auf Deutsche Mark lautende Beträge in Deutsche Mark von dem in dieser Vorschrift geregelten Umrechnungskurs abweicht. **In bezug auf Selbstbeteiligung, nicht garantierte Nebenforderungen und nicht garantierte Teile nur teilweise garantierter Forderungen müssen der Garantienehmer und seine Rechtsnachfolger den in der Umschuldungsvereinbarung bestimmten Umrechnungskurs gegen sich gelten lassen.**

§ 15
Pflichten des Garantienehmers

Neben den sonstigen nach diesen Allgemeinen Bedingungen und den Bestimmungen der Ausfuhrgarantie-Erklärung bestehenden Pflichten hat der Garantienehmer die folgenden Pflichten zu beachten:

Wahrheitspflicht im Antragsverfahren

1. **Der Garantienehmer hat im Zusammenhang mit der Beantragung einer Ausfuhrgarantie alle für die Übernahme der Ausfuhrgarantie erheblichen Umstände vollständig und richtig schriftlich anzuzeigen und unverzüglich zu berichtigen, wenn sich bis zum Zugang der Ausfuhrgarantie-Erklärung gegenüber den bei Antragstellung erfolgten Angaben Änderungen oder Ergänzungen ergeben.** Durch Antragsformular oder in sonstiger Weise erfragte Angaben gelten im Zweifel als erheblich.

Verbot des Abweichens vom dokumentierten Sachverhalt, insbesondere hinsichtlich der Zahlungsbedingungen

2. **Nach Übernahme der Ausfuhrgarantie darf der Garantienehmer Änderungen oder Ergänzungen, die sich auf den in der Ausfuhrgarantie-Erklärung dargestellten Sachverhalt oder auf die mit dem Schuldner oder sonstigen Verpflichteten getroffenen Vereinbarungen beziehen, nicht ohne schriftliche Zustimmung des Bundes vornehmen,** es sei denn, die Änderungen oder Ergänzungen sind unerheblich; Nr. 1 Satz 2 gilt entsprechend. **Der Garantienehmer darf insbesondere keine Zahlung in einer anderen als der vertraglich vereinbarten Währung an Erfüllungs Statt annehmen.**

Beachtung staatlicher Vorschriften

3. **Der Garantienehmer darf den Ausfuhrvertrag nur durchführen, wenn dabei die Ausfuhrvorschriften der Bundesrepublik Deutschland und die Einfuhrvorschriften des Bestimmungslandes eingehalten werden.**

Meldepflicht bei Gefahrerhöhung	4. **Der Garantienehmer hat ihm bekanntwerdende gefahrerhöhende Umstände unverzüglich schriftlich anzuzeigen und mitzuteilen, welche Maßnahmen er zur Sicherung seiner Ansprüche beabsichtigt oder getroffen hat.** Als gefahrerhöhender Umstand gilt insbesondere, daß

a) der Schuldner in Verzug gerät oder um Prolongation nachsucht;

b) die Vermögenslage, Zahlweise oder allgemeine Beurteilung des Schuldners oder Sicherheitengebers sich verschlechtert oder vom Schuldner die Rückgabe gelieferter Waren oder eine andere als die geschuldete Leistung angeboten wird;

c) gesetzgeberische oder behördliche Maßnahmen im Ausland oder sonstige politische Ereignisse die Erfüllung oder Beitreibung der garantierten Forderung gefährdet erscheinen lassen.

Zustimmungserfordernis bei Gefahrerhöhung	5. **In den Fällen der Nr. 4 darf der Garantienehmer Lieferungen und Leistungen nicht ohne vorherige schriftliche Zustimmung des Bundes ausführen.**
Schadensverhütungs- und Schadensminderungs- pflichten	6. **Der Garantienehmer hat auf seine Kosten alle zur Vermeidung eines Garantiefalles oder Minderung des Ausfalles nach den Regeln der kaufmännischen Sorgfalt erforderlichen und geeigneten Maßnahmen zu ergreifen und hierbei etwaige Weisungen des Bundes zu befolgen. Droht ein Garantiefall oder ist ein solcher eingetreten, hat er auf Verlangen des Bundes diesen oder einen vom Bund zu bestimmenden Dritten mit der Wahrnehmung der beiderseitigen Interessen zu beauftragen,** wenn die voraussichtlichen Kosten für die Beauftragung des Bundes oder des Dritten in einem angemessenen Verhältnis zu der Höhe der Forderung und den Erfolgsaussichten der Interessenwahrnehmung stehen.
Auskunftspflicht	7. Der Garantienehmer hat dem Bund oder dessen Beauftragten über die Einzelheiten und den jeweiligen Abwicklungsstand des Ausfuhrgeschäftes sowie über sonstige Umstände, die für die Ausfuhrgarantie von Bedeutung sein können, jederzeit Auskunft zu erteilen. Hierzu gehört die fristgerechte, richtige und vollständige Beantwortung der zur Vorbereitung einer Umschuldungsvereinbarung gestellten Fragen und die Bereitstellung der zum Nachweis der Forderungen benötigten Unterlagen.
Prüfungsrechte des Bundes	8. Der Bund und seine Beauftragten sind berechtigt, jederzeit die Bücher und Unterlagen des Garantienehmers, die für die Ausfuhrgarantie von Bedeutung sein können, einzusehen und Abschriften von ihnen zu nehmen oder zu verlangen. Auf Verlangen des Bundes hat der Garantienehmer Unterlagen in fremder Sprache auf seine Kosten übersetzen zu lassen.
	9. Der Garantienehmer hat eine Prüfung seiner Bücher und seines Betriebes, soweit dies für die Ausfuhrgarantie von Bedeutung sein kann, durch den Bund, den Bundesrechnungshof oder einen von diesen bestimmten Beauftragten zuzulassen, damit festgestellt werden kann, ob eine Inanspruchnahme des Bundes in Frage kommt oder die Voraussetzungen für eine solche vorliegen oder vorgelegen haben.

§ 16
Rechtsfolgen von Pflichtverletzungen

Haftungsbefreiung bei	(1) **Hat der Garantienehmer die ihm nach § 15 Nr. 1 obliegende Pflicht verletzt, so ist der Bund von seiner Verpflichtung zur Entschädigung**
– unwahren Angaben	**frei,** es sei denn, der Bund stellt fest, daß die die Pflichtverletzung begründende Unvollständigkeit oder Unrichtigkeit auf seine Entschei-

dung über die Übernahme der Ausfuhrgarantie keinen Einfluß gehabt hat. Eine Befreiung des Bundes von seiner Verpflichtung zur Entschädigung tritt nicht ein, soweit der Garantienehmer die Unrichtigkeit oder Unvollständigkeit seiner Angaben weder kannte noch kennen mußte.

– fehlerhaften
  Sicherheiten

(2) **Sind in der Ausfuhrgarantie-Erklärung aufgeführte Sicherheiten nicht oder nicht rechtswirksam bestellt worden, so ist der Bund von seiner Verpflichtung zur Entschädigung frei,** es sei denn, der Bund stellt fest, daß die fehlende oder mangelhafte Sicherheit auf seine Entscheidung über die Übernahme der Ausfuhrgarantie keinen Einfluß gehabt hat.

– sonstigen Obliegen-
  heitsverletzungen unter
  dem Gesichtspunkt der
  – – Schadensursächlichkeit

(3) **Hat der Garantienehmer unter Verstoß gegen die kaufmännische Sorgfalt eine ihm nach § 15 Nr. 2 – 9 obliegende Pflicht verletzt, ist der Bund von der Verpflichtung zur Entschädigung frei,** es sei denn, durch die Pflichtverletzung ist ein Schaden weder entstanden noch zu besorgen.

– – Wesentlichkeit

Unabhängig davon, ob ein Schaden entstanden oder zu besorgen ist, ist der Bund bei einer Pflichtverletzung nach § 15 Nr. 2 von der Verpflichtung zur Entschädigung auch dann frei, wenn er feststellt, daß er den Änderungen oder Ergänzungen nach den Grundsätzen, denen er in seiner Entscheidungspraxis folgt, nicht zugestimmt hätte.

– – Risikoerhöhung

Bei einer Pflichtverletzung nach § 15 Nr. 4 ist der Bund von der Verpflichtung zur Entschädigung auch dann frei, wenn die Unkenntnis meldepflichtiger Umstände für den Bund im Zusammenhang mit anderen Ausfuhrgewährleistungen eine Risikoerhöhung bewirkt oder ihn daran gehindert hat, Maßnahmen zur Risikominderung zu ergreifen.

(4) Der Bund kann die Befreiung von seiner Verpflichtung zur Entschädigung nach den Umständen des Einzelfalles, insbesondere unter Berücksichtigung des eingetretenen Risikos und der Schwere des Verstoßes, einschränken.

(5) Soweit für die Verletzung sonstiger dem Garantienehmer nach diesen Allgemeinen Bedingungen und den Bestimmungen der Ausfuhrgarantie-Erklärung obliegenden Pflichten keine gesonderten Rechtsfolgen gelten, finden die Absätze 1 – 4 entsprechende Anwendung.

(6) Aus dem Gesetz oder der Anwendung allgemeiner Rechtsgrundsätze sich ergebende Ansprüche und sonstige Rechte des Bundes werden durch die in diesen Allgemeinen Bedingungen und der Ausfuhrgarantie-Erklärung enthaltenen Bestimmungen nicht berührt.

§ 17
Mitwirkendes Verschulden

Der Bund haftet nicht für Umstände und Gefahren, die der Garantienehmer nach den Regeln einer gewissenhaften Geschäftsführung und kaufmännischen Sorgfalt zu vertreten hat.

§ 18
Entgelt

Entgeltpflicht

(1) Für die Übernahme der Ausfuhrgarantie wird ein von Art und Umfang des gedeckten Risikos abhängiges Entgelt erhoben. Sofern nichts anderes bestimmt ist, wird das Entgelt mit der Aushändigung der Ausfuhrgarantie-Erklärung fällig.

Verzugsfolgen

(2) **Wird das fällige Entgelt nicht innerhalb von 14 Tagen nach einer Mahnung entrichtet,** die den Hinweis auf diese Frist und auf die nachstehend genannten Rechtsfolgen enthält, so **ist der Bund,** wenn seit der Fälligkeit des Entgelts insgesamt mindestens 6 Wochen verstrichen sind,

– Haftungsbefreiung	a) **von der Haftung** für Garantiefälle **befreit,** die nach Fälligkeit, aber vor Zahlung des Entgelts eingetreten sind,
– Kündigungsrecht	b) außerdem **berechtigt,** die Ausfuhrgarantie ohne Einhaltung einer weiteren Frist **zu kündigen,** solange das Entgelt nicht bezahlt ist.
Neuberechnung	(3) Stimmt der Bund einer Änderung des Inhalts oder des Umfanges der Ausfuhrgarantie zu und ändert sich hierdurch der Betrag der garantierten Forderung oder die Dauer des Risikos, erfolgt eine Neuberechnung des Entgelts. Sofern kein Garantiefall eingetreten ist, werden sich aus der Neuberechnung ergebende Überzahlungen erstattet **abzüglich einer Verwaltungskostenpauschale in Höhe von 5 % der Überzahlung, höchstens jedoch von DM 5.000,–.**
Einbehalt einer Verwaltungskosten-pauschale	
Verfall des Entgelts bei Haftungsbefreiung	(4) **Ist der Bund** nach diesen Allgemeinen Bedingungen oder den Bestimmungen der Ausfuhrgarantie-Erklärung **von der Verpflichtung zur Entschädigung frei, gebührt ihm gleichwohl das Entgelt,** soweit es fällig geworden ist, bevor der Bund von seiner Leistungsfreiheit Kenntnis erlangt hat.

§ 19
Abtretung der garantierten Forderung

Verfügt der Garantienehmer zu anderen als Sicherungszwecken **ganz oder teilweise über die garantierte Forderung, erlischt die Ausfuhrgarantie,** es sei denn, der Bund hat der Verfügung schriftlich zugestimmt.

§ 20
Abtretung der Ansprüche aus der Ausfuhrgarantie

Die Abtretung der Ansprüche aus der Ausfuhrgarantie bedarf der schriftlichen Zustimmung des Bundes. Stimmt der Bund der Abtretung zu, bleiben sämtliche Verpflichtungen des Garantienehmers aus der Ausfuhrgarantie dem Bund gegenüber unverändert bestehen.

§ 21
Ausschlußfrist

Ansprüche gegen den Bund aus der Ausfuhrgarantie sind innerhalb einer Ausschlußfrist von 6 Monaten gerichtlich geltend zu machen, nachdem der Bund dem Garantienehmer gegenüber die Ansprüche unter Hinweis auf diese Rechtsfolge schriftlich abgelehnt hat.

§ 22
Gerichtsstand

Für Streitigkeiten zwischen dem Bund und dem Garantienehmer aus der Ausfuhrgarantie sind die ordentlichen Gerichte in Hamburg zuständig.

Anhang 4.3: Allgemeine Bedingungen für Ausfuhr-Pauschal-Gewährleistungen

Begriffsbestimmung

Die Bundesrepublik Deutschland (Bund) übernimmt in einem Rahmenvertrag (Pauschalvertrag) unter der Bezeichnung **„Ausfuhr-Pauschal-Gewährleistung"** (APG) Ausfuhrgewährleistungen für eine Mehrzahl von Geldforderungen deutscher Exporteure aus Ausfuhrverträgen über Lieferungen und Leistungen an eine Mehrzahl ausländischer Schuldner. Eine APG wird nur für Ausfuhrgeschäfte mit Kreditlaufzeiten von nicht mehr als 24 Monaten gewährt.

Pauschalvertrag

Die Allgemeinen Bedingungen für Ausfuhr-Pauschal-Gewährleistungen ergänzen die Regelungen des Pauschalvertrages einschließlich der für einzelne Abnehmer erteilten Deckungsbestätigungen sowie der Länderliste nebst Länderbestimmungen.

HERMES
TREUARBEIT

Der Bund als Vertragspartner des Gewährleistungsnehmers wird durch den Bundesminister für Wirtschaft (BMWi) vertreten. Der BMWi wird durch die HERMES Kreditversicherungs-AG (HERMES), Hamburg, und die TREUARBEIT Aktiengesellschaft Wirtschaftsprüfungsgesellschaft Steuerberatungsgesellschaft (TREUARBEIT), Hamburg, als Mandatare des Bundes vertreten. HERMES und TREUARBEIT sind vom Bund beauftragt und ermächtigt, alle den Abschluß und die Abwicklung des Gewährleistungsvertrages betreffenden Erklärungen, soweit sie nicht gemäß § 1 der Bundesschuldenverwaltung vorbehalten sind, namens und im Auftrage des Bundes abzugeben und entgegenzunehmen. Federführend ist HERMES.

§ 1
Formerfordernisse

Schriftform

Urkunde der Bundesschuldenverwaltung

Der Pauschalvertrag kommt dadurch zustande, daß der Bund den Antrag des Gewährleistungsnehmers auf Übernahme einer APG schriftlich annimmt und daß dem Gewährleistungsnehmer hierüber eine mit zwei Unterschriften der Bundesschuldenverwaltung versehene Urkunde zugegangen ist. Entsprechendes gilt für Änderungen des Pauschalvertrages, die den Umfang der im Pauschalvertrag festgelegten Gesamthaftung des Bundes erweitern. Sonstige Änderungen bedürfen der Schriftform, nicht jedoch der Beurkundung durch die Bundesschuldenverwaltung. Mündliche Nebenabreden haben keine Gültigkeit.

§ 2
Gedeckte Forderungen

Kaufpreisforderung

(1) Durch die Ausfuhr-Pauschal-Gewährleistung sind nach näherer Bestimmung durch den Pauschalvertrag die in den jeweiligen Ausfuhrverträgen zwischen Gewährleistungsnehmer und ausländischem Schuldner für Lieferungen und Leistungen des Gewährleistungsnehmers als Gegenleistung vereinbarten Geldforderungen gedeckt (gedeckte Forderungen).

Surrogatforderung

(2) Eine gedeckte Forderung umfaßt unter der Voraussetzung, daß der Ausfuhrvertrag wirksam zustande gekommen ist, auch solche Geldforderungen, die auf den Ausgleich erbrachter Lieferungen und Leistungen gerichtet sind und aufgrund des Ausfuhrvertrages oder aus anderen Rechtsgründen an die Stelle der als Gegenleistung vereinbarten Geldforderungen treten.

Zinsen und Nebenforderungen

(3) Eine gedeckte Forderung umfaßt ferner die im Ausfuhrvertrag vereinbarten Kreditzinsen und Finanzierungsnebenkosten bis zur Fälligkeit der Hauptforderung. **Schadensersatzforderungen**, soweit sie nicht gemäß Absatz 2 von der gedeckten Forderung umfaßt sind, **und sonstige Nebenforderungen**, z. B. auf Verzugszinsen, Vertragsstrafen oder Reugeld, **sind auch dann nicht gedeckt, wenn sie in dem Vertrag zwischen Gewährleistungsnehmer und ausländischem Schuldner ausdrücklich vorgesehen sind.**

234

§ 3
Haftungszeitraum

Haftungsbeginn

(1) Die Haftung aus der APG für eine gedeckte Forderung beginnt bei Lieferungen mit Versendung der Ware, bei Verkäufen aus Lägern im Ausland mit Auslieferung der Ware, bei Leistungen mit deren Beginn; bei Teillieferungen und Teilleistungen beginnt die Haftung nur für diejenigen Zahlungsansprüche, die der Gewährleistungsnehmer aufgrund des Ausfuhrvertrages oder aus sonstigen Rechtsgründen für die jeweilige Teillieferung oder Teilleistung erwirbt. Soweit für unter der APG anzudienende Lieferungen und Leistungen eine Fabrikationsrisikodeckung besteht, beginnt die Haftung für diese Lieferungen und Leistungen mit dem Ende der Haftung aus der Fabrikationsrisikodeckung, wenn dieser Zeitpunkt vor Versand liegt. Die Haftung

Haftungsende

endet, sobald und soweit die gedeckte Forderung erfüllt ist.

Verlust der Ansprüche bei Fristversäumnis

(2) **Hat der Gewährleistungsnehmer innerhalb von 2 Jahren nach jeweiliger Fälligkeit der gedeckten Forderung keinen Entschädigungsantrag gestellt, gilt die gedeckte Forderung insoweit als erfüllt.** Auf Antrag des Gewährleistungsnehmers kann der Bund jedoch das Ruhen des Entschädigungsverfahrens anordnen mit der Folge, daß sich die vorgenannte Frist von 2 Jahren entsprechend verlängert; der Antrag auf Ruhen des Entschädigungsverfahrens kann zugleich mit dem Entschädigungsantrag gestellt werden.

§ 4
Gewährleistungsfälle

Uneinbringlichkeit

(1) Der Gewährleistungsfall tritt ein, wenn und soweit die gedeckte Forderung aufgrund eines der in den Absätzen 2 – 4 genannten Umstände uneinbringlich ist.

Mitverpflichtung Dritter

Besteht für die gedeckte Forderung eine in der Deckungsbestätigung oder den Länderbestimmungen aufgeführte Mithaftung Dritter, so tritt der Gewährleistungsfall jedoch erst ein, wenn und soweit auch die gegen mithaftende Dritte begründeten Forderungen uneinbringlich sind. Für die Feststellung der Uneinbringlichkeit gelten die Absätze 2 – 4 entsprechend.

politische Schadenstatbestände

(2) Uneinbringlichkeit infolge politischer Umstände liegt vor,

1. wenn nicht später als 12 Monate nach Fälligkeit

– allgemeiner politischer Gewährleistungsfall

gesetzgeberische oder behördliche Maßnahmen im Ausland, die nach Abschluß des Ausfuhrvertrages mit Bezug auf die gedeckte Forderung ergangen sind,

oder

kriegerische Ereignisse oder Aufruhr oder Revolution im Ausland

die Erfüllung oder Beitreibung der gedeckten Forderung

in jeder Form verhindern

oder

in der vereinbarten Währung verhindern und keine Möglichkeit zur Einzahlung des Gegenwertes zum Zwecke des Transfers gemäß Nr. 2 besteht und der Bund der Zahlung in einer anderen als der vereinbarten Währung mit schuldbefreiender Wirkung nicht zustimmt

und 6 Monate ohne Zahlung nach der mit dem ausländischen Schuldner vereinbarten Fälligkeit verstrichen sind;

für Forderungen, die aufgrund des Pauschalvertrages nicht gegen die Uneinbringlichkeit gemäß Absatz 4 gedeckt sind, bleibt die Frist von

12 Monaten außer Betracht, wenn die Nichterfüllung der Forderung nachweislich nicht auf wirtschaftlichem Unvermögen des ausländischen Schuldners beruht;

– Konvertierungs- und Transferfall („KT-FALL")

2. wenn infolge von Beeinträchtigungen des zwischenstaatlichen Zahlungsverkehrs Beträge, die der ausländische Schuldner als Gegenwert für die gedeckte Forderung bei einer zahlungsfähigen Bank oder einer anderen vom Bund anerkannten Stelle zum Zwecke der Überweisung an den Gewährleistungsnehmer eingezahlt hat, nicht in die vereinbarte Währung konvertiert oder nicht transferiert werden, alle bestehenden Vorschriften für die Konvertierung und den Transfer dieser Beträge erfüllt waren und 4 Monate nach Fälligkeit der Forderung, Einzahlung und Erfüllung dieser Vorschriften verstrichen sind;

– Kursverluste an eingezahlten Beträgen

3. wenn nach Erfüllung aller bestehenden Vorschriften für die Konvertierung und den Transfer ausschließlich infolge einer Abwertung der vom ausländischen Schuldner auf die gedeckte Forderung eingezahlten Beträge Kursverluste entstehen, sofern nach Abschluß des Ausfuhrvertrages erlassene Vorschriften des Schuldnerlandes eine schuldbefreiende Wirkung dieser Zahlungen vorsehen. Kursverluste an der mit dem ausländischen Schuldner vereinbarten oder einer anderen ohne Zustimmung des Bundes angenommenen Währung sind nicht gedeckt;

– Verlust von Ansprüchen infolge Unmöglichkeit der Vertragserfüllung

4. wenn gesetzgeberische oder behördliche Maßnahmen im Ausland, die nach Abschluß des Ausfuhrvertrages ergangen sind, oder kriegerische Ereignisse oder Aufruhr oder Revolution im Ausland die Erfüllung der vertraglich vom Gewährleistungsnehmer geschuldeten Lieferungen und Leistungen ganz oder teilweise verhindern und dem Gewährleistungsnehmer deshalb durchsetzbare Forderungen für die schon erbrachten Lieferungen und Leistungen nicht zustehen;

– Verlust der Ware vor Gefahrübergang

5. wenn infolge politischer Umstände die Ware während des Zeitraums von der Versendung bis zum Übergang der Gefahr auf den ausländischen Schuldner durch ausländische staatliche Stellen beschlagnahmt oder auf andere Weise der Verfügungsgewalt des Gewährleistungsnehmers entzogen oder vernichtet oder beschädigt wird oder verlorengeht und der Ausfall 6 Monate nach der im Ausfuhrvertrag vereinbarten Fälligkeit der Forderung nicht ersetzt worden ist, soweit keine Möglichkeit bestanden hat, die Gefahren bei Versicherungsgesellschaften abzudecken, und der Ersatz des Schadens nicht durch gesetzliche Bestimmungen gewährleistet ist;

– Mindererlös bei anderweitiger Verwertung

6. wenn nach Versendung der Ware die Uneinbringlichkeit der gedeckten Forderung gemäß Nr. 1, 4 oder 5 zu besorgen ist und der Gewährleistungsnehmer noch in seiner Verfügungsgewalt befindliche Ware anderweitig im Einvernehmen mit dem Bund verwertet und dabei einen Mindererlös erleidet.

wirtschaftliche Schadenstatbestände

(3) Uneinbringlichkeit infolge wirtschaftlicher Umstände liegt vor, wenn mit Bezug auf das Vermögen des ausländischen Schuldners oder dessen Nachlaß

– Konkurs

1. ein Konkursverfahren eröffnet oder mangels Masse abgelehnt worden ist;

– amtlicher Vergleich

2. ein amtliches Vergleichsverfahren oder ein anderes amtliches Verfahren, das zum Ausschluß der Einzelzwangsvollstreckung führt, eröffnet worden ist;

– außeramtlicher Vergleich

3. ein außeramtlicher Vergleich (Stundungs-, Quoten- oder Liquidationsvergleich), dem alle oder eine Gruppe untereinander vergleichbarer Gläubiger einschließlich des Gewährleistungsnehmers zugestimmt haben, abgeschlossen worden ist;

– fruchtlose Zwangsvoll-
streckung

– Zahlungseinstellung

4. eine Zwangsvollstreckung wegen der gedeckten Forderung nicht zur vollen Befriedigung geführt hat;

5. die wirtschaftlichen Verhältnisse nachweislich so ungünstig sind, daß der ausländische Schuldner seine Zahlungen ganz oder in wesentlichem Umfang eingestellt hat;

– Mindererlös bei
anderweitiger
Verwertung

6. nach Versendung der Ware die Uneinbringlichkeit der gedeckten Forderung gemäß Nr. 1 – 5 zu besorgen ist und der Gewährleistungsnehmer noch in seiner Verfügungsgewalt befindliche Ware anderweitig im Einvernehmen mit dem Bund verwertet und dabei einen Mindererlös erleidet.

Nichtzahlungsfall
(„protracted default")

(4) Uneinbringlichkeit infolge wirtschaftlicher Umstände ist auch dann anzunehmen, wenn die gedeckte Forderung 6 Monate nach ihrer Fälligkeit nicht erfüllt worden ist und **der Gewährleistungsnehmer die nach den Regeln der kaufmännischen Sorgfalt erforderlichen Maßnahmen zur Einziehung der gedeckten Forderung ergriffen hat.** Die Nichtaufnahme der Dokumente steht bei Geschäften mit den Zahlungsbedingungen D/P oder D/A nach Eintritt der Fälligkeit nicht entgegen, sofern sich aus dem Vertrag mit dem ausländischen Schuldner nichts anderes ergibt.

Konkurrenzen
– Grundregel

(5) Entschädigt wird aufgrund des Gewährleistungsfalles, der zuerst eingetreten ist. Sind ein wirtschaftlicher und ein politischer Gewährleistungsfall gleichzeitig eingetreten, wird nach dem politischen Gewährleistungsfall entschädigt.

– Ausnahme für den
allgemeinen politi-
schen Gewährleistungsfall

Tritt der Gewährleistungsfall gemäß Absatz 2 Nr. 1 ein, so bleibt der Eintritt des Gewährleistungsfalles gemäß Absatz 4 außer Betracht, wenn der Gewährleistungsnehmer innerhalb von 12 Monaten seit Fälligkeit der Forderung keinen Antrag auf Entschädigung nach diesem Gewährleistungsfall gestellt hat.

– Ausnahme für den
„KT-Fall"

Sind bei Eintritt eines Gewährleistungsfalles gemäß Absatz 4 bis auf den Ablauf der Karenzfrist alle Voraussetzungen des Gewährleistungsfalles gemäß Absatz 2 Nr. 2 erfüllt, so wird eine Entschädigung aufgrund des Gewährleistungsfalles gemäß Absatz 2 Nr. 2 geleistet. Des Ablaufs der dort bestimmten Frist bedarf es in diesem Fall jedoch nicht, sofern nach Fälligkeit der gedeckten Forderung mindestens 10 Monate verstrichen sind.

– Nachentschädigung

Treten nach einer Entschädigung gemäß Absatz 4 die Voraussetzungen des Gewährleistungsfalles gemäß Absatz 2 Nr. 2 ein, wird eine Nachentschädigung geleistet, soweit die Anwendung dieser Vorschriften zu einer höheren Entschädigung führt.

§ 5
Fälligkeit und Rechtsbeständigkeit der gedeckten Forderung

Rechtsbeständigkeit
als Entschädigungs-
voraussetzung

(1) **Voraussetzung für die Entschädigung der gedeckten Forderung ist deren Fälligkeit und Rechtsbeständigkeit.** Wird aufgrund gesetzlicher oder vertraglicher Bestimmungen der gesamte Restbetrag der gedeckten Forderung fällig, so erfolgt die Entschädigung gleichwohl nach Maßgabe der im Ausführvertrag festgelegten Fälligkeiten; der Bund ist jedoch berechtigt, vor diesen Fälligkeiten Entschädigungen zu leisten.

Beweislast

(2) **Der Gewährleistungsnehmer hat den Bestand der gedeckten Forderung und der in der Deckungsbestätigung oder den Länderbestimmungen aufgeführten Sicherheiten, das Vorliegen der Voraussetzungen für den Eintritt des Gewährleistungsfalles sowie Grund und Höhe des Schadens auf seine Kosten nachzuweisen.** Wird der Bestand der Forderung oder der in der Deckungsbestätigung oder den Länderbestimmungen aufgeführten Sicherheiten bestritten oder werden dagegen Einreden oder Einwendungen erhoben, kann der Bund den Entschädigungsantrag zurückweisen, bis der Gewährleistungsnehmer – erforderlichenfalls durch

Risiken des anwendbaren Rechts

Verantwortung für Rechtsmängel

keine Prüfung von Unterlagen außerhalb der Schadensprüfung

Entscheidung des im Verhältnis zwischen ihm und seinem ausländischen Schuldner oder Sicherheitengeber zuständigen Gerichts oder Schiedsgerichts – die Rechtsbeständigkeit der Forderung und der Sicherheiten nachgewiesen hat; **die Risiken des anwendbaren Rechts und des Gerichtsstands trägt dabei der Gewährleistungsnehmer.**

(3) **Die Verantwortung für die Rechtsbeständigkeit der gedeckten Forderung und dafür bestellter Sicherheiten trägt im Verhältnis zum Bund ausschließlich der Gewährleistungsnehmer.** Der Bund wird Verträge und sonstige Unterlagen, aus denen sich die gedeckten Forderungen und Sicherungsrechte ergeben sollen, erst im Entschädigungsverfahren prüfen. Der Gewährleistungsnehmer kann sich nicht darauf berufen, daß der Bund den Inhalt solcher Verträge oder Unterlagen oder Teile derselben vorher gekannt habe oder hätte kennen müssen.

§ 6
Selbstbeteiligung

Regelsätze

(1) Der Gewährleistungsnehmer ist an jedem Ausfall an der gedeckten Forderung selbst beteiligt. Sofern in der Deckungsbestätigung oder den Länderbestimmungen nichts anderes festgelegt ist, beträgt die Selbstbeteiligung

1. 10% im Gewährleistungsfall gemäß § 4 Absatz 2,
2. 15% im Gewährleistungsfall gemäß § 4 Absätze 3 und 4.

Verbot der anderweitigen Absicherung

(2) **Der Gewährleistungsnehmer darf das Risiko aus der Selbstbeteiligung nicht anderweitig absichern.** Dies gilt nicht für die Weitergabe des Risikos aus der Selbstbeteiligung an Unterlieferanten des Gewährleistungsnehmers.

§ 7
Berechnung und Auszahlung der Entschädigung

Anrechnung von Zahlungen

(1) Stehen dem Gewährleistungsnehmer aus seiner Geschäftstätigkeit mehrere Forderungen gegen den ausländischen Schuldner zu, so werden für die Feststellung der Entschädigung hierauf geleistete Zahlungen des ausländischen Schuldners auch dann, wenn zwischen Gewährleistungsnehmer und Schuldner eine andere Anrechnungsregelung vereinbart ist, wie folgt berücksichtigt:

– Regel bei gezielten Zahlungen

1. Bei Zahlungen auf gedeckte Forderungen sowie bei Zahlungen auf ungedeckte Forderungen, die früher fällig sind als die gedeckte Forderung, gilt die Tilgungsbestimmung des ausländischen Schuldners.

– Ausnahme bei gezielten Zahlungen auf ungedeckte Forderungen

2. Zahlungen auf ungedeckte Forderungen, die zur selben Zeit wie die gedeckte Forderung oder später als diese fällig sind, werden in den Gewährleistungsfällen gemäß § 4 Absätze 3 und 4 auf gedeckte und ungedeckte Forderungen und vertraglich vereinbarte Zinsforderungen (ausgenommen Verzugszuschläge) nach der Reihenfolge ihrer Fälligkeit angerechnet, es sei denn, nach den Umständen des Einzelfalles ist auszuschließen, daß der Gewährleistungsnehmer auf die Tilgungsbestimmung der Zahlung Einfluß genommen hat. In den Gewährleistungsfällen gemäß § 4 Absatz 2 bleibt bei derartigen Zahlungen die Tilgungsbestimmung des ausländischen Schuldners maßgeblich.

– ungezielte Zahlungen

3. Ohne Tilgungsbestimmung des ausländischen Schuldners geleistete Zahlungen werden in den Gewährleistungsfällen gemäß § 4 Absatz 2 Nr. 1, Absätze 3 und 4 auf gedeckte und ungedeckte Forderungen und vertraglich vereinbarte Zinsforderungen (ausgenommen Verzugszuschläge) nach der Reihenfolge ihrer Fälligkeit angerechnet.

– entsprechende Anwendung	4. Die Nr. 1 – 3 gelten entsprechend für

a) Zahlungen des Garanten, Bürgen und Dritter; sonstige Leistungen des Schuldners, Garanten, Bürgen und Dritter;

b) Ausschüttungen und Erlöse aus der schuldnerischen Masse;

c) Erlöse aus Rücklieferungen oder anderweitiger Verwertung von Waren, Pfändungen, Versicherungen und sonstigen Sicherheiten;

d) aufrechenbare Forderungen, Forderungsnachlässe, Gutschriften und Leistungen an Zahlungs Statt;

e) sonstige dem Gewährleistungsnehmer im Zusammenhang mit dem Eintritt des Gewährleistungsfalles entstandene Vermögensvorteile.

– Quotelung bei gleicher Fälligkeit

5. Anrechnungen gemäß Nr. 2 – 4 auf Forderungen mit gleicher Fälligkeit erfolgen nach dem Verhältnis dieser Forderungsbeträge (ohne Verzugszuschläge).

– Vorwegabzug sachgemäßer Aufwendungen

6. Werden Zahlungen gemäß Nr. 2 oder die in Nr. 4 genannten Vermögensvorteile gemäß Nr. 2 oder 3 angerechnet, so werden von diesen Zahlungen oder Vermögensvorteilen die vom Gewährleistungsnehmer sachgemäß aufgewendeten Rechtsverfolgungs- oder Beitreibungskosten abgezogen. **Die zur Einziehung einer Forderung üblichen Kosten einschließlich Protestkosten sowie die im gewöhnlichen Geschäftsbetrieb des Gewährleistungsnehmers entstandenen Kosten bleiben außer Betracht.**

Abzug der Selbstbeteiligung

(2) Der nach Anwendung von Absatz 1 verbleibende Betrag ist um die Selbstbeteiligung des Gewährleistungsnehmers zu kürzen.

Fristen für Schadensbearbeitung

(3) Nach Einreichung aller für die Feststellung des Entschädigungsanspruches erforderlichen Unterlagen stellt der Bund die Schadensberechnung innerhalb von 2 Monaten auf. Der sich aus der Schadensberechnung ergebende Betrag wird innerhalb eines Monats nach Bekanntgabe der Schadensberechnung an den Gewährleistungsnehmer insoweit ausgezahlt, als der Gewährleistungsnehmer die Schadensberechnung anerkannt hat.

Abschlagszahlung

(4) Ist die Schadensberechnung infolge eines Umstandes, den der Gewährleistungsnehmer nicht zu vertreten hat, nicht innerhalb von 2 Monaten möglich, kann dem Gewährleistungsnehmer auf Antrag insoweit eine Abschlagszahlung auf die zu erwartende Entschädigung gewährt werden, als diese in ihrem Mindestumfang bereits vor Abschluß der Schadensberechnung feststeht.

§ 8
Rückflüsse

Zuordnung und Verteilung von Rückflüssen

(1) Alle nach Leistung einer Entschädigung eingehenden Zahlungen und sonstigen Vermögensvorteile (Rückflüsse) werden unter Einbeziehung der entschädigten Forderung entsprechend § 7 Absatz 1 zugeordnet. Unberücksichtigt bleiben jedoch diejenigen Rückflüsse, die auf einem Vertrag beruhen, der erst später als 3 Jahre nach Erfüllung oder Entschädigung der zuletzt fälligen Forderung aus dem gedeckten Geschäft geschlossen worden ist.

Mitteilungs- und Abführungspflicht

(2) **Der Gewährleistungsnehmer hat dem Bund jeden Eingang von Rückflüssen unverzüglich anzuzeigen. Die dem Bund zustehenden Beträge hat der Gewährleistungsnehmer unverzüglich an den Bund abzuführen.**

§ 9
Rückzahlung der Entschädigung

Mitteilungspflicht über Einreden oder Einwendungen gegen Forderung oder Sicherheiten

(1) **Wird der Bestand der gedeckten Forderung oder der hierfür vom Bund geforderten Sicherheiten bestritten oder werden dagegen Einreden oder Einwendungen erhoben, hat der Gewährleistungsnehmer dies im Entschädigungsverfahren unverzüglich mitzuteilen.** Verletzt der Gewährleistungsnehmer diese Pflicht, kann der Bund die geleistete Entschädigung insoweit zurückfordern, als er bei Kenntnis der Sachlage den Entschädigungsantrag zurückgewiesen hätte.

Rückforderung bei Wegfall der Entschädigungsvoraussetzungen

(2) Stellt sich nach Leistung der Entschädigung heraus, daß die entschädigte Forderung des Gewährleistungsnehmers nicht oder nicht in voller Höhe besteht, wird insbesondere in einem Rechtsstreit zur Beitreibung der entschädigten Forderung das zuständige Gericht die Klage ganz oder teilweise rechtskräftig abgewiesen, oder ergibt sich nach Leistung der Entschädigung, daß der Bund aus sonstigen Gründen nicht zur Entschädigung verpflichtet war, kann der Bund die geleistete Entschädigung einschließlich erstatteter Kosten insoweit zurückfordern.

Rückforderung bei nachträglicher Leistungsfreiheit

(3) Wird der Bund infolge eines Umstandes, der erst nach Leistung der Entschädigung eingetreten ist, von der Verpflichtung zur Entschädigung frei oder verletzt der Gewährleistungsnehmer die ihm nach § 11 Absatz 1 treffenden Pflichten, so ist der Bund berechtigt, die geleistete Entschädigung einschließlich erstatteter Kosten insoweit zurückzufordern.

Verzinsungspflicht bei Rückforderung

(4) **Soweit dem Bund ein Rückzahlungsanspruch zusteht, hat der Gewährleistungsnehmer** in den Fällen der Absätze 1 und 2 **den zurückzuzahlenden Betrag** vom Zeitpunkt der Leistung der Entschädigung, im Falle des Absatzes 3 vom Zeitpunkt des Wegfalls der Entschädigungsverpflichtung an mit dem Zinssatz **zu verzinsen,** der den Kosten der Kreditaufnahme des Bundes ab diesem Zeitpunkt entspricht. Mit Erfüllung des Rückzahlungsanspruchs des Bundes fallen gemäß § 10 Absatz 1 auf den Bund übergegangene Forderungen, Ansprüche und sonstige Rechte insoweit an den Gewährleistungsnehmer zurück.

weitergehende Ansprüche

(5) Weitergehende, nach gesetzlichen Regelungen oder allgemeinen Rechtsgrundsätzen bestehende Ansprüche des Bundes werden hierdurch nicht berührt.

§ 10
Übergang der Rechte und Ansprüche

Forderungsübergang

(1) Mit Leistung der Entschädigung gehen die entschädigte Forderung, die Ansprüche auf Zinsen und Verzugszinsen für die Zeit nach Zahlung der Entschädigung sowie die Ansprüche aus etwaigen Versicherungen und der Anspruch auf die im Ausland eingezahlten oder hinterlegten Beträge einschließlich der für diese Forderungen und Ansprüche bestehenden Sicherheiten insoweit auf den Bund über, als dies dem Anteil des Bundes am Ausfall an der entschädigten Forderung entspricht. Der Gewährleistungsnehmer hat auf Verlangen des Bundes die zum Übergang der Forderung, Ansprüche und sonstige Rechte etwa erforderlichen Rechtshandlungen vorzunehmen.

treuhänderische Verwaltung

(2) Ist die Übertragung nicht möglich oder verzichtet der Bund auf sie, so hat der Gewährleistungsnehmer die in Absatz 1 genannten Forderungen, Ansprüche und sonstige Rechte als Treuhänder des Bundes zu halten.

240

§ 11
Rechtsverfolgung nach Leistung der Entschädigung

Verpflichtung zur
Rechtsverfolgung

Beurteilungsspielraum
des Bundes

(1) **Unbeschadet des Übergangs der Forderungen, Ansprüche und sonstigen Rechte gemäß § 10 hat der Gewährleistungsnehmer alle zur Einziehung der entschädigten Forderung und zur Verwertung von Sicherheiten geeigneten Maßnahmen durchzuführen und hierbei etwaige Weisungen des Bundes zu befolgen;** als geeignete Maßnahme gilt auch die Führung eines Rechtsstreites. Von einer Weisung zur Führung eines Rechtsstreites kann abgesehen werden, wenn Gerichtsstand bzw. anwendbare Rechtsordnung keine hinreichende Beurteilung der Erfolgsaussichten des Rechtsstreites zulassen und der Gewährleistungsnehmer einen solchen Gerichtsstand bzw. die Anwendung einer solchen Rechtsordnung nicht abbedingen konnte oder wenn die voraussichtlichen Kosten des Rechtsstreites außer Verhältnis zu der Höhe der Forderung bzw. den Erfolgsaussichten von Vollstreckungsmaßnahmen stehen.

Kostenbeteiligung

(2) Erfolgen Rechtsverfolgungsmaßnahmen mit Zustimmung oder auf Weisung des Bundes, werden dadurch entstehende sachgemäße Aufwendungen zwischen dem Bund und dem Gewährleistungsnehmer im Verhältnis ihrer Beteiligung an der geltend gemachten Forderung aufgeteilt. **Die zur Einziehung einer Forderung üblichen Kosten einschließlich Protestkosten sowie die im gewöhnlichen Geschäftsbetrieb des Gewährleistungsnehmers entstandenen Kosten trägt der Gewährleistungsnehmer.** § 9 Absatz 2 findet entsprechende Anwendung.

Verzicht auf
Rückflußbeteiligung

(3) Entläßt der Bund den Gewährleistungsnehmer auf dessen Antrag aus der Verpflichtung gemäß Absatz 1, so verliert der Gewährleistungsnehmer das Recht, an Rückflüssen nach Maßgabe seiner Selbstbeteiligung beteiligt zu werden.

§ 12
Umrechnung von Fremdwährungsbeträgen

(1) Vertragswährung für die APG ist die Deutsche Mark. Für die Umrechnung von Beträgen, die auf andere Währungen lauten, in Deutsche Mark gilt folgendes:

Umrechnungskurs für
Entgelt

1. Das gemäß § 18 zu entrichtende Entgelt wird zu dem im Versandmonat gültigen, im Bundesanzeiger veröffentlichten Umsatzsteuer-Umrechnungssatz (Entgeltkurs) umgerechnet.

Umrechnungskurs für
Entschädigung

2. Die Entschädigung wird zum amtlichen Geldkurs der Frankfurter Börse

   – am Tage der Einzahlung in dem Gewährleistungsfall gemäß § 4 Absatz 2 Nr. 2

   – am Tage der Fälligkeit in den anderen Gewährleistungsfällen

   umgerechnet. Hat am maßgeblichen Tage keine amtliche Kursnotierung stattgefunden, so tritt die nachfolgende Notierung an ihre Stelle.

   Ist aufgrund des eingetretenen Gewährleistungsfalles eine Fälligkeit der gedeckten Forderung nicht gegeben oder erfolgt die Entschädigung vor den im Ausfuhrvertrag festgelegten Fälligkeiten, wird die Entschädigung zum letzten amtlichen Geldkurs der Frankfurter Börse vor Absendung der Mitteilung über die Entschädigung umgerechnet.

Kursbegrenzung bei
Entschädigung

In allen Fällen erfolgt die Umrechnung der Entschädigung höchstens zum Entgeltkurs.

Umrechnungskurs für Rückflüsse	3. Rückflüsse auf die entschädigte Forderung werden zum amtlichen Geldkurs der Frankfurter Börse am Tage ihres Eingangs beim Gewährleistungsnehmer umgerechnet.
Beteiligung an Kursgewinnen bei durch Kursbegrenzung reduzierten Entschädigungen	4. Hat der Bund die Entschädigung gemäß Nr. 2 zum Entgeltkurs in Deutsche Mark umgerechnet und erbringt ein Rückfluß für den Bund über den Betrag hinaus, der insgesamt zur Entschädigung der Forderungen aus diesem Ausfuhrvertrag geleistet worden ist, einen Kursgewinn, so steht der Kursgewinn dem Gewährleistungsnehmer bis zur Höhe des Betrages zu, der dem Unterschied zwischen dem amtlichen Geldkurs der Frankfurter Börse am Tage der Einzahlung in dem Gewährleistungsfall gemäß § 4 Absatz 2 Nr. 2 oder am Tage der Fälligkeit in den anderen Gewährleistungsfällen und dem Entgeltkurs entspricht. Dies gilt nicht, soweit der Bund für die entschädigte Forderung auch eine Wechselkursdeckung übernommen hat.
nicht amtlich notierte Währungen	(2) Für Währungen, für die keine Umsatzsteuer-Umrechnungssätze bzw. keine amtlichen Notierungen der Frankfurter Börse festgestellt werden, tritt an deren Stelle der von der Deutschen Bundesbank zuletzt als Geldkurs bekanntgegebene Umrechnungssatz. Ist ein solcher Umrechnungssatz nicht bekanntgegeben, so setzt der Bund die gemäß Absatz 1 anzuwendenden Umrechnungskurse unter Berücksichtigung der den amtlichen Notierungen der Frankfurter Börse entsprechenden Notierungen an den maßgebenden Börsen des Auslandes fest.

§ 13
Deckungseingriffe

Ausschlußrecht bei Gefahrerhöhung	**Bei Eintritt gefahrerhöhender Umstände kann der Bund dem Gewährleistungsnehmer gegenüber jederzeit erklären, daß Forderungen** oder Teilforderungen, für die der Bund bei Zugang dieser Erklärung gemäß § 3 noch nicht haftet, **von der APG ausgeschlossen sind.**

§ 14
Umschuldungsvereinbarungen

Recht des Bundes zur Umschuldung	(1) **Der Bund ist berechtigt, über die gedeckte Forderung (einschließlich Selbstbeteiligung) Umschuldungsvereinbarungen mit dem Schuldnerland abzuschließen; nicht gedeckte Nebenforderungen und nicht gedeckte Teile nur teilweise gedeckter Forderungen darf er dabei einbeziehen.**
Voraussetzung der Rechtsausübung	(2) Der Bund darf das Recht nach Absatz 1 nur ausüben, wenn er vor Abschluß der Umschuldungsvereinbarung anerkennt, nach welchem der in § 4 geregelten Gewährleistungsfälle Uneinbringlichkeit der gedeckten Forderung vorliegt, sobald die in der Umschuldungsvereinbarung festgelegten Voraussetzungen für die Anwendung dieser Vereinbarung auf die gedeckte Forderung vorliegen. Die Geltung von § 4 Absatz 5 bleibt davon unberührt.
	Für einbezogene Forderungen, für die das Risiko der Uneinbringlichkeit infolge wirtschaftlicher Umstände fortbesteht, kann der Bund die Entschädigungsleistung höchstens nach Maßgabe des Selbstbehalts für den Gewährleistungsfall gemäß § 4 Absatz 3 begrenzen.
	Die sonstigen Entschädigungsvoraussetzungen bleiben unberührt.
Wahrung des Entschädigungsanspruchs	Der Gewährleistungsnehmer kann unbeschadet vorstehender Regelung Entschädigung nach den allgemeinen Regeln (§§ 4 ff) verlangen.

Vorrang der Zinsregelung des Umschuldungsabkommens

(3) **Der Gewährleistungsnehmer und seine Rechtsnachfolger müssen ferner Regelungen der Umschuldungsvereinbarung gegen sich gelten lassen, durch die die Verzinsung der Forderung für den Zeitraum ab ihrer Fälligkeit oder für einen später beginnenden Zeitraum abweichend von den gesetzlichen oder vertraglichen Zinsregelungen bestimmt wird** und aufgrund derer weitergehende Ansprüche aus dem Gesichtspunkt des Verzugs nicht geltend gemacht werden können.

Umrechnung von Fremdwährungsbeträgen im Umschuldungsabkommen

(4) Für die Umrechnung der Entschädigung bleibt § 12 Absatz 1 Nr. 2 auch dann maßgeblich, wenn der in der Umschuldungsvereinbarung bestimmte Umrechnungskurs für nicht auf Deutsche Mark lautende Beträge in Deutsche Mark von dem in dieser Vorschrift geregelten Umrechnungskurs abweicht. **In bezug auf Selbstbeteiligung, nicht gedeckte Nebenforderungen und nicht gedeckte Teile nur teilweise gedeckter Forderungen müssen der Gewährleistungsnehmer und seine Rechtsnachfolger den in der Umschuldungsvereinbarung bestimmten Umrechnungskurs gegen sich gelten lassen.**

§ 15
Pflichten des Gewährleistungsnehmers

Neben den nach diesen Allgemeinen Bedingungen und den sonstigen Bestimmungen des Pauschalvertrages bestehenden Pflichten hat der Gewährleistungsnehmer die folgenden Pflichten zu beachten:

Wahrheitspflicht im Antragsverfahren

1. **Der Gewährleistungsnehmer hat im Zusammenhang mit der Beantragung einer APG alle für die Übernahme der Ausfuhrgewährleistung erheblichen Umstände vollständig und richtig schriftlich anzuzeigen und unverzüglich zu berichtigen, wenn sich bis zum Zugang der Urkunde über den Pauschalvertrag gegenüber den bei Antragstellung erfolgten Angaben Änderungen oder Ergänzungen ergeben.** Durch Antragsformular oder in sonstiger Weise erfragte Angaben gelten im Zweifel als erheblich.

Satz 1 und 2 gelten entsprechend für alle im Rahmen des Pauschalvertrages zu stellenden Anträge, insbesondere für Anträge auf Festsetzung von Höchstbeträgen gemäß II. des Pauschalvertrages.

Verbot der Änderung von Zahlungsbedingungen oder Sicherheiten

Prolongation

2. **Der Gewährleistungsnehmer darf nach Beginn der Haftung des Bundes die mit dem ausländischen Schuldner in bezug auf die jeweilige gedeckte Forderung vereinbarten Zahlungsbedingungen einschließlich der in der Deckungsbestätigung oder den Länderbestimmungen aufgeführter Sicherheiten nicht ohne schriftliche Zustimmung des Bundes ändern oder ergänzen;** dies gilt nicht für Prolongationen, sofern die vom Bund für den ausländischen Schuldner festgelegte zulässige Kreditlaufzeit hierdurch nicht überschritten wird. **Der Gewährleistungsnehmer darf ferner keine Zahlung in einer anderen als der vertraglich vereinbarten Währung an Erfüllungs Statt annehmen.**

Beachtung staatlicher Vorschriften

3. **Der Gewährleistungsnehmer darf einen Ausfuhrvertrag nur durchführen, wenn dabei die Ausfuhrvorschriften der Bundesrepublik Deutschland und die Einfuhrvorschriften des Bestimmungslandes eingehalten werden.**

Meldepflicht bei Gefahrerhöhung

4. **Der Gewährleistungsnehmer hat ihm bekanntwerdende gefahrerhöhende Umstände unverzüglich schriftlich anzuzeigen und mitzuteilen, welche Maßnahmen er zur Sicherung seiner Ansprüche beabsichtigt oder getroffen hat.** Als gefahrerhöhender Umstand gilt insbesondere, daß

a) der Schuldner um eine Prolongation nachsucht, die zu einer Überschreitung der vom Bund für den ausländischen Schuldner festgelegten zulässigen Kreditlaufzeit führen würde;

b) die Vermögenslage, Zahlweise oder allgemeine Beurteilung des ausländischen Schuldners oder Sicherheitengebers sich verschlechtert oder vom Schuldner die Rückgabe gelieferter Waren oder eine andere als die geschuldete Leistung angeboten wird; eine Zahlungsverzögerung von mehr als 4 Monaten ab Fälligkeit gilt stets als Verschlechterung der Zahlweise des Schuldners;

c) gesetzgeberische oder behördliche Maßnahmen im Ausland oder sonstige politische Ereignisse die Erfüllung oder Beitreibung der gedeckten Forderung gefährdet erscheinen lassen.

Zustimmungserfordernis bei Gefahrerhöhung

5. **In den Fällen der Nr. 4 darf der Gewährleistungsnehmer Lieferungen und Leistungen nicht ohne vorherige schriftliche Zustimmung des Bundes ausführen.**

Schadensverhütungs- und Schadensminderungs- pflichten

6. **Der Gewährleistungsnehmer hat auf seine Kosten alle zur Vermeidung eines Gewährleistungsfalles oder Minderung des Ausfalls nach den Regeln der kaufmännischen Sorgfalt erforderlichen und geeigneten Maßnahmen zu ergreifen und hierbei etwaige Weisungen des Bundes zu befolgen. Droht ein Gewährleistungsfall oder ist ein solcher eingetreten, hat er auf Verlangen des Bundes diesen oder einen vom Bund zu bestimmenden Dritten mit der Wahrnehmung der beiderseitigen Interessen zu beauftragen,** wenn die voraussichtlichen Kosten für die Beauftragung des Bundes oder des Dritten in einem angemessenen Verhältnis zu der Höhe der Forderung und den Erfolgsaussichten der Interessenwahrnehmung stehen.

Auskunftspflicht

7. Der Gewährleistungsnehmer hat dem Bund oder dessen Beauftragten über die Einzelheiten und den jeweiligen Abwicklungsstand des Ausfuhrgeschäftes sowie über sonstige Umstände, die für die APG von Bedeutung sein können, jederzeit Auskunft zu erteilen. Hierzu gehört die fristgerechte, richtige und vollständige Beantwortung der zur Vorbereitung einer Umschuldungsvereinbarung gestellten Fragen und die Bereitstellung der zum Nachweis der Forderungen benötigten Unterlagen.

Prüfungsrechte des Bundes

8. Der Bund und seine Beauftragten sind berechtigt, jederzeit die Bücher und Unterlagen des Gewährleistungsnehmers, die für die APG von Bedeutung sein können, einzusehen und Abschriften von ihnen zu nehmen oder zu verlangen. Auf Verlangen des Bundes hat der Gewährleistungsnehmer Unterlagen in fremder Sprache auf seine Kosten übersetzen zu lassen.

9. Der Gewährleistungsnehmer hat eine Prüfung seiner Bücher und seines Betriebes, soweit dies für die APG von Bedeutung sein kann, durch den Bund, den Bundesrechnungshof oder einen von diesen bestimmten Beauftragten zuzulassen, damit festgestellt werden kann, ob eine Inanspruchnahme des Bundes in Frage kommt oder die Voraussetzungen für eine solche vorliegen oder vorgelegen haben oder ob der Gewährleistungsnehmer wesentliche Verpflichtungen aus dem Pauschalvertrag verletzt hat.

§ 16
Rechtsfolgen von Pflichtverletzungen

Haftungsbefreiung bei

– unwahren Angaben

(1) **Hat der Gewährleistungsnehmer die ihm nach § 15 Nr. 1 obliegende Pflicht verletzt, so ist der Bund von seiner Verpflichtung zur Entschädigung frei,** es sei denn, der Bund stellt fest, daß die Pflichtverletzung begründende Unvollständigkeit oder Unrichtigkeit auf seine Entscheidung über den Abschluß des Pauschalvertrages oder über im Rahmen des Pauschalvertrages gestellte Anträge keinen Einfluß gehabt hat. Eine Befreiung des Bundes von seiner Verpflichtung zur Entschädigung tritt nicht ein, soweit der Gewährleistungsnehmer die Unrichtigkeit oder Unvollständigkeit seiner Angaben weder kannte noch kennen mußte.

– fehlerhaften
Sicherheiten

(2) **Sind in der Deckungsbestätigung oder den Länderbestimmungen aufgeführte Sicherheiten nicht oder nicht rechtswirksam bestellt worden, so ist der Bund von seiner Verpflichtung zur Entschädigung frei,** es sei denn, der Bund stellt fest, daß die fehlende oder mangelhafte Sicherheit auf seine Entscheidung über die Gewährung von Deckungsschutz keinen Einfluß gehabt hat.

– sonstigen Obliegenheitsverletzungen unter dem Gesichtspunkt der
– – Schadensursächlichkeit

(3) **Hat der Gewährleistungsnehmer unter Verstoß gegen die kaufmännische Sorgfalt eine ihm nach § 15 Nr. 2 – 9 obliegende Pflicht verletzt, ist der Bund von der Verpflichtung zur Entschädigung frei,** es sei denn, durch die Pflichtverletzung ist ein Schaden weder entstanden noch zu besorgen.

– – Wesentlichkeit

Unabhängig davon, ob ein Schaden entstanden oder zu besorgen ist, ist der Bund bei einer Pflichtverletzung nach § 15 Nr. 2 von der Verpflichtung zur Entschädigung auch dann frei, wenn er feststellt, daß er den Änderungen oder Ergänzungen nach den Grundsätzen, denen er in seiner Entscheidungspraxis folgt, nicht zugestimmt hätte.

– – Risikoerhöhung

Bei einer Pflichtverletzung nach § 15 Nr. 4 ist der Bund von der Verpflichtung zur Entschädigung auch dann frei, wenn die Unkenntnis meldepflichtiger Umstände für den Bund im Zusammenhang mit anderen Ausfuhrgewährleistungen eine Risikoerhöhung bewirkt oder ihn daran gehindert hat, Maßnahmen zur Risikominderung zu ergreifen.

(4) Der Bund kann die Befreiung von seiner Verpflichtung zur Entschädigung nach den Umständen des Einzelfalles, insbesondere unter Berücksichtigung der eingetretenen Risiken und der Schwere des Verstoßes, einschränken.

(5) Soweit für die Verletzung sonstiger dem Gewährleistungsnehmer nach diesen Allgemeinen Bedingungen und den Bestimmungen des Pauschalvertrages obliegenden Pflichten keine gesonderten Rechtsfolgen gelten, finden die Absätze 1 – 4 entsprechende Anwendung.

(6) Aus dem Gesetz oder der Anwendung allgemeiner Rechtsgrundsätze sich ergebende Ansprüche und sonstige Rechte des Bundes werden durch die in diesen Allgemeinen Bedingungen und im Pauschalvertrag enthaltenen Bestimmungen nicht berührt.

§ 17
Mitwirkendes Verschulden

Der Bund haftet nicht für Umstände und Gefahren, die der Gewährleistungsnehmer nach den Regeln einer gewissenhaften Geschäftsführung und kaufmännischen Sorgfalt zu vertreten hat.

§ 18
Entgelt

Entgeltpflicht

(1) Für im Rahmen der APG gemeldete Forderungen wird ein von Art und Umfang der gedeckten Risiken abhängiges Entgelt erhoben. Die Entgeltsätze werden im Pauschalvertrag festgesetzt. Das zu entrichtende Entgelt ist vom Gewährleistungsnehmer in Anwendung dieser Entgeltsätze mit der Umsatzmeldung gemäß III. des Pauschalvertrages – auch unter Berücksichtigung etwaiger Prolongationen – selbst zu berechnen und wird innerhalb von 14 Tagen nach der Meldung fällig.

245

Verzugsfolgen	(2) **Wird fälliges Entgelt nicht innerhalb von 14 Tagen nach einer Mahnung entrichtet,** die den Hinweis auf diese Frist und auf die nachstehend genannten Rechtsfolgen enthält, so **ist der Bund,** wenn seit der Fälligkeit des Entgelts insgesamt mindestens 6 Wochen verstrichen sind,
– Haftungsbefreiung	a) für die der Entgeltberechnung zugrunde liegenden Forderungen **von der Haftung** für Gewährleistungsfälle **befreit,** die nach Fälligkeit, aber vor Zahlung des Entgelts eingetreten sind,
– Aufhebung des Deckungsschutzes	b) außerdem **berechtigt, den Deckungsschutz** für die der Entgeltberechnung zugrunde liegenden Forderungen ohne Einhaltung einer weiteren Frist **aufzuheben,** solange das Entgelt nicht bezahlt ist,
– Kündigung des Pauschalvertrages	c) **im Wiederholungsfalle** ferner **berechtigt, den Pauschalvertrag** ohne Einhaltung einer weiteren Frist **zu kündigen.**
Verfall des Entgelts bei Haftungsbefreiung	(3) **Ist der Bund** nach diesen Allgemeinen Bedingungen oder den Bestimmungen des Pauschalvertrages **von der Verpflichtung zur Entschädigung frei, gebührt ihm gleichwohl das Entgelt,** soweit es fällig geworden ist, bevor der Bund von seiner Leistungsfreiheit Kenntnis erlangt hat.

§ 19
Abtretung der gedeckten Forderung

Verfügt der Gewährleistungsnehmer zu anderen als Sicherungszwecken **ganz oder teilweise über eine gedeckte Forderung, erlischt insoweit die Deckung,** es sei denn, der Bund hat der Verfügung schriftlich zugestimmt.

§ 20
Abtretung der Ansprüche aus der APG

Die Abtretung der Ansprüche aus der APG bedarf der schriftlichen Zustimmung des Bundes. Stimmt der Bund der Abtretung zu, bleiben sämtliche Verpflichtungen des Gewährleistungsnehmers aus der APG dem Bund gegenüber unverändert bestehen.

§ 21
Ausschlußfrist

Ansprüche gegen den Bund aus der APG sind innerhalb einer Ausschlußfrist von 6 Monaten gerichtlich geltend zu machen, nachdem der Bund dem Gewährleistungsnehmer gegenüber die Ansprüche unter Hinweis auf diese Rechtsfolge schriftlich abgelehnt hat.

§ 22
Gerichtsstand

Für Streitigkeiten zwischen dem Bund und dem Gewährleistungsnehmer aus der APG sind die ordentlichen Gerichte in Hamburg zuständig.

Anhang 4.4: Allgemeine Bedingungen für Fabrikationsrisikobürgschaften

Begriffsbestimmung

Die Bundesrepublik Deutschland (Bund) übernimmt Ausfuhrgewährleistungen unter der Bezeichnung **„Fabrikationsrisikobürgschaften"** zur Absicherung von Fabrikationsrisiken deutscher Exporteure aus Ausfuhrverträgen über Lieferungen und Leistungen, wenn der ausländische Vertragspartner des deutschen Exporteurs oder ein für das Forderungsrisiko voll haftender Garant ein Staat, eine Gebietskörperschaft oder eine vergleichbare Institution ist.

Gewährleistungsvertrag

Die Allgemeinen Bedingungen für Fabrikationsrisikobürgschaften sind Bestandteil des Gewährleistungsvertrages, den der Bund nach Maßgabe der Richtlinien für die Übernahme von Ausfuhrgewährleistungen schließt, und gelten, soweit sie nicht im Gewährleistungsvertrag ausdrücklich abbedungen, ergänzt oder ersetzt sind.

HERMES
TREUARBEIT

Der Bund als Vertragspartner des Bürgschaftsnehmers wird durch den Bundesminister für Wirtschaft (BMWi) vertreten. Der BMWi wird durch die HERMES Kreditversicherungs-AG (HERMES), Hamburg, und die TREUARBEIT Aktiengesellschaft Wirtschaftsprüfungsgesellschaft Steuerberatungsgesellschaft (TREUARBEIT), Hamburg, als Mandatare des Bundes vertreten. HERMES und TREUARBEIT sind vom Bund beauftragt und ermächtigt, alle den Abschluß und die Abwicklung des Gewährleistungsvertrages betreffenden Erklärungen, soweit sie nicht gemäß § 1 der Bundesschuldenverwaltung vorbehalten sind, namens und im Auftrag des Bundes abzugeben und entgegenzunehmen. Federführend ist HERMES.

§ 1
Formerfordernisse

Schriftform

Der Gewährleistungsvertrag kommt dadurch zustande, daß der Bund den Antrag des Bürgschaftsnehmers auf Übernahme einer Fabrikationsrisikobürgschaft schriftlich und unter Bezugnahme auf diese Allgemeinen Bedingungen annimmt. Der Bund kann jedoch auf Zahlung erst in Anspruch genommen werden, wenn über die Fabrikationsrisikobürgschaft eine Urkunde (Fabrikationsrisikobürgschafts-Erklärung) erstellt, mit zwei Unterschriften der Bundesschuldenverwaltung versehen und dem Bürgschaftsnehmer zugegangen ist. Entsprechendes gilt für Änderungen der Fabrikationsrisikobürgschaft, die Inhalt oder Umfang der Haftung des Bundes erweitern. Mündliche Nebenabreden haben keine Gültigkeit.

Urkunde der Bundes-
schuldenverwaltung

§ 2
Gegenstand der Fabrikationsrisikobürgschaft

Selbstkosten

(1) Gegenstand der Fabrikationsrisikobürgschaft sind unbeschadet § 7 Absatz 1 die **Selbstkosten** für die im Ausfuhrvertrag mit dem ausländischen Schuldner vereinbarten Lieferungen und Leistungen bis zur Höhe des Auftragswertes.

Definition der
Selbstkosten

(2) Selbstkosten im Sinne dieser Bürgschaft sind die Einzel- und Gemeinkosten im Sinne der Leitsätze für die Preisermittlung aufgrund von Selbstkosten (LSP)*, die bei wirtschaftlicher Betriebsführung zur Durchführung des Ausfuhrvertrages erforderlich sind. Abweichend von den LSP werden für Fremdkapital und Ausfuhrfinanzierung entstandene Aufwendungen als Selbstkosten berücksichtigt, wenn und soweit sie dem Ausfuhrvertrag unmittelbar zugeordnet werden können. Bei kalkulatorischen Abschreibungen ist von den Anschaffungswerten auszugehen.

nicht deckungsfähige
Kostenarten

(3) Nicht unter die Bürgschaft fallen:

1. der kalkulatorische Gewinn des Bürgschaftsnehmers,

2. das vom Bürgschaftsnehmer entrichtete Entgelt für die Bürgschaft des Bundes,

3. Aufwendungen, die nach dem anwendbaren Recht verboten sind.

Anlage zur Verordnung PR Nr. 30/53 über die Preise bei öffentlichen Aufträgen vom 21. November 1953 (Bundesanzeiger Nr. 244 vom 18. Dezember 1953) in der zuletzt durch Verordnung zur Änderung preisrechtlicher Vorschriften (Verordnung PR Nr. 1/86) vom 15. April 1986 (BGBl. I. S. 435) geänderten Fassung.

Teildeckung

(4) Auf Antrag des Bürgschaftsnehmers kann der Bund die Bürgschaft auf die Selbstkosten für abgrenzbare, in sich geschlossene und selbständig anderweitig verwertbare Teile der im Ausfuhrvertrag vereinbarten Lieferungen und Leistungen beschränken.

§ 3
Haftungszeitraum

Haftungsbeginn

(1) Die Haftung aus der Fabrikationsrisikobürgschaft beginnt mit Inkrafttreten des Ausfuhrvertrages.

Haftungsende

(2) Die Haftung aus der Fabrikationsrisikobürgschaft endet mit Abnahme der Ware, spätestens mit Versand. Bei Teilabnahmen oder Teillieferungen endet sie für die diesen Teilabnahmen bzw. Teillieferungen zuzuordnenden Selbstkosten.

späteres Haftungsende bei Embargo

(3) Abweichend von Absatz 2 endet die Haftung des Bundes für die Bürgschaftsfälle gemäß § 4 Nr. 3 e mit der Erfüllung aller vertraglichen Liefer- und Leistungsverpflichtungen des Bürgschaftsnehmers.

§ 4
Bürgschaftsfälle

Schadenstatbestände

Der Bürgschaftsfall tritt ein, wenn

– Weisung zum Abbruch

1. der Bund im Hinblick auf gefahrerhöhende Umstände eine Weisung erteilt, in deren Ausführung der Bürgschaftsnehmer Fertigstellung oder Versand der Ware endgültig abbricht bzw. endgültig unterläßt oder länger als 6 Monate unterbricht bzw. zurückstellt;

– Ausbleiben einer Weisung zur Wieder-aufnahme

2. der Bürgschaftsnehmer ohne Weisung gemäß Nr. 1 im Hinblick auf gefahrerhöhende Umstände Fertigstellung oder Versand der Ware unterbricht bzw. zurückstellt und der Bund eine Fortsetzung der Fertigung bzw. den Versand der Ware nicht innerhalb von 6 Monaten seit dem Zeitpunkt anordnet, in dem der Bürgschaftsnehmer den Bund von der Unterbrechung der Fertigung bzw. dem Zurückstellen der Versendung unterrichtet hat;

– politische Umstände im Ausland

3. a) die Versendung der fertiggestellten Ware in der vertraglich vorgesehenen oder einer anderen dem Bürgschaftsnehmer zumutbaren Weise endgültig oder länger als 6 Monate durch

gesetzgeberische oder behördliche Maßnahmen im Ausland

oder

kriegerische Ereignisse, Aufruhr oder Revolution im Ausland

gehindert ist;

– wirtschaftliche Verhältnisse des Schuldners

b) die Durchführung des Vertrages unmöglich oder unzumutbar ist, weil die wirtschaftlichen Verhältnisse des ausländischen Schuldners nachweislich so ungünstig sind, daß er seine Zahlungen ganz oder in wesentlichem Umfang eingestellt hat und deshalb mit einer Durchführung des Vertrages nicht mehr gerechnet werden kann;

248

– Lossagung vom Vertrag	c) dem Bürgschaftsnehmer die Fortsetzung der Fertigung bzw. der Versand der Ware deshalb nicht zuzumuten ist, weil der ausländische Schuldner sich endgültig vom Vertrag losgesagt oder sonst in schwerwiegender Weise gegen seine Vertragspflichten verstoßen hat und deshalb mit einer Durchführung des Vertrages nicht mehr gerechnet werden kann;
– Nichtzahlung von Stornierungskosten	d) der ausländische Schuldner den Vertrag kündigt und aus der Kündigung entstandene gesetzliche oder vertragliche Ansprüche des Bürgschaftsnehmers innerhalb von 6 Monaten nach ihrer Fälligkeit nicht erfüllt werden;
– Embargo nach dem AWG	e) die Durchführung des Vertrages dadurch unmöglich wird, daß aufgrund einer gemäß § 27 in Verbindung mit §§ 2 und 7 des Außenwirtschaftsgesetzes (AWG) vom 28. 04. 1961 nach Beginn der Haftung erlassenen Rechtsverordnung

aa) eine ohne Widerrufsvorbehalt erteilte Ausfuhrgenehmigung ohne Verschulden des Bürgschaftsnehmers widerrufen oder zurückgenommen wird oder

bb) eine befristete ohne Widerrufsvorbehalt erteilte Ausfuhrgenehmigung ohne Verschulden des Bürgschaftsnehmers nicht verlängert wird oder

cc) ein Verbot oder eine Beschränkung der Ausfuhr der Ware bzw. der Erbringung der Leistung eingeführt und aus diesem Grund eine Ausfuhrgenehmigung ohne Verschulden des Bürgschaftsnehmers versagt wird;

– Embargomaßnahmen eines Zuliefer- oder Transitlandes	f) die Durchführung des Ausfuhrvertrages dadurch unmöglich oder unzumutbar wird, daß nach Beginn der Haftung mit Bezug auf die Ausfuhr von Lieferungen und Leistungen aus Drittländern, die nach der Fabrikationsrisikobürgschafts-Erklärung vorgesehen und anderweitig nicht ersetzbar sind, gesetzgeberische oder behördliche Beschränkungen im Ausland ergehen, die den in Buchstabe e genannten Maßnahmen entsprechen.

§ 5
Voraussetzung der Entschädigung

(1) **Voraussetzung für die Entschädigung verbürgter Selbstkosten ist die Wirksamkeit des Ausfuhrvertrages.**

Beweislast	(2) **Der Bürgschaftsnehmer hat die Wirksamkeit des Ausfuhrvertrages und den Bestand der in der Fabrikationsrisikobürgschafts-Erklärung aufgeführten Sicherheiten sowie Grund und Höhe des Schadens auf seine Kosten nachzuweisen. Dabei hat er auf Verlangen des Bundes zur Feststellung der Höhe des Schadens einen von diesem bestimmten Wirtschaftsprüfer oder Sachverständigen zu beauftragen.**
Einreden oder Einwendungen gegen Ausfuhrvertrag oder Sicherheiten	Wird die Wirksamkeit des Ausfuhrvertrages oder der Bestand der in der Fabrikationsrisikobürgschafts-Erklärung aufgeführten Sicherheiten bestritten oder werden dagegen Einreden oder Einwendungen erhoben, kann der Bund den Entschädigungsantrag zurückweisen, bis die Bürgschaftsnehmer – erforderlichenfalls durch Entscheidung des im Verhältnis zwischen ihm und seinem ausländischen Schuldner oder Sicherheitgeber zuständigen Gerichts oder Schiedsgerichts – die Wirksamkeit des Ausfuhrvertrages und der in der Fabrikationsrisikobürgschafts-Erklärung aufgeführten Sicherheiten nachgewiesen hat; **die Risiken des anwendbaren**
Risiken des anwendbaren Rechts	**Rechts und des Gerichtsstands trägt dabei der Bürgschaftsnehmer.**

Verantwortung für Rechtsmängel	(3) **Die Verantwortung für die Wirksamkeit des Ausfuhrvertrages und dafür bestellter Sicherheiten trägt im Verhältnis zum Bund ausschließlich der Bürgschaftsnehmer.** Der Bund wird Verträge und sonstige Unterlagen erst im Entschädigungsverfahren prüfen. Der Bürgschaftsnehmer kann sich nicht darauf berufen, daß der Bund den Inhalt solcher Verträge oder Unterlagen oder Teile derselben vorher, insbesondere bei Übernahme der Fabrikationsrisikobürgschaft, gekannt habe oder hätte kennen müssen.
keine Prüfung von Unterlagen außerhalb der Schadensprüfung	

§ 6
Selbstbeteiligung

Regelsatz	(1) Der Bürgschaftsnehmer ist an jedem Schaden selbst beteiligt. Sofern in der Fabrikationsrisikobürgschafts-Erklärung nichts anderes festgelegt ist, beträgt die Selbstbeteiligung 10 %.
Verbot der anderweitigen Absicherung	(2) **Der Bürgschaftsnehmer darf das Risiko aus der Selbstbeteiligung nicht anderweitig absichern;** dies gilt nicht für die Weitergabe des Risikos aus der Selbstbeteiligung an Unterlieferanten des Bürgschaftsnehmers.

§ 7
Berechnung und Auszahlung der Entschädigung

Ausgangswert	(1) **Grundlage für die Berechnung der Entschädigung sind die verbürgten und bis zum Eintritt des Bürgschaftsfalles entstandenen Selbstkosten.**
Abzug von	(2) Von den nach Absatz 1 entschädigungsfähigen Selbstkosten sind vorbehaltlich Absatz 3 folgende dem Bürgschaftsnehmer entstandene Vermögensvorteile abzuziehen:
– Zahlungen	1. alle Zahlungen und sonstigen Leistungen des ausländischen Schuldners sowie von Garanten, Bürgen und Dritten, soweit diese Zahlungen und sonstigen Leistungen im Zusammenhang mit dem Ausfuhrvertrag, auf den sich die Bürgschaft bezieht, geleistet wurden und nicht als Bezahlung bereits erbrachter Lieferungen und Leistungen oder als Bezahlung von Aufwendungen im Bestellerland anzusehen sind;
– sonstigen Vermögensvorteilen	2. sonstige Vermögensvorteile, die der Bürgschaftsnehmer im Zusammenhang mit dem Ausfuhrvertrag, auf den sich die Bürgschaft bezieht, erlangt hat, soweit diese Vermögensvorteile nicht durch die Verwertung solcher Waren und Leistungen entstanden sind, deren Selbstkosten nicht in die Bürgschaft einbezogen sind;
– Verwertungserlösen	3. Erlöse aus der anderweitigen Verwertung von Waren und Leistungen, deren Selbstkosten in die Bürgschaft einbezogen sind.
sachgemäße Aufwendungen	(3) Die nach Absatz 2 von den entschädigungsfähigen Selbstkosten abzuziehenden Vermögensvorteile werden um die sachgemäßen Aufwendungen gekürzt, die der Bürgschaftsnehmer zur Erlangung dieser Vermögensvorteile gemacht hat. Dabei bleiben die für Verwertungsmaßnahmen und zur Einziehung einer Forderung üblichen Kosten einschließlich Protestkosten sowie die im gewöhnlichen Geschäftsbetrieb des Bürgschaftsnehmers entstandenen Kosten außer Betracht.
Abzug der Selbstbeteiligung	(4) Der sich nach Absatz 1 – 3 ergebende Betrag (entschädigte Selbstkosten) ist um die Selbstbeteiligung des Bürgschaftsnehmers zu kürzen.

250

Fristen für Schadensbearbeitung	(5) Nach Einreichung aller für die Feststellung des Entschädigungsanspruches erforderlichen Unterlagen stellt der Bund die Schadensberechnung innerhalb von 2 Monaten auf. Der sich aus der Schadensberechnung ergebende Betrag wird innerhalb eines Monats nach Bekanntgabe der Schadensberechnung an den Bürgschaftsnehmer insoweit ausgezahlt, als der Bürgschaftsnehmer die Schadensberechnung anerkannt hat.
Abschlagszahlung	(6) Ist die Schadensberechnung infolge eines Umstandes, den der Bürgschaftsnehmer nicht zu vertreten hat, nicht innerhalb von 2 Monaten möglich, kann dem Bürgschaftsnehmer auf Antrag insoweit eine Abschlagszahlung auf zu erwartende Entschädigung gewährt werden, als diese in ihrem Mindestumfang bereits vor Abschluß der Schadensberechnung feststeht.

§ 8
Rückflüsse

Reihenfolge der Zuordnung	(1) Vermögensvorteile im Sinne von § 7 Absatz 2, die der Bürgschaftsnehmer erst nach Leistung der Entschädigung erlangt und die deshalb bei der Schadensberechnung nicht berücksichtigt wurden (Rückflüsse), sind in der folgenden Reihenfolge zu verwenden:
– Aufwendungen	1. zum Ausgleich sachgemäßer Aufwendungen im Sinne von § 7 Absatz 3 im Verhältnis der vom Bund erstatteten zu den nicht erstatteten Aufwendungen;
– Selbstkosten	2. zum Ausgleich der **entschädigten** Selbstkosten im Verhältnis der Entschädigungsleistung zur Selbstbeteiligung;
– Refinanzierungs- kosten des Bundes	3. zum Ausgleich der vom Eintritt des Bürgschaftsfalles bis zum Eingang des Rückflusses in Höhe der jeweiligen Refinanzierungskosten des Bundes auf die entschädigten Selbstkosten zu berechnenden Zinsbelastung im Verhältnis der auf den Bund und den Bürgschaftsnehmer entfallenden Anteile.
Mitteilungs- und Abführungspflicht	(2) **Der Bürgschaftsnehmer hat dem Bund jeden Eingang von Rückflüssen unverzüglich anzuzeigen. Die dem Bund zustehenden Beträge hat der Bürgschaftsnehmer unverzüglich an den Bund abzuführen.**

§ 9
Rückzahlung der Entschädigung

Mitteilungspflicht über Einreden oder Einwendungen gegen den Ausfuhrvertrag oder Sicherheiten	(1) **Wird die Wirksamkeit des Ausfuhrvertrages oder der Bestand der in der Fabrikationsrisikobürgschafts-Erklärung aufgeführten Sicherheiten bestritten oder werden dagegen Einreden oder Einwendungen erhoben, hat der Bürgschaftsnehmer dies im Entschädigungsverfahren unverzüglich mitzuteilen.** Verletzt der Bürgschaftsnehmer diese Pflicht, kann der Bund die geleistete Entschädigung insoweit zurückfordern, als er bei Kenntnis der Sachlage den Entschädigungsantrag zurückgewiesen hätte.
Rückforderung bei Wegfall der Entschädigungs- voraussetzungen	(2) Stellt sich nach Leistung der Entschädigung heraus, daß der Ausfuhrvertrag nicht wirksam ist oder der entschädigte Ausfall des Bürgschaftsnehmers nicht oder nicht in voller Höhe besteht, oder ergibt sich nach Leistung der Entschädigung, daß der Bund aus sonstigen Gründen nicht zur Entschädigung verpflichtet war, kann der Bund die geleistete Entschädigung einschließlich erstatteter Kosten insoweit zurückfordern.
Rückforderung bei nachträglicher Leistungsfreiheit	(3) Wird der Bund infolge eines Umstandes, der erst nach Leistung der Entschädigung eingetreten ist, von der Verpflichtung zur Entschädigung frei oder verletzt der Bürgschaftsnehmer die ihn nach § 12 Absatz 1 treffenden Pflichten, so ist der Bund berechtigt, die geleistete Entschädigung einschließlich erstatteter Kosten insoweit zurückzufordern.

Verzinsungspflicht bei Rückforderung	(4) **Soweit dem Bund ein Rückzahlungsanspruch zusteht, hat der Bürg-schaftsnehmer** in den Fällen der Absätze 1 und 2 **den zurückzuzahlen-den Betrag** vom Zeitpunkt der Leistung der Entschädigung, im Falle des Absatzes 3 vom Zeitpunkt des Wegfalls der Entschädigungsverpflichtung an mit dem Zinssatz **zu verzinsen,** der den Kosten der Kreditaufnahme des Bundes ab diesem Zeitpunkt entspricht. Mit Erfüllung des Rückzahlungs-anspruchs fallen gemäß § 11 Absatz 1 auf den Bund übergegangene Ansprüche und sonstige Rechte insoweit an den Bürgschaftsnehmer zurück.
weitergehende Ansprüche	(5) Weitergehende, nach gesetzlichen Regelungen oder allgemeinen Rechts-grundsätzen bestehende Ansprüche des Bundes werden hierdurch nicht berührt.

§ 10
Anderweitige Verwertung nach Eintritt des Bürgschaftsfalles

Weisungsrecht des Bundes	(1) Der Bund kann eine anderweitige Verwertung von Waren und Leistungen, deren Selbstkosten in die Bürgschaft einbezogen sind, verlangen. **Der Bürgschaftsnehmer darf eine anderweitige Verwertung nur im Einver-nehmen mit dem Bund vornehmen. Er hat dabei Weisungen des Bun-des zu beachten.**
Verwertung gedeckter und ungedeckter Teile	(2) Die gemeinsame anderweitige Verwertung von Waren und Leistungen, deren Selbstkosten in die Bürgschaft einbezogen sind, zusammen mit Wa-ren und Leistungen, deren Selbstkosten nicht verbürgt sind, bedarf der vor-herigen Vereinbarung zwischen Bund und Bürgschaftsnehmer über die Verteilung des Verwertungserlöses.
sachgemäße Aufwendungen	(3) **Maßnahmen zur Erhaltung oder Verbesserung der Verwertungsmög-lichkeit** in bezug auf die Waren und Leistungen, deren Selbstkosten in die Bürgschaft einbezogen sind, insbesondere die Fertigstellung der in Fertigung befindlichen Waren oder die Einlagerung bereits gefertigter Waren, **bedürfen der vorherigen Vereinbarung zwischen Bund und Bürgschaftsnehmer** über die Höhe und Verteilung der dadurch entste-henden Kosten. Für die Anwendung des § 8 Absatz 1 Nr. 1 werden diese Kosten den sachgemäßen Aufwendungen gleichgestellt.

§ 11
Übergang von Rechten und Ansprüchen

Forderungsübergang	(1) Mit Leistung der Entschädigung gehen Ansprüche des Bürgschaftsneh-mers auf Vermögensvorteile im Sinne des § 7 Absatz 2 einschließlich der hierfür bestehenden Sicherheiten insoweit auf den Bund über, als ihm diese Vermögensvorteile im Falle eines Rückflusses gemäß § 8 zustehen. Der Bürgschaftsnehmer hat auf Verlangen des Bundes die zum Übergang der Ansprüche und sonstigen Rechte etwa erforderlichen Rechtshandlun-gen vorzunehmen.
treuhänderische Verwaltung	(2) Ist die Übertragung nicht möglich oder verzichtet der Bund auf sie, so hat der Bürgschaftsnehmer diese Rechte und Ansprüche als Treuhänder des Bundes zu halten.

§ 12
Rechtsverfolgung nach Leistung der Entschädigung

Verpflichtung zur Rechtsverfolgung	(1) **Unbeschadet des Überganges der Rechte und Ansprüche gemäß § 11 hat der Bürgschaftsnehmer alle zur Einziehung der Forderungen und zur Verwertung von Sicherheiten geeigneten Maßnahmen durchzu-**

Beurteilungsspielraum des Bundes	**führen und hierbei etwaige Weisungen des Bundes zu befolgen;** als geeignete Maßnahme gilt auch die Führung eines Rechtsstreites. Von einer Weisung zur Führung eines Rechtsstreites kann abgesehen werden, wenn Gerichtsstand bzw. anwendbare Rechtsordnung keine hinreichende Beurteilung der Erfolgsaussichten des Rechtsstreites zulassen und der Bürgschaftsnehmer einen solchen Gerichtsstand bzw. die Anwendung einer solchen Rechtsordnung nicht abbedingen konnte oder wenn die voraussichtlichen Kosten des Rechtsstreites außer Verhältnis zu der Höhe der Forderung bzw. den Erfolgsaussichten von Vollstreckungsmaßnahmen stehen.
Kostenbeteiligung	(2) Erfolgen Rechtsverfolgungsmaßnahmen mit Zustimmung des Bundes, werden dadurch entstehende sachgemäße Aufwendungen zwischen dem Bund und dem Bürgschaftsnehmer im Verhältnis ihrer Beteiligung an den geltend gemachten Forderungen aufgeteilt. **Die zur Einziehung einer Forderung üblichen Kosten sowie einschließlich Protestkosten im gewöhnlichen Geschäftsbetrieb des Bürgschaftsnehmers entstandenen Kosten trägt der Bürgschaftsnehmer.**
Verzicht auf Rückflußbeteiligung	(3) Entläßt der Bund den Bürgschaftsnehmer auf dessen Antrag aus der Verpflichtung gemäß Absatz 1, so verliert der Bürgschaftsnehmer das Recht, an Rückflüssen nach Maßgabe seiner Selbstbeteiligung beteiligt zu werden.

§ 13
Pflichten des Bürgschaftsnehmers

Neben den sonstigen nach diesen Allgemeinen Bedingungen und den Bestimmungen der Fabrikationsrisikobürgschafts-Erklärung bestehenden Pflichten hat der Bürgschaftsnehmer die folgenden Pflichten zu beachten:

Wahrheitspflicht im Antragsverfahren	1. **Der Bürgschaftsnehmer hat im Zusammenhang mit der Beantragung einer Fabrikationsrisikobürgschaft alle für die Übernahme der Fabrikationsrisikobürgschaft erheblichen Umstände vollständig und richtig schriftlich anzuzeigen und unverzüglich zu berichtigen, wenn sich bis zum Zugang der Fabrikationsrisikobürgschafts-Erklärung gegenüber den bei Antragstellung erfolgten Angaben Änderungen oder Ergänzungen ergeben.** Durch Antragsformular oder in sonstiger Weise erfragte Angaben gelten im Zweifel als erheblich.
Verbot des Abweichens vom dokumentierten Sachverhalt	2. **Nach Übernahme der Fabrikationsrisikobürgschaft darf der Bürgschaftsnehmer Änderungen oder Ergänzungen, die sich auf den in der Fabrikationsrisikobürgschafts-Erklärung dargestellten Sachverhalt oder auf die mit dem Schuldner oder sonstigen Verpflichteten getroffenen Vereinbarungen beziehen, nicht ohne schriftliche Zustimmung des Bundes vornehmen,** es sei denn, die Änderungen oder Ergänzungen sind unerheblich; Nr. 1 Satz 2 gilt entsprechend.
Beachtung staatlicher Vorschriften	3. **Der Bürgschaftsnehmer darf die Fertigung nur durchführen, wenn die hierfür erforderlichen Genehmigungen vorliegen sowie die Ausfuhrvorschriften der Bundesrepublik Deutschland und die Einfuhrvorschriften des Bestimmungslandes die Versendung bzw. die Einfuhr der Ware zulassen.**
Meldepflicht bei Gefahrerhöhung	4. **Der Bürgschaftsnehmer hat ihm bekanntwerdende gefahrerhöhende Umstände unverzüglich schriftlich anzuzeigen und mitzuteilen, welche Maßnahmen er zur Sicherung seiner Ansprüche oder zur Schadensminderung beabsichtigt oder getroffen hat.** Als gefahrerhöhender Umstand gilt insbesondere, daß

   a) der Schuldner in Verzug gerät oder um Prolongation nachsucht;

b) die Vermögenslage, Zahlweise oder allgemeine Beurteilung des Schuldners oder Sicherheitengebers sich verschlechtert oder vom Schuldner die Rückgabe gelieferter Waren oder eine andere als die geschuldete Leistung angeboten wird;

c) gesetzgeberische oder behördliche Maßnahmen im Ausland oder sonstige politische Ereignisse Abnahme oder Versendung der Ware gefährdet erscheinen lassen.

Schadensverhütungs- und Schadensminderungs- pflichten

5. **Der Bürgschaftsnehmer hat alle zur Vermeidung eines Bürgschaftsfal- les oder Minderung des Ausfalls nach den Regeln der kaufmänni- schen Sorgfalt erforderlichen und geeigneten Maßnahmen zu ergrei- fen und hierbei etwaige Weisungen des Bundes zu befolgen. Hierbei entstehende Kosten trägt – soweit im Einzelfall nach diesen Allgemei- nen Bedingungen nichts anderes bestimmt ist – der Bürgschaftsneh- mer.**

Auskunftspflicht

6. Der Bürgschaftsnehmer hat dem Bund oder dessen Beauftragten über die Einzelheiten und den jeweiligen Abwicklungsstand der Fertigung sowie über sonstige Umstände, die für die Fabrikationsrisikobürgschaft von Bedeutung sein können, jederzeit Auskunft zu erteilen.

Prüfungsrechte des Bundes

7. Der Bund und seine Beauftragten sind berechtigt, jederzeit die Bücher und Unterlagen des Bürgschaftsnehmers, die für die Fabrikationsrisiko- bürgschaft von Bedeutung sein können, einzusehen und Abschriften von ihnen zu nehmen oder zu verlangen. Auf Verlangen des Bundes hat der Bürgschaftsnehmer Unterlagen in fremder Sprache auf seine Kosten über- setzen zu lassen.

8. Der Bürgschaftsnehmer hat eine Prüfung seiner Bücher und seines Betrie- bes, soweit dies für die Fabrikationsrisikobürgschaft von Bedeutung sein kann, durch den Bund, den Bundesrechnungshof oder einen von diesen bestimmten Beauftragten zuzulassen, damit festgestellt werden kann, ob eine Inanspruchnahme des Bundes in Frage kommt oder die Vorausset- zungen für eine solche vorliegen oder vorgelegen haben.

§ 14
Rechtsfolgen von Pflichtverletzungen

Haftungsbefreiung bei

– unwahren Angaben

(1) **Hat der Bürgschaftsnehmer die ihm nach § 13 Nr. 1 obliegende Pflicht verletzt, so ist der Bund von seiner Verpflichtung zur Entschädigung frei,** es sei denn, der Bund stellt fest, daß die die Pflichtverletzung begrün- dende Unvollständigkeit oder Unrichtigkeit auf seine Entscheidung über die Übernahme der Fabrikationsrisikobürgschaft keinen Einfluß gehabt hat. Eine Befreiung des Bundes von seiner Verpflichtung zur Entschädigung tritt nicht ein, soweit der Bürgschaftsnehmer die Unrichtigkeit oder Unvollstän- digkeit seiner Angaben weder kannte noch kennen mußte.

– fehlerhaften Sicherheiten

(2) **Sind in der Fabrikationsrisikobürgschafts-Erklärung aufgeführte Sicherheiten nicht oder nicht rechtswirksam bestellt worden, so ist der Bund von seiner Verpflichtung zur Entschädigung frei,** es sei denn, der Bund stellt fest, daß die fehlende oder mangelhafte Sicherheit auf seine Ent- scheidung über die Übernahme der Fabrikationsrisikobürgschaft keinen Einfluß gehabt hat.

– sonstigen Obliegen- heitsverletzungen unter dem Gesichtspunkt der – – Schadensursächlichkeit

(3) **Hat der Bürgschaftsnehmer unter Verstoß gegen die kaufmännische Sorgfalt eine ihm nach § 13 Nr. 2 – 8 obliegende Pflicht verletzt, ist der Bund von der Verpflichtung zur Entschädigung frei,** es sei denn, durch die Pflichtverletzung ist ein Schaden weder entstanden noch zu besorgen.

– – Wesentlichkeit

Unabhängig davon, ob ein Schaden entstanden oder zu besorgen ist, ist der Bund bei einer Pflichtverletzung nach § 13 Nr. 2 von der Verpflichtung zur Entschädigung auch dann frei, wenn er feststellt, daß er den Änderungen oder Ergänzungen nach den Grundsätzen, denen er in seiner Entscheidungspraxis folgt, nicht zugestimmt hätte.

– – Risikoerhöhung

Bei einer Pflichtverletzung nach § 13 Nr. 4 ist der Bund von der Verpflichtung zur Entschädigung auch dann frei, wenn die Unkenntnis meldepflichtiger Umstände für den Bund im Zusammenhang mit anderen Ausfuhrgewährleistungen eine Risikoerhöhung bewirkt oder ihn daran gehindert hat, Maßnahmen zur Risikominderung zu ergreifen.

(4) Der Bund kann die Befreiung von seiner Verpflichtung zur Entschädigung nach den Umständen des Einzelfalles, insbesondere unter Berücksichtigung der eingetretenen Risikos und der Schwere des Verstoßes, einschränken.

(5) Soweit für die Verletzung sonstiger dem Bürgschaftsnehmer nach diesen Allgemeinen Bedingungen und den Bestimmungen der Fabrikationsrisikobürgschafts-Erklärung obliegenden Pflichten keine gesonderten Rechtsfolgen gelten, finden die Absätze 1 – 4 entsprechende Anwendung.

(6) Aus dem Gesetz oder der Anwendung allgemeiner Rechtsgrundsätze sich ergebende Ansprüche und sonstige Rechte des Bundes werden durch die in diesen Allgemeinen Bedingungen und der Fabrikationsrisikobürgschafts-Erklärung enthaltenen Bestimmungen nicht berührt.

§ 15
Mitwirkendes Verschulden

Der Bund haftet nicht für Umstände und Gefahren, die der Bürgschaftsnehmer nach den Regeln einer gewissenhaften Geschäftsführung und kaufmännischen Sorgfalt zu vertreten hat.

§ 16
Entgelt

Entgeltpflicht

(1) Für die Übernahme der Fabrikationsrisikobürgschaft wird ein von Art und Umfang des gedeckten Risikos abhängiges Entgelt erhoben. Sofern nichts anderes bestimmt ist, wird das Entgelt mit der Aushändigung der Fabrikationsrisikobürgschafts-Erklärung fällig.

Verzugsfolgen

(2) **Wird das fällige Entgelt nicht innerhalb von 14 Tagen nach einer Mahnung entrichtet,** die den Hinweis auf diese Frist und auf die nachstehend genannten Rechtsfolgen enthält, so **ist der Bund**, wenn seit der Fälligkeit des Entgelts insgesamt mindestens 6 Wochen verstrichen sind,

– Haftungsbefreiung

a) **von der Haftung** für Bürgschaftsfälle **befreit,** die nach Fälligkeit, aber vor Zahlung des Entgelts eingetreten sind,

– Kündigungsrecht

b) außerdem **berechtigt,** die Fabrikationsrisikobürgschaft ohne Einhaltung einer weiteren Frist **zu kündigen,** solange das Entgelt nicht bezahlt ist.

Neuberechnung

(3) Ändert sich Inhalt oder Umfang des Ausfuhrvertrages, auf den sich die Fabrikationsrisikobürgschaft bezieht, und stimmt der Bund deshalb einer Änderung der Fabrikationsrisikobürgschaft zu, so erfolgt eine Neuberechnung des Entgelts, wenn sich diese Änderungen auf den Betrag der verbürgten Selbstkosten oder die Dauer des Risikos auswirken. Sofern kein Bürgschaftsfall eingetreten ist, werden sich aus der Neuberechnung ergebende Überzahlungen erstattet **abzüglich einer Verwaltungskostenpauschale in Höhe von 5 % der Überzahlung, höchstens jedoch von DM 5.000,–.**

Einbehalt einer
Verwaltungskosten-
pauschale

Verfall des Entgelts
bei Haftungsbefreiung

(4) **Ist der Bund** nach diesen Allgemeinen Bedingungen oder den Bestimmungen der Fabrikationsrisikobürgschafts-Erklärung **von der Verpflichtung zur Entschädigung frei, gebührt ihm gleichwohl das Entgelt,** soweit es fällig geworden ist, bevor der Bund von seiner Leistungsfreiheit Kenntnis erlangt hat.

§ 17
Abtretung der Ansprüche aus der Fabrikationsrisikobürgschaft

Die Abtretung der Ansprüche aus der Fabrikationsrisikobürgschaft bedarf der schriftlichen Zustimmung des Bundes. Stimmt der Bund der Abtretung zu, bleiben sämtliche Verpflichtungen des Bürgschaftsnehmers aus der Fabrikationsrisikobürgschaft dem Bund gegenüber unverändert bestehen.

§ 18
Ausschlußfrist

Ansprüche gegen den Bund aus der Fabrikationsrisikobürgschaft sind innerhalb einer Ausschlußfrist von 6 Monaten gerichtlich geltend zu machen, nachdem der Bund dem Bürgschaftsnehmer gegenüber die Ansprüche unter Hinweis auf diese Rechtsfolge schriftlich abgelehnt hat.

§ 19
Gerichtsstand

Für Streitigkeiten zwischen dem Bund und dem Bürgschaftsnehmer aus der Fabrikationsrisikobürgschaft sind die ordentlichen Gerichte in Hamburg zuständig.

Anhang 4.5: Allgemeine Bedingungen für Fabrikationsrisikogarantien

Begriffsbestimmung

Die Bundesrepublik Deutschland (Bund) übernimmt Ausfuhrgewährleistungen unter der Bezeichnung „**Fabrikationsrisikogarantien**" zur Absicherung von Fabrikationsrisiken deutscher Exporteure aus Ausfuhrverträgen über Lieferungen und Leistungen an private ausländische Schuldner.

Gewährleistungsvertrag

Die Allgemeinen Bedingungen für Fabrikationsrisikogarantien sind Bestandteil des Gewährleistungsvertrages, den der Bund nach Maßgabe der Richtlinien für die Übernahme von Ausfuhrgewährleistungen schließt, und gelten, soweit sie nicht im Gewährleistungsvertrag ausdrücklich abbedungen, ergänzt oder ersetzt sind.

HERMES
TREUARBEIT

Der Bund als Vertragspartner des Garantienehmers wird durch den Bundesminister für Wirtschaft (BMWi) vertreten. Der BMWi wird durch die HERMES Kreditversicherungs-AG (HERMES), Hamburg, und die TREUARBEIT Aktiengesellschaft Wirtschaftsprüfungsgesellschaft Steuerberatungsgesellschaft (TREUARBEIT), Hamburg, als Mandatare des Bundes vertreten. HERMES und TREUARBEIT sind vom Bund beauftragt und ermächtigt, alle den Abschluß und die Abwicklung des Gewährleistungsvertrages betreffenden Erklärungen, soweit sie nicht gemäß § 1 der Bundesschuldenverwaltung vorbehalten sind, namens und im Auftrag des Bundes abzugeben und entgegenzunehmen. Federführend ist HERMES.

§ 1
Formerfordernisse

Schriftform

Der Gewährleistungsvertrag kommt dadurch zustande, daß der Bund den Antrag des Garantienehmers auf Übernahme einer Fabrikationsrisikogarantie schriftlich und unter Bezugnahme auf diese Allgemeinen Bedingungen annimmt. Der Bund kann jedoch auf Zahlung erst in Anspruch genommen werden, wenn über die Fabrikationsrisikogarantie eine Urkunde (Fabrikationsrisikogarantie-Erklärung) erstellt, mit zwei Unterschriften der Bundesschuldenverwaltung versehen und dem Garantienehmer zugegangen ist. Entsprechendes gilt für Änderungen der Fabrikationsrisikogarantie, die Inhalt oder Umfang der Haftung des Bundes erweitern. Mündliche Nebenabreden haben keine Gültigkeit.

Urkunde der Bundes-
schuldenverwaltung

§ 2
Gegenstand der Fabrikationsrisikogarantie

Selbstkosten

(1) Gegenstand der Fabrikationsrisikogarantie sind unbeschadet § 7 Absatz 1 die **Selbstkosten** für die im Ausfuhrvertrag mit dem ausländischen Schuldner vereinbarten Lieferungen und Leistungen bis zur Höhe des Auftragswertes.

Definition der
Selbstkosten

(2) Selbstkosten im Sinne dieser Garantie sind die Einzel- und Gemeinkosten im Sinne der Leitsätze für die Preisermittlung aufgrund von Selbstkosten (LSP)*, die bei wirtschaftlicher Betriebsführung zur Durchführung des Ausfuhrvertrages erforderlich sind. Abweichend von den LSP werden für Fremdkapital und Ausfuhrfinanzierung entstandene Aufwendungen als Selbstkosten berücksichtigt, wenn und soweit sie dem Ausfuhrvertrag unmittelbar zugeordnet werden können. Bei kalkulatorischen Abschreibungen ist von den Anschaffungswerten auszugehen.

nicht deckungsfähige
Kostenarten

(3) Nicht unter die Garantie fallen:

1. der kalkulatorische Gewinn des Garantienehmers,

2. das vom Garantienehmer entrichtete Entgelt für die Garantie des Bundes,

---

Anlage zur Verordnung PR Nr. 30/53 über die Preise bei öffentlichen Aufträgen vom 21. November 1953 (Bundesanzeiger Nr. 244 vom 18. Dezember 1953) in der zuletzt durch Verordnung zur Änderung preisrechtlicher Vorschriften (Verordnung PR Nr. 1/86) vom 15. April 1986 (BGBl. I. S. 435) geänderten Fassung.

3. Aufwendungen, die nach dem anwendbaren Recht verboten sind.

Teildeckung

(4) Auf Antrag des Garantienehmers kann der Bund die Garantie auf die Selbstkosten für abgrenzbare, in sich geschlossene und selbständig anderweitig verwertbare Teile der im Ausfuhrvertrag vereinbarten Lieferungen und Leistungen beschränken.

§ 3
Haftungszeitraum

Haftungsbeginn

(1) Die Haftung aus der Fabrikationsrisikogarantie beginnt mit Inkrafttreten des Ausfuhrvertrages.

Haftungsende

(2) Die Haftung aus der Fabrikationsrisikogarantie endet mit Abnahme der Ware, spätestens mit Versand. Bei Teilabnahmen oder Teillieferungen endet sie für die diesen Teilabnahmen bzw. Teillieferungen zuzuordnenden Selbstkosten.

späteres Haftungsende bei Embargo

(3) Abweichend von Absatz 2 endet die Haftung des Bundes für die Garantiefälle gemäß § 4 Nr. 3 e mit der Erfüllung aller vertraglichen Liefer- und Leistungsverpflichtungen des Garantienehmers.

§ 4
Garantiefälle

Schadenstatbestände

Der Garantiefall tritt ein, wenn

– Weisung zum Abbruch

1. der Bund im Hinblick auf gefahrerhöhende Umstände eine Weisung erteilt, in deren Ausführung der Garantienehmer Fertigstellung oder Versand der Ware endgültig abbricht bzw. endgültig unterläßt oder länger als 6 Monate unterbricht bzw. zurückstellt;

– Ausbleiben einer Weisung zur Wiederaufnahme

2. der Garantienehmer ohne Weisung gemäß Nr. 1 im Hinblick auf gefahrerhöhende Umstände Fertigstellung oder Versand der Ware unterbricht bzw. zurückstellt und der Bund eine Fortsetzung der Fertigung bzw. den Versand der Ware nicht innerhalb von 6 Monaten seit dem Zeitpunkt anordnet, in dem der Garantienehmer den Bund von der Unterbrechung der Fertigung bzw. dem Zurückstellen der Versendung unterrichtet hat;

– politische Umstände im Ausland

3. a) die Versendung der fertiggestellten Ware in der vertraglich vorgesehenen oder einer anderen dem Garantienehmer zumutbaren Weise endgültig oder länger als 6 Monate durch

gesetzgeberische oder behördliche Maßnahmen im Ausland

oder

kriegerische Ereignisse, Aufruhr oder Revolution im Ausland

gehindert ist;

– Insolvenz des Schuldners

b) die Durchführung des Vertrages unmöglich oder unzumutbar ist, weil mit Bezug auf das Vermögen des ausländischen Schuldners oder dessen Nachlaß

aa) ein Konkursverfahren eröffnet oder mangels Masse abgelehnt worden ist;

bb) ein amtliches Vergleichsverfahren oder ein anderes amtliches Verfahren, das zum Ausschluß der Einzelzwangsvollstreckung führt, eröffnet worden ist;

258

cc) ein außeramtlicher Vergleich (Stundungs-, Quoten- oder Liquidationsvergleich) abgeschlossen worden ist, dem alle oder eine Gruppe untereinander vergleichbarer Gläubiger einschließlich des Garantienehmers zugestimmt haben;

dd) die wirtschaftlichen Verhältnisse nachweislich so ungünstig sind, daß der ausländische Schuldner seine Zahlungen ganz oder in wesentlichem Umfang eingestellt hat;

– Lossagung vom Vertrag

c) dem Garantienehmer die Fortsetzung der Fertigung bzw. der Versand der Ware deshalb nicht zuzumuten ist, weil der ausländische Schuldner sich endgültig vom Vertrag losgesagt oder sonst in schwerwiegender Weise gegen seine Vertragspflichten verstoßen hat und deshalb mit einer Durchführung des Vertrages nicht mehr gerechnet werden kann;

– Nichtzahlung von Stornierungskosten

d) der ausländische Schuldner den Vertrag kündigt und aus der Kündigung entstandene gesetzliche oder vertragliche Ansprüche des Garantienehmers innerhalb von 6 Monaten nach ihrer Fälligkeit nicht erfüllt werden;

– Embargo nach dem AWG

e) die Durchführung des Vertrages dadurch unmöglich wird, daß aufgrund einer gemäß § 27 in Verbindung mit §§ 2 und 7 des Außenwirtschaftsgesetzes (AWG) vom 28. 04. 1961 nach Beginn der Haftung erlassenen Rechtsverordnung

aa) eine ohne Widerrufsvorbehalt erteilte Ausfuhrgenehmigung ohne Verschulden des Garantienehmers widerrufen oder zurückgenommen wird oder

bb) eine befristete ohne Widerrufsvorbehalt erteilte Ausfuhrgenehmigung ohne Verschulden des Garantienehmers nicht verlängert wird oder

cc) ein Verbot oder eine Beschränkung der Ausfuhr der Ware bzw. der Erbringung der Leistung eingeführt und aus diesem Grund eine Ausfuhrgenehmigung ohne Verschulden des Garantienehmers versagt wird;

– Embargomaßnahmen eines Zuliefer- oder Transitlandes

f) die Durchführung des Ausfuhrvertrages dadurch unmöglich oder unzumutbar wird, daß nach Beginn der Haftung mit Bezug auf die Ausfuhr von Lieferungen und Leistungen aus Drittländern, die nach der Fabrikationsrisikogarantie-Erklärung vorgesehen und anderweitig nicht ersetzbar sind, gesetzgeberische oder behördliche Beschränkungen im Ausland ergehen, die den in Buchstabe e genannten Maßnahmen entsprechen.

§ 5
Voraussetzung der Entschädigung

(1) **Voraussetzung für die Entschädigung garantierter Selbstkosten ist die Wirksamkeit des Ausfuhrvertrages.**

Beweislast

(2) **Der Garantienehmer hat die Wirksamkeit des Ausfuhrvertrages und den Bestand der in der Fabrikationsrisikogarantie-Erklärung aufgeführten Sicherheiten sowie Grund und Höhe des Schadens auf seine Kosten nachzuweisen. Dabei hat er auf Verlangen des Bundes zur Feststellung der Höhe des Schadens einen von diesem bestimmten Wirtschaftsprüfer oder Sachverständigen zu beauftragen.**

Einreden oder Einwendungen gegen Ausfuhrvertrag oder Sicherheiten	Wird die Wirksamkeit des Ausfuhrvertrages oder der Bestand der in der Fabrikationsrisikogarantie-Erklärung aufgeführten Sicherheiten bestritten oder werden dagegen Einreden oder Einwendungen erhoben, kann der Bund den Entschädigungsantrag zurückweisen, bis der Garantienehmer – erforderlichenfalls durch Entscheidung des im Verhältnis zwischen ihm und seinem ausländischen Schuldner oder Sicherheitengeber zuständigen Gerichts oder Schiedsgerichts – die Wirksamkeit des Ausfuhrvertrages und der in der Fabrikationsrisikogarantie-Erklärung aufgeführten Sicherheiten nachgewiesen hat; **die Risiken des anwendbaren Rechts und des Gerichtsstands trägt dabei der Garantienehmer.**
Risiken des anwendbaren Rechts	

Verantwortung für Rechtsmängel

keine Prüfung von Unterlagen außerhalb der Schadensprüfung

(3) **Die Verantwortung für die Wirksamkeit des Ausfuhrvertrages und dafür bestellter Sicherheiten trägt im Verhältnis zum Bund ausschließlich der Garantienehmer.** Der Bund wird Verträge und sonstige Unterlagen erst im Entschädigungsverfahren prüfen. Der Garantienehmer kann sich nicht darauf berufen, daß der Bund den Inhalt solcher Verträge oder Unterlagen oder Teile derselben vorher, insbesondere bei Übernahme der Fabrikationsrisikogarantie, gekannt habe oder hätte kennen müssen.

§ 6
Selbstbeteiligung

Regelsatz

(1) Der Garantienehmer ist an jedem Schaden selbst beteiligt. Sofern in der Fabrikationsrisikogarantie-Erklärung nichts anderes festgelegt ist, beträgt die Selbstbeteiligung 10 %.

Verbot der anderweitigen Absicherung

(2) **Der Garantienehmer darf das Risiko aus der Selbstbeteiligung nicht anderweitig absichern;** dies gilt nicht für die Weitergabe des Risikos aus der Selbstbeteiligung an Unterlieferanten des Garantienehmers.

§ 7
Berechnung und Auszahlung der Entschädigung

Ausgangswert

(1) **Grundlage für die Berechnung der Entschädigung sind die garantierten und bis zum Eintritt des Garantiefalles entstandenen Selbstkosten.**

Abzug von

(2) Von den nach Absatz 1 entschädigungsfähigen Selbstkosten sind vorbehaltlich Absatz 3 folgende dem Garantienehmer entstandene Vermögensvorteile abzuziehen:

– Zahlungen

1. alle Zahlungen und sonstigen Leistungen des ausländischen Schuldners sowie von Garanten, Bürgen und Dritten, soweit diese Zahlungen und sonstigen Leistungen im Zusammenhang mit dem Ausfuhrvertrag, auf den sich die Garantie bezieht, geleistet wurden und nicht als Bezahlung bereits erbrachter Lieferungen und Leistungen oder als Bezahlung von Aufwendungen im Bestellerland anzusehen sind;

– sonstigen Vermögensvorteilen

2. sonstige Vermögensvorteile, die der Garantienehmer im Zusammenhang mit dem Ausfuhrvertrag, auf den sich die Garantie bezieht, erlangt hat, soweit diese Vermögensvorteile nicht durch die Verwertung solcher Waren und Leistungen entstanden sind, deren Selbstkosten nicht in die Garantie einbezogen sind;

– Verwertungserlösen

3. Erlöse aus der anderweitigen Verwertung von Waren und Leistungen, deren Selbstkosten in die Garantie einbezogen sind.

sachgemäße Aufwendungen

(3) Die nach Absatz 2 von den entschädigungsfähigen Selbstkosten abzuziehenden Vermögensvorteile werden um die sachgemäßen Aufwendungen gekürzt, die der Garantienehmer zur Erlangung dieser Vermögensvorteile gemacht hat. Dabei bleiben die für Verwertungsmaßnahmen und zur Einziehung einer Forderung üblichen Kosten einschließlich Protestkosten sowie die im gewöhnlichen Geschäftsbetrieb des Garantienehmers entstandenen Kosten außer Betracht.

Abzug der
Selbstbeteiligung

(4) Der sich nach Absatz 1 – 3 ergebende Betrag (entschädigte Selbstkosten) ist um die Selbstbeteiligung des Garantienehmers zu kürzen.

Fristen für
Schadensbearbeitung

(5) Nach Einreichung aller für die Feststellung des Entschädigungsanspruches erforderlichen Unterlagen stellt der Bund die Schadensberechnung innerhalb von 2 Monaten auf. Der sich aus der Schadensberechnung ergebende Betrag wird innerhalb eines Monats nach Bekanntgabe der Schadensberechnung an den Garantienehmer insoweit ausgezahlt, als der Garantienehmer die Schadensberechnung anerkannt hat.

Abschlagszahlung

(6) Ist die Schadensberechnung infolge eines Umstandes, den der Garantienehmer nicht zu vertreten hat, nicht innerhalb von 2 Monaten möglich, kann dem Garantienehmer auf Antrag insoweit eine Abschlagszahlung auf die zu erwartende Entschädigung gewährt werden, als diese in ihrem Mindestumfang bereits vor Abschluß der Schadensberechnung feststeht.

§ 8
Rückflüsse

Reihenfolge der
Zuordnung

(1) Vermögensvorteile im Sinne von § 7 Absatz 2, die der Garantienehmer erst nach Leistung der Entschädigung erlangt und die deshalb bei der Schadensberechnung nicht berücksichtigt wurden (Rückflüsse), sind in der folgenden Reihenfolge zu verwenden:

– Aufwendungen

1. zum Ausgleich sachgemäßer Aufwendungen im Sinne von § 7 Absatz 3 im Verhältnis der vom Bund erstatteten zu den nicht erstatteten Aufwendungen;

– Selbstkosten

2. zum Ausgleich der **entschädigten** Selbstkosten im Verhältnis der Entschädigungsleistung zur Selbstbeteiligung;

– Refinanzierungs-
kosten des Bundes

3. zum Ausgleich der vom Eintritt des Garantiefalles bis zum Eingang des Rückflusses in Höhe der jeweiligen Refinanzierungskosten des Bundes auf die entschädigten Selbstkosten zu berechnenden Zinsbelastung im Verhältnis der auf den Bund und den Garantienehmer entfallenden Anteile.

Mitteilungs- und
Abführungspflicht

(2) **Der Garantienehmer hat dem Bund jeden Eingang von Rückflüssen unverzüglich anzuzeigen. Die dem Bund zustehenden Beträge hat der Garantienehmer unverzüglich an den Bund abzuführen.**

§ 9
Rückzahlung der Entschädigung

Mitteilungspflicht
über Einreden oder
Einwendungen gegen den
Ausfuhrvertrag oder
Sicherheiten

(1) **Wird die Wirksamkeit des Ausfuhrvertrages oder der Bestand der in der Fabrikationsrisikogarantie-Erklärung aufgeführten Sicherheiten bestritten oder werden dagegen Einreden oder Einwendungen erhoben, hat der Garantienehmer dies im Entschädigungsverfahren unverzüglich mitzuteilen.** Verletzt der Garantienehmer diese Pflicht, kann der Bund die geleistete Entschädigung insoweit zurückfordern, als er bei Kenntnis der Sachlage den Entschädigungsantrag zurückgewiesen hätte.

261

Rückforderung bei Wegfall
der Entschädigungs-
voraussetzungen

(2) Stellt sich nach Leistung der Entschädigung heraus, daß der Ausfuhrvertrag nicht wirksam ist oder der entschädigte Ausfall des Garantienehmers nicht oder nicht in voller Höhe besteht, oder ergibt sich nach Leistung der Entschädigung, daß der Bund aus sonstigen Gründen nicht zur Entschädigung verpflichtet war, kann der Bund die geleistete Entschädigung einschließlich erstatteter Kosten insoweit zurückfordern.

Rückforderung bei
nachträglicher
Leistungsfreiheit

(3) Wird der Bund infolge eines Umstandes, der erst nach Leistung der Entschädigung eingetreten ist, von der Verpflichtung zur Entschädigung frei oder verletzt der Garantienehmer die ihn nach § 12 Absatz 1 treffenden Pflichten, so ist der Bund berechtigt, die geleistete Entschädigung einschließlich erstatteter Kosten insoweit zurückzufordern.

Verzinsungspflicht
bei Rückforderung

(4) **Soweit dem Bund ein Rückzahlungsanspruch zusteht, hat der Garantienehmer** in den Fällen der Absätze 1 und 2 **den zurückzuzahlenden Betrag** vom Zeitpunkt der Leistung der Entschädigung, im Falle des Absatzes 3 vom Zeitpunkt des Wegfalls der Entschädigungsverpflichtung an mit dem Zinssatz **zu verzinsen,** der den Kosten der Kreditaufnahme des Bundes ab diesem Zeitpunkt entspricht. Mit Erfüllung des Rückzahlungsanspruchs fallen gemäß § 11 Absatz 1 auf den Bund übergegangene Ansprüche und sonstige Rechte insoweit an den Garantienehmer zurück.

weitergehende Ansprüche

(5) Weitergehende, nach gesetzlichen Regelungen oder allgemeinen Rechtsgrundsätzen bestehende Ansprüche des Bundes werden hierdurch nicht berührt.

§ 10
Anderweitige Verwertung nach Eintritt des Garantiefalles

Weisungsrecht des
Bundes

(1) Der Bund kann eine anderweitige Verwertung von Waren und Leistungen, deren Selbstkosten in die Garantie einbezogen sind, verlangen. **Der Garantienehmer darf eine anderweitige Verwertung nur im Einvernehmen mit dem Bund vornehmen. Er hat dabei Weisungen des Bundes zu beachten.**

Verwertung gedeckter
und ungedeckter Teile

(2) Die gemeinsame anderweitige Verwertung von Waren und Leistungen, deren Selbstkosten in die Garantie einbezogen sind, zusammen mit Waren und Leistungen, deren Selbstkosten nicht garantiert sind, bedarf der vorherigen Vereinbarung zwischen Bund und Garantienehmer über die Verteilung des Verwertungserlöses.

sachgemäße Aufwendungen

(3) **Maßnahmen zur Erhaltung oder Verbesserung der Verwertungsmöglichkeit** in bezug auf die Waren und Leistungen, deren Selbstkosten in die Garantie einbezogen sind, insbesondere die Fertigstellung der in Fertigung befindlichen Waren oder die Einlagerung bereits gefertigter Waren, **bedürfen der vorherigen Vereinbarung zwischen Bund und Garantienehmer** über die Höhe und Verteilung der dadurch entstehenden Kosten. Für die Anwendung des § 8 Absatz 1 Nr. 1 werden diese Kosten den sachgemäßen Aufwendungen gleichgestellt.

§ 11
Übergang von Rechten und Ansprüchen

Forderungsübergang

(1) Mit Leistung der Entschädigung gehen Ansprüche des Garantienehmers auf Vermögensvorteile im Sinne des § 7 Absatz 2 einschließlich der hierfür bestehenden Sicherheiten insoweit auf den Bund über, als ihm diese Vermögensvorteile im Falle eines Rückflusses gemäß § 8 zustehen. Der Garantienehmer hat auf Verlangen des Bundes die zum Übergang der Ansprüche und sonstigen Rechte etwa erforderlichen Rechtshandlungen vorzunehmen.

262

(2) Ist die Übertragung nicht möglich oder verzichtet der Bund auf sie, so hat der Garantienehmer diese Rechte und Ansprüche als Treuhänder des Bundes zu halten.

§ 12
Rechtsverfolgung nach Leistung der Entschädigung

Verpflichtung zur
Rechtsverfolgung

(1) **Unbeschadet des Überganges der Rechte und Ansprüche gemäß § 11 hat der Garantienehmer alle zur Einziehung der Forderungen und zur Verwertung von Sicherheiten geeigneten Maßnahmen durchzuführen und hierbei etwaige Weisungen des Bundes zu befolgen;** als geeignete

Beurteilungsspielraum
des Bundes

Maßnahme gilt auch die Führung eines Rechtsstreites. Von einer Weisung zur Führung eines Rechtsstreites kann abgesehen werden, wenn Gerichtsstand bzw. anwendbare Rechtsordnung keine hinreichende Beurteilung der Erfolgsaussichten des Rechtsstreites zulassen und der Garantienehmer einen solchen Gerichtsstand bzw. die Anwendung einer solchen Rechtsordnung nicht abbedingen konnte oder wenn die voraussichtlichen Kosten des Rechtsstreites außer Verhältnis zu der Höhe der Forderung bzw. den Erfolgsaussichten von Vollstreckungsmaßnahmen stehen.

Kostenbeteiligung

(2) Erfolgen Rechtsverfolgungsmaßnahmen mit Zustimmung des Bundes, werden dadurch entstehende sachgemäße Aufwendungen zwischen dem Bund und dem Garantienehmer im Verhältnis ihrer Beteiligung an den geltend gemachten Forderungen aufgeteilt. **Die zur Einziehung einer Forderung üblichen Kosten einschließlich Protestkosten sowie die im gewöhnlichen Geschäftsbetrieb des Garantienehmers entstandenen Kosten trägt der Garantienehmer.**

Verzicht auf
Rückflußbeteiligung

(3) Entläßt der Bund den Garantienehmer auf dessen Antrag aus der Verpflichtung gemäß Absatz 1, so verliert der Garantienehmer das Recht, an Rückflüssen nach Maßgabe seiner Selbstbeteiligung beteiligt zu werden.

§ 13
Pflichten des Garantienehmers

Neben den sonstigen nach diesen Allgemeinen Bedingungen und den Bestimmungen der Fabrikationsrisikogarantie-Erklärung bestehenden Pflichten hat der Garantienehmer die folgenden Pflichten zu beachten:

Wahrheitspflicht im
Antragsverfahren

1. **Der Garantienehmer hat im Zusammenhang mit der Beantragung einer Fabrikationsrisikogarantie alle für die Übernahme der Fabrikationsrisikogarantie erheblichen Umstände vollständig und richtig schriftlich anzuzeigen und unverzüglich zu berichtigen, wenn sich bis zum Zugang der Fabrikationsrisikogarantie-Erklärung gegenüber den bei Antragstellung erfolgten Angaben Änderungen oder Ergänzungen ergeben.** Durch Antragsformular oder in sonstiger Weise erfragte Angaben gelten im Zweifel als erheblich.

Verbot des Abweichens
vom dokumentierten
Sachverhalt

2. **Nach Übernahme der Fabrikationsrisikogarantie darf der Garantienehmer Änderungen oder Ergänzungen, die sich auf den in der Fabrikationsrisikogarantie-Erklärung dargestellten Sachverhalt oder auf die mit dem Schuldner oder sonstigen Verpflichteten getroffenen Vereinbarungen beziehen, nicht ohne schriftliche Zustimmung des Bundes vornehmen,** es sei denn, die Änderungen oder Ergänzungen sind unerheblich; Nr. 1 Satz 2 gilt entsprechend.

Beachtung staatlicher
Vorschriften

3. **Der Garantienehmer darf die Fertigung nur durchführen, wenn die hierfür erforderlichen Genehmigungen vorliegen sowie die Ausfuhrvorschriften der Bundesrepublik Deutschland und die Einfuhrvorschriften des Bestimmungslandes die Versendung bzw. die Einfuhr der Ware zulassen.**

Meldepflicht bei Gefahrerhöhung	4. **Der Garantienehmer hat ihm bekanntwerdende gefahrerhöhende Umstände unverzüglich schriftlich anzuzeigen und mitzuteilen, welche Maßnahmen er zur Sicherung seiner Ansprüche oder zur Schadensminderung beabsichtigt oder getroffen hat.** Als gefahrerhöhender Umstand gilt insbesondere, daß

    a) der Schuldner in Verzug gerät oder um Prolongation nachsucht;

    b) die Vermögenslage, Zahlweise oder allgemeine Beurteilung des Schuldners oder Sicherheitengebers sich verschlechtert oder vom Schuldner die Rückgabe gelieferter Waren oder eine andere als die geschuldete Leistung angeboten wird;

    c) gesetzgeberische oder behördliche Maßnahmen im Ausland oder sonstige politische Ereignisse Abnahme oder Versendung der Ware gefährdet erscheinen lassen.

Schadensverhütungs- und Schadensminderungs- pflichten	5. **Der Garantienehmer hat alle zur Vermeidung eines Garantiefalles oder Minderung des Ausfalls nach den Regeln der kaufmännischen Sorgfalt erforderlichen und geeigneten Maßnahmen zu ergreifen und hierbei etwaige Weisungen des Bundes zu befolgen. Hierbei entstehende Kosten trägt – soweit im Einzelfall nach diesen Allgemeinen Bedingungen nichts anderes bestimmt ist – der Garantienehmer.**
Auskunftspflicht	6. Der Garantienehmer hat dem Bund oder dessen Beauftragten über die Einzelheiten und den jeweiligen Abwicklungsstand der Fertigung sowie über sonstige Umstände, die für die Fabrikationsrisikogarantie von Bedeutung sein können, jederzeit Auskunft zu erteilen.
Prüfungsrechte des Bundes	7. Der Bund und seine Beauftragten sind berechtigt, jederzeit die Bücher und Unterlagen des Garantienehmers, die für die Fabrikationsrisikogarantie von Bedeutung sein können, einzusehen und Abschriften von ihnen zu nehmen oder zu verlangen. Auf Verlangen des Bundes hat der Garantienehmer Unterlagen in fremder Sprache auf seine Kosten übersetzen zu lassen.

    8. Der Garantienehmer hat eine Prüfung seiner Bücher und seines Betriebes, soweit dies für die Fabrikationsrisikogarantie von Bedeutung sein kann, durch den Bund, den Bundesrechnungshof oder einen von diesen bestimmten Beauftragten zuzulassen, damit festgestellt werden kann, ob eine Inanspruchnahme des Bundes in Frage kommt oder die Voraussetzungen für eine solche vorliegen oder vorgelegen haben.

§ 14
Rechtsfolgen von Pflichtverletzungen

Haftungsbefreiung bei – unwahren Angaben	(1) **Hat der Garantienehmer die ihm nach § 13 Nr. 1 obliegende Pflicht verletzt, so ist der Bund von seiner Verpflichtung zur Entschädigung frei,** es sei denn, der Bund stellt fest, daß die die Pflichtverletzung begründende Unvollständigkeit oder Unrichtigkeit auf seine Entscheidung über die Übernahme der Fabrikationsrisikogarantie keinen Einfluß gehabt hat. Eine Befreiung des Bundes von seiner Verpflichtung zur Entschädigung tritt nicht ein, soweit der Garantienehmer die Unrichtigkeit oder Unvollständigkeit seiner Angaben weder kannte noch kennen mußte.
– fehlerhaften Sicherheiten	(2) **Sind in der Fabrikationsrisikogarantie-Erklärung aufgeführte Sicherheiten nicht oder nicht rechtswirksam bestellt worden, so ist der Bund von seiner Verpflichtung zur Entschädigung frei,** es sei denn, der Bund stellt fest, daß die fehlende oder mangelhafte Sicherheit auf seine Entscheidung über die Übernahme der Fabrikationsrisikogarantie keinen Einfluß gehabt hat.

– sonstigen Obliegen- heitsverletzungen unter dem Gesichtspunkt der – – Schadensursächlichkeit	(3) **Hat der Garantienehmer unter Verstoß gegen die kaufmännische Sorgfalt eine ihm nach § 13 Nr. 2 – 8 obliegende Pflicht verletzt, ist der Bund von der Verpflichtung zur Entschädigung frei,** es sei denn, durch die Pflichtverletzung ist ein Schaden weder entstanden noch zu besorgen.
– – Wesentlichkeit	Unabhängig davon, ob ein Schaden entstanden oder zu besorgen ist, ist der Bund bei einer Pflichtverletzung nach § 13 Nr. 2 von der Verpflichtung zur Entschädigung auch dann frei, wenn er feststellt, daß er den Änderungen oder Ergänzungen nach den Grundsätzen, denen er in seiner Entscheidungspraxis folgt, nicht zugestimmt hätte.
– – Risikoerhöhung	Bei einer Pflichtverletzung nach § 13 Nr. 4 ist der Bund von der Verpflichtung zur Entschädigung auch dann frei, wenn die Unkenntnis meldepflichtiger Umstände für den Bund im Zusammenhang mit anderen Ausfuhrgewährleistungen eine Risikoerhöhung bewirkt oder ihn daran gehindert hat, Maßnahmen zur Risikominderung zu ergreifen.

(4) Der Bund kann die Befreiung von seiner Verpflichtung zur Entschädigung nach den Umständen des Einzelfalles, insbesondere unter Berücksichtigung des eingetretenen Risikos und der Schwere des Verstoßes, einschränken.

(5) Soweit für die Verletzung sonstiger dem Garantienehmer nach diesen Allgemeinen Bedingungen und den Bestimmungen der Fabrikationsrisikogarantie-Erklärung obliegenden Pflichten keine gesonderten Rechtsfolgen gelten, finden die Absätze 1 – 4 entsprechende Anwendung.

(6) Aus dem Gesetz oder der Anwendung allgemeiner Rechtsgrundsätze sich ergebende Ansprüche und sonstige Rechte des Bundes werden durch die in diesen Allgemeinen Bedingungen und der Fabrikationsrisikogarantie-Erklärung enthaltenen Bestimmungen nicht berührt.

§ 15
Mitwirkendes Verschulden

Der Bund haftet nicht für Umstände und Gefahren, die der Garantienehmer nach den Regeln einer gewissenhaften Geschäftsführung und kaufmännischen Sorgfalt zu vertreten hat.

§ 16
Entgelt

Entgeltpflicht	(1) Für die Übernahme der Fabrikationsrisikogarantie wird ein von Art und Umfang des gedeckten Risikos abhängiges Entgelt erhoben. Sofern nichts anderes bestimmt ist, wird das Entgelt mit der Aushändigung der Fabrikationsrisikogarantie-Erklärung fällig.
Verzugsfolgen	(2) **Wird das fällige Entgelt nicht innerhalb von 14 Tagen nach einer Mahnung entrichtet,** die den Hinweis auf diese Frist und auf die nachstehend genannten Rechtsfolgen enthält, so **ist der Bund,** wenn seit der Fälligkeit des Entgelts insgesamt mindestens 6 Wochen verstrichen sind,
– Haftungsbefreiung	a) **von der Haftung** für Garantiefälle **befreit,** die nach Fälligkeit, aber vor Zahlung des Entgelts eingetreten sind,
– Kündigungsrecht	b) außerdem **berechtigt,** die Fabrikationsrisikogarantie ohne Einhaltung einer weiteren Frist **zu kündigen,** solange das Entgelt nicht bezahlt ist.

(3) Ändert sich Inhalt oder Umfang des Ausfuhrvertrages, auf den sich die Fabrikationsrisikogarantie bezieht, und stimmt der Bund deshalb einer Änderung der Fabrikationsrisikogarantie zu, so erfolgt eine Neuberechnung des Entgelts, wenn sich diese Änderungen auf den Betrag der garantierten Selbstkosten oder die Dauer des Risikos auswirken. Sofern kein Garantiefall eingetreten ist, werden sich aus der Neuberechnung ergebende Überzahlungen erstattet **abzüglich einer Verwaltungskostenpauschale in Höhe von 5% der Überzahlung, höchstens jedoch von DM 5.000,–.**

(4) **Ist der Bund** nach diesen Allgemeinen Bedingungen oder den Bestimmungen der Fabrikationsrisikogarantie-Erklärung **von der Verpflichtung zur Entschädigung frei, gebührt ihm gleichwohl das Entgelt,** soweit es fällig geworden ist, bevor der Bund von seiner Leistungsfreiheit Kenntnis erlangt hat.

§ 17
Abtretung der Ansprüche aus der Fabrikationsrisikogarantie

Die Abtretung der Ansprüche aus der Fabrikationsrisikogarantie bedarf der schriftlichen Zustimmung des Bundes. Stimmt der Bund der Abtretung zu, bleiben sämtliche Verpflichtungen des Garantienehmers aus der Fabrikationsrisikogarantie dem Bund gegenüber unverändert bestehen.

§ 18
Ausschlußfrist

Ansprüche gegen den Bund aus der Fabrikationsrisikogarantie sind innerhalb einer Ausschlußfrist von 6 Monaten gerichtlich geltend zu machen, nachdem der Bund dem Garantienehmer gegenüber die Ansprüche unter Hinweis auf diese Rechtsfolge schriftlich abgelehnt hat.

§ 19
Gerichtsstand

Für Streitigkeiten zwischen dem Bund und dem Garantienehmer aus der Fabrikationsrisikogarantie sind die ordentlichen Gerichte in Hamburg zuständig.

Anhang 4.6: Allgemeine Bedingungen für Bürgschaften für gebundene Finanzkredite

Begriffsbestimmung

Die Bundesrepublik Deutschland (Bund) übernimmt Ausfuhrgewährleistungen unter der Bezeichnung **„Finanzkreditbürgschaften"** für Geldforderungen deutscher Kreditinstitute aus Kreditverträgen, die an Ausfuhrgeschäfte deutscher Exporteure gebunden sind (gebundene Finanzkredite), wenn der ausländische Vertragspartner des deutschen Kreditinstituts oder ein für das Forderungsrisiko voll haftender Garant ein Staat, eine Gebietskörperschaft oder eine vergleichbare Institution ist.

Gewährleistungsvertrag

Die Allgemeinen Bedingungen für Finanzkreditbürgschaften sind Bestandteil des Gewährleistungsvertrages, den der Bund nach Maßgabe der Richtlinien für die Übernahme von Ausfuhrgewährleistungen schließt, und gelten, soweit sie nicht im Gewährleistungsvertrag ausdrücklich abbedungen, ergänzt oder ersetzt sind.

HERMES
TREUARBEIT

Der Bund als Vertragspartner des Bürgschaftsnehmers wird durch den Bundesminister für Wirtschaft (BMWi) vertreten. Der BMWi wird durch die HERMES Kreditversicherungs-AG (HERMES), Hamburg, und die TREUARBEIT Aktiengesellschaft Wirtschaftsprüfungsgesellschaft Steuerberatungsgesellschaft (TREUARBEIT), Hamburg, als Mandatare des Bundes vertreten. HERMES und TREUARBEIT sind vom Bund beauftragt und ermächtigt, alle den Abschluß und die Abwicklung des Gewährleistungsvertrages betreffenden Erklärungen, soweit sie nicht gemäß § 1 der Bundesschuldenverwaltung vorbehalten sind, namens und im Auftrag des Bundes abzugeben und entgegenzunehmen. Federführend ist HERMES.

§ 1
Formerfordernisse

Schriftform

Der Gewährleistungsvertrag kommt dadurch zustande, daß der Bund den Antrag des Bürgschaftsnehmers auf Übernahme einer Finanzkreditbürgschaft schriftlich und unter Bezugnahme auf diese Allgemeinen Bedingungen annimmt. Der Bund kann jedoch auf Zahlung erst in Anspruch genommen werden, wenn über die Finanzkreditbürgschaft eine Urkunde (Finanzkreditbürgschafts-Erklärung) erstellt, mit zwei Unterschriften der Bundesschuldenverwaltung versehen und dem Bürgschaftsnehmer zugegangen ist. Entsprechendes gilt für Änderungen der Finanzkreditbürgschaft, die Inhalt oder Umfang der Haftung des Bundes erweitern. Mündliche Nebenabreden haben keine Gültigkeit.

Urkunde der Bundes-schuldenverwaltung

§ 2
Gegenstand der Finanzkreditbürgschaft

Darlehensforderung

(1) Gegenstand der Finanzkreditbürgschaft ist die im Kreditvertrag zwischen Bürgschaftsnehmer und ausländischem Schuldner vereinbarte und in der Finanzkreditbürgschafts-Erklärung bezeichnete Geldforderung auf Rückzahlung des an den deutschen Exporteur ausgezahlten Kreditbetrages (verbürgte Forderung).

Zinsen und Neben-forderungen

(2) Die verbürgte Forderung umfaßt ferner die im Kreditvertrag vereinbarten und in der Finanzkreditbürgschafts-Erklärung bezeichnete Kreditzinsen und Finanzierungsnebenkosten bis zur Fälligkeit der Hauptforderung. **Schadensersatzforderungen und sonstige Nebenforderungen**, z. B. auf Verzugszinsen, Vertragsstrafen oder Reugeld, **sind auch dann nicht verbürgt, wenn sie in dem Vertrag zwischen Bürgschaftsnehmer und ausländischem Schuldner ausdrücklich vorgesehen sind.**

§ 3
Haftungszeitraum

(1) Die Haftung aus der Finanzkreditbürgschaft beginnt, sobald und soweit der Kreditbetrag ausgezahlt ist. Sie endet, sobald und soweit die verbürgte Forderung erfüllt ist.

Verlust der Ansprüche
bei Fristversäumnis

(2) **Hat der Bürgschaftsnehmer innerhalb von 2 Jahren nach jeweiliger dem Bund mitgeteilter Fälligkeit der verbürgten Forderung keinen Entschädigungsantrag gestellt, gilt die verbürgte Forderung insoweit als erfüllt.** Auf Antrag des Bürgschaftsnehmers kann der Bund jedoch das Ruhen des Entschädigungsverfahrens anordnen mit der Folge, daß sich die vorgenannte Frist von 2 Jahren entsprechend verlängert; der Antrag auf Ruhen des Entschädigungsverfahrens kann zugleich mit dem Entschädigungsantrag gestellt werden. Sobald und soweit die verbürgte Forderung erfüllt ist oder nach Satz 1 als erfüllt gilt, verliert die Finanzkreditbürgschafts-Erklärung ihre Gültigkeit.

§ 4
Bürgschaftsfälle

Uneinbringlichkeit

(1) Der Bürgschaftsfall tritt ein, wenn und soweit die verbürgte Forderung aufgrund eines der in den Absätzen 2 und 3 genannten Umstände uneinbringlich ist.

Mitverpflichtung Dritter

Besteht für die verbürgte Forderung eine in der Finanzkreditbürgschafts-Erklärung aufgeführte Mithaftung Dritter, so tritt der Bürgschaftsfall jedoch erst ein, wenn und soweit auch die gegen mithaftende Dritte begründeten Forderungen uneinbringlich sind. Für die Feststellung der Uneinbringlichkeit gelten die Absätze 2 und 3 entsprechend.

politische Schadens-
tatbestände

(2) Uneinbringlichkeit infolge politischer Umstände liegt vor,

1. wenn nicht später als 12 Monate nach Fälligkeit

– allgemeiner politischer
Bürgschaftsfall

gesetzgeberische oder behördliche Maßnahmen im Ausland, die nach Abschluß des Kreditvertrages mit Bezug auf die verbürgte Forderung ergangen sind,

oder

kriegerische Ereignisse oder Aufruhr oder Revolution im Ausland

die Erfüllung oder Beitreibung der verbürgten Forderung

in jeder Form verhindern

oder

in der vereinbarten Währung verhindern und keine Möglichkeit zur Einzahlung des Gegenwertes zum Zwecke des Transfers gemäß Nr. 2 besteht und der Bund der Zahlung in einer anderen als der vereinbarten Währung mit schuldbefreiender Wirkung nicht zustimmt

und 6 Monate ohne Zahlung nach der mit dem ausländischen Schuldner vereinbarten Fälligkeit verstrichen sind;

– Konvertierungs- und
Transferfall („KT-Fall")

2. wenn infolge von Beeinträchtigungen des zwischenstaatlichen Zahlungsverkehrs Beträge, die der ausländische Schuldner als Gegenwert für die verbürgte Forderung bei einer zahlungsfähigen Bank oder einer anderen vom Bund anerkannten Stelle zum Zwecke der Überweisung an den Bürgschaftsnehmer eingezahlt hat, nicht in die vereinbarte Währung konvertiert oder nicht transferiert werden, alle beste-

henden Vorschriften für die Konvertierung und den Transfer dieser Beträge erfüllt waren und 4 Monate nach Fälligkeit der Forderung, Einzahlung und Erfüllung dieser Vorschriften verstrichen sind;

– Kursverluste an eingezahlten Beträgen

3. wenn nach Erfüllung aller bestehenden Vorschriften für die Konvertierung und den Transfer ausschließlich infolge einer Abwertung der vom ausländischen Schuldner auf die verbürgte Forderung eingezahlten Beträge Kursverluste entstehen, sofern nach Abschluß des Kreditvertrages erlassene Vorschriften des Schuldnerlandes eine schuldbefreiende Wirkung dieser Zahlungen vorsehen. Kursverluste an der mit dem ausländischen Schuldner vereinbarten oder einer anderen ohne Zustimmung des Bundes angenommenen Währung sind nicht gedeckt.

Nichtzahlungsfall („protracted default")

(3) Uneinbringlichkeit liegt auch vor, wenn die verbürgte Forderung 6 Monate nach ihrer Fälligkeit nicht erfüllt worden ist und **der Bürgschaftsnehmer die nach den Regeln der banküblichen Sorgfalt erforderlichen Maßnahmen zur Einziehung der verbürgten Forderung ergriffen hat.**

Konkurrenzen – Grundregel

(4) Entschädigt wird aufgrund des Bürgschaftsfalles, der zuerst eingetreten ist. Sind ein Bürgschaftsfall gemäß Absatz 3 und ein politischer Bürgschaftsfall gleichzeitig eingetreten, wird nach dem politischen Bürgschaftsfall entschädigt.

– Ausnahme für den allgemeinen politischen Bürgschaftsfall

Tritt der Bürgschaftsfall gemäß Absatz 2 Nr. 1 ein, so bleibt der Eintritt des Bürgschaftsfalles gemäß Absatz 3 außer Betracht, wenn der Bürgschaftsnehmer innerhalb von 12 Monaten seit Fälligkeit der Forderung keinen Antrag auf Entschädigung nach diesem Bürgschaftsfall gestellt hat.

– Ausnahme für den „KT-Fall"

Sind bei Eintritt eines Bürgschaftsfalles gemäß Absatz 3 bis auf den Ablauf der Karenzfrist alle Voraussetzungen des Bürgschaftsfalles gemäß Absatz 2 Nr. 2 erfüllt, so wird eine Entschädigung nur aufgrund des Bürgschaftsfalles gemäß Absatz 2 Nr. 2 geleistet. Des Ablaufs der dort bestimmten Frist bedarf es in diesem Fall jedoch nicht, sofern nach Fälligkeit der verbürgten Forderung mindestens 10 Monate verstrichen sind.

– Nachentschädigung

Treten nach einer Entschädigung gemäß Absatz 3 die Voraussetzungen des Bürgschaftsfalles gemäß Absatz 2 Nr. 2 ein, wird eine Nachentschädigung geleistet, soweit die Anwendung dieser Vorschrift zu einer höheren Entschädigung führt.

§ 5
Fälligkeit und Rechtsbeständigkeit der verbürgten Forderung

Rechtsbeständigkeit als Entschädigungsvoraussetzung

(1) **Voraussetzung für die Entschädigung der verbürgten Forderung ist deren Fälligkeit und Rechtsbeständigkeit.** Wird aufgrund gesetzlicher oder vertraglicher Bestimmungen der gesamte Restbetrag des Kredites fällig, so erfolgt die Entschädigung gleichwohl nach Maßgabe der im Kreditvertrag festgelegten Fälligkeiten; der Bund ist jedoch berechtigt, vor diesen Fälligkeiten Entschädigungen zu leisten.

Beweislast

(2) **Der Bürgschaftsnehmer hat den Bestand der verbürgten Forderung und der in der Finanzkreditbürgschafts-Erklärung aufgeführten Sicherheiten, das Vorliegen der Voraussetzungen für den Eintritt des Bürgschaftsfalles sowie Grund und Höhe des Schadens auf seine Kosten nachzuweisen.** Wird der Bestand der Forderung oder der in der Finanzkreditbürgschafts-Erklärung aufgeführten Sicherheiten bestritten oder werden dagegen Einreden oder Einwendungen erhoben, kann der Bund den Entschädigungsantrag zurückweisen, bis der Bürgschaftsnehmer – erforderlichenfalls durch Entscheidung des im Verhältnis zwischen ihm und seinem ausländischen Schuldner oder Sicherheitengeber zustän-

digen Gerichts oder Schiedsgerichts – die Rechtsbeständigkeit der Forderung und der in der Finanzkreditbürgschafts-Erklärung aufgeführten Sicherheiten nachgewiesen hat; **die Risiken des anwendbaren Rechts und des Gerichtsstands trägt dabei der Bürgschaftsnehmer.**

Verantwortung für
Rechtsmängel

keine Prüfung von
Unterlagen außerhalb
der Schadensprüfung

(3) **Die Verantwortung für die Rechtsbeständigkeit der verbürgten Forderung und dafür bestellter Sicherheiten trägt im Verhältnis zum Bund ausschließlich der Bürgschaftsnehmer.** Der Bund wird Verträge und sonstige Unterlagen, aus denen sich die verbürgten Forderungen und Sicherungsrechte ergeben sollen, erst im Entschädigungsverfahren prüfen. Der Bürgschaftsnehmer kann sich nicht darauf berufen, daß der Bund den Inhalt solcher Verträge oder Unterlagen oder Teile derselben vorher, insbesondere bei Übernahme der Finanzkreditbürgschaft, gekannt habe oder hätte kennen müssen.

§ 6
Selbstbeteiligung

Regelsätze

(1) Der Bürgschaftsnehmer ist an jedem Ausfall an der verbürgten Forderung selbst beteiligt. Sofern in der Finanzkreditbürgschafts-Erklärung nichts anderes festgelegt ist, beträgt die Selbstbeteiligung

1. 10 % im Bürgschaftsfall gemäß § 4 Absatz 2,
2. 15 % im Bürgschaftsfall gemäß § 4 Absatz 3.

5 %-Alternative

(2) Auf Antrag des Bürgschaftsnehmers kann die Selbstbeteiligung für alle Bürgschaftsfälle auf 5 % des Ausfalls ermäßigt werden.

Wird die Selbstbeteiligung auf 5 % ermäßigt, verkürzen sich die in § 4 Absatz 2 und Absatz 3 für den Eintritt des Bürgschaftsfalles bestimmten Fristen auf 3 Monate. Die in § 4 Absatz 4 genannte Mindestfrist von 10 Monaten verkürzt sich auf 6 Monate.

Verbot der anderweitigen
Absicherung sowie bei
5 %-Alternative
auch der Abwälzung

(3) **Der Bürgschaftsnehmer darf das Risiko aus der Selbstbeteiligung nicht anderweitig absichern.** Dies gilt bei einer Selbstbeteiligung gemäß Absatz 1 nicht für die Weitergabe des Risikos aus der Selbstbeteiligung an den Exporteur.

§ 7
Berechnung und Auszahlung der Entschädigung

Anrechnung von
Zahlungen

(1) Stehen dem Bürgschaftsnehmer aus seiner Geschäftstätigkeit mehrere Forderungen gegen den ausländischen Schuldner zu, so werden für die Feststellung der Entschädigung hierauf geleistete Zahlungen des ausländischen Schuldners auch dann, wenn zwischen Bürgschaftsnehmer und Schuldner eine andere Anrechnungsregelung vereinbart ist, wie folgt berücksichtigt:

– Regel bei gezielten
Zahlungen

1. Bei Zahlungen auf gedeckte Forderungen sowie bei Zahlungen auf ungedeckte Forderungen, die früher fällig sind als die verbürgte Forderung, gilt die Tilgungsbestimmung des ausländischen Schuldners.

– Ausnahme bei gezielten
Zahlungen auf
ungedeckte Forderungen

2. Zahlungen auf ungedeckte Forderungen, die zur selben Zeit wie die verbürgte Forderung oder später als diese fällig sind, werden in den Bürgschaftsfällen gemäß § 4 Absatz 3 auf gedeckte und ungedeckte Forderungen und vertraglich vereinbarte Zinsforderungen (ausgenommen Verzugszuschläge) nach der Reihenfolge ihrer Fälligkeit angerechnet, es sei denn, nach den Umständen des Einzelfalles ist auszuschließen, daß der Bürgschaftsnehmer auf die Tilgungsbestimmung der Zahlung Einfluß genommen hat. In den Bürgschaftsfällen gemäß § 4 Absatz 2 bleibt bei derartigen Zahlungen die Tilgungsbestimmung des ausländischen Schuldners maßgeblich.

270

Satz 1 gilt ferner nicht für Zahlungen auf ungedeckte Forderungen, die vom Bürgschaftsnehmer für Rechnung Dritter gehalten werden oder aus laufendem Bankgeschäft mit einer Endfälligkeit von nicht mehr als einem Jahr entstanden sind.

– ungezielte Zahlungen

3. Ohne Tilgungsbestimmung des ausländischen Schuldners geleistete Zahlungen werden in den Bürgschaftsfällen gemäß § 4 Absatz 2 Nr. 1 und Absatz 3 auf gedeckte und ungedeckte Forderungen und vertraglich vereinbarte Zinsforderungen (ausgenommen Verzugszuschläge) nach der Reihenfolge ihrer Fälligkeit angerechnet.

– entsprechende Anwendung

4. Die Nr. 1 – 3 gelten entsprechend für

a) Zahlungen des Garanten, Bürgen und Dritter; sonstige Leistungen des Schuldners, Garanten, Bürgen und Dritter;

b) Ausschüttungen und Erlöse aus der schuldnerischen Masse;

c) Erlöse aus Pfändungen und sonstigen Sicherheiten;

d) aufrechenbare Forderungen, Forderungsnachlässe, Gutschriften und Leistungen an Zahlungs Statt;

e) sonstige dem Bürgschaftsnehmer im Zusammenhang mit dem Eintritt des Bürgschaftsfalles entstandene Vermögensvorteile.

– Quotelung bei gleicher Fälligkeit

5. Anrechnungen gemäß Nr. 2 – 4 auf Forderungen mit gleicher Fälligkeit erfolgen nach dem Verhältnis dieser Forderungsbeträge (ohne Verzugszuschläge).

– Vorwegabzug sachgemäßer Aufwendungen

6. Werden Zahlungen gemäß Nr. 2 oder die in Nr. 4 genannten Vermögensvorteile gemäß Nr. 2 oder 3 angerechnet, so werden von diesen Zahlungen oder Vermögensvorteilen die vom Bürgschaftsnehmer sachgemäß aufgewendeten Rechtsverfolgungs- oder Beitreibungskosten abgezogen. **Die zur Einziehung einer Forderung üblichen Kosten einschließlich Protestkosten sowie die im gewöhnlichen Geschäftsbetrieb des Bürgschaftsnehmers entstandenen Kosten bleiben außer Betracht.**

Abzug der Selbstbeteiligung

(2) Der nach Anwendung von Absatz 1 verbleibende Betrag ist um die Selbstbeteiligung des Bürgschaftsnehmers zu kürzen.

Fristen für Schadensbearbeitung

(3) Nach Einreichung aller für die Feststellung des Entschädigungsanspruches erforderlichen Unterlagen stellt der Bund die Schadensberechnung innerhalb von 2 Monaten auf. Der sich aus der Schadensberechnung ergebende Betrag wird innerhalb eines Monats nach Bekanntgabe der Schadensberechnung an den Bürgschaftsnehmer insoweit ausgezahlt, als der Bürgschaftsnehmer die Schadensberechnung anerkannt hat.

Abschlagszahlung

(4) Ist die Schadensberechnung infolge eines Umstandes, den der Bürgschaftsnehmer nicht zu vertreten hat, nicht innerhalb von 2 Monaten möglich, kann dem Bürgschaftsnehmer auf Antrag insoweit eine Abschlagszahlung auf die zu erwartende Entschädigung gewährt werden, als diese in ihrem Mindestumfang bereits vor Abschluß der Schadensberechnung feststeht.

§ 8
Rückflüsse

Zuordnung und Verteilung von Rückflüssen

(1) Alle nach Leistung einer Entschädigung eingehenden Zahlungen und sonstige Vermögensvorteile (Rückflüsse) werden unter Einbeziehung der entschädigten Forderung entsprechend § 7 Absatz 1 zugeordnet. Unberück-

sichtigt bleiben jedoch diejenigen Rückflüsse, die auf einem Kreditvertrag beruhen, der erst später als 3 Jahre nach Erfüllung oder Entschädigung der zuletzt fälligen Forderung aus dem verbürgten Finanzkredit geschlossen worden ist.

Mitteilungs- und Abführungspflicht

(2) **Der Bürgschaftsnehmer hat dem Bund jeden Eingang von Rückflüssen unverzüglich anzuzeigen. Die dem Bund zustehenden Beträge hat der Bürgschaftsnehmer unverzüglich an den Bund abzuführen.**

§ 9
Rückzahlung der Entschädigung

Mitteilungspflicht über Einreden oder Einwendungen gegen Forderung oder Sicherheiten

(1) **Wird der Bestand der verbürgten Forderung oder der in der Finanzkreditbürgschafts-Erklärung aufgeführten Sicherheiten bestritten oder werden dagegen Einreden oder Einwendungen erhoben, hat der Bürgschaftsnehmer dies im Entschädigungsverfahren unverzüglich mitzuteilen.** Verletzt der Bürgschaftsnehmer diese Pflicht, kann der Bund die geleistete Entschädigung insoweit zurückfordern, als er bei Kenntnis der Sachlage den Entschädigungsantrag zurückgewiesen hätte.

Rückforderung bei Wegfall der Entschädigungsvoraussetzungen

(2) Stellt sich nach Leistung der Entschädigung heraus, daß die entschädigte Forderung des Bürgschaftsnehmers nicht oder nicht in voller Höhe besteht, wird insbesondere in einem Rechtsstreit zur Beitreibung der entschädigten Forderung vom zuständigen Gericht die Klage ganz oder teilweise rechtskräftig abgewiesen, oder ergibt sich nach Leistung der Entschädigung, daß der Bund aus sonstigen Gründen nicht zur Entschädigung verpflichtet war, kann der Bund die geleistete Entschädigung einschließlich erstatteter Kosten insoweit zurückfordern.

Rückforderung bei nachträglicher Leistungsfreiheit

(3) Wird der Bund infolge eines Umstandes, der erst nach Leistung der Entschädigung eingetreten ist, von der Verpflichtung zur Entschädigung frei oder verletzt der Bürgschaftsnehmer die ihn nach § 11 Absatz 1 treffenden Pflichten, so ist der Bund berechtigt, die geleistete Entschädigung einschließlich erstatteter Kosten insoweit zurückzufordern.

Verzinsungspflicht bei Rückforderung

(4) **Soweit dem Bund ein Rückzahlungsanspruch zusteht, hat der Bürgschaftsnehmer** in den Fällen der Absätze 1 und 2 **den zurückzuzahlenden Betrag** vom Zeitpunkt der Leistung der Entschädigung, im Falle des Absatzes 3 vom Zeitpunkt des Wegfalls der Entschädigungsverpflichtung an mit dem Zinssatz **zu verzinsen,** der den Kosten der Kreditaufnahme des Bundes ab diesem Zeitpunkt entspricht. Mit Erfüllung des Rückzahlungsanspruchs des Bundes fallen gemäß § 10 Absatz 1 auf den Bund übergegangene Forderungen, Ansprüche und sonstige Rechte insoweit an den Bürgschaftsnehmer zurück.

weitergehende Ansprüche

(5) Weitergehende, nach gesetzlichen Regelungen oder allgemeinen Rechtsgrundsätzen bestehende Ansprüche des Bundes werden hierdurch nicht berührt.

§ 10
Übergang der Rechte und Ansprüche

Forderungsübergang

(1) Mit Leistung der Entschädigung gehen die entschädigte Forderung, die Ansprüche auf Zinsen und Verzugszinsen für die Zeit nach Zahlung der Entschädigung sowie der Anspruch auf die im Ausland eingezahlten oder hinterlegten Beträge einschließlich der für diese Forderungen und Ansprüche bestehenden Sicherheiten insoweit auf den Bund über, als dies dem Anteil des Bundes am Ausfall an der entschädigten Forderung entspricht. Der Bürgschaftsnehmer hat auf Verlangen des Bundes die zum Übergang der Forderung, Ansprüche und sonstigen Rechten etwa erforderlichen Rechtshandlungen vorzunehmen.

<table>
<tr><td>treuhänderische
Verwaltung</td><td>(2) Ist die Übertragung nicht möglich oder verzichtet der Bund auf sie, so hat der Bürgschaftsnehmer die in Absatz 1 genannten Forderungen, Ansprüche und sonstigen Rechte als Treuhänder des Bundes zu halten.</td></tr>
</table>

§ 11
Rechtsverfolgung nach Leistung der Entschädigung

Verpflichtung zur Rechtsverfolgung

Beurteilungsspielraum des Bundes

(1) **Unbeschadet des Übergangs der Forderungen, Ansprüche und sonstigen Rechte gemäß § 10 hat der Bürgschaftsnehmer alle zur Einziehung der entschädigten Forderung und zur Verwertung von Sicherheiten geeigneten Maßnahmen durchzuführen und hierbei etwaige Weisungen des Bundes zu befolgen;** als geeignete Maßnahme gilt auch die Führung eines Rechtsstreites. Von einer Weisung zur Führung eines Rechtsstreites kann abgesehen werden, wenn Gerichtsstand bzw. anwendbare Rechtsordnung keine hinreichende Beurteilung der Erfolgsaussichten des Rechtsstreites zulassen und der Bürgschaftsnehmer einen solchen Gerichtsstand bzw. die Anwendung einer solchen Rechtsordnung nicht abbedingen konnte oder wenn die voraussichtlichen Kosten des Rechtsstreites außer Verhältnis zu der Höhe der Forderung bzw. den Erfolgsaussichten von Vollstreckungsmaßnahmen stehen.

Kostenbeteiligung

(2) Erfolgen Rechtsverfolgungsmaßnahmen mit Zustimmung oder auf Weisung des Bundes, werden dadurch entstehende sachgemäße Aufwendungen zwischen dem Bund und dem Bürgschaftsnehmer im Verhältnis ihrer Beteiligung an der geltend gemachten Forderung aufgeteilt. **Die zur Einziehung einer Forderung üblichen Kosten einschließlich Protestkosten sowie die im gewöhnlichen Geschäftsbetrieb des Bürgschaftsnehmers entstandenen Kosten trägt der Bürgschaftsnehmer.** § 9 Absatz 2 findet entsprechende Anwendung.

Verzicht auf Rückflußbeteiligung

(3) Entläßt der Bund den Bürgschaftsnehmer auf dessen Antrag aus der Verpflichtung gemäß Absatz 1, so verliert der Bürgschaftsnehmer das Recht, an Rückflüssen nach Maßgabe seiner Selbstbeteiligung beteiligt zu werden.

§ 12
Umrechnung von Fremdwährungsbeträgen

(1) Vertragswährung für die Finanzkreditbürgschaft ist die Deutsche Mark. Für die Umrechnung von Beträgen, die auf andere Währungen lauten, in Deutsche Mark gilt folgendes:

Umrechnungskurs für Entgelt

1. Das gemäß § 18 zu entrichtende Entgelt wird zu dem letzten vor der Entgeltfestsetzung im Bundesanzeiger veröffentlichten Umsatzsteuer-Umrechnungssatz (Entgeltkurs) umgerechnet.

Umrechnungskurs für Entschädigung

2. Die Entschädigung wird zum amtlichen Geldkurs der Frankfurter Börse

   – am Tage der Einzahlung in dem Bürgschaftsfall gemäß § 4 Absatz 2 Nr. 2

   – am Tage der Fälligkeit in den anderen Bürgschaftsfällen

   umgerechnet. Hat am maßgeblichen Tage keine amtliche Kursnotierung stattgefunden, so tritt die nachfolgende Notierung an ihre Stelle.

Ist aufgrund des eingetretenen Bürgschaftsfalles eine Fälligkeit der verbürgten Forderung nicht gegeben oder erfolgt die Entschädigung vor den im Kreditvertrag festgelegten Fälligkeiten, wird die Entschädigung zum letzten amtlichen Geldkurs der Frankfurter Börse vor Absendung der Mitteilung über die Entschädigung umgerechnet.

273

Kursbegrenzung bei Entschädigung

In allen Fällen erfolgt die Umrechnung der Entschädigung höchstens zum Entgeltkurs.

Umrechnungskurs für Rückflüsse

3. Rückflüsse auf die entschädigte Forderung werden zum amtlichen Geldkurs der Frankfurter Börse am Tage ihres Eingangs beim Bürgschaftsnehmer umgerechnet.

Beteiligung an Kursgewinnen bei durch Kursbegrenzung reduzierten Entschädigungen

4. Hat der Bund die Entschädigung gemäß Nr. 2 zum Entgeltkurs in Deutsche Mark umgerechnet und erbringt ein Rückfluß für den Bund über den Betrag hinaus, der insgesamt zur Entschädigung der Forderungen aus diesem Kreditvertrag geleistet worden ist, einen Kursgewinn, so steht der Kursgewinn dem Bürgschaftsnehmer bis zur Höhe des Betrages zu, der dem Unterschied zwischen dem amtlichen Geldkurs der Frankfurter Börse am Tage der Einzahlung in dem Bürgschaftsfall gemäß § 4 Absatz 2 Nr. 2 oder am Tage der Fälligkeit in den anderen Bürgschaftsfällen und dem Entgeltkurs entspricht.

nicht amtlich notierte Währungen

(2) Für Währungen, für die keine Umsatzsteuer-Umrechnungssätze bzw. keine amtliche Notierungen der Frankfurter Börse festgestellt werden, tritt an deren Stelle der von der Deutschen Bundesbank zuletzt als Geldkurs bekanntgegebene Umrechnungssatz. Ist ein solcher Umrechnungssatz nicht bekanntgegeben, so setzt der Bund die gemäß Absatz 1 anzuwendenden Umrechnungskurse unter Berücksichtigung der den amtlichen Notierungen der Frankfurter Börse entsprechenden Notierungen an den maßgebenden Börsen des Auslandes fest.

§ 13
Deckungseingriffe

Ausschlußrecht bei Gefahrerhöhung

(1) **Bei Eintritt gefahrerhöhender Umstände kann der Bund dem Bürgschaftsnehmer gegenüber jederzeit erklären, daß** bei Zugang dieser Erklärung **noch nicht ausgezahlte Kreditbeträge von der Finanzkreditbürgschaft ausgeschlossen sind.**

Einschränkung des Ausschlußrechtes

(2) Besteht im Zusammenhang mit dem Ausfuhrgeschäft, an das der Finanzkredit gebunden ist, eine Ausfuhrgewährleistung, so entfällt das Recht des Bundes gemäß Absatz 1, sofern und soweit die Waren bereits versandt oder die Leistungen bereits erbracht sind. Dies gilt nicht, wenn der Bund feststellt, daß der Exporteur bei der Versendung der Ware oder der Erbringung der Leistung gegen seine Pflichten aus dem Ausfuhrgewährleistungs-Vertrag verstoßen hat.

§ 14
Umschuldungsvereinbarungen

Recht des Bundes zur Umschuldung

(1) **Der Bund ist berechtigt, über die verbürgte Forderung (einschließlich Selbstbeteiligung) Umschuldungsvereinbarungen mit dem Schuldnerland abzuschließen; nicht verbürgte Nebenforderungen und nicht verbürgte Teile nur teilweise verbürgter Forderungen darf er dabei einbeziehen.**

Voraussetzung der Rechtsausübung

(2) Der Bund darf das Recht nach Absatz 1 nur ausüben, wenn er vor Abschluß der Umschuldungsvereinbarung anerkennt, nach welchem der in § 4 geregelten Bürgschaftsfälle Uneinbringlichkeit der verbürgten Forderung vorliegt, sobald die in der Umschuldungsvereinbarung festgelegten Voraussetzungen für die Anwendung dieser Vereinbarung auf die verbürgte Forderung vorliegen. Die Geltung von § 4 Absatz 4 bleibt davon unberührt.

Für einbezogene Forderungen, für die das Risiko der Uneinbringlichkeit gemäß § 4 Absatz 3 fortbesteht, kann der Bund die Entschädigungsleistung nach Maßgabe des Selbstbehalts für diesen Bürgschaftsfall begrenzen.

Die sonstigen Entschädigungsvoraussetzungen bleiben unberührt.

Wahrung des Entschädigungsanspruchs	Der Bürgschaftsnehmer kann unbeschadet vorstehender Regelung Entschädigung nach den allgemeinen Regeln (§§ 4 ff) verlangen.
Vorrang der Zinsregelung des Umschuldungsabkommens	(3) **Der Bürgschaftsnehmer und seine Rechtsnachfolger müssen ferner Regelungen der Umschuldungsvereinbarung gegen sich gelten lassen, durch die die Verzinsung der Forderung für den Zeitraum ab ihrer Fälligkeit oder für einen später beginnenden Zeitraum abweichend von den gesetzlichen oder vertraglichen Zinsregelungen bestimmt wird** und aufgrund derer weitergehende Ansprüche aus dem Gesichtspunkt des Verzugs nicht geltend gemacht werden können.
Umrechnung von Fremdwährungsbeträgen im Umschuldungsabkommen	(4) Für die Umrechnung der Entschädigung bleibt § 12 Absatz 1 Nr. 2 auch dann maßgeblich, wenn der in der Umschuldungsvereinbarung bestimmte Umrechnungskurs für nicht auf Deutsche Mark lautende Beträge in Deutsche Mark von dem in dieser Vorschrift geregelten Umrechnungskurs abweicht. **In bezug auf Selbstbeteiligung, nicht verbürgte Nebenforderungen und nicht verbürgte Teile nur teilweise verbürgter Forderungen müssen der Bürgschaftsnehmer und seine Rechtsnachfolger den in der Umschuldungsvereinbarung bestimmten Umrechnungskurs gegen sich gelten lassen.**

§ 15
Pflichten des Bürgschaftsnehmers

Neben den sonstigen nach diesen Allgemeinen Bedingungen und den Bestimmungen der Finanzkreditbürgschafts-Erklärung bestehenden Pflichten hat der Bürgschaftsnehmer die folgenden Pflichten zu beachten:

Wahrheitspflicht im Antragsverfahren	1. **Der Bürgschaftsnehmer hat im Zusammenhang mit der Beantragung einer Finanzkreditbürgschaft alle für die Übernahme der Finanzkreditbürgschaft erheblichen Umstände vollständig und richtig schriftlich anzuzeigen und unverzüglich zu berichten, wenn sich bis zum Zugang der Finanzkreditbürgschafts-Erklärung gegenüber den bei Antragstellung erfolgten Angaben Änderungen oder Ergänzungen ergeben.** Durch Antragsformular oder in sonstiger Weise erfragte Angaben gelten im Zweifel als erheblich.
Verbot des Abweichens vom dokumentierten Sachverhalt, insbesondere hinsichtlich der Zahlungsbedingungen	2. **Nach Übernahme der Finanzkreditbürgschaft darf der Bürgschaftsnehmer Änderungen oder Ergänzungen, die sich auf den in der Finanzkreditbürgschafts-Erklärung dargestellten Sachverhalt oder auf die mit dem Schuldner oder sonstigen Verpflichteten getroffenen Vereinbarungen beziehen, nicht ohne schriftliche Zustimmung des Bundes vornehmen,** es sei denn, die Änderungen oder Ergänzungen sind unerheblich; Nr. 1 Satz 2 gilt entsprechend. **Der Bürgschaftsnehmer darf insbesondere keine Zahlung in einer anderen als der vertraglich vereinbarten Währung an Erfüllungs Statt annehmen.**
Beachtung staatlicher Vorschriften	3. **Der Bürgschaftsnehmer darf Kreditbeträge nur auszahlen, wenn die schon zu diesem Zeitpunkt für die Aufnahme und Rückzahlung des Kredites erforderlichen Genehmigungen vorliegen und die in den berührten Staaten zu beachtenden Vorschriften eingehalten werden.**
Meldepflicht bei Gefahrerhöhung	4. **Der Bürgschaftsnehmer hat ihm bekanntwerdende gefahrerhöhende Umstände unverzüglich schriftlich anzuzeigen und mitzuteilen, welche Maßnahmen er zur Sicherung seiner Ansprüche beabsichtigt oder getroffen hat.** Als gefahrerhöhender Umstand gilt insbesondere, daß

a) der Schuldner in Verzug gerät oder um Prolongation nachsucht;

b) die Vermögenslage, Zahlweise oder allgemeine Beurteilung des Schuldners oder Sicherheitengebers sich verschlechtert oder vom Schuldner eine andere als die geschuldete Leistung angeboten wird;

c) gesetzgeberische oder behördliche Maßnahmen im Ausland oder sonstige politische Ereignisse die Erfüllung oder Beitreibung der verbürgten Forderung gefährdet erscheinen lassen.

Zustimmungserfordernis bei Gefahrerhöhung

5. **In den Fällen der Nr. 4 darf der Bürgschaftsnehmer Auszahlungen der Kreditbeträge nicht ohne vorherige schriftliche Zustimmung des Bundes vornehmen.**

Schadensverhütungs- und Schadensminderungspflichten

6. **Der Bürgschaftsnehmer hat auf seine Kosten alle zur Vermeidung eines Bürgschaftsfalles oder Minderung des Ausfalles nach den Regeln der banküblichen Sorgfalt erforderlichen und geeigneten Maßnahmen zu ergreifen und hierbei etwaige Weisungen des Bundes zu befolgen. Er hat insbesondere vor Auszahlung der Kreditbeträge zu prüfen, ob der ausländische Schuldner seine bisherigen vertraglichen Verpflichtungen zur Zahlung und zur Gestellung von Sicherheiten aus dem finanzierten Liefergeschäft erfüllt hat. Droht ein Bürgschaftsfall oder ist ein solcher eingetreten, hat er auf Verlangen des Bundes diesen oder einen vom Bund zu bestimmenden Dritten mit der Wahrnehmung der beiderseitigen Interessen zu beauftragen,** wenn die voraussichtlichen Kosten für die Beauftragung des Bundes oder des Dritten in einem angemessenen Verhältnis zu der Höhe der Forderung und den Erfolgsaussichten der Interessenwahrnehmung stehen.

Auskunftspflicht

7. Der Bürgschaftsnehmer hat dem Bund oder dessen Beauftragten über die Einzelheiten und den jeweiligen Abwicklungsstand des Kreditvertrages und des Liefergeschäftes sowie über sonstige Umstände, die für die Finanzkreditbürgschaft von Bedeutung sein können, jederzeit Auskunft zu erteilen. Hierzu gehört die fristgerechte, richtige und vollständige Beantwortung der zur Vorbereitung einer Umschuldungsvereinbarung gestellten Fragen und die Bereitstellung der zum Nachweis der Forderungen benötigten Unterlagen.

Prüfungsrechte des Bundes

8. Der Bund und seine Beauftragten sind berechtigt, jederzeit die Bücher und Unterlagen des Bürgschaftsnehmers, die für die Finanzkreditbürgschaft von Bedeutung sein können, einzusehen und Abschriften von ihnen zu nehmen oder zu verlangen. Auf Verlangen des Bundes hat der Bürgschaftsnehmer Unterlagen in fremder Sprache auf seine Kosten übersetzen zu lassen.

9. Der Bürgschaftsnehmer hat eine Prüfung seiner Bücher und seines Betriebes, soweit dies für die Finanzkreditbürgschaft von Bedeutung sein kann, durch den Bund, den Bundesrechnungshof oder einen von diesen bestimmten Beauftragten zuzulassen, damit festgestellt werden kann, ob eine Inanspruchnahme des Bundes in Frage kommt oder die Voraussetzungen für eine solche vorliegen oder vorgelegen haben.

§ 16
Rechtsfolgen von Pflichtverletzungen

Haftungsbefreiung bei

– unwahren Angaben

(1) **Hat der Bürgschaftsnehmer die ihm nach § 15 Nr. 1 obliegende Pflicht verletzt, so ist der Bund von seiner Verpflichtung zur Entschädigung frei,** es sei denn, der Bund stellt fest, daß die Pflichtverletzung begründende Unvollständigkeit oder Unrichtigkeit auf seine Entscheidung über die Übernahme der Finanzkreditbürgschaft keinen Einfluß gehabt hat. Eine Befreiung des Bundes von seiner Verpflichtung zur Entschädigung tritt nicht ein, soweit der Bürgschaftsnehmer die Unrichtigkeit oder Unvollständigkeit seiner Angaben weder kannte noch kennen mußte.

– fehlerhaften Sicherheiten

(2) **Sind in der Finanzkreditbürgschafts-Erklärung aufgeführte Sicherheiten nicht oder nicht rechtswirksam bestellt worden, so ist der Bund von seiner Verpflichtung zur Entschädigung frei,** es sei denn, der Bund stellt fest, daß die fehlende oder mangelhafte Sicherheit auf seine Entscheidung über die Übernahme der Finanzkreditbürgschaft keinen Einfluß gehabt hat.

– sonstigen Obliegenheitsverletzungen unter dem Gesichtspunkt der – – Schadensursächlichkeit	(3) **Hat der Bürgschaftsnehmer unter Verstoß gegen die banktübliche Sorgfalt eine ihm nach § 15 Nr. 2 – 9 obliegende Pflicht verletzt, ist der Bund von der Verpflichtung zur Entschädigung frei,** es sei denn, durch die Pflichtverletzung ist ein Schaden weder entstanden noch zu besorgen.
– – Wesentlichkeit	Unabhängig davon, ob ein Schaden entstanden oder zu besorgen ist, ist der Bund bei einer Pflichtverletzung nach § 15 Nr. 2 von der Verpflichtung zur Entschädigung auch dann frei, wenn er feststellt, daß er den Änderungen oder Ergänzungen nach den Grundsätzen, denen er in seiner Entscheidungspraxis folgt, nicht zugestimmt hätte.
– – Risikoerhöhung	Bei einer Pflichtverletzung nach § 15 Nr. 4 ist der Bund von der Verpflichtung zur Entschädigung auch dann frei, wenn die Unkenntnis meldepflichtiger Umstände für den Bund im Zusammenhang mit anderen Ausfuhrgewährleistungen eine Risikoerhöhung bewirkt oder ihn daran gehindert hat, Maßnahmen zur Risikominderung zu ergreifen.

(4) Der Bund kann die Befreiung von seiner Verpflichtung zur Entschädigung nach den Umständen des Einzelfalles, insbesondere unter Berücksichtigung des eingetretenen Risikos und der Schwere des Verstoßes, einschränken.

(5) Soweit für die Verletzung sonstiger dem Bürgschaftsnehmer nach diesen Allgemeinen Bedingungen und den Bestimmungen der Finanzkreditbürgschafts-Erklärung obliegenden Pflichten keine gesonderten Rechtsfolgen gelten, finden die Absätze 1 – 4 entsprechende Anwendung.

(6) Aus dem Gesetz oder der Anwendung allgemeiner Rechtsgrundsätze sich ergebende Ansprüche und sonstige Rechte des Bundes werden durch die in diesen Allgemeinen Bedingungen und der Finanzkreditbürgschafts-Erklärung enthaltenen Bestimmungen nicht berührt.

§ 17
Mitwirkendes Verschulden

Der Bund haftet nicht für Umstände und Gefahren, die der Bürgschaftsnehmer nach den Regeln einer gewissenhaften Geschäftsführung und banküblichen Sorgfalt zu vertreten hat.

§ 18
Entgelt

Entgeltpflicht	(1) Für die Übernahme der Finanzkreditbürgschaft wird ein von Art und Umfang des gedeckten Risikos abhängiges Entgelt erhoben. Sofern nichts anderes bestimmt ist, wird das Entgelt mit der Aushändigung der Finanzkreditbürgschafts-Erklärung fällig.
Verzugsfolgen	(2) **Wird das fällige Entgelt nicht innerhalb von 14 Tagen nach einer Mahnung entrichtet,** die den Hinweis auf diese Frist und auf die nachstehend genannten Rechtsfolgen enthält, so **ist der Bund,** wenn seit der Fälligkeit des Entgelts insgesamt mindestens 6 Wochen verstrichen sind,
– Haftungsbefreiung	a) **von der Haftung** für Bürgschaftsfälle **befreit,** die nach Fälligkeit, aber vor Zahlung des Entgelts eingetreten sind,
– Kündigungsrecht	b) außerdem **berechtigt,** die Finanzkreditbürgschaft ohne Einhaltung einer weiteren Frist **zu kündigen,** solange das Entgelt nicht bezahlt ist.

(3) Stimmt der Bund einer Änderung des Inhalts oder des Umfanges der Finanzkreditbürgschaft zu und ändert sich hierdurch der Betrag der verbürgten Forderung oder die Dauer des Risikos, erfolgt eine Neuberechnung des Entgelts. Sofern kein Bürgschaftsfall eingetreten ist, werden sich aus der Neuberechnung ergebende Überzahlungen erstattet **abzüglich einer Verwaltungskostenpauschale in Höhe von 5 % der Überzahlung, höchstens jedoch von DM 5.000,–.**

(4) **Ist der Bund** nach diesen Allgemeinen Bedingungen oder den Bestimmungen der Finanzkreditbürgschafts-Erklärung **von der Verpflichtung zur Entschädigung frei, gebührt ihm gleichwohl das Entgelt,** soweit es fällig geworden ist, bevor der Bund von seiner Leistungsfreiheit Kenntnis erlangt hat.

§ 19
Abtretung der verbürgten Forderung

Verfügt der Bürgschaftsnehmer zu anderen als Sicherungszwecken **ganz oder teilweise über die verbürgte Forderung, erlischt die Finanzkreditbürgschaft,** es sei denn, der Bund hat der Verfügung schriftlich zugestimmt.

§ 20
Abtretung der Ansprüche aus der Finanzkreditbürgschaft

Die Abtretung der Ansprüche aus der Finanzkreditbürgschaft bedarf der schriftlichen Zustimmung des Bundes. Stimmt der Bund der Abtretung zu, bleiben sämtliche Verpflichtungen des Bürgschaftsnehmers aus der Finanzkreditbürgschaft dem Bund gegenüber unverändert bestehen.

§ 21
Ausschlußfrist

Ansprüche gegen den Bund aus der Finanzkreditbürgschaft sind innerhalb einer Ausschlußfrist von 6 Monaten gerichtlich geltend zu machen, nachdem der Bund dem Bürgschaftsnehmer gegenüber die Ansprüche unter Hinweis auf diese Rechtsfolge schriftlich abgelehnt hat.

§ 22
Gerichtsstand

Für Streitigkeiten zwischen dem Bund und dem Bürgschaftsnehmer aus der Finanzkreditbürgschaft sind die ordentlichen Gerichte in Hamburg zuständig.

Anhang 4.7: Allgemeine Bedingungen für Garantien für gebundene Finanzkredite

Begriffsbestimmung

Die Bundesrepublik Deutschland (Bund) übernimmt Ausfuhrgewährleistungen unter der Bezeichnung **„Finanzkreditgarantien"** für Geldforderungen deutscher Kreditinstitute aus mit privaten ausländischen Schuldnern geschlossenen Kreditverträgen, die an Ausfuhrgeschäfte deutscher Exporteure gebunden sind (gebundene Finanzkredite).

Gewährleistungsvertrag

Die Allgemeinen Bedingungen für Finanzkreditgarantien sind Bestandteil des Gewährleistungsvertrages, den der Bund nach Maßgabe der Richtlinien für die Übernahme von Ausfuhrgewährleistungen schließt, und gelten, soweit sie nicht im Gewährleistungsvertrag ausdrücklich abbedungen, ergänzt oder ersetzt sind.

HERMES
TREUARBEIT

Der Bund als Vertragspartner des Garantienehmers wird durch den Bundesminister für Wirtschaft (BMWi) vertreten. Der BMWi wird durch die HERMES Kreditversicherungs-AG (HERMES), Hamburg, und die TREUARBEIT Aktiengesellschaft Wirtschaftsprüfungsgesellschaft Steuerberatungsgesellschaft (TREUARBEIT), Hamburg, als Mandatare des Bundes vertreten. HERMES und TREUARBEIT sind vom Bund beauftragt und ermächtigt, alle den Abschluß und die Abwicklung des Gewährleistungsvertrages betreffenden Erklärungen, soweit sie nicht gemäß § 1 der Bundesschuldenverwaltung vorbehalten sind, namens und im Auftrag des Bundes abzugeben und entgegenzunehmen. Federführend ist HERMES.

§ 1
Formerfordernisse

Schriftform

Der Gewährleistungsvertrag kommt dadurch zustande, daß der Bund den Antrag des Garantienehmers auf Übernahme einer Finanzkreditgarantie schriftlich und unter Bezugnahme auf diese Allgemeinen Bedingungen annimmt. Der Bund kann jedoch auf Zahlung erst in Anspruch genommen werden, wenn über die Finanzkreditgarantie eine Urkunde (Finanzkreditgarantie-Erklärung) erstellt, mit zwei Unterschriften der Bundesschuldenverwaltung versehen und dem Garantienehmer zugegangen ist. Entsprechendes gilt für Änderungen der Finanzkreditgarantie, die Inhalt oder Umfang der Haftung des Bundes erweitern. Mündliche Nebenabreden haben keine Gültigkeit.

Urkunde der Bundes-
schuldenverwaltung

§ 2
Gegenstand der Finanzkreditgarantie

Darlehensforderung

(1) Gegenstand der Finanzkreditgarantie ist die im Kreditvertrag zwischen Garantienehmer und ausländischem Schuldner vereinbarte und in der Finanzkreditgarantie-Erklärung bezeichnete Geldforderung auf Rückzahlung des an den deutschen Exporteur ausgezahlten Kreditbetrages (garantierte Forderung).

Zinsen und Neben-
forderungen

(2) Die garantierte Forderung umfaßt ferner die im Kreditvertrag vereinbarten und in der Finanzkreditgarantie-Erklärung bezeichneten Kreditzinsen und Finanzierungsnebenkosten bis zur Fälligkeit der Hauptforderung. **Schadensersatzforderungen und sonstige Nebenforderungen**, z. B. auf Verzugszinsen, Vertragsstrafen oder Reugeld, **sind auch dann nicht garantiert, wenn sie in dem Vertrag zwischen Garantienehmer und ausländischem Schuldner ausdrücklich vorgesehen sind.**

§ 3
Haftungszeitraum

(1) Die Haftung aus der Finanzkreditgarantie beginnt, sobald und soweit der

Kreditbetrag ausgezahlt ist. Sie endet, sobald und soweit die garantierte Forderung erfüllt ist.

Verlust der Ansprüche bei Fristversäumnis

(2) **Hat der Garantienehmer innerhalb von 2 Jahren nach jeweiliger dem Bund mitgeteilter Fälligkeit der garantierten Forderung keinen Entschädigungsantrag gestellt, gilt die garantierte Forderung insoweit als erfüllt.** Auf Antrag des Garantienehmers kann der Bund jedoch das Ruhen des Entschädigungsverfahrens anordnen mit der Folge, daß sich die vorgenannte Frist von 2 Jahren entsprechend verlängert; der Antrag auf Ruhen des Entschädigungsverfahrens kann zugleich mit dem Entschädigungsantrag gestellt werden. Sobald und soweit die garantierte Forderung erfüllt ist oder nach Satz 1 als erfüllt gilt, verliert die Finanzkreditgarantie-Erklärung ihre Gültigkeit.

§ 4
Garantiefälle

Uneinbringlichkeit

(1) Der Garantiefall tritt ein, wenn und soweit die garantierte Forderung aufgrund eines der in den Absätzen 2 – 4 genannten Umstände uneinbringlich ist.

Mitverpflichtung Dritter

Besteht für die garantierte Forderung eine in der Finanzkreditgarantie-Erklärung aufgeführte Mithaftung Dritter, so tritt der Garantiefall jedoch erst ein, wenn und soweit auch die gegen mithaftende Dritte begründeten Forderungen uneinbringlich sind. Für die Feststellung der Uneinbringlichkeit gelten die Absätze 2 – 4 entsprechend.

politische Schadenstatbestände

(2) Uneinbringlichkeit infolge politischer Umstände liegt vor,

1. wenn nicht später als 12 Monate nach Fälligkeit

– allgemeiner politischer Garantiefall

gesetzgeberische oder behördliche Maßnahmen im Ausland, die nach Abschluß des Kreditvertrages mit Bezug auf die garantierte Forderung ergangen sind,

oder

kriegerische Ereignisse oder Aufruhr oder Revolution im Ausland

die Erfüllung oder Beitreibung der garantierten Forderung

in jeder Form verhindern

oder

in der vereinbarten Währung verhindern und keine Möglichkeit zur Einzahlung des Gegenwertes zum Zwecke des Transfers gemäß Nr. 2 besteht und der Bund der Zahlung in einer anderen als der vereinbarten Währung mit schuldbefreiender Wirkung nicht zustimmt

und 6 Monate ohne Zahlung nach der mit dem ausländischen Schuldner vereinbarten Fälligkeit verstrichen sind;

– Konvertierungs- und Transferfall („KT-Fall")

2. wenn infolge von Beeinträchtigungen des zwischenstaatlichen Zahlungsverkehrs Beträge, die der ausländische Schuldner als Gegenwert für die garantierte Forderung bei einer zahlungsfähigen Bank oder einer anderen vom Bund anerkannten Stelle zum Zwecke der Überweisung an den Garantienehmer eingezahlt hat, nicht in die vereinbarte Währung konvertiert oder nicht transferiert werden, alle beste-

henden Vorschriften für die Konvertierung und den Transfer dieser Beträge erfüllt waren und 4 Monate nach Fälligkeit der Forderung, Einzahlung und Erfüllung dieser Vorschriften verstrichen sind;

– Kursverluste an eingezahlten Beträgen

3. wenn nach Erfüllung aller bestehenden Vorschriften für die Konvertierung und den Transfer ausschließlich infolge einer Abwertung der vom ausländischen Schuldner auf die garantierte Forderung eingezahlten Beträge Kursverluste entstehen, sofern nach Abschluß des Kreditvertrages erlassene Vorschriften des Schuldnerlandes eine schuldbefreiende Wirkung dieser Zahlungen vorsehen. Kursverluste an der mit dem ausländischen Schuldner vereinbarten oder einer anderen ohne Zustimmung des Bundes angenommenen Währung sind nicht gedeckt.

wirtschaftliche Schadenstatbestände

(3) Uneinbringlichkeit infolge wirtschaftlicher Umstände liegt vor, wenn mit Bezug auf das Vermögen des ausländischen Schuldners oder dessen Nachlaß

– Konkurs

1. ein Konkursverfahren eröffnet oder mangels Masse abgelehnt worden ist;

– amtlicher Vergleich

2. ein amtliches Vergleichsverfahren oder ein anderes amtliches Verfahren, das zum Ausschluß der Einzelzwangsvollstreckung führt, eröffnet worden ist;

– außeramtlicher Vergleich

3. ein außeramtlicher Vergleich (Stundungs-, Quoten- oder Liquidationsvergleich), dem alle oder eine Gruppe untereinander vergleichbarer Gläubiger einschließlich des Garantienehmers zugestimmt haben, abgeschlossen worden ist;

– fruchtlose Zwangsvollstreckung

4. eine Zwangsvollstreckung wegen der garantierten Forderung nicht zur vollen Befriedigung geführt hat;

– Zahlungseinstellung

5. die wirtschaftlichen Verhältnisse nachweislich so ungünstig sind, daß der ausländische Schuldner seine Zahlungen ganz oder in wesentlichem Umfang eingestellt hat.

Nichtzahlungsfall („protracted default")

(4) Uneinbringlichkeit infolge wirtschaftlicher Umstände ist auch dann anzunehmen, wenn die garantierte Forderung 6 Monate nach ihrer Fälligkeit nicht erfüllt worden ist und **der Garantienehmer die nach den Regeln der banküblichen Sorgfalt erforderlichen Maßnahmen zur Einziehung der garantierten Forderung ergriffen sowie dem Bund unbeschadet seiner sonstigen Pflichten nach diesen Allgemeinen Bedingungen den Nichteingang der Forderung spätestens 2 Monate nach Fälligkeit mitgeteilt hat.**

verzögerte Meldung (s. a. §§ 15 (4), 16 (3))

Soweit die Meldefrist von 2 Monaten überschritten wird, tritt der Garantiefall entsprechend später ein.

Konkurrenzen – Grundregel

(5) Entschädigt wird aufgrund des Garantiefalles, der zuerst eingetreten ist. Sind ein wirtschaftlicher und ein politischer Garantiefall gleichzeitig eingetreten, wird nach dem politischen Garantiefall entschädigt.

– Ausnahme für den allgemeinen politischen Garantiefall

Tritt der Garantiefall gemäß Absatz 2 Nr. 1 ein, so bleibt der Eintritt des Garantiefalles gemäß Absatz 4 außer Betracht, wenn der Garantienehmer innerhalb von 12 Monaten seit Fälligkeit der Forderung keinen Antrag auf Entschädigung nach diesem Garantiefall gestellt hat.

– Ausnahme für den „KT-Fall"

Sind bei Eintritt eines Garantiefalles gemäß Absatz 4 bis auf den Ablauf der Karenzfrist alle Voraussetzungen des Garantiefalles gemäß Absatz 2 Nr. 2 erfüllt, so wird eine Entschädigung nur aufgrund des Garantiefalles gemäß Absatz 2 Nr. 2 geleistet. Des Ablaufs der dort bestimmten Frist bedarf es in diesem Fall jedoch nicht, sofern nach Fälligkeit der garantierten Forderung mindestens 10 Monate verstrichen sind.

281

– Nachentschädigung

Treten nach einer Entschädigung gemäß Absatz 4 die Voraussetzungen des Garantiefalles gemäß Absatz 2 Nr. 2 oder Absatz 3 ein, wird eine Nachentschädigung geleistet, soweit die Anwendung dieser Vorschriften zu einer höheren Entschädigung führt.

§ 5
Fälligkeit und Rechtsbeständigkeit der garantierten Forderung

Rechtsbeständigkeit als Entschädigungsvoraussetzung

(1) **Voraussetzung für die Entschädigung der garantierten Forderung ist deren Fälligkeit und Rechtsbeständigkeit.** Wird aufgrund gesetzlicher oder vertraglicher Bestimmungen der gesamte Restbetrag des Kredites fällig, so erfolgt die Entschädigung gleichwohl nach Maßgabe der im Kreditvertrag festgelegten Fälligkeiten; der Bund ist jedoch berechtigt, vor diesen Fälligkeiten Entschädigungen zu leisten.

Beweislast

(2) **Der Garantienehmer hat den Bestand der garantierten Forderung und der in der Finanzkreditgarantie-Erklärung aufgeführten Sicherheiten, das Vorliegen der Voraussetzungen für den Eintritt des Garantiefalles sowie Grund und Höhe des Schadens auf seine Kosten nachzuweisen.** Wird der Bestand der Forderung oder der in der Finanzkreditgarantie-Erklärung aufgeführten Sicherheiten bestritten oder werden dagegen Einreden oder Einwendungen erhoben, kann der Bund den Entschädigungsantrag zurückweisen, bis der Garantienehmer – erforderlichenfalls durch Entscheidung des im Verhältnis zwischen ihm und seinem ausländischen Schuldner oder Sicherheitengeber zuständigen Gerichts oder Schiedsgerichts – die Rechtsbeständigkeit der Forderung und der in der Finanzkreditgarantie-Erklärung aufgeführten Sicherheiten nachgewiesen hat; **die Risiken des anwendbaren Rechts und des Gerichtsstands trägt dabei der Garantienehmer.**

Risiken des anwendbaren Rechts

Verantwortung für Rechtsmängel

(3) **Die Verantwortung für die Rechtsbeständigkeit der garantierten Forderung und dafür bestellter Sicherheiten trägt im Verhältnis zum Bund ausschließlich der Garantienehmer.** Der Bund wird Verträge und sonstige Unterlagen, aus denen sich die garantierten Forderungen und Sicherungsrechte ergeben sollen, erst im Entschädigungsverfahren prüfen. Der Garantienehmer kann sich nicht darauf berufen, daß der Bund den Inhalt solcher Verträge oder Unterlagen oder Teile derselben vorher, insbesondere bei Übernahme der Finanzkreditgarantie, gekannt habe oder hätte kennen müssen.

keine Prüfung von Unterlagen außerhalb der Schadensprüfung

§ 6
Selbstbeteiligung

Regelsätze

(1) Der Garantienehmer ist an jedem Ausfall an der garantierten Forderung selbst beteiligt. Sofern in der Finanzkreditgarantie-Erklärung nichts anderes festgelegt ist, beträgt die Selbstbeteiligung

1. 10 % im Garantiefall gemäß § 4 Absatz 2,
2. 15 % in den Garantiefällen gemäß § 4 Absätze 3 und 4.

5 %-Alternative

(2) Auf Antrag des Garantienehmers kann die Selbstbeteiligung für alle Garantiefälle auf 5 % des Ausfalls ermäßigt werden.

Wird die Selbstbeteiligung auf 5 % ermäßigt, verkürzen sich die in § 4 Absatz 2 und Absatz 4 für den Eintritt des Garantiefalles bestimmten Fristen auf 3 Monate. Die in § 4 Absatz 5 genannte Mindestfrist von 10 Monaten verkürzt sich auf 6 Monate.

Verbot der anderweitigen
Absicherung sowie bei
5 %-Alternative
auch der Abwälzung

(3) **Der Garantienehmer darf das Risiko aus der Selbstbeteiligung nicht anderweitig absichern.** Dies gilt bei einer Selbstbeteiligung gemäß Absatz 1 nicht für die Weitergabe des Risikos aus der Selbstbeteiligung an den Exporteur.

§ 7
Berechnung und Auszahlung der Entschädigung

Anrechnung von
Zahlungen

(1) Stehen dem Garantienehmer aus seiner Geschäftstätigkeit mehrere Forderungen gegen den ausländischen Schuldner zu, so werden für die Feststellung der Entschädigung hierauf geleistete Zahlungen des ausländischen Schuldners auch dann, wenn zwischen Garantienehmer und Schuldner eine andere Anrechnungsregelung vereinbart ist, wie folgt berücksichtigt:

– Regel bei gezielten
Zahlungen

1. Bei Zahlungen auf gedeckte Forderungen sowie bei Zahlungen auf ungedeckte Forderungen, die früher fällig sind als die garantierte Forderung, gilt die Tilgungsbestimmung des ausländischen Schuldners.

– Ausnahme bei gezielten
Zahlungen auf
ungedeckte Forderungen

2. Zahlungen auf ungedeckte Forderungen, die zur selben Zeit wie die garantierte Forderung oder später als diese fällig sind, werden in den Garantiefällen gemäß § 4 Absätze 3 und 4 auf gedeckte und ungedeckte Forderungen und vertraglich vereinbarte Zinsforderungen (ausgenommen Verzugszuschläge) nach der Reihenfolge ihrer Fälligkeit angerechnet, es sei denn, nach den Umständen des Einzelfalles ist auszuschließen, daß der Garantienehmer auf die Tilgungsbestimmung der Zahlung Einfluß genommen hat. In den Garantiefällen gemäß § 4 Absatz 2 bleibt bei derartigen Zahlungen die Tilgungsbestimmung des ausländischen Schuldners maßgeblich.

Satz 1 gilt ferner nicht für Zahlungen auf ungedeckte Forderungen, die vom Garantienehmer für Rechnung Dritter gehalten werden oder aus laufendem Bankgeschäft mit einer Endfälligkeit von nicht mehr als einem Jahr entstanden sind.

– ungezielte Zahlungen

3. Ohne Tilgungsbestimmung des ausländischen Schuldners geleistete Zahlungen werden in den Garantiefällen gemäß § 4 Absatz 2 Nr. 1, Absätze 3 und 4 auf gedeckte und ungedeckte Forderungen und vertraglich vereinbarte Zinsforderungen (ausgenommen Verzugszuschläge) nach der Reihenfolge ihrer Fälligkeit angerechnet.

– entsprechende
Anwendung

4. Die Nr. 1 – 3 gelten entsprechend für

   a) Zahlungen des Garanten, Bürgen und Dritter; sonstige Leistungen des Schuldners, Garanten, Bürgen und Dritter;

   b) Ausschüttungen und Erlöse aus der schuldnerischen Masse;

   c) Erlöse aus Pfändungen und sonstigen Sicherheiten;

   d) aufrechenbare Forderungen, Forderungsnachlässe, Gutschriften und Leistungen an Zahlungs Statt;

   e) sonstige dem Garantienehmer im Zusammenhang mit dem Eintritt des Garantiefalles entstandene Vermögensvorteile.

– Quotelung bei
gleicher Fälligkeit

5. Anrechnungen gemäß Nr. 2 – 4 auf Forderungen mit gleicher Fälligkeit erfolgen nach dem Verhältnis dieser Forderungsbeträge (ohne Verzugszuschläge).

– Vorwegabzug sachge-
mäßer Aufwendungen

6. Werden Zahlungen gemäß Nr. 2 oder die in Nr. 4 genannten Vermögensvorteile gemäß Nr. 2 oder 3 angerechnet, so werden von diesen Zahlungen oder Vermögensvorteilen die vom Garantienehmer
sachgemäß aufgewendeten Rechtsverfolgungs- oder Beitreibungskosten abgezogen. **Die zur Einziehung einer Forderung üblichen
Kosten einschließlich Protestkosten sowie die im gewöhnlichen
Geschäftsbetrieb des Garantienehmers entstandenen Kosten
bleiben außer Betracht.**

Abzug der
Selbstbeteiligung

(2) Der nach Anwendung von Absatz 1 verbleibende Betrag ist um die Selbstbeteiligung des Garantienehmers zu kürzen.

Fristen für
Schadensbearbeitung

(3) Nach Einreichung aller für die Feststellung des Entschädigungsanspruches erforderlichen Unterlagen stellt der Bund die Schadensberechnung
innerhalb von 2 Monaten auf. Der sich aus der Schadensberechnung ergebende Betrag wird innerhalb eines Monats nach Bekanntgabe der Schadensberechnung an den Garantienehmer insoweit ausgezahlt, als der
Garantienehmer die Schadensberechnung anerkannt hat.

Abschlagszahlung

(4) Ist die Schadensberechnung infolge eines Umstandes, den der Garantienehmer nicht zu vertreten hat, nicht innerhalb von 2 Monaten möglich, kann
dem Garantienehmer auf Antrag insoweit eine Abschlagszahlung auf die
zu erwartende Entschädigung gewährt werden, als diese in ihrem Mindestumfang bereits vor Abschluß der Schadensberechnung feststeht.

§ 8
Rückflüsse

Zuordnung und Verteilung
von Rückflüssen

(1) Alle nach Leistung einer Entschädigung eingehenden Zahlungen und sonstigen Vermögensvorteile (Rückflüsse) werden unter Einbeziehung der entschädigten Forderung entsprechend § 7 Absatz 1 zugeordnet. Unberücksichtigt bleiben jedoch diejenigen Rückflüsse, die auf einem Kreditvertrag
beruhen, der erst später als 3 Jahre nach Erfüllung oder Entschädigung der
zuletzt fälligen Forderung aus dem garantierten Finanzkredit geschlossen
worden ist.

Mitteilungs- und
Abführungspflicht

(2) **Der Garantienehmer hat dem Bund jeden Eingang von Rückflüssen
unverzüglich anzuzeigen. Die dem Bund zustehenden Beträge hat der
Garantienehmer unverzüglich an den Bund abzuführen.**

§ 9
Rückzahlung der Entschädigung

Mitteilungspflicht über
Einreden oder Einwendungen
gegen Forderung oder
Sicherheiten

(1) **Wird der Bestand der garantierten Forderung oder der in der Finanzkreditgarantie-Erklärung aufgeführten Sicherheiten bestritten oder
werden dagegen Einreden oder Einwendungen erhoben, hat der
Garantienehmer dies im Entschädigungsverfahren unverzüglich mitzuteilen.** Verletzt der Garantienehmer diese Pflicht, kann der Bund die
geleistete Entschädigung insoweit zurückfordern, als er bei Kenntnis der
Sachlage den Entschädigungsantrag zurückgewiesen hätte.

Rückforderung bei Wegfall
der Entschädigungs-
voraussetzungen

(2) Stellt sich nach Leistung der Entschädigung heraus, daß die entschädigte
Forderung des Garantienehmers oder nicht in voller Höhe besteht, oder
wird insbesondere in einem Rechtsstreit zur Beitreibung der entschädigten
Forderung vom zuständigen Gericht die Klage ganz oder teilweise rechtskräftig abgewiesen, oder ergibt sich nach Leistung der Entschädigung, daß
der Bund aus sonstigen Gründen nicht zur Entschädigung verpflichtet war,
kann der Bund die geleistete Entschädigung einschließlich erstatteter
Kosten insoweit zurückfordern.

Rückforderung bei nachträglicher Leistungsfreiheit

(3) Wird der Bund infolge eines Umstandes, der erst nach Leistung der Entschädigung eingetreten ist, von der Verpflichtung zur Entschädigung frei oder verletzt der Garantienehmer die ihn nach § 11 Absatz 1 treffenden Pflichten, so ist der Bund berechtigt, die geleistete Entschädigung einschließlich erstatteter Kosten insoweit zurückzufordern.

Verzinsungspflicht bei Rückforderung

(4) **Soweit dem Bund ein Rückzahlungsanspruch zusteht, hat der Garantienehmer** in den Fällen der Absätze 1 und 2 **den zurückzuzahlenden Betrag** vom Zeitpunkt der Leistung der Entschädigung, im Falle des Absatzes 3 vom Zeitpunkt des Wegfalls der Entschädigungsverpflichtung an mit dem Zinssatz **zu verzinsen,** der den Kosten der Kreditaufnahme des Bundes ab diesem Zeitpunkt entspricht. Mit Erfüllung des Rückzahlungsanspruchs des Bundes fallen gemäß § 10 Absatz 1 auf den Bund übergegangene Forderungen, Ansprüche und sonstige Rechte insoweit an den Garantienehmer zurück.

weitergehende Ansprüche

(5) Weitergehende, nach gesetzlichen Regelungen oder allgemeinen Rechtsgrundsätzen bestehende Ansprüche des Bundes werden hierdurch nicht berührt.

§ 10
Übergang der Rechte und Ansprüche

Forderungsübergang

(1) Mit Leistung der Entschädigung gehen die entschädigte Forderung, die Ansprüche auf Zinsen und Verzugszinsen für die Zeit nach Zahlung der Entschädigung sowie der Anspruch auf die im Ausland eingezahlten oder hinterlegten Beträge einschließlich der für diese Forderungen und Ansprüche bestehenden Sicherheiten insoweit auf den Bund über, als dies dem Anteil des Bundes am Ausfall der entschädigten Forderung entspricht. Der Garantienehmer hat auf Verlangen des Bundes die zum Übergang der Forderung, Ansprüche und sonstigen Rechte etwa erforderlichen Rechtshandlungen vorzunehmen.

treuhänderische Verwaltung

(2) Ist die Übertragung nicht möglich oder verzichtet der Bund auf sie, so hat der Garantienehmer die in Absatz 1 genannten Forderungen, Ansprüche und sonstigen Rechte als Treuhänder des Bundes zu halten.

§ 11
Rechtsverfolgung nach Leistung der Entschädigung

Verpflichtung zur Rechtsverfolgung

(1) **Unbeschadet des Übergangs der Forderungen, Ansprüche und sonstigen Rechte gemäß § 10 hat der Garantienehmer alle zur Einziehung der entschädigten Forderung und zur Verwertung von Sicherheiten geeigneten Maßnahmen durchzuführen und hierbei etwaige Weisungen des Bundes zu befolgen;** als geeignete Maßnahme gilt auch die Führung eines Rechtsstreites. Von einer Weisung zur Führung eines Rechtsstreites kann abgesehen werden, wenn Gerichtsstand bzw. anwendbare Rechtsordnung keine hinreichende Beurteilung der Erfolgsaussichten des Rechtsstreites zulassen und der Garantienehmer einen solchen Gerichtsstand bzw. die Anwendung einer solchen Rechtsordnung nicht abbedingen konnte oder wenn die voraussichtlichen Kosten des Rechtsstreites außer Verhältnis zur Höhe der Forderung bzw. den Erfolgsaussichten von Vollstreckungsmaßnahmen stehen.

Beurteilungsspielraum des Bundes

Kostenbeteiligung

(2) Erfolgen Rechtsverfolgungsmaßnahmen mit Zustimmung oder auf Weisung des Bundes, werden dadurch entstehende sachgemäße Aufwendungen zwischen dem Bund und dem Garantienehmer im Verhältnis ihrer Beteiligung an der geltend gemachten Forderung aufgeteilt. **Die zur Einziehung einer Forderung üblichen Kosten einschließlich Protestkosten sowie die im gewöhnlichen Geschäftsbetrieb des**

Garantienehmers entstandenen Kosten trägt der Garantienehmer.
§ 9 Absatz 2 findet entsprechende Anwendung.

Verzicht auf
Rückflußbeteiligung

(3) Entläßt der Bund den Garantienehmer auf dessen Antrag aus der Verpflichtung gemäß Absatz 1, so verliert der Garantienehmer das Recht, an Rückflüssen nach Maßgabe seiner Selbstbeteiligung beteiligt zu werden.

§ 12
Umrechnung von Fremdwährungsbeträgen

(1) Vertragswährung für die Finanzkreditgarantie ist die Deutsche Mark. Für die Umrechnung von Beträgen, die auf andere Währungen lauten, in Deutsche Mark gilt folgendes:

Umrechnungskurs für
Entgelt

1. Das gemäß § 18 zu entrichtende Entgelt wird zu dem letzten vor der Entgeltfestsetzung im Bundesanzeiger veröffentlichten Umsatzsteuer-Umrechnungssatz (Entgeltkurs) umgerechnet.

Umrechnungskurs für
Entschädigung

2. Die Entschädigung wird zum amtlichen Geldkurs der Frankfurter Börse

   – am Tage der Einzahlung in dem Garantiefall gemäß § 4 Absatz 2 Nr. 2

   – am Tage der Fälligkeit in den anderen Garantiefällen

umgerechnet. Hat am maßgeblichen Tage keine amtliche Kursnotierung stattgefunden, so tritt die nachfolgende Notierung an ihre Stelle.

Ist aufgrund des eingetretenen Garantiefalles eine Fälligkeit der garantierten Forderung nicht gegeben oder erfolgt die Entschädigung vor den im Kreditvertrag festgelegten Fälligkeiten, wird die Entschädigung zum letzten amtlichen Geldkurs der Frankfurter Börse vor Absendung der Mitteilung über die Entschädigung umgerechnet.

Kursbegrenzung bei
Entschädigung

In allen Fällen erfolgt die Umrechnung der Entschädigung höchstens zum Entgeltkurs.

Umrechnungskurs für
Rückflüsse

3. Rückflüsse auf die entschädigte Forderung werden zum amtlichen Geldkurs der Frankfurter Börse am Tage ihres Eingangs beim Garantienehmer umgerechnet.

Beteiligung an Kursgewinnen
bei durch Kursbegrenzung
reduzierten Entschädigungen

4. Hat der Bund die Entschädigung gemäß Nr. 2 zum Entgeltkurs in Deutsche Mark umgerechnet und erbringt ein Rückfluß für den Bund über den Betrag hinaus, der insgesamt zur Entschädigung der Forderungen aus diesem Kreditvertrag geleistet worden ist, einen Kursgewinn, so steht der Kursgewinn dem Garantienehmer bis zur Höhe des Betrages zu, der dem Unterschied zwischen dem amtlichen Geldkurs der Frankfurter Börse am Tage der Einzahlung in dem Garantiefall gemäß § 4 Absatz 2 Nr. 2 oder am Tage der Fälligkeit in den anderen Garantiefällen und dem Entgeltkurs entspricht.

nicht amtlich
notierte Währungen

(2) Für Währungen, für die keine Umsatzsteuer-Umrechnungssätze bzw. keine amtlichen Notierungen der Frankfurter Börse festgestellt werden, tritt an deren Stelle der von der Deutschen Bundesbank zuletzt als Geldkurs bekanntgegebene Umrechnungssatz. Ist ein solcher Umrechnungssatz nicht bekanntgegeben, so setzt der Bund die gemäß Absatz 1 anzuwendenden Umrechnungskurse unter Berücksichtigung der den amtlichen Notierungen der Frankfurter Börse entsprechenden Notierungen an den maßgebenden Börsen des Auslandes fest.

§ 13
Deckungseingriffe

Ausschlußrecht bei
Gefahrerhöhung

(1) **Bei Eintritt gefahrerhöhender Umstände kann der Bund dem Garantie-nehmer gegenüber jederzeit erklären, daß** bei Zugang dieser Erklärung **noch nicht ausgezahlte Kreditbeträge von der Finanzkreditgarantie ausgeschlossen sind.**

Einschränkung des
Ausschlußrechtes

(2) Besteht im Zusammenhang mit dem Ausfuhrgeschäft, an das der Finanz-kredit gebunden ist, eine Ausfuhrgewährleistung, so entfällt das Recht des Bundes gemäß Absatz 1, sofern und soweit die Waren bereits versandt oder die Leistungen bereits erbracht sind. Dies gilt nicht, wenn der Bund feststellt, daß der Exporteur bei der Versendung der Ware oder der Erbrin-gung der Leistung gegen seine Pflichten aus dem Ausfuhrgewährlei-stungs-Vertrag verstoßen hat.

§ 14
Umschuldungsvereinbarungen

Recht des Bundes
zur Umschuldung

(1) **Der Bund ist berechtigt, über die garantierte Forderung (einschließlich Selbstbeteiligung) Umschuldungsvereinbarungen mit dem Schuld-nerland abzuschließen; nicht garantierte Nebenforderungen und nicht garantierte Teile nur teilweise garantierter Forderungen darf er dabei einbeziehen.**

Voraussetzung der
Rechtsausübung

(2) Der Bund darf das Recht nach Absatz 1 nur ausüben, wenn er vor Abschluß der Umschuldungsvereinbarung anerkennt, nach welchem der in § 4 gere-gelten Garantiefälle Uneinbringlichkeit der garantierten Forderung vorliegt, sobald die in der Umschuldungsvereinbarung festgelegten Voraussetzun-gen für die Anwendung dieser Vereinbarung auf die garantierte Forderung vorliegen. Die Geltung von § 4 Absatz 5 bleibt davon unberührt.

Für einbezogene Forderungen, für die das Risiko der Uneinbringlichkeit infolge wirtschaftlicher Umstände fortbesteht, kann der Bund die Entschä-digungsleistung höchstens nach Maßgabe des Selbstbehalts für den Garantiefall gemäß § 4 Absatz 3 begrenzen.

Die sonstigen Entschädigungsvoraussetzungen bleiben unberührt.

Wahrung des
Entschädigungsanspruchs

Der Garantienehmer kann unbeschadet vorstehender Regelung Entschä-digung nach den allgemeinen Regeln (§§ 4 ff) verlangen.

Vorrang der Zinsregelung
des Umschuldungs-
abkommens

(3) **Der Garantienehmer und seine Rechtsnachfolger müssen ferner Regelungen der Umschuldungsvereinbarung gegen sich gelten las-sen, durch die die Verzinsung der Forderung für den Zeitraum ab ihrer Fälligkeit oder für einen später beginnenden Zeitraum abweichend von den gesetzlichen oder vertraglichen Zinsregelungen bestimmt wird** und aufgrund derer weitergehende Ansprüche aus dem Gesichts-punkt des Verzugs nicht geltend gemacht werden können.

Umrechnung von Fremd-
währungsbeträgen im
Umschuldungsabkommen

(4) Für die Umrechnung der Entschädigung bleibt § 12 Absatz 1 Nr. 2 auch dann maßgeblich, wenn der in der Umschuldungsvereinbarung bestimmte Umrechnungskurs für nicht auf Deutsche Mark lautende Beträge in Deutsche Mark von dem in dieser Vorschrift geregelten Umrechnungskurs abweicht. **In bezug auf Selbstbeteiligung, nicht garantierte Nebenfor-derungen und nicht garantierte Teile nur teilweise garantierter Forde-rungen müssen der Garantienehmer und seine Rechtsnachfolger den in der Umschuldungsvereinbarung bestimmten Umrechnungskurs gegen sich gelten lassen.**

§ 15
Pflichten des Garantienehmers

Neben den sonstigen nach diesen Allgemeinen Bedingungen und den Bestimmungen der Finanzkreditgarantie-Erklärung bestehenden Pflichten hat der Garantienehmer die folgenden Pflichten zu beachten:

Wahrheitspflicht im Antragsverfahren

1. **Der Garantienehmer hat im Zusammenhang mit der Beantragung einer Finanzkreditgarantie alle für die Übernahme der Finanzkreditgarantie erheblichen Umstände vollständig und richtig anzuzeigen und unverzüglich zu berichtigen, wenn sich bis zum Zugang der Finanzkreditgarantie-Erklärung gegenüber den bei Antragstellung erfolgten Angaben Änderungen oder Ergänzungen ergeben.** Durch Antragsformular oder in sonstiger Weise erfragte Angaben gelten im Zweifel als erheblich.

Verbot des Abweichens vom dokumentierten Sachverhalt, insbesondere hinsichtlich der Zahlungsbedingungen

2. **Nach Übernahme der Finanzkreditgarantie darf der Garantienehmer Änderungen oder Ergänzungen, die sich auf den in der Finanzkreditgarantie-Erklärung dargestellten Sachverhalt oder auf die mit dem Schuldner oder sonstigen Verpflichteten getroffenen Vereinbarungen beziehen, nicht ohne schriftliche Zustimmung des Bundes vornehmen,** es sei denn, die Änderungen sind unerheblich; Nr. 1 Satz 2 gilt entsprechend. **Der Garantienehmer darf insbesondere keine Zahlung in einer anderen als der vertraglich vereinbarten Währung an Erfüllungs Statt annehmen.**

Beachtung staatlicher Vorschriften

3. **Der Garantienehmer darf Kreditbeträge nur auszahlen, wenn die schon zu diesem Zeitpunkt für die Aufnahme und Rückzahlung des Kredites erforderlichen Genehmigungen vorliegen und die in den berührten Staaten zu beachtenden Vorschriften eingehalten werden.**

Meldepflicht bei Gefahrerhöhung

4. **Der Garantienehmer hat ihm bekanntwerdende gefahrerhöhende Umstände unverzüglich schriftlich anzuzeigen und mitzuteilen, welche Maßnahmen er zur Sicherung seiner Ansprüche beabsichtigt oder getroffen hat.** Als gefahrerhöhender Umstand gilt insbesondere, daß

a) der Schuldner in Verzug gerät oder um Prolongation nachsucht;

b) die Vermögenslage, Zahlweise oder allgemeine Beurteilung des Schuldners oder Sicherheitengebers sich verschlechtert oder vom Schuldner eine andere als die geschuldete Leistung angeboten wird;

c) gesetzgeberische oder behördliche Maßnahmen im Ausland oder sonstige politische Ereignisse die Erfüllung oder Beitreibung der garantierten Forderung gefährdet erscheinen lassen.

Zustimmungserfordernis bei Gefahrerhöhung

5. **In den Fällen der Nr. 4 darf der Garantienehmer Auszahlungen der Kreditbeträge nicht ohne vorherige schriftliche Zustimmung des Bundes vornehmen.**

Schadensverhütungs- und Schadensminderungspflichten

6. **Der Garantienehmer hat auf seine Kosten alle zur Vermeidung eines Garantiefalles oder Minderung des Ausfalles nach den Regeln der banküblichen Sorgfalt erforderlichen und geeigneten Maßnahmen zu ergreifen und hierbei etwaige Weisungen des Bundes zu befolgen. Er hat insbesondere vor Auszahlung der Kreditbeträge zu prüfen, ob der ausländische Schuldner seine bisherigen vertraglichen Verpflichtungen zur Zahlung und zur Gestellung von Sicherheiten aus dem finanzierten Liefergeschäft erfüllt hat. Droht ein Garantiefall oder ist ein solcher eingetreten, hat er auf Verlangen des Bundes diesen oder einen vom Bund zu bestimmenden Dritten mit der Wahrnehmung der beiderseitigen Interessen zu beauftragen,** wenn die voraussichtlichen Kosten für die Beauftragung des Bundes oder des Dritten in einem

angemessenen Verhältnis zu der Höhe der Forderung und den Erfolgsaussichten der Interessenwahrnehmung stehen.

Auskunftspflicht

7. Der Garantienehmer hat dem Bund oder dessen Beauftragten über die Einzelheiten und den jeweiligen Abwicklungsstand des Kreditvertrages und des Liefergeschäftes sowie über sonstige Umstände, die für die Finanzkreditgarantie von Bedeutung sein können, jederzeit Auskunft zu erteilen. Hierzu gehört die fristgerechte, richtige und vollständige Beantwortung der zur Vorbereitung einer Umschuldungsvereinbarung gestellten Fragen und die Bereitstellung der zum Nachweis der Forderungen benötigten Unterlagen.

Prüfungsrechte des Bundes

8. Der Bund und seine Beauftragten sind berechtigt, jederzeit die Bücher und Unterlagen des Garantienehmers, die für die Finanzkreditgarantie von Bedeutung sein können, einzusehen und Abschriften von ihnen zu nehmen oder zu verlangen. Auf Verlangen des Bundes hat der Garantienehmer Unterlagen in fremder Sprache auf seine Kosten übersetzen zu lassen.

9. Der Garantienehmer hat eine Prüfung seiner Bücher und seines Betriebes, soweit dies für die Finanzkreditgarantie von Bedeutung sein kann, durch den Bund, den Bundesrechnungshof oder einen von diesen bestimmten Beauftragten zuzulassen, damit festgestellt werden kann, ob eine Inanspruchnahme des Bundes in Frage kommt oder die Voraussetzungen für eine solche vorliegen oder vorgelegen haben.

§ 16
Rechtsfolgen von Pflichtverletzungen

Haftungsbefreiung bei

– unwahren Angaben

(1) **Hat der Garantienehmer die ihm nach § 15 Nr. 1 obliegende Pflicht verletzt, so ist der Bund von seiner Verpflichtung zur Entschädigung frei,** es sei denn, der Bund stellt fest, daß die Pflichtverletzung begründende Unvollständigkeit oder Unrichtigkeit auf seine Entscheidung über die Übernahme der Finanzkreditgarantie keinen Einfluß gehabt hat. Eine Befreiung des Bundes von seiner Verpflichtung zur Entschädigung tritt nicht ein, soweit der Garantienehmer die Unrichtigkeit oder Unvollständigkeit seiner Angaben weder kannte noch kennen mußte.

– fehlerhaften Sicherheiten

(2) **Sind in der Finanzkreditgarantie-Erklärung aufgeführte Sicherheiten nicht oder nicht rechtswirksam bestellt worden, so ist der Bund von seiner Verpflichtung zur Entschädigung frei,** es sei denn, der Bund stellt fest, daß die fehlende oder mangelhafte Sicherheit auf seine Entscheidung über die Übernahme der Finanzkreditgarantie keinen Einfluß gehabt hat.

– sonstigen Obliegenheitsverletzungen unter dem Gesichtspunkt der
– – Schadensursächlichkeit

(3) **Hat der Garantienehmer unter Verstoß gegen die bankübliche Sorgfalt eine ihm nach § 15 Nr. 2 – 9 obliegende Pflicht verletzt, ist der Bund von der Verpflichtung zur Entschädigung frei,** es sei denn, durch die Pflichtverletzung ist ein Schaden weder entstanden noch zu besorgen.

– – Wesentlichkeit

Unabhängig davon, ob ein Schaden entstanden oder zu besorgen ist, ist der Bund bei einer Pflichtverletzung nach § 15 Nr. 2 von der Verpflichtung zur Entschädigung auch dann frei, wenn er feststellt, daß er den Änderungen oder Ergänzungen nach den Grundsätzen, denen er in seiner Entscheidungspraxis folgt, nicht zugestimmt hätte.

– – Risikoerhöhung

Bei einer Pflichtverletzung nach § 15 Nr. 4 ist der Bund von der Verpflichtung zur Entschädigung auch dann frei, wenn die Unkenntnis meldepflichtiger Umstände für den Bund im Zusammenhang mit anderen Ausfuhrgewährleistungen eine Risikoerhöhung bewirkt oder ihn daran gehindert hat, Maßnahmen zur Risikominderung zu ergreifen.

(4) Der Bund kann die Befreiung von seiner Verpflichtung zur Entschädigung nach den Umständen des Einzelfalles, insbesondere unter Berücksichtigung des eingetretenen Risikos und der Schwere des Verstoßes, einschränken.

(5) Soweit für die Verletzung sonstiger dem Garantienehmer nach diesen Allgemeinen Bedingungen und den Bestimmungen der Finanzkreditgarantie-Erklärung obliegenden Pflichten keine gesonderten Rechtsfolgen gelten, finden die Absätze 1 – 4 entsprechende Anwendung.

(6) Aus dem Gesetz oder der Anwendung allgemeiner Rechtsgrundsätze sich ergebende Ansprüche und sonstige Rechte des Bundes werden durch die in diesen Allgemeinen Bedingungen und der Finanzkreditgarantie-Erklärung enthaltenen Bestimmungen nicht berührt.

§ 17
Mitwirkendes Verschulden

Der Bund haftet nicht für Umstände und Gefahren, die der Garantienehmer nach den Regeln einer gewissenhaften Geschäftsführung und banküblichen Sorgfalt zu vertreten hat.

§ 18
Entgelt

Entgeltpflicht

(1) Für die Übernahme der Finanzkreditgarantie wird ein von Art und Umfang des gedeckten Risikos abhängiges Entgelt erhoben. Sofern nichts anderes bestimmt ist, wird das Entgelt mit der Aushändigung der Finanzkreditgarantie-Erklärung fällig.

Verzugsfolgen

(2) **Wird das fällige Entgelt nicht innerhalb von 14 Tagen nach einer Mahnung entrichtet,** die den Hinweis auf diese Frist und auf die nachstehend genannten Rechtsfolgen enthält, so **ist der Bund,** wenn seit der Fälligkeit des Entgelts insgesamt mindestens 6 Wochen verstrichen sind,

– Haftungsbefreiung

a) **von der Haftung** für Garantiefälle **befreit,** die nach Fälligkeit, aber vor Zahlung des Entgelts eingetreten sind,

– Kündigungsrecht

b) außerdem **berechtigt,** die Finanzkreditgarantie ohne Einhaltung einer weiteren Frist **zu kündigen,** solange das Entgelt nicht bezahlt ist.

Neuberechnung

Einbehalt einer Verwaltungskostenpauschale

(3) Stimmt der Bund einer Änderung des Inhalts oder des Umfanges der Finanzkreditgarantie zu und ändert sich hierdurch der Betrag der garantierten Forderung oder die Dauer des Risikos, erfolgt eine Neuberechnung des Entgelts. Sofern kein Garantiefall eingetreten ist, werden sich aus der Neuberechnung ergebende Überzahlungen erstattet **abzüglich einer Verwaltungskostenpauschale in Höhe von 5 % der Überzahlung, höchstens jedoch von DM 5.000,–.**

Verfall des Entgelts bei Haftungsbefreiung

(4) **Ist der Bund** nach diesen Allgemeinen Bedingungen oder den Bestimmungen der Finanzkreditgarantie-Erklärung **von der Verpflichtung zur Entschädigung frei, gebührt ihm gleichwohl das Entgelt,** soweit es fällig geworden ist, bevor der Bund von seiner Leistungsfreiheit Kenntnis erlangt hat.

§ 19
Abtretung der garantierten Forderung

Verfügt der Garantienehmer zu anderen als Sicherungszwecken **ganz oder teilweise über die garantierte Forderung, erlischt die Finanzkreditgarantie,** es sei denn, der Bund hat der Verfügung schriftlich zugestimmt.

§ 20
Abtretung der Ansprüche aus der Finanzkreditgarantie

Die Abtretung der Ansprüche aus der Finanzkreditgarantie bedarf der schriftlichen Zustimmung des Bundes. Stimmt der Bund der Abtretung zu, bleiben sämtliche Verpflichtungen des Garantienehmers aus der Finanzkreditgarantie dem Bund gegenüber unverändert bestehen.

§ 21
Ausschlußfrist

Ansprüche gegen den Bund aus der Finanzkreditgarantie sind innerhalb einer Ausschlußfrist von 6 Monaten gerichtlich geltend zu machen, nachdem der Bund dem Garantienehmer gegenüber die Ansprüche unter Hinweis auf diese Rechtsfolge schriftlich abgelehnt hat.

§ 22
Gerichtsstand

Für Streitigkeiten zwischen dem Bund und dem Garantienehmer aus der Finanzkreditgarantie sind die ordentlichen Gerichte in Hamburg zuständig.

Literaturverzeichnis

Achterberg, Norbert   Allgemeines Verwaltungsrecht, 2. Auflage, Heidelberg 1986.

Ade, Jens   Die Systeme der Exportkreditversicherung in der Bundesrepublik Deutschland und in der „Republic of Singapore", Hamburg 1978.

Albrecht, Peter   Ausgleich im Kollektiv und Verlustwahrscheinlichkeit, ZVersWiss 1987, S. 95 – 117.

Ali, Akbar F.   Export Credit Financing in the United Kingdom, Intl. Constr. Law Rev. 1983 – 84, S. 28 – 47.

Amelung, Knut   Die Einwilligung in die Beeinträchtigung eines Grundrechtsgutes. Eine Untersuchung im Grenzbereich von Grundrechts- und Strafrechtsdogmatik. Berlin 1981.

Andrich, René   Warenkreditversicherung. Sichere Forderungen jetzt auch für die Kleinen, RIW 1987, Beilage 3 zu Heft 6, S. 13 f.

Angerer, August   AVB unter Gesichtspunkten der Versicherungsaufsicht, ZVersWiss 1975, S. 197 – 209.

Arens, Peter   Zur Aufklärungspflicht der nicht beweisbelasteten Partei im Zivilprozeß, ZZP 1983, S. 1 – 24.

Axmann, Peter   Die Finanzierung im Anlagenexport und ihre rechtliche Gestaltung, AWD 1971, S. 437 – 442.

Baumbach, Adolf/ Duden, Konrad/ Hopt, Klaus   Handelsgesetzbuch mit GmbH & Co., Recht der Allgemeinen Geschäftsbedingungen und Handelsklauseln, Bank- und Börsenrecht, Transportrecht (ohne Seerecht), 28. Auflage, München 1989.

Baumgärtel, Fritz   Ist das Alles- oder Nichtsprinzip des § 6 Abs. 3 VVG rechtspolitisch unerwünscht?, VersR 1968, S. 818 – 820.

Belaunde-Moreyra, Antonio   Dramatic Action or Muddling through Strategy in the Debt Problem, in: Dicke, Detlev Chr. (Hrsg.), Foreign Debts in the Present and a New International Economic Order, Fribourg 1986, S. 10 – 25.

Beyfuß, Jörg   Exportkreditversicherung und Exportfinanzierung, Köln 1983.

Bleckmann, Albert   Subventionsrecht, Stuttgart (usw.) 1978.

Börner, Wilko H.   Schwierige geschäftspolitische Probleme in der Allgemeinen Sachversicherung, VW 1983, S. 1356 – 1360.

Bonner Kommentar   Kommentar zum Bonner Grundgesetz (Losebl.-Slg.), 1950 ff. 3. Auflage Bd. 1. Zitiert: Bearbeiter in Bonner Kommentar.

Bonnet, Robert	L'Assurance Crédit et la Crise Economique, Paris 1935.
Borch, Karl	A Theory of Insurance Premiums, The Geneva Papers on Risk and Insurance, 10 (1985), S. 192 ff.
Borchard, Edwin/Wynne, William	State Insolvency and Foreign Bondholders, Vol. I: General Principles, New Haven 1951.
Born, Karl Egon	Geld und Banken im 19. und 20. Jahrhundert, Stuttgart 1977.
Bosch, Ulrich	Vertragliche Regelungen in internationalen Kreditverträgen als risikopolitisches Instrument. Erfahrungen im Lichte der jüngsten Länderumschuldungen, in: Krümmel, Hans-Jacob (Hrsg.), Internationales Bankgeschäft, Beiheft zu „Kredit und Kapital", Heft 8, Berlin 1985, S. 117–159.
Bothe, Michael/ Brink, Joseph/ Kirchner, Christian/ Stockmayer, Albrecht	Rechtsfragen der internationalen Verschuldungskrise, Frankfurt 1988.
Braun, H.	Die Versicherung von Exportrisiken, in: Der Maschinenschaden 1985, S. 1–6.
Bruck, Ernst/Möller, Hans	Kommentar zum Versicherungsvertragsgesetz und zu den Allgemeinen Versicherungsbedingungen unter Einschluß des Versicherungsvermittlungsrechtes, 8. Auflage, Berlin 1961 ff.
Büchner, Franz	Zum Begriff und zum Beginn der Versicherung, Festschrift Karl Sieg, Karlsruhe 1976, S. 111–127.
Bullinger, Martin	Vertrag und Verwaltungsakt. Zu den Handlungsformen und Handlungsprinzipien der öffentlichen Verwaltung nach deutschem und englischem Recht, Stuttgart 1962.
Busl, Peter	Deutsches „internationales" Mahnverfahren – §§ 688 ff. ZPO und EuGVÜ, IPRax 1986, S. 270–272.
Canaris, Claus-Wilhelm	Bankvertragsrecht, in: Großkommentar HGB, 3. Auflage Bd. III/3 (2. Bearbeitung), Berlin 1981. Zitiert: Canaris in Großkomm.
Cárdenas, Emilio	How Argentina is refinancing its private sector debt, Int. Fin. L. Rev., June 1983, S. 28–36.
Carreau, D.	Le réechelonnement de la dette extérieure des Etats, J. du Droit Int. 1985, S. 5–48.
Christopeit, Joachim	Hermes-Deckungen, München 1968.
Deutsch, Erwin	Versicherungsvertragsrecht, 2. Auflage, Karlsruhe 1988.
Doehring, Karl	Die Pflicht des Staates zur Gewährung diplomatischen Schutzes. Köln/Berlin 1959.
Dohm, Jürgen	Bankgarantien im internationalen Handel, Bern 1985.

Dorscheid, Peter | Schiedsgerichtsvereinbarungen, Gerichtsstandsklauseln und Abreden über das anwendbare Recht in Ausfuhrverträgen, in: HERMES-Information Nr. 118, November 1986.

Ebenroth, Carsten T./Karl, Joachim | Die Multilaterale Investitions-Garantie-Agentur. Kommentar zum MIGA-Übereinkommen.

Ehlers, Dirk | Verwaltung in Privatrechtsform, Berlin 1984.

Ehrenzweig, Albert | Drei Grundsätze des Versicherungsrechts (Versicherungsvertrag, Obliegenheit, Interesse), ZVersWiss 1931, S. 355–382.

Eichler, Hermann | Versicherungsrecht, 2. Auflage, Karlsruhe 1976.

Eidam, Günter | Spartentrennung in der Rechtsschutzversicherung, Hamburg 1984.

Euler, Volkmar | Das System der staatlichen Exportkreditversicherung und deren Beitrag in der Internationalen Verschuldungskrise, in: Schwarze, Jürgen (Hrsg.), Kredit und Währung im Lichte des internationalen Rechts, Baden-Baden 1987, S. 37–53.

Falterbaum, Josef | Insolvenzentwicklung und Absicherung, in: Der Arbeitgeber 1984, S. 800.

Flick, Günther | Die Schranken der Inhaltskontrolle Allgemeiner Versicherungsbedingungen nach § 8 des Gesetzes zur Regelung des Rechts der Allgemeinen Geschäftsbedingungen, Hamburg 1984.

Frankenberg, Günter/Knieper, Rolf | Rechtsprobleme der Überschuldung von Ländern der Dritten Welt, RIW 1983, S. 569–580.

Frey, Peter | Gibt es eine Rechtspflicht zur Gleichbehandlung der bei einer Versicherungsaktiengesellschaft Versicherten?, Stuttgart 1959.

Friedrich, Karsten | Der Rechtsbegriff der Versicherung und die Praxis des Versicherungsaufsichtsamts. Bern/Frankfurt 1974.

Freiherr von Fürstenwerth, Jörg | Ermessensentscheidungen im Außenwirtschaftsrecht, Köln (usw.) 1985.

Gärtner, Rudolf | Das Bereicherungsverbot, Berlin 1970.

Gärtner, Rudolf | Privatversicherungsrecht, 2. Auflage, Neuwied 1980.

Geimer, Reinhold | Internationales Zivilprozeßrecht, Köln 1987.

Gerathewohl, Klaus (u. a.). | Rückversicherung. Grundlagen und Praxis, Bd. 1 Karlsruhe 1976, Bd. 2 ebendort 1979.

Gernhuber, Joachim | Die Erfüllung und ihre Surrogate sowie das Erlöschen der Schuldverhältnisse aus anderen Gründen, Tübingen 1983.

Gillmeister, Ferdinand | Ermittlungsrechte im deutschen und europäischen Kartellordnungswidrigkeitenverfahren, Baden-Baden 1985.

Glotzbach, Michael	Die staatliche Ausfuhrversicherung in Frankreich und Deutschland. Eine rechtsvergleichende Darstellung unter Berücksichtigung der Harmonisierungsbestrebungen im Gemeinsamen Markt, Berlin 1973.
Gold, Joseph	The Legal Character of the Fund's Standby Arrangements and Why it Matters, Washington D. C. 1980.
Grabitz, Eberhard (Hrsg.)	Kommentar zum EWG-Vertrag, Losebl.-Slg., 2. Ergänzungslfg. München 1988. Zitiert: Grabitz/Bearbeiter.
von der Groeben, Hans/von Boeckh, Hans/Thiesing, Jochen/Ehlermann, Klaus-Dieter	Kommentar zum EWG-Vertrag, 2 Bde., 3. Auflage, Baden-Baden 1983. Zitiert: von der Groeben/von Boeckh/Barbeiter.
Großfeld, Bernhard	Allgemeine Versicherungsbedingungen und Gesetz gegen Wettbewerbsbeschränkungen, Festschrift Reimer Schmidt, Karlsruhe 1976, S. 637 – 656.
Gürtler, Max	Prämienkalkulation, in: Versicherungsenzyklopädie, Bd. 3, Abschnitt C VI 5, Wiesbaden 1976.
Hahn, Hugo J.	Das Völkerrecht der Auslandsschuldenregelungen, ZKW 1989, S. 314 – 322.
Hansen, Timothy B.	The Legal Effect Given Stabilization Clauses in Economic Devilopment Agreements, Va. J. Int. Law 28 (1988), S. 1015 – 1041.
Hauptmannl, Lore	Exportkreditversicherung in der Bundesrepublik Deutschland. Ein Leitfaden, Frankfurt 1988.
Hax, Karl	Wesen, Bedeutung und Gliederung der Versicherung, in: Versicherungsenzyklopädie, Bd. 1, Abschnitt B I S. 1 – 127, Wiesbaden 1976.
Heilmann, Wolf-Rüdiger	Über Probleme bei der Anwendung statistischer Methoden in der Versicherungswissenschaft, ZVersWiss 1987, S. 75 – 88.
Henke, Marga	Die staatliche Exportkreditversicherung in der Bundesrepublik Deutschland: Hermes-Deckungen, Göttingen 1990.
Henke, Wilhelm	Das Recht der Wirtschaftssubventionen als öffentliches Vertragsrecht, Tübingen 1979.
Hentzen, Matthias K.	US-amerikanische Exportkontrollen. Die Systematik ihrer gesetzlichen Grundlagen, Heidelberg 1988.
Herlt, Rudolf	Prügelknabe und Retter in der Not, Die Welt Nr. 142 v. 22. 6. 1989, S. 13.
HERMES (Hrsg.)	Ausfuhrgarantien und Ausfuhrbürgschaften der Bundesrepublik Deutschland. Bericht über das Jahr 1988, ohne Ort, ohne Datum. Zitiert: Hermes, Bericht 1988.
HERMES (Hrsg.)	Ausfuhrgewährleistungen aktuell, AGA-Report Nr. 18, September 1989. Zitiert: AGA-Report.

Hesse, Konrad   Grundzüge des Verfassungsrechts der Bundesrepublik
                         Deutschland, 16. Auflage, Heidelberg 1988.
Hök, Götz-Sebastian   Zur Mitwirkungspflicht der Prozeßparteien bei der
                         Ermittlung ausländischen Rechts, JurBüro 1987,
                         S. 1761–1765.
Hök, Götz-Sebastian   Das grenzüberschreitende Mahnverfahren und das
                         neue Anerkennungs- und Vollstreckungsausführungs-
                         gesetz, MDR 1988, S. 186–190.
Horn, Norbert   Rechtsfragen internationaler Umschuldungen, WM
                         1984, S. 713–721.
Ipsen, Hans-Peter   Öffentliche Subventionierung Privater, Berlin/Köln
                         1956.
Ipsen, Hans-Peter   Öffentliche Subventionierung Privater, DVBl. 1956,
                         S. 498–505.
Kampf, Roger   Artikel 113 EWG-Vertrag als Grundlage für Embargo-
                         maßnahmen seitens der EWG, RIW 1989,
                         S. 792–797.
Karten, Walter   Zum Problem der Versicherbarkeit und zur Risikopo-
                         litik des Versicherungsunternehmens – betriebswirt-
                         schaftliche Aspekte, ZVersWiss 1972, S. 279–299.
Kaulbach, Detlef   Die zivilrechtliche Einordnung der Ausfuhrgewährlei-
                         stungen des Bundes, VersR 1985, S. 806–810.
Kegel, Gerhard   Internationales Privatrecht. 6. Auflage, München 1987.
Keinert, Heinz   Vorvertragliche Anzeigepflicht (§§ 16 ff. Versiche-
                         rungsvertragsgesetz) nach österreichischem und deut-
                         schem Recht. Zugleich ein Beitrag zur Vertreterrolle
                         des Versicherungsagenten, Wien (usw.) 1983.
Klein, Eckhart   Diplomatischer Schutz und grundrechtliche Schutz-
                         pflicht, DÖV 1977, S. 704–710.
Koch, Ruediger   Beihilfen nach dem EWG-Vertrag, insbesondere
                         Unterstützungen des Staates für eigene Unternehmen,
                         Göttingen 1967.
Kölble, Josef   Welche Anforderungen stellt das Grundgesetz an eine
                         gesetzliche Ermächtigung zur Sicherheitsleistung
                         durch den Bund (Art. 115 GG)?, WM 1960,
                         S. 626–637.
Kopp, Ferdinand   Verwaltungsverfahrensgesetz, 4. Auflage, München
                         1986.
Kraus, Heinz   Versicherungsaufsichtsrecht. Eine Studie zum deut-
                         schen und österreichischen Recht, Wien (usw.) 1971.
Krauß, Karl-Herrmann   Die Kreditversicherung aus der Sicht der Kreditinsti-
                         tute, Hamburg 1970.
Kreuzer, Karl   Ausländisches Wirtschaftsrecht vor deutschen Gerich-
                         ten. Zum Einfluß fremdstaatlicher Eingriffsnormen
                         auf private Rechtsgeschäfte, Heidelberg 1986.

Küting, Karlheinz	Aktuelle Probleme bei der Ermittlung der handelsrechtlichen Herstellungskosten, BB 1989, S. 587–596.
Kuhn, Wolfgang	Zur Neuregelung der Kostentragung im bedingungsgemäßen Sachverständigenverfahren, VersR 1983, S. 316–318.
Langendorf, Hans	Prozeßführung im Ausland und Mängelrüge im ausländischen Recht, Losebl.-Slg., Hagen, Stand Mai 1988.
Larenz, Karl	Allgemeiner Teil des deutschen Bürgerlichen Rechts, 7. Auflage, München 1989. Zitiert: Larenz, Allgemeiner Teil.
Larenz, Karl	Lehrbuch des Schuldrechts, Bd. 1, 14. Auflage, München 1987.
Lefèvre, Dieter	Staatliche Ausfuhrförderung und das Verbot wettbewerbsverfälschender Beihilfen im EWG-Vertrag, Baden-Baden 1977.
Löwe, Walter/Graf von Westphalen, Friedrich/Trinkner, Reinhold	Kommentar zum Gesetz zur Regelung des Rechts der Allgemeinen Geschäftsbedingungen, 1. Auflage Heidelberg 1977; 2. Auflage, Band II (§§ 10–24 AGBG) Heidelberg 1983. Zitiert: Bearbeiter in Löwe/Graf von Westphalen/Trinkner.
Van de Loo, Oswald	Die Angemessenheitskontrolle Allgemeiner Versicherungsbedingungen nach dem AGB-Gesetz. Eine problemorientierte Darstellung aus der Sicht des AGB-Gesetzes, Karlsruhe 1987.
Lorenz, Egon	Gefahrengemeinschaft und Beitragsgerechtigkeit aus rechtlicher Sicht, Karlsruhe 1983.
Mammitzsch, Hagen	Die Eigentumsgarantie des Grundgesetzes und die Stabilität des Geldwertes. Verfassungsrechtliche Grenzen der Inflationierung, München 1967.
Manes, Alfred	Staatsbankrotte. Wirtschaftliche und rechtliche Betrachtungen, 3. Auflage, Berlin 1922.
Manes, Alfred	Versicherungswesen. System der Versicherungswirtschaft, 3 Bde., 5. Auflage, Leipzig/Berlin 1930–31.
Mann, Frederic A.	Der Internationale Währungsfonds und das Internationale Privatrecht, JZ 1970, S. 709–715.
Mann, Frederic A.	The legal Aspect of Money, 4th edition, Oxford 1982.
Martin, Anton	Sachversicherungsrecht. Kommentar zu den Allgemeinen Versicherungsbedingungen für Hausrat (VBH 74), Wohngebäude (VGB), Feuer (AFB), Einbruchdiebstahl und Raub (AERB), Leitungswasser (AWB), Sturm (AStB) einschließlich Sonderbedingungen und Klauseln, 2. Auflage, München 1986. Zitiert: Martin, Sachversicherungsrecht.

Maunz, Theodor/Dürig, Günther/Herzog, Roman/Scholz, Rupert	Grundgesetz, Kommentar. Stand 27. Lieferung, München 1988.
Meessen, Karl	IMF Conditionality and State Sovereignty, in: Dicke (Hrsg.), Foreign Debts in the Present and a New International Economic Order, Fribourg 1986, S. 117–129.
Merkt, Hanno	Investitionsschutz durch Stabilisierungsklauseln. Zur intertemporalen Rechtswahl in State Contracts, Heidelberg 1990.
Messer, Ulrich	Rechtliche Rahmenbedingungen für die Betätigung von Geschäftsbanken im internationalen Forderungshandel, Konstanz 1989.
Michels, Ulrich	Vertragsfreiheit und Kündigungsrecht in der Benannten Warenkreditversicherung, VersR 1977, S. 1082–1087.
Möller, Hans	Moderne Theorien zum Begriff der Versicherung und des Versicherungsvertrages, ZVersWiss 1962, 268–289.
Möller, Hans	Die Verantwortlichkeit des Versicherungsnehmers für das Verhalten Dritter. Berlin 1939.
Möllring, Eva	Anerkennung und Vollstreckung ausländischer Urteile in Südamerika, Göttingen 1985.
Molt, Walther	Der Kreditversicherungsvertrag, Berlin (usw.) 1913.
Müller, Helmut	Der Grundsatz der Spartentrennung im Gemeinsamen Markt nach Verabschiedung der Koordinierungsrichtlinien für die Lebensversicherung, ZVersWiss 1979, S. 147–168.
Müller, Holger/Hök, Götz-Sebastian	Einzug von Auslandsforderungen. Ein Handbuch mit Formularen zur Praxis der internationalen Forderungsdurchsetzung, 3. Auflage, Göttingen 1989.
Von Münch, Ingo (Hrsg.)	Besonderes Verwaltungsrecht, 8. Auflage, Berlin/New York 1988. Zitiert: Bearbeiter in von Münch.
Von Münch, Ingo (Hrsg.)	Grundgesetz-Kommentar, Bd. 1, 3. Auflage München 1985. Zitiert: Bearbeiter in von Münch.
Münchener Kommentar	Kommentar zum Bürgerlichen Gesetzbuch. 1. Auflage, München 1977 ff.; 2. Auflage, München 1984 ff. Zitiert: MünchKomm-Bearbeiter.
Münzner, H./Isenbarth, F.	Einführung in die Versicherungsmathematik, in: Versicherungsenzyklopädie, Bd. 1, Wiesbaden 1976, Abschnitt E I, S. 1–104.
Nagel, Heinrich	Internationales Zivilprozeßrecht, 2. Auflage, Aschendorff/Münster 1984.
OECD, (Hrsg.)	The Export Credit Financing Systems in OECD Member Countries, 3rd edition, Paris 1987.

Ohne Verfasser	Das Defizit bei Hermes wird noch größer, FAZ v. 2. 5. 1990, S. 19.
Ohne Verfasser	Rekorddefizit der Bonner ERG, NZZ Nr. 44 v. 24. 2. 1988, S. 19.
Ohne Verfasser	Umstrittene Sparbürgschaften für die Sowjetunion, FAZ v. 8. 5. 1987, S. 19.
Ossenbühl, Fritz	Zur Bedeutung von Verfahrensmängeln im Atomrecht, NJW 1981, S. 375–378.
Von der Osten, Henning	Technologie-Transaktionen. Die Akquisition von technologischer Kompetenz durch Unternehmen, Hamburg 1989.
Ostheimer, Dieter	Kreditversicherung, BB 1988, Beilage 12 zu Heft 26, S. 22–25.
Palandt	Bürgerliches Gesetzbuch, 49. Auflage, München 1990. Zitiert: Palandt-Bearbeiter.
Paetzolt, Fritz/Petersen, Dietmar	Erfahrungen der DEG, in: Investitionen und politische Risiken in Entwicklungsländern, DEG Materialien Nr. 6, Köln 1978.
Pietzcker, Jost	Die Rechtsfigur des Grundrechtsverzichts, in: Der Staat (1978), S. 527–551.
Pringsheim, Fritz	Das Recht des Bürgen zu Bestimmung und Wahl, in: Gruchot; 53, S. 13–28.
Prölss, Erich/Schmidt, Reimer/Frey, Peter	Versicherungsaufsichtsgesetz, 10. Auflage, München 1989.
Prölss, Erich/Martin, Anton	Versicherungsvertragsgesetz. Kommentar zum VVG mit Erläuterungen zu den wichtigeren Versicherungsbedingungen – unter Berücksichtigung österreichischer Rechtsprechung, 24. Auflage, München 1988. Zitiert: Bearbeiter in Prölss/Martin.
Prölss, Jürgen	Der Versicherer als „Treuhänder der Gefahrengemeinschaft" – Zur Wahrnehmung kollektiver Belange der Versicherungsnehmer durch den Privatversicherer, Festschrift Larenz, München 1983, S. 487–536.
Prütting, Hans	Gegenwartsprobleme der Beweislast. Eine Untersuchung moderner Beweislasttheorien und ihrer Auswertung insbesondere im Arbeitsrecht, München 1983.
Puettner, Guenter	Staatsverschuldung als Rechtsproblem. Ein verfassungsrechtliches Plädoyer gegen die Kreditfinanzierung der öffentlichen Haushalte. Berlin/New York 1980.
Redeker, Konrad/von Oertzen, Hans-Joachim	Verwaltungsgerichtsordnung. Kommentar. 9. Auflage, Stuttgart (usw.) 1988.
Reithmann, Christoph/Martiny, Dieter	Internationales Vertragsrecht. Das internationale Privatrecht der Schuldverträge. 4. Auflage, Köln 1988.
Reuter, Niels	Das Recht der staatlichen Ausfuhrförderung, Göttingen 1959.

RGRK   Das Bürgerliche Gesetzbuch mit besonderer Berück-
                        sichtigung der Rechtsprechung des Reichsgerichts und
                        des Bundesgerichtshofes. Kommentar, herausgegeben
                        von den Mitgliedern des Bundesgerichtshofes.
                        12. Auflage, Berlin/New York 1974 ff. Zitiert: RGRK-
                        Bearbeiter.

Richter, Arnt   Privatversicherungsrecht. Stuttgart (usw.) 1980.

Rieffel, A.   The Paris Club 1978 – 83, Col. J. of Transnat. Law 23
                        (1984), S. 83 – 110.

Robertz, Franz J.   Wertsicherungs- und Preisanpassungsklauseln im
                        Außenwirtschaftsverkehr. Vertragspraxis, Modelle,
                        Zulässigkeit. Köln 1985.

Rösler, Gerhard   Risikoabdeckung im Rahmen der Projektfinanzie-
                        rung durch Ausfuhrgewährleistungen und Kapitalan-
                        lagen-Garantien in: Backhaus/Sandrock/Schill/
                        Uekermann (Hrsg.), Projektfinanzierung – wirt-
                        schaftliche und rechtliche Aspekte einer Finanzie-
                        rungsmethode für Großprojekte, Stuttgart 1990.

Rosenberg, Leo/   Zivilprozeßrecht. 14. Auflage, München 1986.
Schwab, Karl-Heinz

Rüßmann, Helmut   Auslandskredite, Transferverbote und Bürgschaftssi-
                        cherung, WM 1983, S. 1126 – 1132.

Rosell, José   Non-French Companies and French Export Buyer
                        Credits, Intl. Constr. Law Rev. 1983 – 84, S. 83 – 91.

Saleh, Samir   Commercial Arbitration in the Arab Middle East. A
                        Study in the Sharí'a and Statute Law. London 1984.

Salow, Jochen   Bundesgarantien für Kapitalanlagen im Ausland und
                        internationaler Investitionsschutz. München 1984.

Samtleben, Jürgen   Handelsschiedsgerichtsbarkeit in Lateinamerika –
                        Aktuelle Entwicklungen, WM 1989, S. 769 – 772.

Sandrock, Otto   „Außenwirtschaftsrecht", in: Macharzina, Klaus/
                        Welge, Martin (Hrsg.), Enzyklopädie der Betriebs-
                        wirtschaftslehre, Bd. 12: Handwörterbuch Export
                        und internationale Unternehmung. Stuttgart 1989.
                        Zitiert: Sandrock, Handwörterbuch.

Sandrock, Otto   Das Gesetz zur Neuregelung des Internationalen Pri-
                        vatrechts und die internationale Schiedsgerichtsbar-
                        keit, RIW 1987, Beilage 2 zu Heft 5.

Sandrock, Otto (Hrsg.) Handbuch der Internationalen Vertragsgestaltung.
                        Ein Leitfaden für den Abschluß von Verträgen im
                        internationalen Wirtschaftsverkehr. 2 Bde. Heidelberg
                        1980. Zitiert: Sandrock-/Bearbeiter.

Sandrock, Otto   „Versteinerungsklauseln" in Rechtswahlvereinbarun-
                        gen für internationale Handelsverträge, Festschrift
                        Stefan A. Riesenfeld, Heidelberg 1983, S. 211 – 236.

Schäfer, Fritjof	Inhaltskontrolle nach dem AGB-Gesetz bei Allgemeinen Versicherungsbedingungen?, VersR 1978, S. 4–13.
Schaer, Roland	Rechtsfolgen der Verletzung versicherungsrechtlicher Obliegenheiten, Bern 1972.
Schallehn, Ernst/Stolzenburg, Günter	Garantien und Bürgschaften der Bundesrepublik Deutschland zur Förderung der deutschen Ausfuhr. Losebl.-Ausgabe, Köln 1955 ff. (Stand: 141. Lfg., März 1990).
Schlosser, Peter/ Coester-Waltjen, Dagmar/Graba, Hans U.	Kommentar zum Gesetz zur Regelung des Rechts der Allgemeinen Geschäftsbedingungen, Bielefeld 1977.
Schmidt, Diethelm	Die Exportkreditversicherung, ihre volkswirtschaftliche Bedeutung und Beurteilung. Hamburg 1957.
Schmidt-Rimpler, Walter	Die Gegenseitigkeit bei einseitig bedingten Verträgen, insbesondere beim Versicherungsvertrag. Stuttgart 1968.
Schmidt-Rimpler, Walter	Zum Begriff der Versicherung, VersR 1963, S. 493–505.
Schmitz, Heinz	Schutzheilige der Exporteure, in: Übersee-Rundschau (Hamburg), Jan./Feb. 1990, S. 52–54.
Schütze, Rolf A.	Rechtsverfolgung im Ausland. Heidelberg 1986.
Schwab, Karl Heinz/ Walter, Gerhard	Schiedsgerichtsbarkeit. Systematischer Kommentar zu den Vorschriften der Zivilprozeßordnung, des Arbeitsgerichtsgesetzes, der Staatsverträge und der Kostengesetze über das privatrechtliche Schiedsgerichtsverfahren. 4. Auflage, München 1990.
Schwanfelder, Werner	Exportgeschäfte – ihre Risikoabsicherung und Finanzierung, Frankfurt 1982.
Seidl-Hohenveldern, Ignaz	Versicherung nichtkommerzieller Risiken und die Europäische Gemeinschaft. Köln (usw.) 1977.
Senti, Richard	GATT. Allgemeines Zoll- und Handelsabkommen als System der Welthandelsordnung. Zürich 1986.
Shihata, Ibrahim	MIGA und Foreign Investment. Origins, Operations, Policies und Basic Documents of the Multilateral Investment Guarantee Agency. Dordrecht (usw.) 1988.
Shuster, M. R.	The Public International Law of Money, Oxford 1973.
Siebert, Wolfgang	Privatrecht im Bereich öffentlicher Verwaltung – Zur Abgrenzung und Verflechtung von öffentlichem Recht und Privatrecht, in: Festschrift Niedermayer, Göttingen 1953, S. 215–247.
Sieg, Karl	Allgemeines Versicherungsvertragsrecht. 2. Auflage, Wiesbaden 1988.

Sieg, Karl	Auswirkungen des AGB-Gesetzes auf Justiz und Verwaltung im Bereich der Privatversicherung, VersR 1977, S. 489−496.
Sieg, Karl	Bemerkungen zur „Gefahrengemeinschaft", ZVersWiss 1985, S. 321−326.
Soergel, Hans-Theodor/Siebert, W.	Bürgerliches Gesetzbuch mit Einführungsgesetz und Nebengesetzen. 11. Auflage Stuttgart (usw.) 1978−1986. Zitiert: Soergel/Siebert/Bearbeiter.
Freiherr von Spiegel, Hanns U.	Die neuen Richtlinien für die Übernahme von Ausfuhrgewährleistungen durch die Bundesrepublik Deutschland, NJW 1984, S. 2005−2008.
Stannigl, Hellmut	Pauschalwertberichtigungen auf Forderungen, ZKW 1989, S. 260−265.
Staudinger, J. von	Kommentar zum Bürgerlichen Gesetzbuch. 12. Auflage, Berlin 1978 ff. Zitiert: Staudinger/Bearbeiter.
Stober, Rolf	Handbuch des Wirtschaftsverwaltungs- und Umweltrechts. Stuttgart (usw.) 1989.
Stürner, Rolf	Die Aufklärungspflicht der Parteien des Zivilprozesses. Tübingen 1976.
Stürner, Rolf	Parteipflichten bei der Sachverhaltsaufklärung im Zivilprozeß. Zugleich ein Beitrag zur Lehre von der Beweisvereitelung; in: ZZP 1985, S. 237−256.
Tettinger, Peter J.	Überlegungen zu einem administrativen „Prognosespielraum", DVBl. 1982, S. 421−433.
Thomas, Heinz/Putzo, Hans	Zivilprozeßordnung mit Gerichtsverfassungsgesetz und Einführungsgesetzen. 15. Auflage, München 1987.
Tröblinger, Alfred	Analyse und Prognose des Schadensbedarfs in der Kraftfahrzeughaftpflichtversicherung. Karlsruhe 1975.
Ulmer, Peter/Brandner, Hans-Erich/Hensen, Horst-Dieter	Kommentar zum Gesetz zur Regelung des Rechts der Allgemeinen Geschäftsbedingungen. AGB-Gesetz. 5. Auflage, Köln 1989. Zitiert: Bearbeiter in Ulmer/Brandner/Hensen.
United Nations (Hrsg.)	Report of the Interregional Seminar on Export Credit Insurance and Export Credit Financing. New York 1971.
Voss, Jürgen	Die Multilaterale Investitionsgarantie-Agentur, RIW 1987, S. 89−95.
Wälder, Johannes	Das Wesen der Versicherung. Berlin 1971.
Wagner, Paul-Robert	Die Kreditversicherung. 3. Auflage, Frankfurt 1985.
Wagner, Paul-Robert	Die private Exportkreditversicherung, ZKW 1990, S. 290−292.
Weltbank (Hrsg.)	Weltentwicklungsbericht 1988, Washington D. C. 1988.

Werber, Manfred	Die Gefahrerhöhung im deutschen, schweizerischen, französischen, italienischen, schwedischen und englischen Versicherungsvertragsrecht. Karlsruhe 1967.
Werner, Fritz	Verwaltungsrecht als konkretisiertes Verfassungsrecht, DVBl. 1959, S. 527–533.
Graf von Westphalen, Friedrich	Bilanzrechtliche Bewertung Hermes-gesicherter Auslandsforderungen, BB 1982, S. 711–719.
Graf von Westphalen, Friedrich	Die Neufassung der HERMES-Bedingungen, ZIP 1986, S. 1497–1510.
Graf von Westphalen, Friedrich	Rechtsprobleme der Exportfinanzierung. 3. Auflage, Heidelberg 1987. Zitiert: Graf von Westphalen, Exportfinanzierung.
Wiesner, Eduardo	Ursachen der lateinamerikanischen Schuldenkrise, in: Finanzierung und Entwicklung, März 1985, S. 24–26.
Williamson, Oliver E.	Transaction – Cost Economics: The Governance of Contractual Relations, in: J. of Law and Ec. 22 (1979), S. 233–261.
Wimmer, Raimund	Entschädigungsansprüche aus dem Irak-Embargo gegen die Bundesrepublik Deutschland, BB 1990, S. 1986–1992.
Wolf, Manfred/Horn, Norbert/Lindacher, Walter	AGB-Gesetz. Kommentar. 2. Auflage, München 1989. Zitiert: Bearbeiter in Wolf/Horn/Lindacher.
Wolff, Hans-Julius/Bachof, Otto	Verwaltungsrecht Teil I. 9. Auflage, München 1974.
World Bank (Hrsg.)	World Debt Tables. 1987–88 edition, Vol. I. Washington D. C. 1988.
Wulfken, Jörg	Juristische Strukturen und ökonomische Wirkungen von debt equity swaps. Konstanz 1989.
Zehetner, Franz	Geldwertklauseln im grenzüberschreitenden Wirtschaftsverkehr. Tübingen 1976.
Von Zezschwitz, Friedrich	Rechtsstaatliche und prozessuale Probleme des Verwaltungsprivatrechts, NJW 1983, S. 1876–1882.
Zöller, Richard	Zivilprozeßordnung. Mit Gerichtsverfassungsgesetz und den Einführungsgesetzen, mit internationalem Zivilprozeßrecht, Kostenanmerkungen. 15. Auflage, Köln 1987. Zitiert: Zöller/Bearbeiter.
Zuleeg, Manfred	Die Rechtsform der Subventionen. Berlin 1965.

Sachregister

Abhandlungen
zum
Recht der Internationalen Wirtschaft

Herausgeber: Prof. Dr. Otto Sandrock,
unter Mitwirkung von Prof. Dr. Bernhard Großfeld
und Reinhold Trinkner

Verlag Recht und Wirtschaft
Heidelberg